21 世纪法学通用教材

物流法教程

A Course in Logistics Law

张长青　孙　林｜著

法律出版社
始创于1954年

www.lawpress.com.cn
好书,同好老师和好学生分享

作 者 简 介

张长青 北京交通大学人文学院法律系教授、博士、博士研究生导师、交通运输法研究所所长，北京中州律师事务所律师。出版《合同法》等著作 10 余部，发表论文 50 余篇，主持“中国物流法律制度研究”等省部级课题 10 余项。曾获“北京市优秀青年骨干教师”、“第七届詹天佑铁道科学技术专项基金奖”等称号。

孙 林 铁道部经济规划研究院研究员。长期从事交通运输和物流法律研究工作，出版《运输合同》等著作 20 余部，发表论文 50 余篇，主持和参与“国家立法追踪研究”等部级课题数十项。

作者简介

前　言

2009 年 2 月，我国出台了物流业调整和振兴规划，物流业成为我国第十大振兴产业。物流业是融合运输、仓储、货运代理和信息等行业的复合性服务产业，涉及领域广，吸纳就业人数多，促进生产、拉动消费作用大。

现代物流起源于美国，发展于日本，成熟于欧洲，拓展于中国，这是现代物流历史发展的一条公认的轨迹。我国的现代物流产业正以跨越式速度强劲发展，现代物流业已成为最具有发展潜力的产业。

在社会经济生活中，任何一个领域的秩序的建立都离不开法律的调整和辅助，尽管物流还是一门新兴学科，但由于它与国民经济的发展和企业综合实力的提高具有极为密切的关系，而受到企业界和学术界的高度重视，其中当然包括法学界。

现代物流业的兴盛必然要以良好的市场法制环境为依托和动力，只有具有了良好的法制环境，才会有效促进物流业的发展。我国目前还没有一套专门、系统的物流的法律规范，与物流环节相关的法律法规或散见于其他法律法规中，或立法层次较低，缺乏针对性和可操作性，难以对物流业整体进行引导和制约。再加上市场经济的不完善而导致的先天不足，以及金融危机的影响，对我国物流业提出了更高的要求与更大的挑战。因此，制定调整物流活动的相关法律法规，进一步完善物流法律体系，是我国现代物流快速、健康、有序发展的内在需求。

鉴于此，本书的作者承担了中国法学会 2008 年的重点课题“中国物流法律制度研究”工作，在研究的过程中，形成了本著作。本书内容涵盖了物流活动各个环节所涉及的法律规范，全书共分为十三章，内容新颖，简明清晰，通俗易懂，将最新颁布并实行的有关物流业相关的法律法规纳入编写体系，力求务实性和可操作性。故本书既可作为大中专院校相关专业的选用教材，也可作为物流相关从业人员的参考用书。在本书的创作过程中，梁鸿鹤、师艺为本书的撰写搜集了大量的资料，在此谨表谢意。

由于作者水平有限，且关于物流法律制度的研究也正处于发展过程中，本书难免有不完善之处，欢迎读者不吝指正。

张长青　孙林

2009 年 5 月

目　　录

第一章　物流法概论

第一节　物流法概述

一、物流概述

（一）物流的概念

物流中的物是指一切可以进行物理性位置移动的物质资料；物流中的流是指物的物理性运动。通俗地讲，传统的物流是指货物在运输、装卸和储存等方面的运动过程。

物流有宏观和微观之分。宏观物流是指社会再生产总体的物流活动，从社会再生产总体角度认识和研究的物流活动。这种物流活动的参与者是构成社会总体的大产业、大集团，因此宏观物流是研究社会再生产的总体物流，其研究对象是产业或集团的物流活动和物流行为。微观物流是消费者、生产者所从事的实际的、具体的物流活动。在整个物流活动之中的一个局部、一个环节的具体物流活动属于微观物流，在一个小地域空间发生的具体的物流活动也属于微观物流。

最早提出物流这一概念的是美国的阿切·肖（Arch Shaw），经过半个多世纪的演变，现在大多数西方国家把物流称作 Logistics。关于物流的概念，美国物流管理协会（CLM）的定义是："物流是以满足客户要求为目的，以高效和经济的手段来组织原料、在制品、制成品以及相关信息，从产出地到消费地的流动和储存而进行计划、执行和控制的过程。"[1]日本通产省物流调查会对物流的定义为："物流是制成品从生产地到最终消费者的物理性转移活动，具体是由包装、装卸、运输、保管以及信息等活动组成。"日通综合研究所 1981 年在《物流手册》上对物流的定义是："物流是物质资料从供给到需要者的物理性移动，是创造时间性、场所性价值的经济活动。"欧洲物流协会（ELA）1994 年发表的《物流术语》中将物流定义为："物流是一个系统内对人员及/或商品的运输、安排以及与此相关的支持活动的计划、执

---

〔1〕 见 http://www. clml. org 或 Benjamin S. Blanchard, Logistics Engineering and Management(4th Edition), Prentice Hall, 1992。

行与控制,以达到特定的目的。”[2]

中国从20世纪70年代末期才开始从国外引进物流这个概念,根据《中华人民共和国国家标准物流术语》(GB/T18354 - 2006)的解释,物流被定义为“经济活动中涉及实体流动的物质资料从供应地向接收地的实体流动过程。根据实际需要,将运输、储存、装卸、搬运、包装、流通加工、配送、信息处理等基本功能实行有机结合”。

从上述各国对物流的定义中,我们看到物流的基本特点是物的流动,即从产出地到消费地的运动过程。在这个过程中,融入了与物的流动相关的运输、储存、装卸、搬运、包装、流通加工、配送、信息处理等活动,构成了现代物流的基本内容。

(二)物流活动

根据物流的定义,物流活动主要包括以下几个方面:

1. 采购

物流采购是指物流企业为了满足客户或者自身经营生产活动的需要而进行的商品或者劳务集中采购的行为。物流采购是物流企业生产经营活动的基础。

2. 仓储

物流仓储是指在物流过程中利用仓库对货物进行的保护、管理、贮藏等经营活动的行为。它包括堆放、保管、保养、维护等活动。

3. 运输

物流运输是指物流经营活动主体所从事货物运输的生产经营活动,即所谓的货物运输。在物流领域中,物流运输被视为“第三利润源泉”最主要的来源,所以物流运输活动是物流管理系统中最重要的组成部分。

4. 流通加工

流通加工是指物品在从生产地到使用地的过程中,根据需要施加包装、分割、计量、分拣、组装、价格贴附、标签贴附、商品检验等简单作业的总称。这种加工的目的是提高商品的附加价值,促进商品差别化。

5. 包装

货物包装是指在物流过程中,按一定方法采用容器、材料及辅助物等将货物包封并予以适当标志的工作的总称。在物流活动中,特别是国际物流中,货物都应该有一定规格的包装,否则买方不予接受货物。

6. 配送

根据《中华人民共和国国家标准物流术语》(GB/T18354 - 2006)的解释,配送是指在经济合理区域范围内,配送企业根据用户要求,对物品进行拣选、加工、包装、分割、组配等作业,并按时送达指定地点的物流活动。物流配送是现代物流的

[2] European Logistics Association Logistics Terminology, 1997.

重要标志,也是物流企业的发展方向。

7. 装卸、搬运

装卸、搬运是指对运输、保管、包装、流通、加工等物流活动进行衔接,以及在仓储等活动中为进行检验、维护、保养所进行的装卸搬运活动。在所有物流活动中,装卸搬运活动是最经常发生的。

8. 信息处理

物流主要是信息沟通的过程,物流的效率依赖于信息沟通的效率,物流信息对整个物流系统起着相互衔接的作用,对物流活动起着支持作用。所谓物流信息处理,是指对上述活动的有关的计划、预测、动态的信息及有关的费用信息、生产信息、市场信息活动、财务信息活动的管理。

(三)物流的分类

根据不同的标准,物流可以有很多种不同的分类,在此介绍几种常见的分类。

1. 根据物流活动组织者的不同,物流可以分为自主物流、第三方物流、第四方物流。

自主物流是指生产企业或者货主企业为满足自身的需要,自己提供人工、机械设备和场所,安排全部物流计划,亲自从事整个货物流程的物流活动。

第三方物流是指物流服务提供者在一定时期内按照一定的价格向物流需求者提供的建立在现代电子信息技术基础上的一系列个性化的物流服务。第三方物流具有节省费用、减少资本积压和库存,实现企业资源的优化配置,提升企业形象等诸多优点。

第四方物流是指建立在第三方物流基础上的,对不同的第三方物流企业的管理技术等物流资源做进一步整合,为用户提供完全意义上的供应链解决方案的一种更高级的物流模式。

2. 根据物流范围的不同,物流可以分为社会物流和企业物流。[3]

社会物流是指超越一家一户的以一个社会为范畴面向社会为目的的物流。这种社会性很强的物流往往是由专门的物流承担人承担的,社会物流的范畴是社会经济大领域。社会物流研究再生产过程中随之发生的物流活动,研究国民经济中的物流活动,研究如何形成服务于社会、面向社会又在社会环境中运行的物流,研究社会中物流体系结构和运行,因此带有宏观和广泛性。

企业物流是从企业角度研究与之有关的物流活动,是具体的、微观的物流活动的典型领域。企业物流又可以区分为以下具体的物流活动:(1)企业生产物流。企业生产物流指企业在生产工艺中的物流活动。这种物流活动是与整个生产工艺过程伴生的,实际上已构成了生产工艺过程的一部分。企业生产过程的物流大体

---

〔3〕 王芸:《物流法律法规与实务》,电子工业出版社2007年版,第3页。

为:原料、零部件、燃料等辅助材料从企业仓库或企业的“门口”开始,进入到生产线的开始端,再进一步随生产加工过程一个一个环节地流,在流的过程中,本身被加工,同时产生一些废料、余料,直到生产加工终结,再流至产成品仓库,便终结了企业生产物流过程。(2)企业供应物流。企业为保证本身生产的节奏,不断组织原材料、零部件、燃料、辅助材料供应的物流活动,这种物流活动对企业生产的正常、高效进行起着重大作用。(3)企业销售物流。企业销售物流是企业为保证本身的经营效益,不断伴随销售活动,将产品所有权转给用户的物流活动。(4)企业回收物流。企业在生产、供应、销售的活动中总会产生各种边角余料和废料,这些东西回收是需要伴随物流活动的,而且,在一个企业中,回收物品处理不当,往往会影响整个生产环境,甚至影响产品质量,也会占用很大空间,造成浪费。(5)企业废弃物物流。企业废弃物物流是指对企业排放的无用物进行运输、装卸、处理等的物流活动。

3.根据物流活动空间的不同,物流可以分为区域物流和国际物流。

区域物流是指某一行政区域或经济区域的内部所进行的物流活动。国际物流是指在两个或两个以上的国家或地区之间进行的物流活动。从跨地域到跨国不是物流简单的地域或空间放大的问题,而是国内社会经济发展与对外经济发展的程度的体现。

二、物流法的概念

物流法,是指国家制定的调整与物流活动相关的社会关系的法律制度的总称。物流法的调整对象是与物流活动相关的所有社会关系,这是物流法区别于其他法律制度的标志。

到目前为止,我国还没有一部统一的物流法,有关物流方面的规定散见于其他法律法规中,主要包括以下几个方面:

(一)与物流相关的国内法律法规

与物流相关的国内法律法规主要有《中华人民共和国民法通则》、《中华人民共和国合同法》、《中华人民共和国铁路法》、《中华人民共和国航空法》、《中华人民共和国海商法》、《中华人民共和国对外贸易法》、《中华人民共和国公路货物运输合同实施细则》、《中华人民共和国水路货物运输合同实施细则》、《中华人民共和国航空货物运输合同实施细则》等。

(二)与物流相关的国际法律法规

与物流相关的国际法律法规主要有《联合国国际货物买卖合同公约》、《铁路货物运输国际公约》、《公路货物运输合同公约》、《海牙规则》、《汉堡规则》、《国际贸易术语解释通则》、《跟单信用证统一惯例》等。

(三)与物流相关的技术规范

与物流相关的技术规范是国家和行业主管机关就物流活动中的运输、仓储、加工、装卸等进行的规定，主要包括国家的技术标准和行业标准。

三、物流法的特征

调整物流的法律规范涉及运输、仓储、包装、配送、搬运、流通加工和信息处理等各个方面，在法律规范的表现形式上有法律、法规、规章、国际条约、国际惯例以及各种技术规范等不同的层次。另外，物流活动自身又具有很强的技术性，并且物流活动日益国际化，所以与一般的经营活动相比较，上述因素决定了物流法具有以下特征：

(一)广泛性

现代物流涉及运输、仓储、搬运、装卸、包装、流通加工、配送、信息处理等诸多环节，物流法要对所有这些环节中产生的关系进行调整，所以物流法从内容上看是十分广泛的。

物流法内容的广泛性决定了物流法形式的多样性。物流每个环节的法律规范在表现形式上可以分为法律、法规、国际条约、国际惯例以及各种技术规范和技术法规等不同的层次，这些不同效力层次的法律规范在物流的各个环节的活动中都有可能被适用到。

另外，物流活动有众多的参与者，大的物流项目一般需要有外包的服务。物流活动的参与者涉及不同行业、不同部门，如仓储经营者、包装服务商、公共网络经营人等。物流活动参与者的行为也要受到物流法的约束。

(二)复杂性

物流法律法规中既有横向的民事法律规范，又有纵向的行政法律规范，还包括大量的技术性规范，这就使得物流法与其他法律相比，内容上更为复杂。另外，前面反复提到物流涉及众多环节，相应地，物流法律法规就需要综合所有这些物流环节涉及的法律，所以物流法的复杂性是不言而喻的。此外，随着国际物流的发展，物流活动跨越了区域性，这更使得物流法在地域问题上呈现出复杂性。

(三)技术性

在现代物流中，整个物流活动都需要有现代信息技术和电子商务等高技术含量的活动来支持。物流法作为调整物流活动及与物流活动相关的社会关系的法律，其内容必然要涉及大量的与物流技术和物流业务紧密联系的法律，因此物流法当然地含有物流活动的专业术语、技术标准、设备标准以及设备操作规程等规范，具有很强的技术性。

(四)国际性

现代物流是经济全球化、一体化发展的产物。国际物流的发展，使物流超越了国家和区域的界限，走向国际化。为适应国际物流发展的需要，各国和各国际组织互相协作，在物流领域建立了一些世界通用的国际标准，这些国际标准和国际条约使得物流法具有了鲜明的国际性特色。

四、物流法的表现形式

法的表现形式又称为法的渊源，是指不同国家机关依法制定的各种具有不同法律效力的规范性文件。我国物流法的表现形式主要包括以下几个层次：

（一）法律

法律是指由拥有立法权的国家机关按照立法程序制定和颁布的规范性文件。在物流法的各种表现形式中，法律具有最重要的地位，如我国的《民法通则》、《合同法》、《铁路法》等。

（二）行政法规

行政法规是指由国务院根据宪法和法律制定的一种规范性文件，其法律地位和法律效力仅次于宪法和法律。目前，我国有关物流方面的行政法规有直接规范物流活动法规及规范与物流活动有关事项的法规。我国物流法方面的行政法规的内容基本上属于运输管理、企业管理、合同管理等方面。

（三）部门规章

部门规章是指国务院所属各部委根据法律和国务院的行政法规、决定、命令在本部门的权限范围内制定的法律文件。国家铁道部、交通部、信息产业部和原外经贸部所颁布的条例、办法、规定和通知等都包含涉及物流的内容。

（四）地方性法规

地方性法规是指由地方人民代表大会及其常务委员会制定的规范性文件。它的法律效力低于法律和行政法规，它只在地方政府管辖范围内有效。

（五）国际条约

国际条约是指两个或两个以上的国家关于政治、经济、文化、贸易、法律以及军事等方面规定其相互之间权利和义务的各种协议的总称。国际条约只有经过我国政府签署、批准或加入，才对我国具有法律约束力，才能成为我国物流法规范的表现形式。

1. 国际惯例

国际惯例是指在国际上因对同一性质的问题所采取的类似行为，经过长期反复实践逐渐形成的，为大多数国家所接受的，具有法律约束力的不成文的行为规则。国际惯例作为物流法的一种表现形式，可以弥补我国国内立法、国际条约规范的不足。在适用国际惯例时，不得违背中华人民共和国的国家利益和社会公共利益。

2. 技术标准

物流法的表现形式中还有一种比较特殊的是技术标准。技术标准可以分为国家标准和国际标准。国家标准是由国家质量技术监督管理部门组织制定、批准和颁布的。其中有一些强制性标准属于国家的技术法规，另外一些标准本身虽然不具有强制性，但是因为标准的某些条文由法律赋予强制力而具有技术法规的性质。

国际标准是由国际组织制定的,本身没有强制力,一般均为推荐性标准。但是一些国际公约常常将一些国际标准作为公约的附件,从而使得这些国际标准对缔约国产生约束力。

五、物流法的作用

物流法律法规的作用主要体现在以下几个方面:[4]

1. 正确引导物流业的发展方向。国家通过立法以及对现有法律的整理等活动,来作为正确引导物流业发展的重要手段之一。主要方法是通过统一立法或针对物流的不同流程制定单行法规来对物流业进行规范和调整。

2. 促进物流市场体系的形成和发展。物流市场体系的形成、发展对促进物流业的发展具有至关重要的作用,它的形成需要国家政策的引导,物流市场体系的发展需要法律法规的调整。

3. 为物流业创造有序竞争的环境,促进物流业健康发展。物流市场体系形成后,必然产生市场内部的竞争。部分物流经营者为了获取不正当利益,往往采取不合法手段参与市场竞争,因此必须有相关法律规范对不法经营者进行惩处,以净化市场竞争的环境,促进物流业向健康的方向发展。

第二节 物流法律关系

一、物流法律关系的概念

法律关系是指经过法律规范调整形成的法律主体之间具有的权利和义务性质的社会关系。法律关系基于一定的法律事实或行为而产生、变更和终止。

物流法律关系是指物流法主体在进行物流交易和物流管理活动过程中形成的,由物流法加以确认的权利和义务的关系。

物流关系和物流法律关系是两个不同的概念。[5] 物流关系属于经济关系,是物流法的调整对象,具体包括物流交易关系和物流管理关系,在现代物流活动过程中,随时发生着各种各样具体的具有经济内容的物流关系。它是社会经济基础的范畴,是物流法律关系产生的前提。当这些关系属于物流法的调整范围而为物流法所调整时,这些具体的经济关系形成法律上的权利义务关系即为物流法律关系。物流法律关系作为法律关系的组成部分,属于社会上层建筑的范畴。

二、物流法律关系的分类

物流法律关系可以分为物流民商事法律关系和物流行政法律关系两大类:

[4] 王芸:《物流法律法规与实务》,电子工业出版社2007年版,第9页。

[5] 姚会平:《物流法理论与实务》,西南财经大学出版社2007年版,第6页。

物流民商事法律关系是指平等主体在进行民商事活动中所形成的物流法律关系。它主要是指物流关系中的平等主体通过签订民商事合同的方式进行交易活动。

物流行政法律关系是指国家的行政机关依法对物流主体、物流行为以及与之相关的活动进行监督管理而形成的法律关系,包括对物流企业设立的审批、物流行为的监管以及对违反物流行政管理行为的处罚等方面。比如,设立物流企业,需要依照工商企业登记管理规定办理企业设立手续;物流企业从事物流活动不得违反国家禁止性规定等。

三、物流法律关系的要素

物流法律关系必须有具体的主体参加,有具体的权利和义务的内容和对象,从而构成了具体的物流法律关系所必不可少的三个要素,即物流法律关系的主体、内容和客体。

(一)物流法律关系的主体

物流法律关系的主体是指参加物流法律关系,依法享有权利和承担义务的当事人。[6] 根据我国相关法律规定,物流法律关系主体包括以下几种:

1. 民商事物流法律关系主体,有自然人、法人和其他组织

(1)自然人

自然人,是指基于出生这一自然状态而作为民事主体的人。自然人具有民事主体资格,可以作为物流法律关系的主体。由于物流是商事活动,所以一般来说,自然人作为物流服务的提供者将受到很大的限制,一般自然人所能提供的物流服务都相对很简单。相反,在很多情况下,自然人是通过接受物流服务而成为物流法律关系的主体的。

(2)法人

依照《民法通则》的规定,法人是具有民事权利能力和民事行为能力,依法独立享有民事权利和承担民事义务的组织。法人是物流法律关系主体的最主要的部分。法人包括企业法人、事业法人、机关法人和社会团体法人。其中企业法人通常是以公司或其他形式的企业和经济组织的形态出现的,它是物流法律关系的最主要的参加者,而其他法人一般则是作为物流服务的需求方出现在物流活动中的。

(3)其他组织

其他组织是指依法成立、有一定的组织机构和财产,不具备法人资格,但可以以自己的名义从事民事活动的组织。其他组织与法人最大的区别是不能独立承担责任。这些其他组织在对外进行经营业务活动时,如果其财产能够清偿债务,则由其自身偿付;如果其财产不足以清偿债务时,则由其设立人对该债务承担连带清偿责任。

---

〔6〕 王芸:《物流法律法规与实务》,电子工业出版社2007年版,第10页。

2. 物流行政法律关系主体

(1)国家行政机关

在物流活动中，经常会发生国家行政机关对物流企业的设立、变更、终止和整个物流活动进行监督管理而形成各种法律关系。物流行政法律关系，主要表现为国家行政机关与物流企事业单位、其他组织之间的监督与被监督、管理与被管理的关系。在这种物流行政法律关系当中，必然有一方当事人是行政主体。

(2)物流企业、事业单位

包括各种物流公司、货运代理公司、理货公司、航运公司、商品检验检疫局等。而其中的物流企业是物流行政法律关系中最主要的参加者。

(3)其他组织

其他的非法人组织在从事物流活动时，也要接受行政机关的监督、管理，从而在物流行政法律关系中成为物流行政法律关系的主体。

(二)物流法律关系的内容

物流法律关系的内容是指物流法律关系主体在物流活动中享有的权利和承担的义务。[7] 其中，权利是指主体为实现某种利益而依法为某种行为或不为某种行为的可能性；义务是指义务人为满足权利人的利益而为一定行为或不为一定行为的必要性。

1. 物流民商事法律关系的内容

物流民商事法律关系的内容是指物流民商事法律关系主体在物流活动中享有的权利和承担的义务。物流民商事权利的享有，是指物流民商事法律关系的权利主体为实现其受法律保护的某种利益，能够依法在法定限度内自由地为一定行为，或要求义务主体为或不为一定行为。物流民商事义务的承担，是指义务主体为实现权利主体的利益，依法必须在法定限度内为或不为一定行为。

2. 物流行政法律关系的内容

物流行政法律关系的内容是指物流行政法律关系主体在物流活动中享有的权利和承担的义务。它具有以下特点：

第一，权利和义务的不可分性。在行政物流法律关系当中，当事人的权利和义务是不可分的，权利中包含义务，义务中包含权利。对于行政机关来说这种不可分性尤为明显，行使各项职权是他们的权利，但也是他们的义务，行政机关不能放弃或者转让。

第二，行政权利不可自由处分。在物流行政法律关系中，当事人的权利和义务往往不仅涉及当事人自身的利益，而且还涉及国家利益和他人利益，所以权利人对自己享有的权利一般不可以自由处分。

---

[7] 王芸：《物流法律法规与实务》，电子工业出版社 2007 年版，第 11 页。

第三，权利和义务的预先设定性。在物流行政法律关系中，当事人的权利和义务一般都是由法律预先设定的，而不是由当事人选择设定的。

（三）物流法律关系的客体

物流法律关系的客体是指物流法律关系的主体享有的权利和承担的义务所共同指向的对象。物流法律关系的多样性决定了物流法律关系的广泛性。在物流法律规范中，由于不同形式的物流活动产生不同的权利义务关系。

民商事物流法律关系，大多为债的法律关系，权利主体要求义务主体为一定行为或不为一定行为，包括进行物的交付、智力成果的交付或提供一定的劳务。

行政物流法律关系的客体主要表现为行政物流法律关系主体的活动，包括主体作为和不作为。凡是物流法中有关行政法律规范所规定的行为，都是行政物流法律关系的客体。

第三节 物流合同

一、物流合同概述

（一）物流合同的概念

物流合同是指物流作业委托人与物流经营人订立的，物流经营人按照约定完成一定的物流作业，作业委托人支付相应作业费用的合同。

物流合同是双务、有偿合同。在作业委托人不是收货人的情况下，物流经营人或其雇佣人、代理人应向第三人交付货物，此时“还具有为第三人契约的性质，即向第三人负责、第三人受益”。在合同形式上，物流合同一般采用书面形式，当然也包括电子数据交换形式。但由于物流合同往往十分复杂，采用电子数据形式的可能性较小，而且几乎不采用口头合同形式。

物流合同是诸多合同中的一种，符合《合同法》中关于合同的定义，受《合同法》的调整。但我国《合同法》并没有直接规定物流合同，所以物流合同属于无名合同。物流合同在适用《合同法》总则的基础上，双方当事人的权利义务主要依据双方的约定。

由于物流合同是综合性很强的合同，它可能涉及不同的合同关系，因而也适用不同的合同法规范。比如，关于物流经营人为物流作业委托人设计物流系统的部分，可参照《合同法》中关于技术合同和技术开发合同的规定；关于物流经营人提供具体物流作业服务的部分，根据服务的具体内容可分别适用仓储合同、货物运输合同、加工承揽合同、保管合同的规定；上述相关规范没有规定的部分，也可参照有关委托合同的规定。如果有关权利义务在法律中找不到类似的有名合同规则的，则应根据《合同法》总则的一般规定和《民法通则》的基本原则，并参照当事人所追求的经济目的处理。

物流合同一般由作业委托人和物流经营人共同签订。在涉及货物运输、分拨、配送的物流合同中,往往还有作为第三人的收货人。物流合同的标的是物流策划行为与作业行为。物流合同作业的对象往往是货物,但合同标的不是作业的货物,而是物流经营人的作业行为本身。货物仅为作业行为的对象而已。

(二)物流合同的分类

根据不同的标准,物流合同一般可分为双务合同和单务合同、有偿合同和无偿合同、诺成合同和实践合同、要式合同和不要式合同、主合同和从合同、有名合同和无名合同等。

根据物流合同自身的特点,按不同的标准可以将物流合同分为如下几类:[8]

1. 根据物流功能不同进行分类

根据物流功能不同对物流合同进行分类是一种最基本的分类方法。物流的基本功能包括仓储、运输、流通加工、包装、配送、装卸搬运、物流信息处理等,因此,物流合同可相应地分为仓储合同、运输合同、流通加工合同、包装合同、配送合同、装卸搬运合同等。当然,一份物流合同可能覆盖仓储、运输、流通加工、包装、配送、装卸等几项功能在内,这样的物流合同就是所谓的综合物流合同。

2. 根据物流地域范围不同进行分类

物流可分为国内物流和国际物流,相应地,物流合同也可分为国内物流合同和国际物流合同。这两种物流合同所适用的法律不同,前者一般适用国内法,后者的适用范围则包括了国际公约和国际惯例等。

3. 根据物流环节不同进行分类

根据物流不同环节,可以分为生产物流、供应物流、销售物流、回收物流、废弃物物流,物流合同相应地可以分为生产物流合同、供应物流合同、销售物流合同、回收物流合同、废弃物物流合同。

二、物流合同的基本原则

《合同法》的基本原则,是指其效力贯穿于整个合同法律规范之中,在合同订立与履行过程中必须遵循的根本准则。物流合同是民事合同的组成部分,所以《合同法》规定的基本原则对物流合同同样适用。根据《合同法》的规定,物流合同的基本原则主要包括:[9]

(一)平等原则

平等原则,是指物流合同主体具有平等的法律地位,其权利受法律平等的保护。在物流合同关系中,不承认任何特权和特权依托下的身份,物流合同是当事人

---

〔8〕 孟咸美、钱芝网:《物流法概论》,中国时代经济出版社2007年版,第25页。

〔9〕 孟咸美、钱芝网:《物流法概论》,中国时代经济出版社2007年版,第26~27页。

在平等基础上的自由选择。我国《合同法》明确规定:合同当事人的法律地位平等,一方不得将自己的意志强加给另一方。

(二)意思自治原则

意思自治原则是指合同当事人有表达自己意志的自由,不受国家权力,以及其他任何单位和个人的非法干预。物流合同当事人依法享有依其意愿订立合同的权力,具体包括可以自由地决定是否订立合同、与谁订立合同以及订立合同的内容等。意思自治原则是我国《合同法》的首要原则,对合同的订立及效力的认定等具有极为重要的意义。

(三)公平原则

公平原则是指合同当事人在合同的订立和履行过程中要以公平观念来调整相互之间的利益关系,公平地确定各方的权利义务。公平观念是以利益是否均衡为标准来确定当事人之间的利益关系的。任何当事人不得在合同中规定显失公平的内容,以取得不正当的利益。

(四)诚实信用原则

诚实信用原则简称诚信原则,该原则要求人们在从事民事活动时,讲究信用,恪守诺言,诚实不欺,善意行使权利和正当履行义务,在不损害他人利益和社会利益的前提下追求自身的利益。具体到合同领域,诚信原则要求合同当事人在订立合同时要诚实、善良,不得有欺诈行为;在履行合同时,要恪守诺言、讲究信用,自觉履行合同,善意地行使权利,保证各方当事人都能得到自己应得的利益。

诚信原则是市场经济活动中形成的道德准则,贯彻着公平与正义的精神,具有超乎法律规范的抽象性,以及弥补法律漏洞的功能,对司法实践有着极其重要的指导意义,故该原则有“帝王条款”之称。

三、物流合同的主体

(一)物流合同主体概述

物流合同当事人必然是物流主体。从广义上讲,物流主体是订立物流合同的本人及参与物流合同履行的实际履行人、本人代理人和履行辅助人。从这一定义上可以看出物流主体包括物流服务购买者与物流服务提供者。物流服务提供者又包括物流经营人,即与货方订立物流合同的人,一般为第三方物流供应商,以及实际履行人,即与物流经营人订立物流相关服务购买合同的人。[10]

物流合同主体主要具有以下法律特征:

1. 物流合同主体是订立物流合同的人或通过其他方式参与合同履行的人。现代物流往往被概括为第三方物流或综合物流,这充分表现出了物流合同的特性,即企业将原有分散的物流业务统一委托于第三方物流经营人,订立对货方来说主

---

〔10〕 沈荣耀、高志和:《物流法规》,大连理工大学出版社2007年版,第13页。

体相对简单的物流合同。然后再由第三方物流经营人根据合同约定决定是通过自己直接履行合同义务还是通过委托代理、订立分合同等形式履行物流合同义务。物流经营人选定的实际履行人，由于他们与物流经营人订立了基于物流合同而产生的相关服务供应合同，实际参与了物流合同的履行，物流法律关系不可能把他们排除在外，发生争议时他们还会与货方、物流经营人在物流相关法律框架内发生各种权利义务关系。

2. 物流主体负有履行或参与履行物流合同的责任。物流经营人根据物流合同的约定确保货物的及时、完整和信息流畅的同时，作为附随义务，还要确保货物的安全，在存在分合同的情况下还负有合理地选择和监督实际履行人和履行辅助人的责任。对于实际履行人来说，他们并不是基于物流合同而是基于与物流经营人之间的分合同规定的义务参与物流合同的实际履行，在分合同规定期间承担照管货物、完成具体服务的责任。

3. 物流主体应在各自的责任范围内承担合同约定或相关法律规定的责任。一般来说，物流合同双方对货方义务的规定相对简单，而对物流经营人则会涉及较为详细的义务及责任的条款。而由于法律未对整个物流法律关系作出全面明确的规定，物流经营人的责任只能按照相关单项服务的法律规定，虽然这种情况会给物流经营人带来很多不便，但在目前的法律体系下也只能如此。

对于实际履行人来说，虽然他们与物流经营人之间的合同是基于物流合同产生的，但毕竟不受物流合同约束，而且一般提供的是单项或几项简单相加的服务，他们的责任适用单项相关法律是合适的。

（二）货方——物流中货物的所有人或管理人

在物流法的发展过程中，法律上并不存在货方的概念，如海商法中只有托运人、收货人的概念，仓储法规体系中则是委托人，港口经营法律关系中则为作业委托人。但在实务中，许多合同与单据往往把货物交付人与接收人统称为货方，如一般把提单所称的货方称为托运人、收货人、提单所有人和货方所有人。事实上物流中的货方包括物流作业委托人与收货人。

（三）物流经营人——与货方订立物流合同的第三方物流供应商

1. 物流经营人的定义及法律特征

物流经营人是一个法律上的概念，是与物流作业委托人订立物流合同，并利用自有或外协物流资源，组织实施完成合同约定的物流过程的人。[11]

物流经营人具有以下法律特征：

（1）物流经营人组织实施物流活动，并不要求自身拥有物流合同所需的全部物流资源。物流经营过程中，物流经营人实际并不拥有全部物流资源，但他可以通

---

〔11〕 沈荣耀、高志和：《物流法规》，大连理工大学出版社2007年版，第13页。

过外购、联盟等多种方式组织实施整个物流活动，为企业提供完整的物流服务。但在物流经营人没有全部自有物流资源时，必须组织整个物流活动而不能以中间人的身份为物流作业委托人向其他主体购买全部或部分物流服务，否则他只能是个代理人。

(2)在物流合同范围内物流经营人为作业委托人提供的个性化服务，带来物流经营人权利义务的差异性。不同物流经营人为不同作业委托人服务，或同一物流经营人为不同作业委托人提供的物流服务是不同的，甚至在服务性质上是完全相反的。而作业委托人个性化的需求正是物流经营人服务的增值点，从而导致了个别物流合同的规定的权利义务的差异性，致使许多具体问题难以总结出共同规律。

(3)物流经营人与作业委托人之间最强调的不是明晰的权利义务关系，而是长期互利合作的关系。物流产生经济效益的很大一部分原因在于物流经营人与作业委托人之间互相信任、互相合作、信息共享。

(4)物流经营人是独立的法律实体，应该对物流全过程负责。在物流经营人的责任期间内，无论何时何地，也无论是履行辅助人抑或合同分包人引起的货物损坏及其他损失，均应由物流经营人承担责任，而后再根据法律规定或代理、分合同约定向事故责任人求偿。

2. 物流经营人的履行辅助人

作为合同一方当事人的物流经营人提供的将不是一项或者两项服务，而是多项服务的复杂整合。而且物流经营人一般是以法人形式存在，但不可避免地涉及雇佣人和使用人。

履行辅助人是指辅助债务人履行债务的人。履行辅助人是根据债务人的意思而事实上从事债务履行的人。履行辅助人是依据法定或委托合同、雇佣合同、劳务合同的约定而产生的。

(四)实际履行人——物流运作的参与者，物流合同的分包人

1. 实际履行人的定义与法律特征

《海商法》第42条第2项规定，"实际承运人"是指接受承运人委托，从事货物运输或者部分运输的人，包括接受转委托从事此项运输的其他人。在物流法律关系中，实际履行人与运输法律关系中的实际承运人法律地位相似。如他们都只是分合同的当事人，都不对主合同而只对分合同承担违约责任。但他们之间也存在着差异，主要体现在两者参与合同的性质不同。

实际履行人是指与物流经营人订立分合同，从事物流全部或部分运作的人，包括接受转委托从事此项运作的人，实际履行人具有以下法律特征：

(1)实际履行人与物流经营人订立物流分合同，提供一项或多项物流活动。

(2)实际履行人必定拥有一定的物流资源。没有一定的自有资源无法履行物

流分合同。

(3)实际履行人在无法履行或不完全履行分合同的情况下,一般只对物流经营人承担违约责任,特殊情况下也直接对货主承担侵权责任。

2. 实际履行人的几种主要类型

根据实际履行人提供的服务内容来看,实际履行人的类型主要有以下几种:

(1)承运人。这里的承运人与单纯的运输法中的承运人有所区别,主要是订立合同的对象不同。作为实际履行人的承运人是指本人或委托他人以本人名义与物流经营人订立物流运输分合同的人。

(2)仓储保管人。仓储保管人是物流分合同的又一分包人,依分合同约定对物流经营人承担仓储保管责任。

(3)港口经营人。这里的港口经营人应是与物流经营人订立由港口经营人负责在港口对水路运输货物进行装卸,集装箱等作业,物流经营人支付作业费用的物流分合同的人。

(4)其他增值服务的提供者。物流服务的范围包括多种单项服务,有一些增值服务的主体可能是由前述几种实际履行人兼任,也可以作为独立的实际履行人出现。

3. 实际履行人与相关单项服务经营人的区别

(1)实际履行人是物流分合同的一方,而单项服务经营人是单项服务合同如运输合同、仓储合同、港口作业合同等的一方。

(2)实际履行人一般对物流经营人承担违约责任,有时也对货方承担侵权责任;单项服务经营人则直接对货方承担违约或侵权责任。

(3)实际履行人既可以提供一项也可提供多项物流服务;而单项服务经营人一般只提供一项服务,在提供多项服务的情况下,其中几项服务也是作为主要的一项服务的辅助手段的。

(4)适用法律时,实际履行人的法律地位是在整个物流法律体系中考虑;而单项服务经营人的行为受该服务部门法律如运输法律、仓储法律、港口经营法律调整。

四、物流合同的内容

物流合同更多的是对物流作业全过程的一种规定,对于运输、仓储等具体环节,只是进行标准性规定。由于不同物流要求之间差距比较大,加上物流方案的可选择性高,物流经营人的经营理念各异,是不同物流合同之间差异较大,规定的侧重点各有不同,主要有如下内容:(1)对物流服务的定义和所需要达到的服务标准的确定;(2)费用的支付;(3)物流合同存续期间;(4)物流系统建立与投资方式;(5)货物运输、仓储服务、配送服务、额外服务等;(6)损失计算;(7)滞期费;(8)保险;(9)对物流过程中提供适当物流设备与管货义务的具体规定;(10)实际服务成本约定服务成本出现差异时的补救;(11)合同终止;(12)各方当事人地位的认定及权利的限制;(13)索赔通知和诉讼;(14)合同转让;(15)合同适用的法律、争议解决方式的选择以及管辖法院;(16)对合同的修改和续约。

五、物流合同的违约责任

合同生效后,当事人应当全面履行约定的义务,但是,有的合同当事人可能违反合同的约定,即出现违约的行为,这就涉及《合同法》上的违约责任制度。大部分的物流合同纠纷,均与合同当事人的违约行为及其违约责任有关。

(一)违约责任的概念

违约责任,又称违反合同的民事责任,指合同当事人一方不履行合同义务或者履行合同义务不符合约定时应当承担的民事责任。

违约责任的产生是以合同的有效存在为前提的,合同一旦生效,在当事人之间即产生法律约束力,当事人必须严格地、全面地履行合同义务。任何一方当事人因违反有效合同约定的义务均应承担违约责任,所以违约责任是当事人违反有效合同义务的法律后果。《合同法》规定,当事人一方不履行合同义务或者履行合同义务不符合约定的,应当承担继续履行、采取补救措施或者赔偿损失等违约责任。

(二)物流合同中违约责任的归责原则

我国的《合同法》对违约责任的归责原则的规定,是以无过错责任原则为一般归责原则,以过错责任原则为例外。无过错责任原则,是指违约发生后,在约定违约当事人的责任时,应主要考虑违约的结果是否因违约方的行为造成,而不考虑违约方是否有主观过错。也就是说,不管其主观上是否有过错均应承担违约责任。而过错责任原则与之相反,即当事人主观上没有过错则不承担违约责任。

对于物流合同而言,物流活动中常见的运输合同、仓储合同、承揽合同、委托合同等一般适用的皆是无过错责任原则。物流合同当事人是否承担违约责任的主要依据是合同履行行为是否与合同约定的义务一致,而不考虑在履行物流合同中当事人是否存在过错。

在考虑是否应当承担违约责任时,除了考虑存在违约行为外,还要考虑是否存在可以免责的因素。法律规定的可以免责的原因主要是不可抗力。不可抗力是指不能预见、不能避免并不能克服的客观情况,如地震、台风等自然现象及战争、罢工等社会事件均可视为不可抗力。如果是不可抗力导致当事人违反合同约定的,当事人可以免除违约责任。另外,货物运输合同中物品的自然损耗,以及当事人在合同中约定的免责情形,也可以成为当事人免责的理由。

(三)违约行为

违约行为是合同当事人违反合同义务的行为,违约行为的实质在于非法侵害合同的债权,其违法性表现在行为人违反受法律保护的合同权利。

我们可以将违约行为分为两种违约状态:预期违约和实际违约。

1. 预期违约

预期违约，是指在合同履行期限到来之前，当事人一方明确表示或者以自己的行为表明不履行合同的行为，又称毁约行为。

预期违约的特征是：

(1)违约行为发生在履行期限到来之前，因此，违约方并非实际违约，而是一种违约的危险，但这种违约危险同样危害交易秩序和债权人的利益。

(2)预期违约的类型包括明确表示和以自己的行为表明两种情况。明确表示即明示毁约，指债务人在合同履行期到来之前，明确向对方做出不履行合同义务的意思表示的行为。而以自己的行为表明即默示毁约，是指债务人在合同履行期到来之前，通过自己的行为表明其根本无履行合同义务的诚意，表明在履行期限到来时不履行或不能履行合同义务。如一物多卖、转移财产、抽逃资金等行为。

(3)对预期违约，守约方享有选择权。守约方可以采取积极措施，依据《合同法》的规定，在履行期限届满之前违约方承担违约责任。守约方也可采取消极等待方式，待履行期限届满，追究违约方实际违约的违约责任。

2. 实际违约

实际违约，是指履行期限届满，当事人一方不履行或不适当履行合同义务的情形。包括不履行、迟延履行、不适当履行等。

不履行，又称完全不履行，是指合同生效后，当事人根本不履行合同义务，包括拒绝履行和履行不能。拒绝履行是指在合同履行期限届满之后，一方当事人无正当理由拒绝履行合同约定的全部义务的行为。如仓储合同中存货人取走货物后拒绝支付仓储费，就是拒绝履行的行为。履行不能是指因为某些事由的出现，债务人在事实上已没有履行合同的可能。如仓储合同中保管人将仓储物丢失，从而无法向存货人返还仓储物，就是履行不能的行为。如果没有免责事由，这种行为仍应由当事人承担违约责任。

迟延履行，是指合同履行期限届满而未履行债务，包括债务人的给付迟延和债权人的受领迟延。给付迟延指在履行期限届满时，债务人能够履行而没有按期履行债务的情形，这是债务人违约的最常见的表现形式。在许多情况下，迟延履行的债务人在迟延一段时间后仍会履行义务，因而与拒绝履行不同。受领迟延指债权人对于债务人的履行应当受领而不接受或不能接受的情形。

不适当履行，是指债务人虽然履行了债务，但其未完全按合同约定的数量、质量、履行方式和地点等履行债务的行为。主要包括：部分履行行为，如交付标的物在数量上不足；质量有瑕疵，标的质量不符合约定；履行方式不适当，如依约应一次履行而分期履行；履行的地点不适当，即未在合同规定的履行地点履行；其他违反附随义务的行为，如违反告知义务行为。

(四)承担违约责任的方式

1. 违约金

违约金,是指合同当事人在合同中约定,在合同债务人不履行或不适当履行合同义务时,向对方支付的一定数量的金钱。

违约金作为合同违约方在违约后承担的一种责任,必须在合同义务履行之前预先确定,一般由当事人订立合同时直接在合同条款中约定。违约金的数额由当事人预先确定,有利于非违约方的损失迅速得以补偿,免去了非违约方在另一方违约以后就实际损失难以举证的麻烦。

违约金具有补偿性,支付违约金的主要目的是使非违约方因对方当事人违约给其造成的损失得以弥补,而不是惩罚违约方。因此,我国《合同法》规定,当事人可以约定一方违约时应当根据违约情况向对方支付一定数额的违约金,也可以约定因违约产生的损失赔偿额的计算方法。约定的违约金低于造成的损失的,当事人可以请求人民法院或者仲裁机构予以增加;约定的违约金过分高于造成的损失的,当事人可以请求人民法院或者仲裁机构予以适当减少。

当事人就迟延履行约定违约金的,违约方支付违约金后,还应当履行债务。

2. 损害赔偿

损害赔偿,是指因合同一方当事人的违约行为给对方当事人造成财产损失时,违约方向对方所做的经济补偿。

损害赔偿的范围可根据合同当事人的事先约定。若合同约定了违约产生的损失额的计算方法,则按照约定的方法计算损失;若未约定的,则应按通常方法计算损失,即违约造成的实际损失,包括直接损失和间接损失。

对于下列情况发生的损害赔偿,可以减轻或者免除现任人的责任:(1)合理预见规则,损失赔偿额应当相当于因违约所造成的损失,包括合同履行后可获得的利益,但不得超过违反合同一方订立合同时预见到或应当预见到的因违反合同可能造成的损失。(2)减轻损失规则,即一方违约后对方未尽防止损失扩大的义务,对于扩大的损失不再享有赔偿请求权。《合同法》第119条规定:"当事人一方违约后,对方应当采取适当措施防止损失的扩大;没有采取适当措施致使损失扩大的,不得就扩大的损失要求赔偿。"

3. 继续履行

继续履行,是指违约方不履行合同时,另一方有权请求法院强制违约方在指定期限内按合同的约定履行义务。继续履行可以与支付违约金或损害赔偿等责任并存行使。

继续履行必须具备以下条件:(1)必须有非违约方的请求。法院或仲裁机构只有根据非违约方的请求,才能作出继续履行的裁决。若没有当事人的请求,法院或仲裁机构不得主动为之。是否请求继续履行是非违约方的一项权利,非违约方如果要求违约方继续履行,违约方拒绝,即可申请法院或仲裁机关裁决。(2)必须有继续履行合同的可能。如果法律上或者事实上不可能履行,则不能适用继续履行,如标的物灭失的合同等。(3)必须有必要和适合继续履行。如果债务的标的不适于强制履行或者履行费用过高,则不能适用继续履行。(4)非违约方需在合理期限内提出继续履行的要求。

4.定金

定金是合同担保的一种形式。另外,定金也是合同当事人承担违约责任的一种方式。与其他违约责任方式不同的是定金通常与实际的损害没有直接的关系,不论违约有没有给对方造成实际损害,违约方都应该按照定金罚则承担责任。所以,定金具有惩罚性,一般适用于较为严重的违约行为,如一方当事人不履行合同义务或者有违约行为致使合同目的不能实现等。

根据《合同法》规定,当事人在合同中既约定违约金又约定定金的,一方违约时,对方可以选择适用违约金或者定金条款,即不得同时主张违约金和定金。

5.其他补救措施

当事人履行标的质量不符合约定的,应当按照当事人的约定承担违约责任。对违约责任没有约定或者约定不明确,依照合同有关条款或交易习惯仍不能确定的,受损害方根据标的的性质以及损失的大小,可以合理选择要求对方承担修理、更换、重作、退货、减少价款或者报酬等违约责任。

当事人一方不履行合同义务或者履行合同义务不符合约定的,在履行义务或者采取补救措施后,对方还有其他损失的,违约方仍需承担赔偿损失的违约责任。

第四节 我国物流法体系的构建

一、物流法体系概述

物流法体系,是指由规范物流活动的各种法律规范按照一定标准所结成的有机联系的统一整体。[12] 研究物流法体系,是健全和完善我国物流法体系的需要,有利于从整体上掌握物流法的内容及内在联系。

从法律效力来看,我国物流法律法规可以分为以下三类:一是法律,如铁路法、海商法等。二是行政法规,如公路、水路、铁路、航空货物运输合同实施细则、海港管理暂行条例、公路管理条例、航道管理条例、关于发展联合运输若干问题的暂行规定、关于进一步发展国内集装箱运输的通知等。三是部门规章,如关于商品包装

---

〔12〕 孟咸美、钱芝网:《物流法概论》,中国时代经济出版社 2007 年版,第 14 页。

的暂行规定、商业运输管理办法、铁路货物运输规程、国际铁路货物联运协定、关于加强我国现代物流发展的若干意见、关于促进运输企业发展综合物流服务的若干意见等。

从体系结构上来看，我国现行物流法律体系由以下几部分构成：

（一）运输法律制度

运输法律制度是物流法律制度的最重要的组成部分，我国运输法律制度按照不同运输方式进行立法。近几十年以来，我国运输业的立法和实践，经历了计划经济体制阶段、十一届三中全会后至 1988 年的初步开放阶段以及 1988 年以后的快速发展阶段。经过 50 余年的探索和发展，我国已建立了包括公路运输、铁路运输、航空运输、水路运输、货运代理等方面的运输业的法律规范体系。

第一，公路运输法。在我国目前的基础设施中，公路的使用率相对较高，在短途物流配送中，公路运输的作用显得尤为重要。公路运输具有机动、灵活、适应性强、速度快特别是可实现“门到门”运输以及为铁路、水路、航空等运输方式集散商品的特点，一直以来都是我国较为传统的运输方式之一，发展速度也相对较快，因此对其予以调整的相关法律法规也相对比较健全。除《公路法》之外，还有《汽车货物运输规则》、《道路货物运输服务业管理办法》、《道路交通管理条例》、《城市道路管理条例》、《道路零担货物运输管理办法》等一系列法律规范。

第二，水路运输法。水路运输是最古老的运输方式，其优点在于运价低、运量大、通过能力强，缺点是速度较慢、受自然条件的限制较多。我国在水路运输方面的法律规范主要有《海商法》、《海上交通安全法》以及《国际海运条例》等。水路运输与公路运输一样管理部门多，法律调整容易产生冲突和矛盾，因此也需要部门协调和统一规划。

第三，铁路运输法。铁路运输在我国是仅次于公路运输的一种运输方式，其优点在于载重量大、速度较高、成本较低、抗风险能力强，缺点是投资大、建设周期长、运输灵活性差、短距离运输成本较高。我国在铁路运输方面的法律法规主要有《铁路法》、《铁路运输安全保护条例》、《铁路货物运输管理规则》和《铁路货运事故处理规则》等。

第四，民用航空运输法。在现有的运输方式中，民用航空运输是最新的，也是利用程度最低的运输方式，其运输速度最快、机动、灵活，但费用最高，在短途运输中速度快的优势很难发挥作用。我国关于航空运输的立法，除《民用航空法》外，主要还有《通用航空飞行管制条例》、《民用航空安全保卫条例》、《航空货物运输合同实施细则》等规范。在国际条约方面，我国先后签署、批准了 20 多个国际公约和议定书，并与 80 余个国家签订了双边航空运输协定，形成了我国的民用航空运输法律体系。但是，这些法律法规中有许多内容因航空业的迅速发展而显得相对滞后，并缺乏可操作性，在一定程度上限制了我国航空运输业的发展。

第五,货运代理法。货运代理是现代运输物流的一种普遍形态。关于货运代理的法律规范主要有原外经贸部颁布的《国际货物运输代理业管理规定》及《实施细则》。该规定借鉴了联合国亚太经济社会委员会(ESCAP)和国际货运代理协会联合会(FIATA)的有关条款,明确了国际货运代理人的法律地位。在外经贸部颁布的《外商投资国际货物运输代理企业审批规定》中,对中外合资企业从事国际货物运输代理业务的条件和报批程序作出了规定。

现有的货运代理法规在一定程度上缓解了货运代理业的混乱,但远远不能解决现实存在着的问题。由于上述货运代理规定均为部门规章,法律层次较低,条文过于笼统,缺乏可操作性,已无法适应我国加入WTO以后的既开放又竞争有序的国际货运代理服务市场。当前我国货运代理的问题主要表现为管理权限不能统一,未能明确无船承运人签发单证的法律地位等基本的法律问题。

(二)信息法律制度

现代物流的发展,与信息技术息息相关。现代物流发展的平台就是要有先进的信息技术。我国针对信息技术的立法目前还严重不足,主要有《计算机软件保护条例》、《计算机信息网络国际联网管理暂行规定》、《计算机信息网络国际联网安全保护管理办法》、《计算机信息系统安全保护条例》等。信息立法的特点主要是对知识产权的保护,商业秘密的保护以及电子商务所涉及的一系列问题。目前,我国有关电子商务安全的立法已初具规模,但相关立法比较分散,且效力不高,比如,我国有关计算机信息系统安全保护的法规和强制性标准名目众多,相当分散,执法人员和使用单位要了解情况,必须浏览、查找各种法规,这样给执法和普法带来了很大的不便,不利于对计算机信息系统安全进行保护。此外,现有法规多数属于行政法规,在适用上不具有法律的权威性。

(三)保险法律制度

同其他行业一样,物流服务离不开保险,保险具有转移风险的积极作用。我国《保险法》在财产保险方面的规定还比较明确,对物流的法律体系来说,就是要求当事人对“物”的风险通过保险手段化解的一些基本规范。投保国际货运代理责任险已成为发达国家或其国际货运代理协会或某些客户的强制要求。我国保险公司至今尚无一家承保国际货运代理责任险。

(四)合同法律制度

物流服务离不开合同,物流系统各个环节的衔接和实现是不断缔约和履约的过程。合同是规范物流过程中各种行为的重要的法律关系文件。《合同法》对运输合同、保管合同、仓储合同都有原则性的规定,对于包装、搬运等行为没有专门规定。但《合同法》的原则适用于各类合同。从物流过程来看,就是按《合同法》的基本原则来履行合同,并承担违约责任。

(五)竞争法律制度

通过法律手段加强对物流的组织管理,创造公平、公正的市场竞争环境,是政府职能的一部分。政府对物流行为的管理,主要是两项任务:一是反不正当竞争;二是反垄断。《反不正当竞争法》已于1993年颁布实施,《反垄断法》也于2007年出台,2008年8月1日起实施。

(六)物流标准体系

我国物流业已建立了一批物流标识标准,《中国物流标准化体系规范》和《物流术语》、《商品条码》、《物流单元格条码》等一些重要的国家标准已投入实施,但是这仍不足以解决我国物流标准化建设滞后的问题。我国物流标准化的主要问题是物流标准化基础薄弱,物流标准的制定和修订跟不上行业发展的需要,已经出台的物流相关标准总体质量不高,与物流相关的现有产业标准体系起步较低,缺乏系统性。目前,我国各主要行业迅速成长,并且形成了各自的标准化体系,如铁路、公路、民航、工业部门在建立物流系统时,或自行制定,或选择不同的物流标准,形式多样、版本不一。这些标准缺乏协调运作机制,如在信息技术方面,由于货物条形码标准不统一,有的物流公司要为每件进出仓库的商品更换条码标志,造成了成本核算以及人力、时间、效率等多方面的损失。物流标准化问题已经成为制约我国经济发展的"瓶颈"问题。因此,制定详细的具有针对性的物流标准体系已经成为我国物流法律体系必须解决的重要问题之一。

二、国外物流立法状况比较

物流产业的发展离不开物流法律的规制。我国的物流产业虽然起步较晚,但发展的速度很快,现已成为国民经济的重要增长源。由于诸多因素的限制,我国的物流法律制度明显落后,制约了物流产业的健康发展。美国和日本都是市场经济发达国家,也是物流产业非常兴盛的国家,它们在物流法律法规的完善及宏观政策的引导方面,各有特色,值得借鉴。

(一)美日物流立法状况

1. 美国物流立法

(1)虽未制定针对物流的专门法规,但通过适用不同物流业务环节的各种法律对物流业进行管制。美国物流服务提供者目前主要依照其服务内容的不同,在不同的营运范畴内分别遵守不同的法律条款。在美国从事铁路、公路、航空以及内河运输,必须遵守汇编在《美国法典》中的TITLE49的运输法和联邦法规汇编中的TITLE49法案;而从事海上运输则必须遵守《美国法典》中TITLE46的航运法和联邦法规汇编中的TITLE46法案。沿袭以往的各种法律从各个不同的业务环节来管制物流服务仍是十分有效的。

(2)对整个物流业的宏观管理以市场法律规制为主,以行政政策、措施及规划为辅。在物流的宏观管理方面主要以运输业为中心进行立法,如20世纪80年代颁布的《汽车承运人规章制度改革和现代化法案》(该法案放宽了汽车承运人的市场准入条件,鼓励汽车承运人扩大服务范围)、《斯塔格斯铁路法》(该法案解除了政府对铁路行业的管制)、《航运法》;在 90 年代,美国又相继通过了《协议费率法》、《机场航空改善法》和《卡车运输行业规章制度改革法案》。特别应提到的是,为了适应当前世界航运大势,美国国会又修改了 1984 年《航运法》,推出了《航运改革法》。这一系列的法律改革,在某种程度上减少了国家对运输业的控制和约束,推动运输业更接近于自由市场体系,从而为充分发挥物流业的整体效应和实现供应链的一体化,提供了广阔的发展空间。

(3)在法律上放宽物流市场准入的管制,注重对物流企业的规范运作进行监管。从 20 世纪 80 年代开始,美国政府制定一系列法规,逐步放宽对公路、铁路、航空、航海等运输市场的管制,取消了运输公司在进入市场、经营路线、联合承运、合同运输、运输费率、运输代理等多方面的审批与限制,通过激烈的市场竞争使运输费率下降、服务水平提高。美国政府放宽对物流市场准入的管制的同时注重对物流企业的规范运作进行监管,特别是对与物流发展相关的环保和安全的管理日益加强。20 世纪 70 年代以来,先后通过了《运输安全法》、《清洁空气法》、《清洁水法》、《资源保护和恢复法》、《综合环境责任赔偿和义务法》、《危险品材料运输法》等,以尽量减少物流发展对自然环境和生产生活安全构成的威胁。美国政府对物流市场的管制,将重点从经济职能管理转向生产安全管理,通过不断改进政府对物流市场的管理,为加强行业自律,创造良好的物流市场环境,取得了比较明显的效果。[13]

2. 日本物流立法

(1)通过制定一系列关于综合性物流的法律法规,全面指导物流业的发展。20 世纪 90 年代以来,日本颁布了《物流法》、《物流二法》、《物流效率化法》、《综合物流施政大纲》、《新综合物流施政大纲》等一系列促进综合性物流发展的法律法规,全面指导物流业的发展。这一系列的法规政策为日本物流业的发展规划奠定了良好的政策平台,对日本物流业的发展起到了极大的推动和保障作用。

(2)对整个物流业的宏观管理以行政政策、措施及规划为主,以市场法律规制为辅。日本物流发展的重要特征是体现政府较强的主导作用,由政府明确制定发展物流的纲领性政策文件,从总体上引导本国物流业发展的政策措施。1996 年,日本政府在其《经济结构的变革和创造规划》文件中指出"物流改革在经济构造中是最为重要的课题之一",并规划:"到 2000 年为止,既要达到物流成本的效率化,又要实现不亚于国际水准的物流服务。"为此,日本政府提出"各相关机关要联合起来共同推进物流政策和措施的制定"。根据这一精神,日本政府又于 1997 年 4

〔13〕 陈金涛、颜南:"美日物流法律制度比较及对我国的启示",载《物流管理》2008 年 4 月。

月4日,制定了一个具有重要影响力的政策文件——《综合物流施策大纲》。

(3)运用法律手段管理物流流通环节的秩序,确立中小企业的地位并引导其适应经济发展。一方面,为避免无序竞争,保护中小商业企业,日本注重运用法律手段管理流通环节秩序,以建立有序、自由公平竞争的市场环境。如制定《独占禁止法》,禁止出现控制产品价格、生产数量和流通途径的垄断企业集团,以保护广大中小企业的利益,维护公平竞争。另一方面,在物流流通环节,由于日本的小店铺过多、过小,流通环节多,为保护中小商业企业,原通商产业省出台了《大规模零售店铺法》,对大零售企业的营业时间等给予限制;还出台《零售商业调整特别措施法》及《中小企业基本法》、《中小企业指导法》和《中小零售商业振兴法》,以规范各个企业的行为,帮助中小商业企业发展。

(二)其他国家物流立法

1.加拿大物流立法

加拿大政府在交通运输物流管理中实行的是法制化管理,主要是担当政策制定和实施监察职能。

其运输管理部门是由两个独立的交通运输管理机构组成的:加拿大运输部和加拿大运输署。两者在交通运输管理中分工明确,所担负职能完全不同,共同成为交通运输管理体系的组成部分。运输部的主要职责是制定运输法规、监督运输法规的实施。在有关交通运输政策和法律层次上,加拿大主要是联邦政府和省政府发挥管理职能作用。联邦政府的职能主要体现在综合运输的协调方面,通过制定法律、法规和实施经济制裁来进行宏观管理;各省则制定有关运输安全管制方面的法规。运输署是加拿大交通运输行业独立的、半司法性质的运输管理仲裁机构,相当于加拿大准法庭,主要负责执行加拿大议会颁布的运输法规,调解或裁决交通运输中出现的各类经济纠纷和商业矛盾,实现旅客和货物的高效、便捷运输,同时还负责对联邦政府管辖的运输方式的运输经营人发放许可证。由于运输署是由各类具有丰富专业知识的专家(如运输专家、法律专家等)组成,所以能有效地解决有关交通运输商务问题,并对运输商务纠纷作出正确的裁决。加拿大运输管理所实行的立法与执法既相互独立又相互协作的体制,在国家交通运输行业管理中具有独到的优点。[14]

按照加拿大联邦政府机构体系,由议会和内阁作为立法和行政部门共同制定国家的法律法规。对交通运输而言,通常是由运输部在征求各相关人士意见的基础上,提出有关交通运输管理方面的法规草案,交联邦议会向社会公布,经广泛征求意见并讨论、审查通过后实行。目前,涉及交通运输行业的各类法案多达七八十个,涵盖铁路、公路、水路和航空等各种运输方式,对运输活动的操作标准包括交通

---

〔14〕 魏方:"我国物流立法基础问题研究",载 http://dlib.edu.cnki.net/。

安全、环保、经济手段、保险和保障、财政等进行界定。比如,《加拿大交通运输法》主要内容包括安全、经济效益、便捷、成本效益、不同运输方式间协调和服务范围、竞争等。此外,该法案还提出了交通运输政策取向。例如,国家运输系统应达到最高安全标准;尽可能利用竞争和市场作为提供经济有效的运输服务的基本手段等。此外,为了顺利实施各种法规,还制定了600多个条例,作为法规执行的具体操作依据。

加拿大交通运输物流法规体系的主要构成包括:加拿大交通运输法、加拿大海商法、加拿大海洋运输法、加拿大港务局法、加拿大交通事故调查和安全委员会法、领港法、航空法、货物空运法、货物水运法、机动车运输法、海洋运输安全法、机动车安全法、铁路安全法、铁路改线和交叉口法、铁路运输安全法、集装箱安全常规法、危险品运输法、运输协商豁免法、机场转让法、民用航空服务商业化法、交通部法、海运保险法、国际航空服务禁律法、圣劳伦斯水道管理局法等。

2. 德国物流立法

德国政府依据法律程序推进铁路改革。为确立与铁路改革相配套的法律体系,德国政府修改了宪法的有关条款和100多个相关的法律、法规,形成与改革相适应的法制环境,为铁路实现从政府机构向企业转变创造前提条件。保障德国铁路改革的法律文件体系主要是由6个子法规组成的"铁路重组议案",其内容包括两德铁路合并重组法、德国铁路股份公司组建法、联邦铁路管理法、地方短途铁路客运管理法、通用铁路法、既有法律法规修正法。一系列专门法律、法规的立法保障和要求,分阶段、系统性地稳步推进了德国铁路的改革。[15]

3. 法国物流立法

法国铁路长期实行政企合一的管理体制,存在着各种矛盾,使铁路陷入经营困境。为促进铁路改革发展,法国总统于1997年2月13日颁布《改革铁路运输业,成立"法国铁路网公司"公共机构的政令》,对法国铁路的管理体制实行重大改革。通过组建路网公司,把法铁公司原承担的国家铁路网建设责任分离出来,法铁公司承担的职能相应调整为主要承担客货运输经营责任。为保证改革的顺利实施,法国议会同时修改了《法国国内运输法》,进一步从法律上明确政府与法铁公司各自的职能。法铁公司最终得以剥离政府职能,解除沉重的基础设施负担,真正实行自负盈亏、市场化经营,公平地参与运输市场的竞争,这完全得益于立法推进与立法保障。

4. 英国物流立法

英国的道路运输市场管理是通过建立运输营运执照制度展开的。自1933年

---

〔15〕 郑国华、肖龙文、宾斌:"国外以立法促进铁路改革的经验和启示",载《中国铁路》2001年第11期。

实行的控制运输能力的执照制度,限制持有执照的专业运输企业车队的规模和经营范围,以保护铁路的货源。经过半个多世纪的发展,英国的道路运输执照制度经历了以保护铁路为目标,到以安全、效率和环境为目标,以及从着重数量控制到着重质量控制的执照制度的演变过程。英国目前的道路运营执照制度主要关心的还是安全,通过对进入道路运输行业的经营者的质量控制而达到安全的目标。

(三)国外物流法律制度的启示

1. 根据本国物流业的不同环境和发展规划制定相应的法律法规。物流运作本身属于为客户提供的物流服务,运作过程不仅表现为物流企业的经营活动,还往往涉及公众利益和国家经济安全。因此,政府在物流业发展中发挥积极作用是营造良好物流法制环境不可缺失的重要一环,也是物流业发达国家的成功经验之一。美、日两国政府方面都采取相应的法律、法规及政策来促进本国物流业的发展,这些法律制度虽然各有侧重,但大同小异,方向和目的是一致的。

2. 健全完善的物流法律体系为物流业的发展提供了强有力的法律保障。竞争是不受限制的,但流通应是有序的,物流要实现物尽其流的目的,政府必须通过制定相应的法律、法规对物流行为进行约束。美、日两国物资流通活而有序,重要原因是法制健全,用法律来规范人们的经营行为,成为自觉的行动。为了推动本国物流的发展,两国各自在其完善的运输及商品流通法律体系的基础上,不断制定和修改有关物流的法律体系。由于法制健全、相互配套,因而促进了产业的协调发展,保障了市场的平稳运行和经营的规范化。由于美、日两国市场经济制度非常完善,市场运行完全依照经济规律、市场规律,政府不直接干预,但政府通过制定法律法规和规划,来引导企业和市场健康发展。同时,在经济活动过程中,管理者与被管理者能够依法办事、守法经营,使得物流市场经营行为规范,物流市场秩序良好。

3. 政府对物流业发展的宏观指导与规划方面发挥重要的作用。现代物流的发展过程难度大、投入多、技术密集,只有政府的扶持才能使物流产业得到顺利发展。另外,物流产业的功能发挥涉及众多的相关产业和部门,许多问题不是物流产业本身所能解决的,需要由政府统筹解决,加强管理,缓解矛盾。因此,物流和物流业的发展必须在政府的宏观指导下进行,将物流纳入经济发展总体战略目标,制定物流发展的政策,对物流发展作出规划和提出实施原则,以指导行业的发展,同时又要制定必要的政策法规对物流进行监控、协调和管理,促进市场经济及物流业的发展。从美国、日本物流发展的过程中可以清楚地看到政府在对物流进行规划、监控、协调等宏观管理上的重要作用。政府通过对物流业发展的宏观指导与规划来保障现代物流的快速发展,既是现代物流自身发展的需要,也是社会经济协调发展的需要。

三、我国物流立法的现状

到目前为止,我国还没有一部专门的、统一的《物流法》,我国现行的调整物流方面的法律法规都散见于关于物流各个环节的法律、法规、规章和国际条约、国际惯例以及各种技术规范、技术法规中，它们主要包括以下方面：

1. 涉及物流活动中主体方面的法律规范。对物流法律关系主体进行规范的物流法律法规主要有《公司法》、《合伙企业法》、《个人独资企业法》等，它是我国物流法律法规的重要组成部分。

2. 涉及物流活动中贸易环节的法律规范。涉及贸易方面的法律主要有《联合国国际货物买卖合同公约》、《国际贸易术语解释通则》、《合同法》、《对外贸易法》等。

3. 涉及物流活动中运输环节的法律规范。物流法律法规中有关运输方面的法规较多。公路运输方面的，例如《中华人民共和国公路法》、《中华人民共和国公路管理条例》、《汽车货物运输规则》等；铁路运输方面的，例如《中华人民共和国铁路法》、《铁路货物运输规程》、《铁路运输安全保护条例》等；水路运输方面的，例如《中华人民共和国海商法》、《中华人民共和国海上交通安全法》、《水路货物运输合同实施细则》等；航空运输方面的，例如《中华人民共和国民用航空法》、《中华人民共和国民用航空安全保卫条例》、《通用航空飞行管理条例》等。

4. 涉及物流活动中仓储保管环节的法律规范。主要包括《中华人民共和国海关对保税仓库及所存货物的管理规定》、《仓储保管合同实施细则》以及《合同法》第十九章“保管合同”和第二十章“仓储合同”的相关规定等。

5. 涉及物流活动中包装环节的法律规范。我国关于包装环节的法律规范主要体现在对包装标准的规定中，例如《危险货物运输包装通用技术条件》、《一般货物运输包装通用技术条件》等。

6. 涉及物流活动中搬运配送环节的法律规范。搬运配送环节的法规，例如《集装箱汽车运输规则》、《港口货物作业规则》、《铁路装卸作业安全技术管理规则》等。

7. 涉及物流活动中流通加工环节的法律规范。例如我国《合同法》第十五章“承揽合同”的相关规定。

8. 涉及物流活动中货运代理方面的法律规范。例如《中华人民共和国国际货物运输代理业管理规定》、《中华人民共和国国际货物运输代理业管理规定实施细则》等。

9. 涉及物流活动中保险方面的法律规范。包括《中华人民共和国保险法》中的一些相关规定。

10. 涉及物流活动中电子商务方面的法律规范。有《中华人民共和国电子签名法》、《中华人民共和国计算机信息系统安全保护条例》、《计算机软件保护条例》等。

11. 涉及物流活动中竞争方面的法律规范。主要就是《中华人民共和国反不正当竞争法》和《中华人民共和国反垄断法》。

四、我国现行物流立法的主要问题

由于计划经济体制的影响以及历史条件的限制，我国的物流立法工作还比较落后，物流法律制度还存在不少问题，主要表现在以下几个方面：

1. 现有规范不协调。从总体结构上来看，我国目前还没有一部专门而系统的调整物流法律关系的部门法。现行的物流立法涉及众多部门，如交通、铁道、航空、内贸、外贸等，而这些法律法规过于分散，缺乏系统性，甚至各个法律法规之间还存在着不协调和冲突的现象，这就使得物流法律法规的指导性和规范性作用难以落到实处。

2. 现有规范不完整。从完整性上来看，不少物流关系没有法律法规加以调整和规范，物流业仍有不少法律"真空地带"。物流业发展迅速，现代物流业务已经远远超出最初的仓储运输，而对于出现的新业务和新问题，原有的物流法律法规没有对其进行调整和规范。比如对于物流标准化问题，我国目前只颁布了《国家物流术语标准化规定》，而对于其他各个方面的标准则无规定。

3. 法律规范效力层次低。从法律效力上来看，我国现行的物流法律法规层次较低，法律效力不强。现行很多物流法律法规多是由中央各部委、地方制定和颁布，大多是一些条例、办法、规定和通知等，规范性不强，在具体运用中缺乏可操作性，难以产生法律效力，多数只适合作为法庭审判的参照性依据，不利于调整各物流主体之间的相互关系。

4. 物流立法相对滞后。从时效性上来看，我国物流法律法规相对滞后。随着经济体制、管理体制以及市场环境等的变化，现代物流与传统物流已大为不同，但由于现行的一些物流法规还是从原计划经济体制中延续下来的，所以很难适应市场经济环境下物流的发展，更难适应我国加入 WTO 以后物流国家化发展的需要。

五、建立健全我国物流立法的必要性

物流，起源于美国，发展于日本，成熟于欧洲，拓展于中国，这是公认的世界物流发展轨迹。加快我国现代物流发展，对于优化资源配置，调整经济结构，改善投资环境，增强综合国力和企业竞争能力，提高经济运行质量与效益，实现可持续发展战略，推进我国经济体制与经济增长方式的根本性转变，具有非常重要而深远的意义。[16]

法律作为重要的社会调节机制，任何一个领域的发展都离不开法律对"发展秩序"的确认、调整和维护，现代物流业也概莫能外。物流业是市场经济的重要组成部分，市场经济是法制经济。在实行市场经济改革和加入世贸组织的大背景下，起步较晚的中国物流业机遇与挑战并行，制定并完善相关的物流法是中国物流业

---

〔16〕 孟咸美、钱芝网：《物流法概论》，中国时代经济出版社 2007 年版，第 18～19 页。

实现跨越式发展、走向世界的基本制度保障。构建物流法律体系，是我国融入国际物流一体化、发展现代物流业的必然选择，也是促进我国物流经济良性发展，稳定我国社会主义物流秩序，提高我国在国际物流领域地位的法治需要。

（一）大力发展物流业的需要

现代物流已经成为社会经济的重要部分，在服务业中具有举足轻重的地位。物流业被普遍认为企业在降低物质消耗、提高劳动生产率以外的“第三利润源”。物流业在我国的发展也很迅速，创造了数以百万计的就业机会。物流已经把单一的运输变为综合性的物资流通，这样的行业，需要有相应的法律法规进行宏观管理和微观规范。

（二）有效规范物流行为的需要

大多数的物流行为是可以分拆为若干个单行法律来调整和管理的，但涉及综合性的行为就缺少法律依据，现实中，物流供应商、供货商和需求商之间的关系，不能简单归结为一种运输关系或者代理关系，在运输中也不会是单纯的铁路、公路或者其他方式的运输，这诸多的物流行为都需要法律的规范和引导。

（三）维护当事人合法权益的需要

随着物流业的不断发展，产生了多方的、全新的关系，亟须法律的规范和调整。传统的单一立法已经不能满足客观需求，因此，制定相对统一的物流法是非常必要的。

（四）完善市场经济法律体系的需要

社会主义市场经济的发展，必须由法律来引导、规范、保障和约束，因此，市场经济就是法律经济，必须建立健全和完善市场经济法律体系，而物流是市场经济大系统中的一个重要子系统，它与经济社会发展的关系极为密切。物流成为一个独立的经济部门，是经济社会发展的必然结果；反过来物流自身的发展程度也取决于经济社会发展的程度，无论从微观经济的运行还是从宏观经济的运行上，物流都起着重要的作用，尽快建立健全物流法规也显得十分必要。

六、完善我国物流法体系的建议

（一）整合现有物流法律法规

现有的物流法律法规体系涵盖与物流相关的各种法律法规文件，它们是由不同层次、不同类别的和物流直接或间接相关的法律法规文件组成的统一整体，当务之急是要对各种物流法律法规进行清理、修改、补充和整合，以提高物流法律规范的层级效力和立法水平，增强其可操作性和透明度，疏通各单行法律规范之间的承接和递进关系，形成一个层次分明、结构严谨的物流法律法规框架。在利用 WTO 规则、遵循相关国际惯例的基础上，针对不同法律法规的实际情况，通过修订、废止现有法律和适当补充立法的方法，清理、修正相关的法律法规，制定与 WTO 规则相协调的法律法规。

(二)确立目前物流立法的重心

1. 为了避免跨部门物流法律法规体系内部出现重复和矛盾,需要确立物流运行共同遵循的原则,这样可以防止在物流产业内部以及中央、地方物流管理过程中产生分歧和冲突。

2. 应加强电子商务物流立法。物流的发展与电子商务有着极其密切的联系,而我国物流体系的相对滞后影响了电子商务的发展,因此应该尽快制定出切实可行的电子商务物流法律规范,以促进物流和电子商务进行联合,最终加快电子商务的发展。

3. 应该加强地方物流立法。由于我国经济发展不平衡,物流发展在各个地区之间存在较大差异,所以各地区应该根据当地实际情况,制定出符合本地区的物流法规,以便加快各地区物流业的发展,并为全国性的宏观物流法律的制定提供经验和依据。

(三)构建物流法律法规体系框架

在具有了一定立法积累的基础上,在时机成熟的条件下,我们应结合中国物流发展的实际情况,遵循国际惯例,借鉴国外相关立法经验,制定系统完善的物流法。借鉴日本的立法经验,结合我国的实际情况,目前多数学者认为我国物流立法应该包括以下几个方面:一是物流主体法,即确立物流主体资格、明确物流主体权利义务和物流产业进入和退出规制的法律规范;二是物流行为法,即调整物流主体从事物流活动行为的法律规范,它是各种物流交易行为惯例法律化的产物;三是物流宏观调控法,即调整国家与物流主体之间以及物流主体之间市场关系的法律规范;四是物流标准法,即确定物流行业相关技术性标准的法律规范。

第二章　物流主体法律制度

第一节　物流企业概述

一、物流企业的概念

我国国家质量监督检验检疫总局、国家标准化管理委员会于2005年出台的《物流企业分类与评估指标》对物流企业进行了定义："物流企业应是至少从事运输（含运输代理、货物快递）或仓储一种经营业务，并能够按照客户物流需求对运输、储存、装卸、包装、流通加工、配送等基本功能进行组织和管理，具有与自身业务相适应的信息管理系统，实行独立核算、独立承担民事责任的经济组织，非法人物流经济组织可比照适用。"

国家质量技术监督局颁布的《国家标准物流术语》中规定，物流企业是指从事物流活动的经济组织。

从相关部门对物流企业的定义来看，物流企业主要有三个基本特征：(1)物流企业是独立的法人组织；(2)物流企业是应当能够自负盈亏、独立经营、独立承担责任的经济组织；(3)物流企业主要是从事物流活动的经济组织。从法律上来讲，物流企业是指以营利为目的专门从事与商品流通有关的各种经营活动，依法自主经营、自负盈亏的经营单位。[1] 具体来讲，物流企业是以营利为目的对物品进行运输、储存、装卸、流通加工、搬运、包装、配送、信息处理等物流操作的经济组织，它集运输、储存、装卸、流通加工、搬运、包装、配送、信息处理等作业流程为一体，把物品从生产地送到用户手中。

二、物流企业的特征

1. 物流企业具有多功能性。传统的物流企业只是提供保管和运输服务，随着市场的发展，现代物流企业在供给商（包括生产商、供应商）和消费者（包括生产消费者和生活消费者）之间架起了一道桥梁，承担着两者之间的储存、运输、加工、包装、配送、信息服务等全部活动，具有多功能性。

---

〔1〕 孟琪：《物流法概论》，上海财经大学出版社2004年版。

2. 物流企业具有营利性。物流企业是自主经营、自负盈亏,以获取利润和创造、积累社会财富为目的的营利性组织。物流企业的营利性特征有两层含义:其一是设立物流企业的目的是为了获取利润;其二是物流企业应连续从事同一性质的经营活动。

3. 物流企业是具有法律所规定的主体资格的经济组织。物流企业在法律上必须能够享受权利和承担义务。法人能够依法独立享有民事权利并承担民事义务,当然是最符合物流企业特点的一类组织,但是其他的非法人企业,只要具有法律所规定的主体资格,能够享受权利和承担义务,专门从事物流活动,也应属于物流企业。

三、物流企业的分类

(一)根据物流企业所从事物流业务的范围划分

1. 单一物流企业

单一物流企业,又称功能性物流企业,是指仅从事仓储、运输、包装、装卸等一项或几项物流服务的物流企业。这类企业按照其从事的具体物流功能的不同,又可以分为以下几类:

(1)运输服务型物流企业

运输服务型物流企业,是指使用运输工具对物品进行运送,以实现物流空间效用的企业。它是以从事货物运输服务为主,包括小件包裹快递服务或代理运输服务,并包含其他物流服务活动,具备一定规模的实体企业。这类企业的主要业务活动应以为客户提供门到门运输、门到站运输、站到门运输、站到站运输等一体化运输服务,以实现货物运输为主;另外,根据客户需求,运输型物流企业可以提供物流功能一体化服务。

(2)仓储服务型物流企业

仓储服务型物流企业,是指以仓储保管业务为营利手段的企业。它是以从事区域性仓储服务为主,包含其他物流服务活动,具备一定规模的实体企业。这类企业以为客户提供货物储存、保管、中转等仓储服务,以及为客户提供配送服务为主;另外,企业可以为客户提供其他仓储增值服务,如商品经销、流通加工等。

(3)包装服务型物流企业

包装服务型物流企业,是指采用适当的材料,制成与物品相适应的容器,对物品进行包裹、捆扎,以便物品装卸、搬运、运输、保管和销售的企业。

(4)装卸服务型物流企业

装卸服务型物流企业,是指从事对物品以人力或机械把运输设备装入或卸下等搬运活动,以改变物品的存放状态和空间位置的物流服务活动的企业。

(5)信息服务型物流企业

信息服务型物流企业,是指通过互联网,利用信息网络、电子商务等方式向社会、企业及个人提供新闻、行业动态、企业目录、供求检索等信息服务的电子商务物流企业。

2. 综合物流企业

综合物流企业，是指从事原材料、半成品从生产地到消费地之间的运输、储存、装卸、包装、流通加工、配送、信息处理等全部物流服务的物流企业。它是从事多种物流服务活动，并可以根据客户的需求，提供物流一体化服务，具备一定规模的实体企业。这类企业的业务经营范围广泛，可以为客户提供运输、货运代理、仓储、配送等多种物流服务项目，并能够为客户提供契约性一体化物流服务；另外，它还可以为客户制定整合物流资源的解决方案，提供物流咨询服务。综合型物流企业所从事的是综合的全部的物流服务，但并不是物流服务的简单累加。它要求物流企业将其所从事的物流服务有机结合，从生产地到最后的消费地的整个过程中，物流企业应提供全面的服务，使该过程形成一个连贯的整体。到目前为止，我国几乎还不存在这种综合性的物流企业。而国外的综合性的物流公司较多，比如，日本的日通公司是全球最大的综合物流服务公司之一，它的服务范围除了空运服务和海运服务外，还提供卡车运输、搬家、小包装递送、铁路运输、国内海运、重物托运、仓储、艺术品运输等业务。[2]

（二）根据物流企业提供物流服务的区域划分

1. 国内物流企业

国内物流企业，是指在某一国内开展业务，从事物流活动的企业。我国的国内物流企业一般规模都相对较小，其所从事的业务范围均以单一的物流方式或集中物流服务的组合方式为主，综合型物流企业在我国几乎还不存在。我国的国内物流企业还处于物流发展的初级阶段，现有的各单一物流企业主要是由原来的运输车队或某商业单位的仓库分离改制后而逐渐建设成的物流配送仓储公司。

2. 国际物流企业

国际物流企业，是指从事不同国家之间物流服务的企业。它是国际贸易活动中一个重要的组成部分，负责货物从一国到另一国的空间转移。到目前为止，世界上大部分较有实力、具有一种或一种以上运输工具的承运人（包括海运公司、铁路公司、汽车运输公司等）均已尝试开展国际物流业务，并逐渐发展成为国际物流企业。另外，还有大量的货运代理公司、报关行和无船承运人开始或已经承办国际物流业务，使国际物流企业的队伍得以迅速发展。我国在发展国内物流服务的同时，也应该注重建立和完善国际物流服务，发展国际物流企业。

四、物流企业主要的经营方式

提供物流服务的物流企业的经营方式主要有三种：

---

〔2〕 王芸：《物流法律法规与实务》，电子工业出版社2007年版，第27～28页。

(一)企业独立经营型

在物流服务中,实施单一功能物流服务的企业几乎全部是独立经营型物流企业。实施综合物流服务的物流企业尽管从总体上讲是独立经营,但其内部环节相当复杂。尤其在涉及仓储、运输、联运甚至国际联运的情况时。一般情况下,企业在各服务全程的两端及中间各转接点处均设有自己的子公司或办事处等形式的派出机构或分支机构,处理有关服务业务等运输和衔接中所需的一系列事务。

(二)企业间联营型

涉及综合的跨地区或跨国的物流服务时,各物流企业往往采取联营方式,即采用位于服务全程两端的地区或国家的两个(或几个)的企业联合经营的方式,联营的双方互为合作人,分别在各自的地区或国际内开展业务活动,揽到货物后,按货物的流向及运输区段划分双方应承担的工作。

(三)代理方式

在服务全程的两端和中间各衔接地点委托外地区或国外同行作为物流服务代理,代理或安排全程服务中的分运工作和交接货物,签发或回收联运单证,处理交换信息代收支付费用和处理货运事故和纠纷。这种代理关系可以是相互的,也可是单方面的。

第二节 物流企业的市场准入

企业市场准入制度是有关国家和政府准许企业进入市场,从事商品生产经营活动的条件和程序规则的各种制度和规范的总称。它是商品经济发展到一定历史阶段,随着市场对人类生活的影响范围和程度日益拓展和深化,为了保护社会公共利益的需要而逐步建立和完善的。

市场准入制度是国家对市场进行干预的基本制度,它作为政府管理的第一环节,既是政府管理市场的起点,又是一系列现代市场经济条件下的一项基础性的、极为重要的经济法律制度。

一、我国内资物流企业的市场准入

内资企业的市场准入是指我国内资进入物流市场并参加市场活动的条件。具体分为以下三类:

(一)一般物流企业的市场准入

我国对内资物流企业从事一般的物流行业,没有特殊的限制,一般只要符合相应形式的企业设立的条件即可到工商登记机关申请设立登记,如一般的批发业、货物仓储等行业的市场准入。

(二)特殊物流企业的市场准入

特殊物流企业在成立时,需要经相应主管部门审批后,才能到工商登记管理机关进行设立登记。这类企业必须经过主管部门审批才能进入市场,从事物流经营活动。到目前为止,我国的大部分物流企业都必须经过相应的行业主管部门审核批准才可以设立。

(三)关系国计民生的物流企业的市场准入

对于一些涉及我国经济命脉的物流企业,如铁路运输、航空运输等,其市场准入的条件十分严格。由于这类物流企业对国家经济、军事、政治等各方面都有很大的影响,甚至涉及国家的领土和主权问题,所以这类物流企业一般都须经过国务院的特许才能设立。

我国一些特殊物流企业市场准入的主要法律规范如下:

1. 公路运输方面:《道路货物运输及站场管理规定》

交通部于2008年修订的《道路货物运输及站场管理规定》中规定,从事道路货物运输经营和道路货物运输站(场)经营的,应向县级以上道路运输管理机构提出申请。申请人应具备以下条件:

(1)申请从事道路货物运输经营的,应当具备下列条件:

①有与其经营业务相适应并经检测合格的运输车辆。首先,车辆技术要求。一是车辆技术性能应当符合国家标准《营运车辆综合性能要求和检验方法》(GB18565)的要求;二是车辆外廓尺寸、轴荷和载质量应当符合国家标准《道路车辆外廓尺寸、轴荷及质量限值》(GB1589)的要求。其次,车辆其他要求。一是从事大型物件运输经营的,应当具有与所运输大型物件相适应的超重型车组;二是从事冷藏保鲜、罐式容器等专用运输的,应当具有与运输货物相适应的专用容器、设备、设施,并固定在专用车辆上;三是从事集装箱运输的,车辆还应当有固定集装箱的转锁装置。

②有符合规定条件的驾驶人员。首先,取得与驾驶车辆相应的机动车驾驶证;其次,年龄不超过60周岁;最后,经设区的市级道路运输管理机构对有关道路货物运输法规、机动车维修和货物及装载保管基本知识考试合格,并取得从业资格证。

③有健全的安全生产管理制度,包括安全生产责任制度、安全生产业务操作规程、安全生产监督检查制度、驾驶员和车辆安全生产管理制度等。

(2)申请从事货运站经营的,应当具备下列条件:①有与其经营规模相适应的货运站房、生产调度办公室、信息管理中心、仓库、仓储库棚、场地和道路等设施,并经有关部门组织的工程竣工验收合格;②有与其经营规模相适应的安全、消防、装卸、通讯、计量等设备;③有与其经营规模、经营类别相适应的管理人员和专业技术人员;④有健全的业务操作规程和安全生产管理制度。

2. 水路运输方面:《中华人民共和国水路运输管理条例》

该条例规定:设立水路运输企业、水路运输服务企业以及水路运输企业以外的单位和个人从事营业性运输,由交通主管部门根据本条例的有关规定和社会运力运量综合平衡情况审查批准。审批办法由交通部规定。对水路运输行业管理影响较大的非营业性船舶运输的审批办法,由交通部会同有关部门另行规定。具体而言,设立水路运输企业必须具备下列条件:(1)具有与经营范围相适应的运输船舶;(2)有较稳定的客源或货源;(3)经营旅客运输的,应当落实客船沿线停靠港(站)点,并具备相应的服务设施;(4)有经营管理的组织机构和负责人;(5)有与运输业务相适应的自有流动资金。水路运输企业以外的单位和个人从事营业性运输,必须具备以上第(1)、(2)、(3)、(5)项规定的条件,并有确定的负责人。

3. 航空运输方面:《中华人民共和国民用航空法》

《民用航空法》规定:公共航空运输企业,是指以营利为目的,使用民用航空器运送旅客、行李、邮件或者货物的企业法人。设立公共航空运输企业,应当向国务院民用航空主管部门申请领取经营许可证,并依法办理工商登记;未取得经营许可证的,工商行政管理部门不得办理工商登记。设立公共航空运输企业,应当具备下列条件:(1)有符合国家规定的适应保证飞行安全要求的民用航空器;(2)有必需的依法取得执照的航空人员;(3)有不少于国务院规定的最低限额的注册资本;(4)法律、行政法规规定的其他条件。

4. 代理业方面:《中华人民共和国国际货物运输代理业管理规定》

根据《中华人民共和国国际货物运输代理业管理规定》规定,国际货物运输代理企业必须依法取得中华人民共和国企业法人资格。设立国际货物运输代理企业,根据其行业特点,应当具备下列条件:(1)有与其从事的国际货物运输代理业务相适应的专业人员;(2)有固定的营业场所和必要的营业设施;(3)有稳定的进出口货源市场。国际货物运输代理企业的注册资本最低限额应当符合下列要求:(1)经营海上国际货物运输代理业务的,注册资本最低限额为500万元人民币;(2)经营航空国际货物运输代理业务的,注册资本最低限额为300万元人民币;(3)经营陆路国际货物运输代理业务或者国际快递业务的,注册资本最低限额为200万元人民币。经营前款两项以上业务的,注册资本最低限额为其中最高一项的限额。国际货物运输代理企业每设立一个从事国际货物运输代理业务的分支机构,应当增加注册资本50万元。

二、外商投资物流企业的市场准入

外商投资物流企业,是指境外投资者在我国境内以中外合资、合作等形式设立的从事物流活动的企业。设立外商投资物流企业,应向拟设立企业所在地的省、自治区、直辖市、计划单列市对外经济贸易主管部门提出申请,并提交相应的文件,由拟设立企业所在地的省、自治区、直辖市、计划单列市对外经济贸易主管部门提出初审意见，并将初审意见报国务院对外经济贸易主管部门批准。

我国对外商投资物流企业市场准入的主要法律规范如下：

1.《中华人民共和国中外合资经营企业法》及其实施条例

《中华人民共和国中外合资经营企业法》规定，允许外国公司、企业和其他经济组织或个人，按照平等互利的原则，经中国政府批准，在中华人民共和国境内，同中国的公司、企业或其他经济组织共同举办合营企业。根据《中华人民共和国中外合资经营企业法实施条例》，申请设立合营企业有下列情况之一的，不予批准：(1)有损中国主权的；(2)违反中国法律的；(3)不符合中国国民经济发展要求的；(4)造成环境污染的；(5)签订的协议、合同、章程显属不公平，损害合营一方权益的。在中国境内设立合营企业，必须经中华人民共和国对外贸易经济合作部审查批准。凡具备下列条件的，国务院授权省、自治区、直辖市人民政府或者国务院有关部门审批：(1)投资总额在国务院规定的投资审批权限以内，中国合营者的资金来源已经落实的；(2)不需要国家增拨原材料，不影响燃料、动力、交通运输、外贸出口配额等方面的全国平衡的。依据这两部法律法规，允许设立中外合营企业的物流行业主要有包装工业和服务业。

2.《中华人民共和国中外合作经营企业法》及其实施细则

《中华人民共和国中外合作经营企业法》规定，外国的企业和其他经济组织或者个人可以按照平等互利的原则，同中华人民共和国的企业或者其他经济组织在中国境内共同举办中外合作经营企业。《中华人民共和国中外合作经营企业法实施细则》规定了设立中外合作经营企业应当符合国家的发展政策和产业政策，遵守国家关于指导外商投资方向的规定。

3.《中华人民共和国外资企业法》及其实施细则

《中华人民共和国外资企业法》及其实施细则允许外国的企业和其他经济组织或者个人在中国境内创办外资企业。外资企业在中国境内从事经营活动，必须遵守中国的法律法规，不得损害中国的社会公共利益。设立外资企业，必须有利于中国国民经济的发展，能够取得显著的经济效益，并应当至少符合下列一项条件：(1)采用先进技术和设备，从事新产品开发，节约能源和原材料，实现产品升级换代，可以替代进口的；(2)年出口产品的产值达到当年全部产品产值百分之五十以上，实现外汇收支平衡或者有余的。申请设立外资企业，有下列情况之一的，不予批准：(1)有损中国主权或者社会公共利益的；(2)危及中国国家安全的；(3)违反中国法律法规的；(4)不符合中国国民经济发展要求的；(5)可能造成环境污染的。《中华人民共和国外资企业法》对外资企业可以从事的行业进行了禁止或者限制性的规定，物流服务中的交通运输是受到限制的。

4.《中华人民共和国国际海运条例》及其实施细则

《中华人民共和国国际海运条例》及其实施细则确定了外商从事国际海上运

输及其辅助服务的市场准入条件。经国务院交通主管部门批准，外商可以依照有关法律、行政法规以及国家其他有关规定，投资设立中外合资经营企业或者中外合作经营企业，经营国际船舶运输、国际船舶代理、国际船舶管理、国际海运货物装卸、国际海运货物仓储、国际海运集装箱站和堆场业务；并可以投资设立外资企业经营国际海运货物仓储业务。经营国际船舶运输、国际船舶代理业务的中外合资经营企业，企业中外商的出资比例不得超过49%。经营国际船舶运输、国际船舶代理业务的中外合作经营企业，外商的投资比例比照适用前款规定。

5.《外商投资民用航空业规定》中关于市场准入的规定

《外商投资民用航空业规定》明确了外国公司、企业及其他经济组织或个人投资民航业适用该规定。外商投资民航业范围包括民用机场、公共航空运输企业、通用航空企业和航空运输相关项目，禁止外商投资和管理空中交通管制系统。国家鼓励外商投资建设民用机场，鼓励外商投资现有的公共航空运输企业。外商投资方式包括：合资、合作经营（简称合营）；购买民航企业的股份，包括民航企业在境外发行的股票以及在境内发行的上市外资股；其他经批准的投资方式。外商以合作经营方式投资公共航空运输和从事公务飞行、空中游览的通用航空企业，必须取得中国法人资格。

6. WTO法律文本

我国加入WTO法律文本中涉及外商投资物流业的一些条款和内容如下：

（1）产品分销权方面：我国首次向外国公司提供分销权，取消现有的法规限制，在中外合资零售企业中允许外资控股，并开放所有省会城市；逐步取消地域限制、数量限制、股权或企业设立形式限制；除面积超过2万平方米的百货店和超过30家的连销店不允许外商控股外，其他没有限制。外商可以分销进口产品和我国制造的产品。分销权将会在我国目前限制最严格的分销行业实施，如批发、运输、维修等行业。

（2）服务业方面：我国承诺所有的服务行业，在经过合理过渡期后，将会取消大部分外国股权限制，不限制外国服务供应商进入目前的市场，不限制所有服务行业的市场准入和活动。同时在辅助分销的服务方面也作出了类似的承诺，具体包括租赁、速递、货物储运、货仓、技术检测和分析、包装服务等，这些方面的限制将在3～4年内逐步取消，而且加入WTO三年后，我国仓储行业可允许外商独资经营；四年后，我国公路、水运基础设施行业也将有条件地允许外商独资企业承揽工程。并且国外的服务供应商可以建立百分之百全资拥有的分支机构或经营机构。

（3）电子商务方面：根据协议，我国允许国外网络公司直接拥有中国网络公司49%～100%的股份，并允许相关的银行、运输和服务等领域的开放。另外，电子商务中ISP接入服务属于半开放到开放的领域。

（4）商业企业的开放：1999年6月25日，我国经贸委和外经贸部联合下发

《外商投资商业企业试点办法》，将试点地域扩大到省会城市、直辖市、计划单列市和经济特区，同时在京、津、沪、渝等地开放批发业。与商业有关的金融、保险、外贸、咨询、运输、工程承包、电信、旅游等领域也相应放宽了投资限制，如增加航空运输业外资航空公司的数量等。

(5)物流企业的开放：2002年6月20日，中国外经贸部发布了《关于开展试点设立外商投资物流企业工作有关问题的通知》，在北京、天津、上海和重庆四个直辖市，以及浙江、江苏、广东三省和深圳经济特区进行试点，允许外商以中外合资、中外合作的形式投资国际流通物流和第三方物流业务。

(6)道路运输和相关的汽车维修服务行业，从我国加入WTO时起，允许外商设立合营企业从事境内道路货物运输；一年后，允许外资控股；两年后，允许外商设立独资企业。

(7)在水路运输中，国际海上运输，包括货运和客运，允许外商设立合营船舶公司，但外资比例不得超过49%，合营企业享受国民待遇；允许外商设立合营企业从事船舶代理业务；允许外商控股的合营企业从事货物装卸和集装箱场站服务；允许外商以独资企业从事堆场业务。

第三节　物流企业的设立、变更与终止

一、物流企业的设立

(一)物流企业设立的含义

物流企业的设立是指物流企业的创立人为组建物流企业，使之具有法人资格，依照法定的条件和程序所实施的一系列的准备行为。[3] 设立物流企业必须同时具备形式要件和实质要件。形式要件是指创立人在设立特定的物流企业时依照法律规定的程序履行申报、审批和登记手续，依法取得从事物流经营活动主体资格的过程。实质要件是设立物流企业时所必须具备的条件，即有固定的生产经营场所和与生产相适应的人员；有物流企业运营的组织机构；有与物流经营活动相应的财产条件和必要的生产经营条件等。

(二)物流企业设立的原则

对于物流企业的设立，和其他企业设立一样，各国的立法采取了不同的原则，主要有以下几种：

1. 特许设立。通常适用于特定企业的设立，比如涉及国计民生的企业及承担特殊公共职能的公用企业等。

---

[3] 李玉峰：《物流法理论与实务》，电子工业出版社2006年版，第45页。

2. 核准设立。又称为许可设立，是指企业的设立除需要具备法律规定的各项条件外，还需要经过政府主管部门的审核批准才能设立的一种方式。

3. 登记设立。又称为准则设立，是指法律预先规定企业设立的条件，设立企业时不需要经过有关主管行政机关的批准，只要符合法律规定的这些条件即可到主管机关申请登记，经登记机关审查合格后予以登记注册，有效成立企业的一种设立方式。

4. 自由设立。是指法律对企业设立不予强制规范，企业的设立完全由当事人自由进行的设立方式。

目前，我国物流企业的设立和普通公司的设立相同，主要是核准设立和登记设立。

（三）物流企业设立应具备的条件

设立物流企业应当具备一定的条件，设立国内物流企业和国际物流企业所需要的条件有所不同。

1. 设立国内物流企业应具备的条件

（1）物流企业必须具有企业法人资格的负责人，负责与用户或其代表订立物流服务合同，必须具有经营管理的组织机构和业务章程。

（2）物流企业必须具有与经营能力相适应的自有资金，必须具有开展业务所需的流动资金和足够的赔偿能力，以确保物流企业在提供物流服务时，能够对服务过程中货物的灭失、损害和延误等承担运输责任。

（3）物流企业从用户或其代表手中接收货物后，即能签发自己的物流服务单证以证明合同的订立、执行和接收货物，并开始对货物负责。为保证该单证作为有价证券的流通性，物流企业必须在承担相关物流服务的过程中具有一定的资信或令人信服的担保。

（4）物流企业必须具有承担与其所签合同相适应的责任的技术能力。物流企业必须能够承担物流服务合同中规定的与仓储、运输和其他服务有关的责任，保证把货物交给物流服务单证的持有人或单证中指定的收货人。

2. 设立国际物流企业应具备的条件

以提供国际运输服务的企业为例，设立该类企业应具备的条件如下：

（1）国际物流企业必须建立自己的国际运输服务线路。许多开展国际物流服务业务的企业大多是在尽可能广泛地承办货主委托的前提下，重点办好几条运输线路。

（2）国际物流企业要有一支具有国际运输知识、经验和能力的专业队伍。该队伍应能有效地完成或组织完成全程运输，要与运输中涉及的各方建立良好的业务关系。

（3）国际物流企业在各条运输线路上要具备由完整的分支机构、代表或代理人组成的网络机构。国际物流企业要在各经营线路的两端和途中各转接点处设有分支机构或派出代表或委托适当的代理人来办理接收、交付货物和完成各区段运输、衔接、服务等事宜。

(4)国际物流企业在涉及多式联运的情况下,要能够制定各线路的多式联运单一费率。

(5)国际物流企业要有必要的设备和设施。国际物流企业可以是无船承运人,即自己可以不拥有人和运输工具,但必须有起码的业务设备和设施,如信息处理与传递的设备、集装箱货运站、接收及保管货物的仓库、一定面积的堆场、拆装箱设备和机具、堆场作业机械等,同时还应配备一定数量的集装箱和吊机设备。

(四)物流企业设立的程序

物流企业设立程序,是指物流企业的设立人向登记主管机关提出登记申请,登记主管机关对申请进行审查、核准以及准予设立登记和发布设立公告的程序。

1. 申请。企业设立登记必须向工商行政管理部门提交公司设立登记申请书,登记申请书应当载明法律要求说明的有关设立登记的全部事项,其中包括物流公司的名称、住所、经营场所、法定代表人、经营范围、注册资金、从业人数、经营期限、分支机构等。设立物流企业除了要提交企业设立登记的申请书外,还必须提交其他文件。

2. 核准和登记。物流企业登记申请人向公司登记机关提交设立登记申请,公司登记机关受理审核该公司的登记文件,直至核准申请并核发营业执照,或者驳回申请。

二、物流企业的变更与解散

(一)物流企业的变更

1. 物流企业的合并

物流企业合并,是指两家或两家以上的企业,依法达成合意,并依照法定程序合并为一家企业或创设一家新的企业的法律行为。合并分为新设合并和吸收合并两种。企业的合并能够在不增加投资的基础上,有效地利用现有资本存量,扩大企业规模,增强企业竞争能力,它是提高企业运营效率的重要手段之一。

物流企业依法合并后,主要有以下两个方面的法律后果:

(1)参与合并的各企业的变化。参与物流企业合并的企业可能会出现三种情况:企业设立、企业消灭、企业变更。在新设合并的场合下,参加合并的企业均归于消灭,同时创设了一家新的企业,消灭的企业必须办理注销登记,新设的企业则必须办理设立登记。在吸收合并的场合下,被吸收的企业法人资格消灭,吸收企业继续存续,但是其股东、资本等发生了重大变化,应当及时修改企业章程,并办理变更登记。

(2)物流企业权利和义务的概括承受。物流企业合并之后,不论在哪种情况下，存在的一家企业都应该概括承受原参与合并的各企业的权利和义务。

2. 物流企业的分立

物流企业的分立，是指已经设立的物流企业按照法律规定或者合同约定，依照一定的条件和程序，分立成两个或两个以上的物流企业。分立方式分为新设式分立和存续式分立。

物流企业分立后，主要有以下两个方面的法律后果：

(1)分立的物流企业的变化。在新设分立的情况下，原物流企业解散，被解散的物流企业需要办理注销登记，新设的企业需要办理设立登记。在存续式分立的情况下，由于原物流企业的注册资本等情况发生了变化，需要办理相应的变更登记，派生的企业应办理相应的设立登记。

(2)债务的承担。我国法律一般都要求分立后的企业共同对分立前企业的债务承担连带责任，这也是为了防止原物流企业在分立过程中恶意逃避债务。

3. 物流企业其他方面的变更

(1)物流企业类型的变更

在企业经营过程中，企业的组织形态和责任形式也会因为种种因素而发生变化。物流企业类型的变更，必须遵守法律对拟变更后企业的成立、资本、财务等的最低要求。我国原《公司法》只规定了有限责任公司向股份有限公司的转变，而新修订的《公司法》也确定了股份有限公司向有限责任公司的转变，完善了公司类型转变的制度。

(2)物流企业主要登记事项的变更

物流企业的主要登记事项，是指物流企业的名称、住所、经营范围、经营方式、法人代表、注册资金、经营期限、分支机构等事项。物流企业主要登记事项变更后，需要办理企业变更登记。

(二)物流企业的解散

物流企业的解散，是指已经设立的物流企业因发生企业章程或者法律规定的解散事由而停止其积极的业务活动，并开始处理未了结事务的行为。

1. 物流企业解散的原因

物流企业解散的原因主要有以下几种情况：[4]

(1)依法被撤销。物流企业依法被撤销，是指批准物流企业设立的行政主管机关等职能管理部门依照法律的规定，在其职权范围内对物流企业作出撤销决定而导致物流企业解散。

(2)自行解散。物流企业自行解散，是指依照企业章程规定的营业期限届满或者企业法人设立的目的已达到或者证明已经无法实现，企业自行终止或者由企

---

〔4〕 王芸：《物流法律法规与实务》，电子工业出版社2007年版，第39页。

业的权力机构如股东大会讨论决议,作出企业解散的决定。

(3)破产。物流企业破产属于广义的物流企业解散的情形。物流企业因为经营管理不善,不能清偿到期债务,经当事人的申请,人民法院依照法定程序,宣告该企业破产,而使其丧失法律主体资格。

(4)其他原因。主要是指国家经济政策调整、发生战争等原因导致物流企业的解散。

2. 物流企业解散的法律后果

物流企业解散后,即要进入清算程序。物流企业的清算是指在物流企业解散或者宣告破产后,依法组成清算组,对企业资产和债权债务进行清理处分,了结企业业务和债务,向出资者或股东分配剩余财产,终结企业的全部财产关系。

清算期间,物流企业不能为积极的行为,其主要的活动是了结业务、收取债权、偿还债务、分配剩余财产等。物流企业清算结束以后,就丧失了法律主体资格,不得再从事物流企业经营活动。但是在清算期间,在清算范围内,清算组可以以该企业的名义从事经营活动。

清算结束以后,清算组应该制作清算报告,报股东会、股东大会或者人民法院确认,并到原登记机关办理物流企业的注销登记。

第三章　物流采购法律制度

第一节　物流采购法概述

在现代物流活动中,不论是物流企业自身经营的需要还是为了满足用户的需求,物流企业都要进行大规模的集中采购,可以说离开了采购,物流企业的经营活动就无法正常进行,所以为了保证物流采购的有序进行,必须要有完善的物流采购法律制度。

一、物流采购与物流采购法

(一)物流采购

1. 物流采购的概念

采购是指单位或者个人基于生产、销售或消费等目的购买商品或劳务的交易行为。物流采购是指物流企业为了满足客户或者自身生产经营活动的需要而进行的商品或者劳务集中采购的行为。[1] 物流采购是物流企业生产经营活动的基础。

2. 物流采购的特点

随着现代物流的发展,现代物流采购也呈现出了以下特点:

(1)现代物流采购是信息化、网络化的采购。在现代物流采购中,供应链企业之间实现了信息共享和信息连通。供应商能随时掌握客户的需求情况,并根据需求情况的变化,主动调整自己的生产和送货计划。各个物流企业之间可以通过计算机网络进行信息沟通和业务处理。

(2)现代物流采购实现了零库存。现代物流采购中,用户无须设库存,因为现代采购是由供应商管理用户的库存的,用户实际没有库存,即零库存。

(3)现代物流企业需要采购双方的相互协调和配合。为了在市场上获得更大的经济效益,现代物流采购的双方会从不同的角度相互配合,各尽其力,以实现经济效益最大化。

(4)现代物流采购是由供应商负责送货的。为了降低库存,实现零库存,现代

---

〔1〕 姚会平:《物流法理论与实务》,西南财经大学出版社2007年版,第98页。

采购由供应商负责连续小批量、多频次的送货。

(5)现代物流采购节约了采购成本。现代物流采购中,供应商的责任与利润息息相关,所以供应商会自我约束,保证质量,货物很大程度上可以免检,这样就大大节约了费用,降低了成本。

(二)物流采购法律制度

1. 合同法中关于调整采购环节的法律法规

物流采购所形成的法律关系主要是买卖合同关系,因此物流采购受我国《合同法》的调整。我国《合同法》第九章中关于买卖合同的规定也可以适用于物流采购。

2. 国际货物买卖法中关于调整采购环节的法律法规

国际货物买卖法主要包括调整国际货物买卖的国内立法、国际条约和国际惯例。它是用来调整国际货物买卖过程中所产生的买方和卖方的权利义务关系,保障国际货物买卖顺利进行的法律规范。

(1)国内立法。我国有关国际货物买卖的国内立法主要有《中华人民共和国民法通则》、《中华人民共和国对外贸易法》、《中华人民共和国合同法》等。

(2)国际条约。有关货物买卖最有代表性的国际公约是《联合国国际货物买卖合同公约》,它是国际货物买卖法中最重要的法律规范,我国也加入了该公约。

(3)国际惯例。国际贸易中国际惯例很多,涉及诸多方面。在贸易术语方面的主要有《国际贸易术语解释通则》,在结算方面的主要有《跟单信用证统一惯例》等。

3. 招标投标法中关于调整采购环节的法律法规

《招标投标法》以及招标投标方面其他的法律法规都是以招标投标活动中的关系为调整对象的,在物流采购环节中,如果采用招标方式进行采购,都要适用这些法律法规。

二、物流采购的分类

物流采购按照不同的标准划分为不同的类型:

(一)按采购方式划分[2]

按采购方式的不同可以分为以下几类:

1. 直接采购。即直接向制造商进行采购,这是物流配送企业采用的最主要的采购方式。

2. 委托采购。即委托某代理商或者贸易公司向物料生产商进行采购的方式。

3. 调拨采购。即在几个分厂或者协作厂商和顾客之间,将过剩物料互相调拨支援进行采购的方式。

---

〔2〕 姚会平:《物流法理论与实务》,西南财经大学出版社2007年版,第100页。

（二）按采购价格确定方式划分

按采购价格确定方式的不同可以分为以下几类：

1. 招标采购。采购商将商品采购的所有条件详细列明，刊登公告，投标供应商按照公告的条件，在规定时间内，交纳投标押金，参加投标的采购方式。

2. 定价收购。当购买物料非常巨大，非几家厂商所能全部提供，或者在市场上这种物料匮乏时，则需要采取定价现款收购的方式。

3. 询价现购。采购方选取几家信用可靠的供应商，将采购的条件说明后，询问价格或寄以询价单促请对方报价，比较后现价采购的方式。

4. 议价采购。采购商和供应商经过讨价还价后，议定价格，进行采购的方式。

5. 比价采购。采购商请数家供应商提供价格后，经过比较来确定供应商，进行采购的方式。一般来说，询价、比价和议价是结合使用的。

6. 公开市场采购。采购商在公开交易或拍卖时，随时机动采购的方式。价格变动频繁的商品常常采用此种采购方式。

（三）按采购政策划分

按采购政策的不同可以分为以下几类：

1. 集中采购。这种采购由企业的采购部门全权负责企业采购工作，其他部门均无采购权。

2. 分散采购。即按照需要由各单位自行设立采购部门负责采购工作。此种采购一般适用于大型生产企业或大型流通企业。

三、采购中涉及的主要法律关系

采购中涉及的主要法律关系包括三种：买卖合同关系、承揽合同关系和租赁关系。

（一）买卖合同关系

买卖合同关系是采购环节中涉及的最主要的法律关系。在整个采购环节中，采购合同的签订和履行是关键，它主要涉及买卖合同关系。

（二）承揽合同关系

在采购过程中，采购商往往会将一些专业性比较强的业务交给别的专业公司来操作，由其他专业公司按照其要求完成该工作。在这个过程中，采购商与其他专业公司之间形成了一种承揽合同关系。在这种关系中，专业公司按照采购商的要求完成一定的工作，交付工作成果，采购商则接受工作成果并给付报酬。

（三）租赁关系

当涉及短期或者临时需要的工作时，以租赁的方式进行采购常常会被采用，因为这种情况下，承租人不必支付大额的购买费用，同时减少了所租用物过时的风险，还可以得到出租人的指导和一定的服务。在这种租赁关系中，出租人把自己的财产交给承租人使用，承租人支付租金，获得租赁的使用权。

四、物流采购中买卖合同当事人的权利和义务

买卖合同是典型的双务合同，所以一方当事人的权利即是对方当事人的义务，所以以下只对买卖双方当事人的义务进行阐述：

(一)供应方的义务

1. 交付标的物

即供应方应向采购方交付其所采购的物资。出卖人在交付标的物时应按照合同规定的数量、质量、期限、方式和时间完成交付。除法律另有规定外，履行交付义务所需要的费用由卖方负担。

关于交付的时间，依合同的约定或法律的规定，当事人没有约定，法律也没有规定时，应当按照下列规则确定：(1)债务人可以随时履行，债权人也可以随时要求履行，但应当给对方必要的准备时间。(2)合同的标的物在合同订立前已被卖方实际占有的，合同生效时间即为交付时间。(3)需要办理特别手续的，办完法定手续的时间为交付时间。

关于交付的地点，合同有约定的，依照合同的约定；法律有规定的，依照法律的规定；法律没有规定，当事人也没有约定的，按照下列标准确定：(1)给付货币的，在接受货币一方所在地履行；交付不动产的，在不动产所在地履行；其他标的的，在履行义务一方所在地履行。(2)标的物需要运输的，出卖人应当将标的物交付给第一承运人运交给买受人；标的物不需要运输的，出卖人和买受人订立合同时知道标的物在某一地点的，出卖人应当在该地点交付标的物；不知道标的物在某一地点的，应当在出卖人订立合同时的营业地交付标的物。(3)卖方送货的，卖方将标的物运到预定地点，由买方验收后，视为交付。(4)卖方代为邮寄或托运的，卖方办完托运或邮寄手续后，视为交付。(5)买方自己提货的，卖方通知的提货时间即为交付时间，但卖方通知的时间应给买方留有必要的在途时间。

2. 交付标的物的有关单证和资料

《中华人民共和国合同法》第135条规定："出卖人应当履行向买受人交付标的物或者交付提取标的物的单证，并转移标的物所有权的义务。"第136条规定："出卖人应当按照约定或者交易习惯向买受人交付提取标的物单证以外的有关单证和资料。"提取标的物的单证是对标的物占有权利的体现，可以由卖方交付给买方作为拟制的交付以代替实际的交付。

除了提取标的物的有关单证外，在实践中，尤其是国际贸易中，卖方还要向买方交付其他单证和资料，比如商品发票、产品质量保证书、产品检疫书、产地证明、保修单等。对于这些单证和资料，如果买卖合同中明确约定了卖方交付的义务或者按照交易的习惯卖方应当交付，卖方就有义务在履行交付标的物的义务以外，向买方交付这些单证和资料。

3. 转移标的物的所有权

获得标的物的所有权是采购方订立合同的目的,因而转移财产所有权即构成了出卖人的重要义务。我国现行民事立法,标的物所有权的转移方法因标的物的不同而有所不同。动产一般以占有为权利的公示方法,除当事人另有约定外,动产所有权依交付而转移。不动产以登记为物权变动的公示方法,其所有权以办理完所有权转移登记手续时发生转移。所以对于动产而言,卖方应该完成标的物的实际交付,而对于不动产而言,卖方应当协助买方办理转移登记手续,并将有关的产权证明交付给买方。

另外,我国合同法中有一种新型的担保制度,即所有权保留制度,《合同法》第134条规定:"当事人可以在买卖合同中约定买受人未履行支付价款或者其他义务的,标的物的所有权属于出卖人。"

4. 瑕疵担保责任

瑕疵担保责任是指卖方在履行交付标的物的义务和使买方获得标的物所有权的义务的同时,对其所交付的标的物应担保其权利完整无缺并且有依通常观念或当事人的意思认为应当具有的价值、效用或品质。

债法上的瑕疵分为品质瑕疵和权利瑕疵两种,相应的,瑕疵担保责任分为品质瑕疵担保责任和权利瑕疵担保责任。品质瑕疵又称为物的瑕疵,是指卖方所交付的标的物欠缺法定或约定的品质。权利瑕疵是指标的物为他人所有或标的物上附有他人的权利,权利人可以追回或对标的物主张其他权利的情形。我国《合同法》没有规定品质瑕疵担保责任,但却规定了权利瑕疵担保责任:"出卖人就交付的标的物,负有保证第三人不得向买受人主张任何权利的义务,但法律另有规定的除外。""买受人订立合同时知道或者应当知道第三人对买卖的标的物享有权利的,出卖人不承担本法第一百五十条规定的义务。"

5. 合同的附随义务

《合同法》第60条规定:"当事人应当按照约定全面履行自己的义务。当事人应当遵循诚实信用原则,根据合同的性质、目的和交易习惯履行通知、协助、保密等义务。"

(1)通知的义务。合同的通知义务是指在合同的签订、履行、终止的各个阶段,一方有将合同的具体情况口头或书面告知对方,以便对方及时了解合同内容及其他问题的义务。对于要约和承诺,我国《合同法》中规定采取到达主义,即一方的通知到达对方时要约或承诺生效。

(2)协助的义务。例如《合同法》第259条规定:"承揽工作需要定作人协助的,定作人有协助的义务。定作人不履行协助义务致使承揽工作不能完成的,承揽人可以催告定作人在合理期限内履行义务,并可以顺延履行期限;定作人逾期不履行的,承揽人可以解除合同。"

(3)保密的义务。在合同关系中,一方应本着诚实信用的原则保守合同中接触到的对方的秘密,未经对方同意,不得擅自使用或许可他人使用。

(二)采购方的义务

1. 支付价款

支付价款为采购方的主要义务,采购方应按照合同约定的数额、时间、地点和方式支付价款。

2. 检验

对货物的检验既是采购方的权利,又是采购方的义务。买受人收到标的物时应当在约定的检验期间内检验。没有约定检验期间的,应当及时检验。当事人约定检验期间的,买受人应当在检验期间内将标的物的数量或者质量不符合约定的情形通知出卖人。买受人怠于通知的,视为标的物的数量或者质量符合约定。当事人没有约定检验期间的,买受人应当在发现或者应当发现标的物的数量或者质量不符合约定的合理期间内通知出卖人。买受人在合理期间内未通知或者自标的物收到之日起两年内未通知出卖人的,视为标的物的数量或者质量符合约定,但对标的物有质量保证期的,适用质量保证期,不适用上述两年的规定。

3. 受领标的物

买方应当按照合同的约定,及时受领标的物,未及时受领的,构成迟延受领,买方无法定或约定的抗辩事由而拒绝接受履行的,买方应当承担相应的违约责任。

4. 保管

当出卖人交付的标的物在品质、数量等方面出现不符合合同约定的要求或法定条件时,买受人对于出卖人交付的瑕疵标的物有权拒绝受领。但拒绝受领也是有条件的。在出卖人不在拒收现场的情况下,例如,由出卖人邮寄或托运标的物时,买受人对拒收的标的物就有保管的义务,买受人因保管而支出的费用,由出卖人承担。

第二节 采购合同

一、采购合同概述

(一)采购合同的概念

物流主体在采购活动中,一般都是通过订立买卖合同来实现资源的采购的,所以通常所说的物流采购合同都是特指买卖合同,即是指由出卖人将标的物所有权转移给买受人,买受人支付价款的合同。

(二)采购合同的特点

1. 采购合同是双务有偿合同。采购合同为双务合同,采购合同中出卖人和买受人均有相应的义务,如出卖人有转移财产所有权的义务,买受人有支付价款的义务。另外,采购合同又是有偿合同,出卖人因取得价款而必须以转移标的物所有权为代价,相应的,买受人必须以给付价款为代价取得标的物所有权。

2. 采购合同是诺成合同。采购合同的成立只需要出卖人和买受人就采购的各项意思表示一致方可,无须依赖各自的实物或金钱的交付。

3. 采购合同一般为不要式合同。即只要出卖人和买受人就采购物资的数量、质量等事项达成一致,合同即成立,至于该意思表示是口头的还是书面的在所不问。但在实践中,为了保证交易的安全性和证据力等,一般还是应该尽量采用书面采购合同的形式。

(三)采购合同的分类

采购合同根据不同的标准可以进行不同的分类,主要有:

1. 现货采购合同和期货采购合同。这是根据合同订立时,标的物是否已经存在为标准而划分的。标的物于采购合同成立时已经实际存在的合同为现货采购合同,一般情况下,合同在订立时即可得到履行。期货采购合同的标的物于采购合同订立时尚不存在,期货采购合同的履行只能是在将来。

2. 即时采购合同和非即时采购合同。这是根据采购合同的订立和合同履行的时间是否同时为标准而划分的。即时采购合同,是指在采购合同订立的同时,当事人即刻履行各自的义务的采购合同。非即时采购合同,是指采购合同订立时,当事人不即刻履行义务而是在合同订立后的一定期限内履行义务的合同。

3. 一次性采购合同和连续性采购合同。这是根据合同义务是否一次性清偿完结为标准而划分的。在一次性采购合同中,当事人之间只存在一次买卖关系,双方当事人一旦清偿完结,此次采购交易即告完毕,采购合同至此终止,如分期付款合同。一次性采购合同并不要求当事人必须一次履行完全部义务,当事人可以分次履行其义务。但在多次履行义务的情况下,各次履行都必须附属于同一个合同关系。在连续采购合同中,当事人在一定期限内有数次连续的采购合同关系,如长期供货合同。连续性采购合同实际上是多个采购合同的组合,各个采购合同在必要时是可以分离的。

二、采购合同的主要内容

采购合同一般包括以下内容:

1. 商品的品种、规格和数量条款。商品的品种应具体,避免使用综合品名;商品的规格应具体规定颜色、式样、尺码和牌号等;商品的数量多少应按国家统一的计量单位标出;必要时可附上商品品种、规格、数量的明细表。

2. 商品的质量和包装条款。合同中应规定商品所应符合的质量标准,注明是国家或部颁标准;无国家和部颁标准的应由双方协商或凭样订(交)货;对于副品、次品应规定出一定的比例,并注明其标准;对实行保换、保修、保退办法的商品,应写明具体条款;对商品包装的方法、使用的包装材料、包装式样、规格、体积、重量、标志及包装物的处理等,均应有详细规定。

3. 商品的价格和结算方式条款。合同中对商品的价格要作具体的规定,规定作价的办法和变价处理等,以及规定对副品、次品的扣价办法;规定结算方式和结算程序。

4. 交货期限、地点和发送方式条款。交(提)货期限(日期)要按照有关规定,并考虑双方的实际情况、商品特点和交通运输条件等确定。同时,应明确商品的发送方式是送货、代运,还是自提。

5. 商品验收办法条款。合同中要具体规定在数量上验收和在质量上验收商品的办法、期限和地点。

6. 违约责任条款。签约一方不履行合同,必将影响另一方经济活动的进行,因此,违约方应负物质赔偿责任,赔偿对方遭受的损失。在签订合同时,应明确规定,供应者有以下三种情况时应付违约金或赔偿金:(1)不按合同规定的商品数量、品种、规格供应商品;(2)不按合同中所规定商品质量标准交货;(3)逾期发送商品。购买者逾期结算货款或提货、临时更改到货地点等,应付违约金或赔偿金。

7. 合同的变更和解除条件条款。合同中应规定,在什么情况下可变更或解除合同,什么情况下不可变更或解除合同,通过什么手续来变更或解除合同等。

此外,采购合同应视实际情况,增加若干具体的补充规定,使签订的合同更切实际,行之有效。

三、采购合同的履行

(一)采购合同履行的一般原则

根据我国《合同法》的规定,合同履行应遵循以下基本原则:

1. 适当履行原则。又称正确履行原则或全面履行原则,是指当事人按照合同规定的标的及其质量、数量,由适当的主体在适当的履行期限、履行地点,以适当的方式,全面完成合同义务的履行原则。《合同法》第 60 条第 1 款规定:"当事人应当按照约定全面履行自己的义务。"

全面履行原则和实际履行原则既有联系又有区别。实际履行原则强调债务人按照合同约定交付标的物或者提供服务,至于交付标的物或提供的服务是否适当,则无力顾及。因此,适当履行必然是实际履行,而实际履行未必是适当履行。

2. 协作履行原则。即指当事人不仅要适当履行自己的合同义务,而且应基于诚实信用原则要求对方当事人协助其履行债务的履行原则。它一般包括以下内容:(1)债务人履行合同债务,债权人应适当受领给付;(2)债务人履行债务,时常要求债权人创造必要的条件,提供方便;(3)因故不能履行或不能完全履行时,应积极采取措施避免或减少损失,否则还要就扩大的损失自负其责;(4)发生合同纠纷时，应各自主动承担责任，不得推诿。《合同法》第60条第2款规定："当事人应当遵循诚实信用原则，根据合同的性质、目的和交易习惯履行通知、协助、保密等义务。"

（二）采购合同的履行

1. 采购合同条款约定不明时的处理。当采购合同出现约定不明的情况时，为了保证合同的顺利履行，法律规定了一些补救的规则，具体如下：

(1)允许当事人订立补充协议。根据《合同法》第61条规定："合同生效后，当事人就质量、价款或者报酬、履行地点等内容没有约定或者约定不明确的，可以协议补充。"这是解决合同条款约定不明确的首要选择。

(2)依合同的有关条款或者交易习惯来确定履行。《合同法》第61条规定："不能达成补充协议的，按照合同有关条款或者交易习惯确定。"

(3)依法确定履行。根据《合同法》第62条规定："当事人就有关合同内容约定不明确，依照本法第61条的规定仍不能确定的，适用下列规定：①质量要求不明确的，按照国家标准、行业标准履行；没有国家标准、行业标准的，按照通常标准或者符合合同目的的特定标准履行。②价款或者报酬不明确的，按照订立合同时履行地的市场价格履行；依法应当执行政府定价或者政府指导价的，按照规定履行。③履行地点不明确的，给付货币的，在接受货币一方所在地履行；交付不动产的，在不动产所在地履行；其他标的，在履行义务一方所在地履行。④履行期限不明确的，债务人可以随时履行，债权人也可以随时要求履行，但应当给对方必要的准备时间。⑤履行方式不明确的，按照有利于实现合同目的的方式履行。⑥履行费用的负担不明确的，由履行义务一方负担。"

2. 执行政府指导价或者政府定价时价格变动的处理。政府定价是强制性的价格，当事人没有选择的余地。《合同法》第63条规定："执行政府定价或者政府指导价的，在合同约定的交付期限内政府价格调整时，按照交付时的价格计价。逾期交付标的物的，遇价格上涨时，按照原价格执行；价格下降时，按照新价格执行。逾期提取标的物或者逾期付款的，遇价格上涨时，按照新价格执行；价格下降时，按照原价格执行。"

3. 所有权转移及风险承担问题的处理。采购合同是以转移标的物的所有权为目的的合同，自标的物所有权转移之日起，出卖人丧失对标的物的所有权，买受人取得对标的物的所有权。《合同法》第133条规定："标的物的所有权自标的物交付时起转移，但法律另有规定或者当事人另有约定的除外。"即法律另有规定或当事人另有约定的情况下，以规定或者约定的时间为所有权转移的时间。

《合同法》第142条规定："标的物毁损、灭失的风险，在标的物交付之前由出卖人承担，交付之后由买受人承担，但法律另有规定或者当事人另有约定的除外。"由此可见，我国规定风险承担的原则是以交付为分界点的，交付前由出卖人承担,交付后由买受人承担。在该原则性规定之外,有一些具体的处理方法:(1)因买受人的原因致使标的物不能按照约定的期限交付的,买受人应当自违反约定之日起承担标的物毁损、灭失的风险。(2)出卖人出卖交由承运人运输的在途标的物,除当事人另有约定的以外,毁损、灭失的风险自合同成立时起由买受人承担。(3)当事人没有约定交付地点或者约定不明确,标的物需要运输的,出卖人将标的物交付给第一承运人后,标的物毁损、灭失的风险由买受人承担。(4)出卖人按照约定或者依照规定将标的物置于交付地点,买受人违反约定没有收取的,标的物毁损、灭失的风险自违反约定之日起由买受人承担。(5)出卖人按照约定未交付有关标的物的单证和资料的,不影响标的物毁损、灭失风险的转移。(6)因标的物质量不符合质量要求,致使不能实现合同目的的,买受人可以拒绝接受标的物或者解除合同。买受人拒绝接受标的物或者解除合同的,标的物毁损、灭失的风险由出卖人承担。(7)标的物毁损、灭失的风险由买受人承担的,不影响因出卖人履行债务不符合约定,买受人要求其承担违约责任的权利。[3]

第三节 国际采购法律制度

随着经济分工全球化的深入发展,各国间的经济联系日益密切,相应的,国际采购也有了很大程度的发展。由于国际采购具有跨国性,所以它带有强烈的风险性。另外,国际采购中有着很复杂的关系,除了存在大量的与采购合同相关的问题外,还涉及国际运输、金融等方面的法律规范。

一、国际采购合同

国际采购合同具有很强的涉外性,而各个国家的法律关于合同方面的规范又存在着很大的差异,所以采购合同的法律适用问题显得尤为突出。在国际上,一般都是采用当事人意思自治原则和最密切联系原则来解决法律适用问题。根据我国《合同法》的规定,我国采用的是以意思自治原则为主,最密切联系原则为补充的方法。[4] 在国际采购合同的法律适用上,当事人可以选择适用某一国家的法律,也可以选择适用一些国际公约和国际惯例,在实践中,《联合国国际货物销售合同公约》是当事人经常选择的一个国际公约。

另外,在中华人民共和国境内履行的中外合资经营企业合同、中外合作经营企业合同、中外合作勘探开发自然资源合同,适用中华人民共和国法律。

---

〔3〕 参见《中华人民共和国合同法》第143、144、147、148、149条。

〔4〕 参见《中华人民共和国民法通则》第145条。

二、国际采购货款支付

在国际贸易中,支付工具主要包括货币和票据两种。但在实际中,国际采购中很少使用现金支付,大多数都是使用票据作为支付工具。

国际采购的支付方式主要有汇付、托收和信用证三种。

(一)汇付

汇付结算是一种支付方式,由债务人通过银行将款项汇给债权人。汇付结算方式完全是建立在商业信用基础上的结算方式。交易双方根据合同或经济事项预付货款或货到付款,预付货款进口商有收不到商品的风险;而货到付款则出口商有收不到货款的风险。由于汇付结算方式的风险较大,这种结算方式只有在进出口双方高度信任的基础上才适用。

汇付结算方式按采用通知的方式不同可分为以下三类:

1. 电汇。它是指汇出行应汇款人的要求以电讯方式委托汇入行向收款人付款的结算方式。采用电汇方式,收款人能迅速收取款项,但付款人要承担较多的费用。

2. 信汇。它是指汇出行应汇款人的要求以信函方式委托汇入行向收款人付款的结算方式。采用信汇方式,信汇的费用较小,但汇款的速度较慢。

3. 票汇。它是指汇款人向汇出行购买银行汇票寄给收款人,由收款人据以向汇票上指定的银行收取款项的结算方式。票汇是以银行即期汇票作为结算工具的。

(二)托收

托收是指债权人(出口方)委托银行向债务人(进口方)收取货款的一种结算方式。其基本做法是出口方先行发货,然后备妥包括运输单据(通常是海运提单)在内的货运单据并开出汇票,把全套跟单汇票交出口地银行(托收行),委托其通过进口地的分行或代理行(代收行)向进口方收取货款。托收根据是否随附货运单据,分为跟单托收和光票托收。国际贸易中使用的多为跟单托收。跟单托收有两种交单方式:付款交单和承兑交单。

1. 付款交单(D/P)。出口方在委托银行收款时,指示银行只有在付款人(进口方)付清货款时,才能向其交出货运单据,即交单以付款为条件,称为付款交单。

按付款时间的不同,又可分为即期付款交单和远期付款交单。即期付款交单(D/P Sight),出口方按合同规定日期发货后,开具即期汇票(或不开汇票)连同全套货运单据,委托银行向进口方提示,进口方见票(和单据)后立即付款。银行在其付清货款后交出货运单据。远期付款交单(D/P after Sight),出口方按合同规定日期发货后,开具远期汇票连同全套货运单据,委托银行向进口人提示,进口方审单无误后在汇票上承兑,于汇票到期日付清货款,然后从银行处取得货运单据。

2. 承兑交单(D/A)。承兑交单指出口方发运货物后开具远期汇票,连同货运单据委托银行办理托收,并明确指示银行,进口人在汇票上承兑后即可领取全套货运单据,待汇票到期日再付清货款。承兑交单和上面提及的"付款交单,凭信托收据借单"一样,都是在买方未付款之前,即可取得货运单据,凭以提取货物。一旦买方到期不付款,出口方便可能银货两空。因而,出口商对采用此种方式持严格控制的态度。

托收方式对买方比较有利,费用低,风险小,资金负担小,甚至可以取得卖方的资金融通。对卖方来说,即使是付款交单方式,因为货已发运,万一对方因市价低落或财务状况不佳等原因拒付,卖方将遭受来回运输费用的损失和货物转售的损失。远期付款交单和承兑交单,卖方承受的资金负担很重,而承兑交单风险更大。托收是卖方给予买方一定优惠的一种付款方式。对卖方来说,是一种促进销售的手段,但必须对其中存在的风险持慎重态度。我国外贸企业以托收方式出口,主要采用付款交单方式,并应着重考虑三个因素:商品市场行情,进口方的资信情况即经营作风和财务状况,以及相适应的成交金额。其中特别重要的是商品的市场行情。因为市价低落往往是造成经营作风不好的商人拒付的主要动因。在市价坚挺的情况下,较少发生拒付,且即使拒付,我方处置货物也比较方便。我国外贸企业一般不采用承兑交单方式出口。在进口业务中,尤其是对外加工装配和进料加工业务中,往往对进口料件采用承兑交单方式付款。

(三)信用证

信用证是银行用以保证买方或进口方有支付能力的凭证。信用证是国际采购的支付方式中使用最多的一种结算方式。在国际贸易活动中,买卖双方可能互不信任,买方担心预付款后,卖方不按合同要求发货;卖方也担心在发货或提交货运单据后买方不付款。因此需要两家银行作为买卖双方的保证人,代为收款交单,以银行信用代替商业信用。银行在这一活动中所使用的工具就是信用证。可见,信用证是银行有条件保证付款的证书,成为国际贸易活动中常见的结算方式。按照这种结算方式的一般规定,买方先将货款交存银行,由银行开立信用证,通知异地卖方开户银行转告卖方,卖方按合同和信用证规定的条款发货,银行代买方付款。

信用证方式有三个特点:一是信用证不依附于买卖合同,银行在审单时强调的是信用证与基础贸易相分离的书面形式上的认证。二是信用证是凭单付款,不以货物为准。只要单据相符,开证行就应无条件付款。三是信用证是一种银行信用,它是银行的一种担保文件。

三、国际采购中贸易术语的运用

贸易术语,又称价格术语、价格条件。它是国际贸易中构成价格条款的重要组成部分。国际贸易中,买卖双方所承担的义务大小,会影响到商品的价格。在长期的国际贸易实践中,逐渐形成了把某些和价格密切相关的贸易条件与价格直接联系在一起,形成了若干种报价的模式。每一模式都规定了买卖双方在某些贸易条件下所承担的义务。用来明确这种义务的术语，称为贸易术语。

贸易术语所表示的贸易条件，主要分两个方面：其一，说明商品的价格构成，是否包括成本以外的从属费用，即运费和保险；其二，确定交货条件，即说明买卖双方在交接货物方面彼此所承担的责任、费用和风险的划分。

贸易术语是国际贸易中表示价格的必不可少的内容。合同中使用贸易术语，既明确了双方在货物交接方面各自应承担的责任、费用和风险，同时又说明了商品的价格构成，从而简化了交易磋商的手续，缩短了成交时间。由于规定贸易术语的国际惯例对买卖双方应该承担的义务，作了完整而确切的解释，因而避免了由于对合同条款的理解不一致，在履约中可能产生的某些争议。

国际商会（ICC）于1936年首次公布了一套解释贸易术语的国际规则，名为Incoterms 1936，以后又于1953年、1967年、1976年、1980年和1990年，现在则是在2000年版本中做出补充和修订，以便使这些规则适应当前国际贸易实践的发展。

（一）《国际贸易术语解释通则2000》（Incoterms 2000）概述

1. Incoterms 2000的适用范围

Incoterms 2000明确了适用范围，该《通则》只限于销售合同当事人的权利、义务中与交货有关的事项。其货物是指“有形的”货物，不包括“无形的”货物，如电脑软件等。《通则》只涉及与交货有关的事项，如货物的进口和出口清关，货物的包装，买方受领货物的义务，以及提供履行各项义务的凭证等，不涉及货物所有权和其他产权的转移、违约、违约行为的后果以及某些情况的免责等。有关违约的后果或负责事项，可通过销售合同中其他条款和适用的法律来解决。

Incoterms 2000指出，该《通则》是一套国际商业术语，适用跨国境的货物销售，也可用于国内市场不同国籍的交易双方的货物销售合同，在此情况下，通则中有关术语的A2、B2条款及任何与进出口有关条款的规定则无作用。该《通则》还明确，如合同的当事人在签订销售合同时，表示按《通则》规定办理，为避免引起不必要的纠纷，应在合同中明确使用的版本，即应在合同中规定：按Incoterms 2000的规定办理。

2. Incoterms 2000的主要变化

与Incoterms 1990相比，Incoterms 2000基本上沿袭了Incoterms 1990对贸易术语的分类、结构以及在允许提单电子单证方面，Incoterms 2000与1990年的版本保持不变，[5] Incoterms 2000主要在以下几个方面做了变更：

（1）在FAS和DEQ术语下，办理清关手续和交纳关税义务的变更。Incoterms 2000指出，清关手续由所在国的一方或其他代表办理，通常是可取的。因此，出口商应办理出口清关手续，进口商应办理进口清关手续。而Incoterms 1990

---

〔5〕 余劲松、吴志攀：《国际经济法》，北京大学出版社、高等教育出版社2005年第2版，第64页。

中的 FAS 术语要求买方办理货物的出口清关手续,DEQ 术语要求卖方办理货物的进口清关手续,这种办理进出口清关手续的规定与上述原则不一致。因此,Incoterms 2000 中的 FAS 和 DEQ 术语将办理出口和进口清关手续的义务分别改变为由卖方或买方办理。这种改变更为合理、办理更加方便。而表示卖方承担最小和最大义务的 EXW 和 DDP 两种术语未做改动,EXW 术语仍规定由买方办理出口清关手续的义务,DDP 术语的字面含义为完税交货(Delivered Duty Paid),采用该术语即表示由卖方办理进口清关手续并交纳全部相关费用。这是 Incoterms 2000 所做的两项实质性变更之一。

在 Incoterms 2000 中明确了"清关"的概念,"清关"是指无论何时,当卖方或买方承担将货物通过出口国或进口国海关时,不仅包括交纳关税或其他费用,而且还包括履行一切与货物通过海关办理有关的行政事务的手续以及向当局提供必要的信息并交纳相关费用。该 Incoterms 2000 还指出,现在有些地区,如欧盟内部或其他自由贸易区规定,对进出口货物不必办理报关手续,并全部或部分免征关税。为此,Incoterms 2000 在相关的 A2 和 B2(许可证、其他许可和手续)以及 A6 和 B6(费用划分)条款都加入"在需要办理海关手续时(where applicable)"的用语,据此,明确了对这些无关税区的进出口货物,在无须办理海关手续的情况下,即可免除买卖双方办理进、出口清关手续,交纳有关的关税、捐款和其他费用的义务。

(2)FCA 术语下,进一步明确了卖方装货与卸货的义务。Incoterms 2000 中的 FCA 术语删去了有关运输方式的区别以及集装箱货和非集装箱货的区别,规定 FCA 术语可适用于各种运输方式,包括多式联运。Incoterms 2000 指出,FCA 术语卖方对交货地点的选择,会影响在该地点装货和卸货的义务。如卖方在其货物所在地交货,卖方应负责装货,如卖方在任何其他地点交货,卖方不负责卸货,即当货物在卖方运输工具上,尚未卸货,而将货物交给买方指定或卖方选定的承运人或其他人支配,交货即算完成。1990 年贸易术语对 FCA 术语中卖方交货地点的选择未作规定。这是 Incoterms 2000 所做的另一项实质性变更。

此外,Incoterms 2000 还对"承运人"的含义作了解释,"承运人"是指在运输合同中,通过铁路、公路、空运、海运、内河运输或上述运输的联合方式承担履行运输或承担办理运输业务的任何人。可见,FCA 术语适用的范围很广,在国际贸易中将发挥越来越大的作用。

(3)除上面两项实质性变更外,Incoterms 2000 还明确规定,除非合同另有规定,买方应承担检验费用,因为这种检验是为了他自身利益而安排的。但是,如进行检验的目的是使卖方履行在其本国适用于出口货物的任何强制性规定,则卖方应支付检验费用,除非双方使用的是 EXW 术语,这时,仍由买方负担检验费用。[6]

---

〔6〕 参见《2000 年国际贸易术语解释通则》引言 16 和 8。

(4) Incoterms 2000 吸收了《联合国国际货物买卖合同公约》的规定，确定了卖方交货后，货物灭失或损坏的风险以及负担与货物有关的费用的义务从卖方转移到买方的基本原则，但这一原则的适用，要以双方都没有过失且货物已正式划拨合同项下为前提，这一点在 EXW 贸易术语中显得尤为重要。[7]

(5) 在实务中，当事方常常在 Incoterms 术语的基础上添加词句以求得比术语更精确的约定。但 Incoterms 本身不对这种添加的内容提供任何指导性规定。因此，若当事方无法依赖一个公认的行业惯例来解释其新增内容时，他们可能会由于无法就新增内容证明有一贯的理解而面临严重的问题。Incoterms 2000 的 DDU 术语和 DDP 术语未包括 1990 年版所提的"若当事人希望排除卖方承担货物进口应支付的某些费用（如增值税）的义务，则应明确加上文字 DDU VAT UNPAID 或 DDP VAT UN - PAID"。

虽然 Incoterms 2000 仅在 1990 年版的基础上做了少量修改，但合同当事方还是应该在销售合同中订入 Incoterms 时，清楚明确地标明所引用的 Incoterms 版本，避免可能带来的纠纷。

（二）Incoterms 2000 中的贸易术语

Incoterms 2000 共规定了 13 种贸易术语，这 13 种贸易术语的顺序是按照从卖方的承担费用、风险和责任最小的工厂交货（EXW）到卖方的费用、风险和责任最大的目的地完税后才完成交货（DDP）进行排列的。呈现买方义务越来越小、卖方义务越来越大的特点。这 13 种贸易术语可以分为 E、F、C、D 四组，每组具有共同特点。

贸易术语按买卖双方的交付方式可以分成两类：一类是卖方将货物直接交付给买方处置，包括 EXW、DAF、DES、DEQ、DDU 和 DDP，除 EXW 外，其余的可称为到货合同，途中风险由卖方承担；另一类是卖方将货物交付承运人转交买方，包括 FCA、FAS、FOB、CFR、CIF、CPT、CIP，可称为装运合同，途中风险由卖方承担。前一类有卖方向买方实际交付货物的日期，后一类只有装运货物的日期，没有向买方的实际交付日期。这一分类对 C 组术语来说非常重要。

从运输方式上看，除 EXW 外，FAS、FOB、CFR、CIF、DES、DEQ 只能用于海上或内河运输，FCA、CPT、CIP、DAF、DDU 和 DDP 可适用于任何运输方式，包括水运、航空运输、铁路运输、公路运输及多式联运。从结关手续上看，买方需要办理出口结关手续的有 EXW，卖方需要办理进口结关手续的有 DDP。其他术语都是卖方办理出口手续，买方办理进口手续。从交货地点看，EXW、FCA、FAS、FOB、CFR、CIF、CPT、CIP、DAF 是在卖方国家交货，而 DES、DEQ、DDU、DDP 是在买方国家交货。

以下将对 Incoterms 2000 规定的贸易术语进行阐释：

---

〔7〕 参见《2000 年国际贸易术语解释通则》引言 16 和 8。

1. E 组。发货术语。只有一个术语:

EXW【EX works(...named place)】工厂交货(……指定地点)是起运术语,是卖方承担责任最小的术语,适用于任何方式的运输。

在使用这一贸易术语的合同中,卖方的责任是:在其所在地或其他指定的地点(如工场、工厂或仓库)将货物交给买方处置时,即履行了交货义务;承担交货前的风险和费用。买方的责任是:自备运输工具将货物运至预期的目的地;在买方不能直接或间接地办理出口手续时,不应使用该术语,而应使用 FCA;承担卖方交货后的全部费用和风险。

2. F 组。主要运费未付。包括三种术语:

FCA【Free Carrier(...named place)】,交至承运人(……指定地点);FAS【Free Alongside Ship(... named port of shipment)】,船边交货(……指定装运港);FOB【Free On Board(...named port of shipment)】,船上交货(……指定装运港)。

三种贸易术语的交货地点、风险和费用的划分:FCA 是以货物交付承运人的时间和地点作为界限,根据 Incoterms2000 规定,在 FCA 术语中,如卖方在其所在地交货,则当货物被装上卖方指定的承运人提供的运输工具时,完成交货,在其他情况下,当货物在卖方的车辆上,尚未卸货而交给买方指定的承运人或其他人处置时,即完成交货;而在 FAS 中则是以指定装运港买方指定装货地点的指定船边作为界限;FOB 是以装运港货物是否越过船舷作为分界线。FCA 适用于任何运输方式,FAS、FOB 适用于海运和内河航运。

在 F 组的术语中,卖方的责任是:在出口国承运人所在地(包括港口)将货物交给承运人履行自己的交货义务;自费办理货物的出口结关手续;自费向买方提交与货物有关的单证或相关的电子单证。买方的责任是:自费办理货物的进口和结关手续;自费办理货物的运输和保险手续并支付费用。

3. C 组。主要运费已付。包括四种术语:

CFR【Cost and Freight(...named port of Destination)】,成本加运费(……指定目的港);CIF【Cost, Insurance and Freight(...named port of destination)】,成本、保险加运费付至(……指定目的港);CPT【Carriage Paid to(... named place of destination)】,运费付至(……指定目的港);CIP【Carriage and Insurance Paid to(... named place of destination)】,运费、保险费付至(……指定目的地)。

在这组术语中,CFR 和 CIF 贸易术语适用于海上或内河运输,CPT 和 CIP 可以适用任何方式的运输。卖方的责任是:自费办理货物出口及结关手续;自费办理货物的运输手续并交纳运输费用,在 CIF 和 CIP 术语中,卖方按伦敦保险业协会货物保险 C 条款自费办理投保手续并缴纳保险费用;在 CFR 和 CIF 术语中,承担货物在装运港越过船舷以前的风险和费用,在 CPT 和 CIP 术语中,承担货交承运人以前的风险和费用;向买方提交与货物有关的单据或相关的电子单证。

买方的责任是:自费办理货物进口的结关手续;在CFR和CPT术语中自费投保并支付保险费用;在CFR和CIF术语中,承担货物在装运港越过船舷以后的风险和费用;在CPT和CIP术语中,承担货物提交承运人以后的风险和费用。

4. D组。货到术语。包括五种术语:

DAF【Delivered at Frontier(...named place)】,边境交货(……指定地点);DES【Delivered EX Ship(...named port of destination)】,目的港船上交货(……指定目的港);DEQ【Delivered EX Quay(... named port of destination)】,目的港码头交货(…… 指定目的港);DDU【Delivered Duty Unpaid(... named place of destination)】,未完税交货(……指定目的地);DDP【Delivered Duty Paid(...named place of destination)】,完税后交货(……指定目的地)。其中,DES和DEQ主要适用于海上和内河航运;DAF可适用于陆地交界交货的各种运输方式,但主要是公路和铁路运输;DDU和DDP可用于任何运输方式。

在D组贸易术语中,卖方的责任是:除DEQ外,将货物运至约定的目的地或目的港在运输工具上尚未卸下的货物交买方处置,即履行了交货义务;承担货物交货前的全部风险和费用;自费办理出口结关手续、缴纳费用,在DDP术语中,卖方不但自费办理货物出口结关手续,还要办理货物进口的海关手续并交纳进口关税及其他税费。买方的责任是:承担货物在目的地(港口)交货后的一切风险和费用;除DDP外,自费办理进口结关手续。[8]

(三)Incoterms2000中几种常用的贸易术语

1. FOB

FOB【Free On Board(...named port of shipment)】装运港船上交货,是指卖方在指定装运港于货物越过船舷时完成交付。这意味着买方必须从该点起承担货物灭失或毁损的一切风险。

该术语中卖方的责任是:(1)提供符合合同规定的货物和单证或相等效力的电子单证;(2)自负费用及风险办理出口许可证及其他货物出口手续,交纳出口捐税和费用;(3)按照约定的时间、地点,依照港口惯例将货物装上买方指定的船舶并给买方充分的通知;(4)承担在装运港货物越过船舷以前的风险和费用。

买方的责任是:(1)支付价款,收取货物并接受卖方提供的交货凭证或相关的电子单证;(2)自负费用及风险取得进口许可证,办理进口手续,交纳进口的各种捐税和费用;(3)自费租船并将船名、交货地点、时间给予卖方以充分的通知;(4)承担在装运港货物越过船舷后的风险和费用。

2. CFR

CFR【Cost and Freight(...named port of Destination)】成本加运费,是指卖方在

---

[8] 余劲松、吴志攀:《国际经济法》,北京大学出版社、高等教育出版社2005年第2版,第67页。

装运港于货物越过船舷时完成交付。卖方必须支付货物运至指定目的港所需的费用和运费，但是货物交付后灭失或损坏的风险，以及因货物交付后的事件引起的任何额外的费用，自交付起由卖方转移至买方承担。

卖方的责任是：(1)提供符合合同规定的货物和单证或相等效力的电子单证；(2)自负风险和费用办理出口许可证和出口手续，交纳出口捐税和费用；(3)自费租船，在约定的时间在装运港将货物交付至船上，并给予买方充分的通知；(4)承担在装运港货物越过船舷前的风险和费用。

买方的责任是：(1)按照合同支付价款，收取货物，接受卖方提供的交货凭证或相等效力的电子单证；(2)自负风险的费用办理进口许可证和进口手续，交纳进口捐税和费用；(3)通知卖方交付货物的时间；(4)承担在装运港货物越过船舷后的风险和费用。

3. CIF

CIF[Cost, Insurance and Freight(...named port of destination)]成本、保险费加运费，是指卖方在装运港于货物越过船舷时完成交付。卖方必须支付货物运至指定目的港的费用和运费，但是货物交付后货物灭失或损坏的风险，以及因货物交付后发生的事件所引起的任何额外费用自交付时起由卖方转移至买方承担。在本术语中，卖方还应当为货物在运输中灭失或损坏的办理海上保险，但卖方只需按最低责任范围的保险险别办理保险。

卖方的责任是：(1)提供符合合同规定的货物和单证或相等效力的电子单证；(2)自负风险和费用办理出口许可证和出口手续，交纳出口捐税和费用；(3)自费租船，在约定的时间在装运港将货物交付至船上，并给予买方充分的通知；(4)自负费用，按合同的约定办理保险，向买方提供保险单证；(5)承担在装运港货物越过船舷前的风险和费用。

买方的责任是：(1)按照合同支付价款，收取货物，接受卖方提供的交货凭证或相等效力的电子单证；(2)自负风险的费用办理进口许可证和进口手续，交纳进口捐税和费用；(3)通知卖方交付货物的时间；(4)承担在装运港货物越过船舷后的风险和费用。[9]

以上三种贸易术语的交货地点都是在装运港港口，风险划分都是以船舷为界，都属于象征性交货，即卖方提交代表货物所有权的凭证就相当于履行了交货义务，就可以要求买方付款。但要注意的是，在FOB后面是装运港的名称，而CFR和CIF后面是目的港名称，港口的名称与交货地点无关，只是为了计算费用而用的，也就是说FOB的价格是出口商品在装运港前的费用，而CFR和CIF中的保险费和

---

〔9〕“外贸知识——国际贸易术语解释通则2000”，载http://hi.baidu.com/2google/blog/item/6bd49d823a0122bf6c811901.html，2007年3月3日。

运输费是从装运港到达目的港全程的保险费和运输费。

贸易术语不但明确买卖合同的交货地点及价格构成，而且解决买卖双方在交易中的责任划分，如确定商品从起运地到目的地的运输、保险、单证的取得及其他手续问题由谁办理、费用由谁承担；确定货物风险转移的时间、地点等。贸易术语的标准化、规范化，简化了交易程序，节约了交易时间和费用，减少了贸易纠纷，对促进国际贸易的顺利发展起了很大的作用。

第四章　物流仓储法律制度

第一节　物流仓储概述

一、仓储的概念

（一）仓储的概念

货物仓储是指货物从生产地向消费地的转移过程中，在一定时间内储存于仓库的活动。[1] 现代仓储与传统仓储有很大的区别，现代仓储是一项物流活动。传统仓储中，仓储一般起着长期储存原材料及生产成品的角色，但是随着零库存、联盟及物流供应链理论的出现，仓储开始转变为以较短周转时间、较好存货率、较低的成本和较好的客户服务为内容的物流目标。

（二）仓储的分类

按照物流企业使用仓库的不同方式将仓储分为：

1. 自营仓储

自营仓储是指货物的仓储业务由本企业自己来经营或管理的一种仓储形式。在我国，大多数的外贸公司的仓储都是自营的。自营仓储又可以分为以下两种：(1)自有仓储。即物流企业使用自己建立的或者购买的仓库储存自己的货物。在这种情况下，企业对仓库拥有所有权，在法律关系上，企业与仓库部门不是平等的民事法律关系，而是上下级之间的行政关系。(2)租赁仓储。即物流企业使用租赁的仓库储存自己的货物。在这种情况下，企业对仓库不具有所有权，只有使用权和经营权，物流企业和仓库所有人之间是一种财产租赁关系。

2. 公共仓储

公共仓储是指企业委托提供营业性服务的公共仓库储存货物的一种仓储方式。公共仓库是一种专门从事经营管理的、面向社会的、独立于其他企业的仓库。在这种情况下，仓库不仅为企业提供仓库这个场所，同时还为企业提供仓储服务，所以，它们之间不是单纯的财产租赁关系，而是仓储合同关系。

---

[1] 徐康平：《现代物流法导论》，中国物资出版社2007年版，第90页。

3. 合同仓储

合同仓储，又称为第三方仓储，是指企业将仓储作为物流活动的一部分转包给外部公司，由外部公司为企业提供综合物流服务的仓储方式。合同仓储和一般的公共仓储不同，它是公共仓储发展的一个趋势，合同仓储公司能够提供专业化的、高效的、经济和准确的分销服务和配送服务。

(三)仓储的功能

现代仓储主要有以下功能：

1. 储存功能。这是仓储的传统功能，即为了保障物品在储存中的使用价值不受损害，使物品的价值在一定程度上得到维持。

2. 中转功能。物品在整个物流活动中可以通过仓库作为中转点，达到协调整个物流过程、降低整个物流成本的作用。

3. 生产功能。仓储企业经过一系列的仓库内活动，如包装、加工等，使物品价值增加的功能。

二、仓储在现代物流系统中的作用

仓储在物流系统中的重要作用主要表现在以下几方面：[2]

1. 产品整合。物流企业根据客户的要求，将产品在仓库中进行加工、检验、包装等，然后运往各地，这就是产品的整合，仓储为产品进行整合提供了场所和条件。

2. 调节供应和需求。仓储可以提高产品的时间效用，调整均衡生产和集中消费或均衡消费和集中生产在时间上的矛盾，使生产和消费协调起来。

3. 降低运输成本，提高运输效率。在供应物流方面，企业从多个供应商处分别小批量购买原材料并运至仓库，然后将其拼箱并整车运输至工厂。由于整车运输费率低于零星运输费率，这就大大降低了运输成本，提高了运输效率。在销售物流方面，企业将各工厂的产品大批量运送至市场仓库，然后根据客户需求，小批量运至客户或市场，这样就也可以降低运输成本。

三、物流企业在仓储活动中的法律地位

不同的物流企业参与仓储活动的方式不同，在仓储活动中的法律地位也就不同，在实践中，物流企业参与仓储活动的方式大致可以分为以下几种：[3]

1. 仅为客户提供仓储服务。这类物流企业指专门从事营业性服务的公共仓库。企业接受客户委托，为其提供货物的储存和保管，同时附带着做一些搬运装卸等活动，除此之外，不提供其他物流服务。在这种情况下，物流企业与客户签订的是仓储合同，双方之间是仓储合同法律关系。

2. 为客户提供包含仓储在内的综合物流服务。这类物流企业除为客户提供货

---

〔2〕 徐康平：《现代物流法导论》，中国物资出版社2007年版，第90~91页。

〔3〕 王芸：《物流法律法规与实务》，电子工业出版社2007年版，第109页。

物的储存和保管业务外,还会根据客户的需要为其提供运输或者配送业务。这类企业一般为综合性物流企业。在这种情况下,物流企业与客户签订的是物流服务合同,而不再是单纯的仓储合同了,双方之间是物流服务合同法律关系。

3. 以存货人的身份出现。这类物流企业一般是指没有仓储设备或者有仓储设备但是库存空间不足的综合物流企业。它们在与客户签订物流服务合同之后,由于自身没有完全的仓储服务能力,只能将全部或部分的仓储服务交由拥有仓储服务能力的物流企业实际履行。拥有仓储设备的物流企业通常为专门提供仓储服务的单位,如公共仓储。

第二节 仓储合同

一、仓储合同概述

(一)仓储合同的概念

根据《合同法》第381条的规定,仓储合同是指保管人储存存货人交付的仓储物,存货人支付仓储费的合同。存货人是仓储服务的需求者,保管人是仓储服务的提供者。就实质而言,仓储合同属于保管合同,但是由于仓库营业的性质,使得仓储合同只能成为一种特殊的保管合同。仓储合同和保管合同的具体区别,以下将会介绍。

(二)仓储合同的特点

1. 仓储合同的主体具有一定的特殊性。仓储合同有两方主体,一方为存货人,另一方为保管人。就存货人而言,一般的民事主体都可以作为存货人。但就保管人而言,法律要求其必须是具备从事仓储服务营业资格和条件的仓储营业人,即仓储保管人必须具有仓储营业的资格,具备仓储营业所需的场所及仓储设备且具备专业从事仓储服务业务的人员。

2. 仓储合同的标的物具有特殊性。仓储合同的标的物必须满足以下两点:其一,仓储合同的标的物应当是动产,不动产不可以作为仓储合同的标的物;其二,仓储合同的标的物必须是特定物或者特定化的种类物。当储存期限届满之后,仓储保管人交给存货人或仓单持有人的货物应当是其所储存的原物。

3. 仓储合同为诺成性合同。《合同法》第382条规定:“仓储合同自成立时生效。”由此可见,仓储合同为诺成性合同,即并不以存货人实际交付存储的货物为成立和生效要件,这也是出于对仓库营业人利益的保护。因为仓储物在入库前,仓库营业人要做一定的履行合同的准备,要支出一定的费用,这样如果存货人在签订合同以后交付存储物前改变交易意愿时,仓库营业人就可以基于违约责任主张损害赔偿。

4. 仓储合同为双务、有偿、不要式合同。仓储合同的当事人双方于合同成立后互负对价给付义务，仓库营业人须提供仓储服务，存货人须给付仓储费或其他费用，双方的义务具有对应性和对价性，所以仓储合同为双务有偿合同。

另外，仓储合同是不要式合同。我国法律虽然规定仓储合同的保管人在接受储存的货物时要给存货人仓单，但是仓单只是提取货物的凭证，并不是仓储合同。在仓储合同为口头合同时，仓单只是仓储合同的证明，并不是仓储合同成立的必要形式要求。

5. 仓储合同中货物的交付与归还以仓单作为凭证。仓储合同存货人货物已经交付或行使返还请求权要以仓单为凭证，这是仓储合同不同于保管合同的重要特征。仓储合同的仓库营业人给付存货人的仓单为有价证券，代表着当事人享有的权利。存货人须以仓单证明存储物已经交付，并凭仓单提取存储的货物，只有持有仓单才能主张仓单上载明的权利。

（三）仓储合同与保管合同的区别

我国《合同法》第十九章和第二十章对保管合同与仓储合同分别做了规定。由于保管合同与仓储合同都是由保管人保管物品的合同，两者的标的都是保管人的保管行为，保管人的主要义务都是妥为保管存货人交付其保管的物品，因此，两者有时较难区分。仓储合同在本质上属于一种特殊类型的保管合同。但两者也有着不同之处，主要区别在于：

1. 两者对是否以交付标的物为合同成立要件的要求不同。除了当事人对合同的成立有明确约定的情况之外，一般来说，保管合同的成立，不仅须有当事人双方的意思表示一致，而且须有寄托人将保管物交付于保管人、保管人接受寄托人交付的保管物的行为。也就是说，保管合同是实践合同，寄托人向保管人交付保管物是合同成立的要件，保管合同自保管物交付时成立。而仓储合同是诺成合同，当事人双方依法就合同的主要条款协商一致，合同即成立，存货人将货物交付给保管人是属于仓储合同成立后对合同的履行行为，而不是合同的成立要件。

2. 两者有偿或无偿的不同。保管合同以无偿为原则，以有偿为补充。也就是说保管合同一般是无偿的，但如果当事人明确约定支付保管费的，也可以是有偿的。当事人对保管费没有约定或者约定不明确的，由当事人协议补充，不能达成补充协议的，法律则推定为无偿。而仓储合同是有偿合同，保管人提供仓储服务，具有营利性质。仓储合同的当事人在合同成立后互负给付义务，保管人须为存货人提供仓储服务，存货人须向保管人给付报酬和其他费用。

3. 两者的主体有所不同。保管合同对保管人的资格无特别的要求，一般自然人和法人均可以作为保管人。而仓储合同对保管人的资格有特殊要求，保管人即仓库营业人，必须是具有仓储设备和专门从事仓储保管业务的人，只有经过仓储营业登记专营或兼营仓储保管业务的人，才能成为仓储合同适格的保管人。

4. 不交付保管物是否构成违约有所不同。由于保管合同是实践合同，寄存人将保管物交付给保管人时，合同才成立。因此，当事人虽然达成保管物品的一致意思表示，但此后寄存人没有将物品交给保管人保管或者保管人对寄存人交来寄存的物品不接受的，委托人就不能追究保管人没有交付保管物的违约责任，同样，保管人也不能追究寄存人拒绝接受保管物的违约责任。而由于仓储合同是诺成合同，双方当事人达成合意，合同即告成立。如果此后存货人不将货物交付给保管人即构成违约，保管人无正当理由拒绝接收保管货物的也构成违约，一方可以追究另一方的违约责任。

5. 保管人对保管物的毁损、灭失的责任不同。保管期间，保管合同的保管人因保管不善造成保管物毁损、灭失的赔偿责任，根据是有偿保管和无偿保管有所不同。有偿保管的，保管人应承担损害赔偿责任；无偿保管的，保管人能证明自己没有重大过失的，就可以不承担损害赔偿责任。而仓储合同，造成仓储货物毁损、灭失，除了仓储物品的性质、包装不符合约定或者超过有效储存期而造成仓储物变质、损坏的之外，保管人均应对保管不善承担损害赔偿责任。

二、仓储合同的主要内容

仓储合同的主要条款一般包括以下内容：

1. 仓储物的品名或品类。仓储物的品名或品类指所存仓储物的名称，即全称、标准名称或类别的标准名称。在订立仓储合同时，必须明确规定仓储物的全名或品类，必须清晰、明确，如果有代号的，应标明代号的全名，不符合法律规定的物不能保管。

2. 仓储物的数量、质量、包装。仓储物的数量指所存仓储物的多少，在确定合同数量时，有国家计划的应首先依据国家计划来确定。没有国家计划的应由双方协商确定，但存货人和保管人均要实事求是地确定，尤其是保管人要考虑自己的仓储能力。在合同中应明确规定仓储物的总量、计量单位等，数字要清晰无误。

仓储物的质量指所存仓储物的优劣、好坏。在确定仓储物质量时，要采取标准化，如果是国际仓储业务则应尽量使用国际标准。目前，我国实行的标准有国家标准、专业（部颁）标准、企业标准和协商标准。有国家标准的应使用国家标准，没有国家标准而有专业（部颁）标准的适用专业（部颁）标准。没有国家标准、专业（部颁）标准而有企业标准的，按企业标准执行；前三种都没有的，当事人可以协商标准。在确定质量时，要写明质量标准的全名。在适用协商标准时，当事人对质量的要求要清楚、明确、详细、具体地写入合同中。

仓储物的包装指对仓储物表面上的包装，包装的目的是保护仓储物不受损害。仓储物的包装有国家标准或专业标准的，应按国家标准或专业标准确定，没有国家或专业标准的，当事人在保证储存安全的前提下，可以协商议定。

3. 仓储物验收的内容、标准、方法、时间、资料。存货人交付仓储物给保管人储存时,保管人负责验收。存货人交付仓储物时包括仓储物和验收资料。保管人验收时对仓储物的品名、规格、数量、质量和包装状况等按包装上的标记或外观直辨进行验收;无标记的以存货人提供的验收资料为准。散装仓储物按国家有关规定或合同约定验收。验收方法在合同中确定具体采用全验还是按比例抽验。验收期限从仓储物和验收资料全部送达保管人之日起,至验收报告送出之日止。

4. 储存条件和保管要求。仓储物在仓库储存期间,由于仓储物的自然性质不同,对仓库的外界条件和温度、湿度等都有特定的要求。比如肉类食品要求在冷藏条件下储存;纸张、木材、水泥要求在干燥条件下储存;精密仪器要求在恒温、防潮、防尘条件下储存。因此,合同双方当事人应根据仓储物的性质、选择不同的储存条件,在合同中明确约定。保管人如因仓库条件所限,达不到存货人的要求,则不能勉强接受。对某些较特殊的仓储物,如易燃、易爆、易渗漏、有毒等危险仓储物,在储存时,需要有专门的仓库、设备以及专门的技术要求,这些都应在合同中一一注明。必要时,存货人应向保管人提供仓储物储存、保管、运输等方面的技术资料,以防止发生仓储物毁损、仓库毁损或人身伤亡。如挥发性易燃液体在入库、出库时,保管人如不了解该液体的特性,采用一般仓储物的装卸方法,可能造成大量挥发外溢,酿成火灾。特殊仓储物需特殊储存条件、储存要求的,应事先交代明白。

5. 仓储物进出库手续、时间、地点、运输方式。由存货人或运输部门、供货单位送货到库的,或由保管人负责到供货单位、车站、港口等处提运的仓储物,必须按照正常验收项目进行验收,或按国家规定当面交接清楚,分清责任。交接中发现问题,供货人在同一城镇的,保管人可以拒收;外埠或本埠港、站、机场、邮局到货,保管人应予接货,妥善暂存,并在有效验收期内通知存货人和供货人处理。对于仓储物的出库,也应明确存货人自提或保管人送货上门或者保管人代办运输的责任。

6. 仓储物的损耗标准和损耗处理。仓储物在运输过程和储存中会发生数量、重量的减少,对这些损耗,合同应明确规定一个标准以作为划分正常与非正常损耗的界限。正常损耗不认为是损耗,视为符合合同要求履行;非正常损耗由运输或保管中的责任人负责。

7. 计费项目、标准和结算方式、银行账号、时间。计费项目、标准指保管人收取费用的项目和标准,有国家规定的计费项目和标准的,按国家规定标准和项目执行,没有国家规定的,当事人可以协商议定。结算方式是指存货人和保管人以何种方式结算。银行账号是指各自的银行、账号的名称。时间是指双方结算的时间界限,亦即何时结算,何时结算完毕。以上条款均须在合同中明确、详细规定,以免发生争议。

8. 责任划分和违约处理。责任划分是指存货人和保管人在仓储物入库、仓储物验收、仓储物保管、仓储物包装、仓储物出库等方面的责任。这在合同中应明确规定,划清各自的责任。违约处理是指对保管人和存货人的违约行为如何处理。

违约处理的方式有协商、调解、仲裁、诉讼等方式，违约责任形式有违约金、赔偿金等。这些在合同中也应明确规定。

9. 储存期限，即合同的有效期限。合同一般应规定储存期限，但有的合同也可不规定储存期限，只要存货人按时支付仓储费即合同继续有效。

10. 变更和解除合同的期限。在确定变更或解除合同期限时，有国家规定的应按国家规定执行，没有国家规定的，当事人应在仓储合同中明确规定变更或解除的期限。此期限的确定应该合理，要考虑国家利益及当事人利益。

11. 其他事项。与仓储合同有关的仓储物检验包装、保险、运输等事项，也必须在合同中明确规定或另订合同。仓储合同不仅涉及仓储关系，有时还涉及其他关系。比如，与其有关的运输、保险等。这些关系也必须在合同中明确规定或者另订合同。

三、仓储合同的履行

在仓储合同履行中，保管人应当妥善保管仓储货物，除紧急情况或者为了维护存货人的利益以外，不得擅自改变仓储场所或者方法。仓储保管人不得将仓储物转交第三人保管，但当事人另有约定的除外。保管人擅自将仓储物转交第三人保管，对仓储物造成损失的，应当承担损害赔偿责任。仓储保管人不得使用或者许可第三人使用仓储物，但当事人另有约定的除外。存货人应当履行按时支付仓储费和其他费用的义务，应当向仓储保管人说明危险仓储物的性质并提供相应的资料，应当积极协助仓储保管人全面顺利履行合同。

仓储合同的履行过程中，存在以下两个问题需要明确：

（一）危险物品和易变质物品的仓储和保管

对于危险品和易变质物品的保管难度高于一般物品的保管，为了更有效地进行保管，防止可能出现的损害的发生，对该类物品的存储和保管有特殊的要求：

1. 关于危险物品保管人。我国《合同法》第383条规定，保管人储存易燃、易爆、有毒、有腐蚀性、有放射性等危险物品的，应当具备相应的保管条件。国家对保管条件及措施有规定的应当依照其规定，国家没有规定的，可以依照合同的有关条款、交易习惯或者物品的性质等具体情况综合考虑。

2. 关于存货人对存放的危险物品和易变质物品的处理。我国《合同法》第383条规定，储存易燃、易爆、有毒、有腐蚀性、有放射性等危险物品或者易变质物品，存货人应当说明该物品的性质，提供有关资料。存货人违反前款规定的，保管人可以拒收仓储物，也可以采取相应措施以避免损失的发生，因此产生的费用由存货人承担。由于存货人对所存货物最为了解，只有存货人对其性质作出明确的说明并且提供相关资料，保管人才能掌握足够的信息，以便合理进行保管。

3. 关于仓储物入库后发生变质或其他损坏情况的处理。我国《合同法》第389条规定，保管人对入库仓储物发现有变质或者其他损坏的，应当及时通知存货人或者仓单持有人。第390条规定，保管人对入库仓储物发现有变质或者其他损坏，危及其他仓储物的安全和正常保管的，应当催告存货人或者仓单持有人作出必要的处置。因情况紧急，保管人可以作出必要的处置，但事后应当将该情况及时通知存货人或者仓单持有人。

（二）格式合同的问题

仓储合同在实践中常常采用格式合同的形式，所以在此有必要明确我国法律对格式合同的规制：[4]

1.采用格式条款订立合同的，提供格式条款的一方应当遵循公平原则确定当事人之间的权利和义务，并采取合理的方式提请对方注意免除或者限制其责任的条款，按照对方的要求，对该条款予以说明。

2.提供格式条款一方免除其责任、加重对方责任、排除对方主要权利的，该条款无效。

3.对格式条款的理解发生争议的，应当按通常理解予以解释。对格式条款有两种以上解释的，应当作出不利于提供格式条款一方的解释。格式条款和非格式条款不一致的，应当采用非格式条款。

四、仓储合同当事人的权利和义务

（一）保管方的权利和义务

1.保管方的主要权利

（1）有权要求存货方按合同规定及时交付标的物。

（2）有权要求存货方对货物进行必要的包装。

（3）有权要求存货人告知货物情况并提供相关验收资料。根据法律规定，存货人违反规定或约定，不提交特殊物品的验收资料的，仓管人可以拒收仓储物，也可以采取相应措施以避免损失的发生，由此产生的费用由存货人承担。

（4）有权要求存货人对变质或损坏的货物进行处理。《合同法》规定，保管人对入库仓储物发现有变质或者其他损坏，危及其他仓储物的安全和正常保管的，应当催告存货人或者仓单持有人作出必要的处置。因情况紧急，保管人可以作出必要的处置，但事后应当将该情况及时通知存货人或者仓单持有人。

（5）有权要求存货人按期提取货物。

（6）提存权。《合同法》规定，储存期间届满，存货人或者仓单持有人应当凭仓单提取仓储物。存货人或者仓单持有人逾期提取的，应当加收仓储费；提前提取的，不减收仓储费。

（7）有权按约定收取储存管理货物的各项费用和约定的劳务报酬。

---

〔4〕 参见《中华人民共和国合同法》第39条、第40条、第41条。

2. 保管方的主要义务

(1)应存货人要求填发仓单的义务。

(2)接受和验收存货人的货物入库的义务。保管人应按合同的约定接受存货人交付储存的货物,并按合同约定的内容、标准、时间和方法对货物的品名、规格、数量、包装状况等进行验收,如发现有不符合合同约定的应及时通知存货人。

(3)妥善保管储存物的义务。

(4)危险通知义务。储存的货物出现危险时,保管人应及时通知存货人。危险情形主要包括:第一,保管人对入库仓储物发现有变质或者其他损坏,危及其他仓储物的安全和正常保管的,应当催告存货人或仓单持有人作出必要的处置。因情况紧急代存货人作出必要处置的,应当于事后将该情况及时通知存货人或仓单持有人。第二,遇有第三人对其保管的货物主张权利而起诉或扣押时,保管人应及时通知存货人或仓单持有人。

(5)返还保管物的义务。合同约定的保管期届满或因其他事由终止合同时,保管人应将储存的原物返还给存货人或存货人指定的第三人。合同中约定有储存期限的,在仓储合同期限届满前,保管人不得要求存货人提前取回保管物;存货人要求提前取回时,保管人不得拒绝,但保管人有权不减收仓储费。

(二)存货方的权利和义务

1. 存货方的主要权利

(1)有权要求保管方妥善管理货物。

(2)有权要求保管方亲自看守管理仓储货物。

(3)有权要求保管方及时验收货物。

(4)合同约定由保管方运送货物或代办托运的,存货人有权要求对方将货物送至指定的地点或办理托运手续。

(5)有权检查仓储物。《合同法》规定,保管人根据存货人或者仓单持有人的要求,应当同意其检查仓储物或者提取样品。

2. 存货方的主要义务

(1)按照合同约定交付仓储物入库。存货人应按照合同约定的品名、数量、时间将货物交付保管人入库,并在验收期间向保管人提供验收资料。

(2)向保管方支付报酬,即仓储费。仓储费是仓管人因提供保管服务而应当获取的报酬。存货人应按合同约定的数量、支付方式、地点、时间等支付仓储费。

(3)偿付必要费用。存货方应当支付保管方因堆藏、保管货物所支出的必要费用,包括运费、修缮费、保险费、转仓费等。

(4)凭仓单提取仓储物并提交验收资料。存货人或者仓单持有人在合同期限届满时凭仓单及时提取储存的货物,并向仓管人提供仓储物的验收资料。

五、仓储合同的违约责任

我国的《仓储保管合同细则》规定了仓储合同的违约责任。《细则》第26条规定:"违反本细则第九条和第二十二条第二项的规定,当事人必须向对方支付违约金,合同另有规定者除外。违约金的数额,为违约所涉及的那一部分货物的三个月保管费(或租金)或三倍的劳务费,合同另有规定者除外。因违约使对方遭受经济损失时,如违约金不足以抵偿实际损失,还应以赔偿金的形式补偿其差额部分。其他违约行为,给对方造成经济损失的,一律赔偿实际损失。"同时,该细则第26条规定:"赔偿货物的损失,一律按进货价或国家批准调整后的价格计算;有残值的,应扣除其残值部分或残件归赔偿方;不负责赔偿实物。"

(一)保管人的违约责任

1. 保管人验收仓储物后,在仓储期间发生仓储物的品种、数量、质量、规格、型号不符合合同约定,承担违约赔偿责任。

2. 仓储期间,因保管人保管不善造成仓储物毁损、灭失,保管人承担违约赔偿责任。

3. 仓储期间,因约定的保管条件发生变化而未及时通知存货人,造成仓储物的毁损、灭失,由保管人承担违约损害责任。

(二)存货人的违约责任

1. 存货人没有按合同的约定对仓储物进行必要的包装或该包装不符合约定要求,造成仓储物的毁损、灭失,自行承担责任,并由此承担给仓储保管人造成的损失。

2. 存货人没有按合同约定的仓储物的性质交付仓储物或者超过仓储存期,造成仓储的毁损、灭失,自行承担责任。

3. 危险有害物品必须在合同中注明,并提供必要的资料,存货人未注明和提供的,自行承担民事和刑事责任,并承担由此给仓储人造成的损失。

4. 逾期储存,承担加收费用的责任。

5. 储存期满不提取仓储物,经催告后仍不提取的,仓储人承担由此产生的违约赔偿责任。

第三节　仓　　单

一、仓单概述

(一)仓单的概念

我国《合同法》第385条规定:"存货人交付仓储物的,保管人应当给付仓单。"所谓仓单,是指由保管人在收到仓储物时向存货人签发的表示已经收到一定数量的仓储物,并以此来代表相应的财产所有权利的法律文书。[5]

(二)仓单的法律性质

1. 仓单为有价证券。仓单是提取仓储物的凭证。存货人或者仓单持有人在仓单上背书并经保管人签字或者盖章的,可以转让提取仓储物的权利。可见,仓单在经过存货人的背书和保管人的签署后可以转让,任何持仓单的人都拥有向保管人请求给付仓储物的权利,因此,仓单实际上又是一种以给付一定物品为标的的有价证券。

2. 仓单为物权证券。仓单,既是存货人已经交付仓储物的凭证,又是存货人或者持单人提取仓储物的凭证,因此,仓单实际上是仓储物所有权的一种凭证。

3. 仓单为要式证券。仓单须经保管人签名或者盖章,且须具备一定的法定记载事项,只有具备这些法定的形式,保管人出具的仓单才是完整有效的,故仓单为要式证券。

4. 仓单为文义证券。所谓文义证券是指证券上权利义务的范围以证券的文字记载为准。仓单的记载事项决定当事人的权利义务,当事人须依仓单上的记载主张权利义务,故仓单为文义证券。

5. 仓单为自付证券。仓单是由保管人自己填发的,又由自己负担给付义务,故仓单为自付证券。仓单证明存货人已经交付了仓储物和保管人已经收到了仓储物的事实,它作为物品证券,在保管期限届满时,存货人或者仓单持有人可凭仓单提取仓储物,也可以背书的形式转让仓单所代表的权利。

二、仓单的作用

仓单是仓储业务中保管人签发的一种有价证券,是物流经营活动中的一种流通工具与融资手段。

1. 仓单是仓储合同的证明。仓单反映了仓储合同的内容,表现了保管人愿意在合同的约束下承担自己的义务的意思表示,以保管人的意思表示形式证明了仓储合同,仓储记载事项也直接体现保管人和存货人之间的权利义务。故仓单不是仓储合同,而是仓储合同的证明,它不仅证实了仓储合同的存在,而且证实了仓储合同的内容。

2. 仓单是保管人接收货物并将货物保存的证明。仓单是由保管人在接到存货人交付的仓储物后签发的。因此,仓单是由保管人向存货人签发,签发仓单表明仓储保管人已接收了仓单上所记载的仓储物,仓单是仓储保管人用以返还仓储物的凭证。这就使仓单具有了一种证据效力,只要是合法的仓单,就有证明保管人接受了仓储物的效力。

---

〔5〕 王芸:《物流法律法规与实务》,电子工业出版社2007年版,第113页。

三、仓单的内容

仓单作为收取仓储物的凭证和提取仓储物的凭证，依据法律规定还具有转让或出质的记名物权证券的流动属性，它应当具备一定形式，其记载事项必须符合《合同法》及物权凭证的要求，使仓单关系人明确自己的权利并适当行使自己的权利。根据我国《合同法》第386条的规定，仓单包括下列事项：

1. 仓单上必须有保管人的签字或者盖章，否则不生仓单应有之效力。

2. 仓单是记名证券，因此仓单上应当记载存货人的名称或者姓名及住所，否则不符合记名证券的本质特征。

3. 仓单可经背书而生物权移转之效力，因此对仓储物详细情况的记载是必需的，仓单上应明确记载仓储物的品种、数量、质量、包装、件数和标记。

4. 仓单上应记载仓储物的损耗标准。这对提取仓储物和转让仓储物是至关重要的，可以避免发生很多纠纷。

5. 仓单上应记载储存场所，如果仓单经背书转让，则仓单持有人就可以明确仓储物的储存场所。

6. 仓单上应记载储存期间。如果仓单经背书转让，则仓单持有人就可以明确应在多长时间内提取仓储物。

7. 仓单上应记载仓储费。如果仓单经背书而转让，则仓单持有人在提取仓储物时应支付仓储费。

8. 仓储物已经办理保险的，其保险金额、期间以及保险公司的名称应在仓单上注明。仓储物已经办理保险的，如果存货人转让仓储物，则保险费可以计入成本。转让以后，受让人享受保险利益，一旦发生保险合同中约定的保险事故，受让人可以找保险公司索赔。因此仓单上记载上述事项是非常必要的。

9. 仓单上应记载填发人、填发地和填发日期。这是任何物权证券的基本要求。

四、仓单的效力

（一）提取仓储物的效力

保管人一经签发仓单，不管仓单是否由存货人持有，持单人均可凭仓单受领仓储物，保管人不得对此提出异议。因此，仓单代表着仓储物，是提取仓储物的凭证。对于仓单持有人来说，持有仓单就可以主张权利，可以提取仓储物；对于仓储保管人来说，认仓单而不认人。

（二）转移仓储物所有权的效力

仓单的最重要特征，是作为物权凭证的有价证券，具有流通性。仓单上所记载的仓储物，只要存货人在仓单上背书并经保管人签字或者盖章，提取仓储物的权利即可发生转让。

（三）出质的效力

仓单作为有价证券，可以按照《担保法》的规定，以仓单出质，即以仓单设定权利质押，使质权人在一定条件下享有提取仓单项下仓储物的权利。

仓单转让或者仓单出质，均须符合法律规定的形式，才能产生相应的法律效力。存货人转让仓单必须在仓单上背书并经保管人签字或者盖章，若只在仓单上背书但没有保管人签字或者盖章，即使交付了仓单，转让行为也不能生效。因而，背书与保管人签章是仓单转让的必要的形式条件，缺一不可。背书是指存货人在仓单的背面或者粘单上记载被背书人（受让人）的名称或姓名、住所等有关事项的行为。保管人的签字或盖章则是确保仓单及仓单利益，明确转让仓单过程中法律责任的手段。

存货人以仓单出质，应当与质权人签订质押合同，在仓单上背书并经保管人签字或者盖章，将仓单交付质权人，质押合同生效。当债务人不履行被担保债务时，质权人就享有提取仓储物的权利。

第四节　涉外仓储业务

一、涉外仓储业务

（一）涉外仓储业务

涉外仓储业务是指在物流过程中依法接受海关的监管并利用仓库对进出口货物提供仓储服务的经营活动。涉外仓储业务是各国推动国际贸易发展和提高国际物流效益的一项重要内容。[6]

根据我国涉外仓储实施内容不同，涉外仓储业务可分为广义的涉外仓储业务和狭义的涉外仓储业务。广义的涉外仓储业务包括保税仓储业务、涉外工业加工业务和特殊监管区业务等；狭义的涉外仓储业务仅指利用仓库提供涉外仓储业务，即我国实施的保税仓库业务和出口监管仓库业务。涉外仓储业务具有以下法律特征：

1. 涉外仓储业务发生的环节仅仅局限于货物进出口环节。如保税仓库是针对货物在入境时所提供的仓储业务；出口监管仓库是针对货物在出口时所提供的仓储业务。

2. 涉外仓储业务享有货物进出口特殊的法律待遇。保税仓库货物虽然入境，但对其暂缓实施灌水的法律保护机制。出口监管仓库货物虽然尚未装入国际货物运输工具，但该批货物的发货人或其代理人须依法办理出口退税和结汇等手续。

---

〔6〕姚会平：《物流法理论与实务》，西南财经大学出版社 2007 年版，第 172 页。

3. 涉外仓储业务接受海关机关的监督管理。涉外仓储业务的对象是尚未办理关税手续或者已报关但尚待装运出口的货物,为了维护国家海关秩序和国家主权,海关要对涉外仓储业各个环节进行监督管理。

(二)涉外仓储法律制度

涉外仓储法是指国家制定的规范涉外仓储业务的法律制度的总称。它是仓储业法律制度的重要组成部分。

我国的涉外仓储法律制度主要包括保税制度和出口监管仓储制度。其中,保税制度可分为保税仓库制度、涉外工业加工制度和特殊监管区域制度。我国现行的涉外仓储法律制度主要有《海关法》、2004 年 2 月 1 日起实施的《中华人民共和国海关对保税仓库及所存货物的管理规定》和 2006 年 1 月 1 日起施行的《中华人民共和国海关对出口监管仓库及所存货物的管理办法》。

本文主要介绍保税仓库制度和出口监管制度。

二、保税仓库制度

(一)保税仓库概述

1. 保税仓库的概念

保税仓库是保税制度中应用最广泛的一种形式,是指经海关核准的专门存放保税货物的专用仓库。可以这样理解,保税仓库是指商品在进入国家海关的时候,暂时不缴纳"关税",在实现销售的时候,再补缴"关税"。这项政策的制定,是为了鼓励短线(国家和人民生活需要的)产品、原料、物资、商品的进口,缓解销售单位的资金周转和经营风险。

一般贸易进出口货物不允许存入保税仓库。海关允许存放保税仓库的货物有三类:一是供加工贸易(进、来料加工)加工成品复出口的进口料件;二是外经贸主管部门批准开展外国商品寄售业务、外国产品维修业务、外汇免税商品业务及保税生产资料市场的进口货物;三是转口贸易货物以及外商寄存货物以及国际航行船舶所需的燃料、物衬和零配件等。

2. 保税仓库的类型

(1)保税仓库按照使用对象的不同,可以分为公用型和自用型两类:公用型保税仓库是根据公众需要设立的,可供任何人存放货物。它是一种最普遍的保税仓储方式。公用型保税仓库的设立以及经营管理都要经过海关的批准,要满足海关的监管条件。公用型保税仓库自身不经营进出口贸易,而是为社会提供保税货物的仓储服务。自用型保税仓库是指只有仓库经营人才能存放货物的保税仓库,但所存放货物并非必须属仓库经营人所有。自用型保税仓库的审批只需由海关以决定的方式批准,并规定仓库内存储的货物所应具备的条件即可。

(2)保税仓库根据仓储货物性质的不同,可分为普通型和专用型两类:普通型保税仓库是指存储一般保税货物的仓库。专用型保税仓库是指专门用来存储具有特定用途或特殊种类商品的仓库。专用型保税仓库又包括液体危险品保税仓库、备料保税仓库、寄售维修保税仓库和其他专业型保税仓库。

3. 保税仓库的作用

随着国际贸易的不断发展及外贸方式多样化,世界各国进出口货运量增长很快,如进口原料、配件进行加工,装配后复出口、补偿贸易、转口贸易、期货贸易等灵活贸易方式的货物,进口时要征收关税,复出口时再申请退税,手续过于繁琐,也不利于发展对外贸易。如何既方便进出口,有利于把外贸搞活,又使未税货物仍在海关有效的监督管理之下,实行保税仓库制度就是解决这个问题的一把钥匙。这种受海关监督管理,专门存放按海关法令规定和经海关核准缓纳关税的进出口货物的场所,通称保税仓库。保税货物是指经海关批准未办理纳税手续进境,在国内储存、加工、装配后复出境的货物,这类货物如在规定的期限内复运出境,经海关批准核销;如果转为内销,进入国内市场,则必须事先提供进口许可证和有关证件,正式向海关办理进口手续并缴纳关税,货物才能出库。

(二)保税仓库的海关监管

根据《中华人民共和国海关对保税仓库及所存货物的管理规定》的规定,海关对保税仓库的监管主要包括保税仓库的设立和保税仓库的管理两个方面:

1. 保税仓库的设立

《中华人民共和国海关对保税仓库及所存货物的管理规定》第 8 条对保税仓库经营者的市场准入规定了严格的条件,具体如下:(1)经工商行政管理部门注册登记,具有企业法人资格;(2)注册资本最低限额为 300 万元人民币;(3)具备向海关缴纳税款的能力;(4)具有专门存储保税货物的营业场所;(5)经营特殊许可商品存储的,应当持有规定的特殊许可证件;(6)经营备料保税仓库的加工贸易企业,年出口额最低为 1000 万美元;(7)法律、行政法规、海关规章规定的其他条件。

另外,《中华人民共和国海关对保税仓库及所存货物的管理规定》第 9 条对保税仓库本身应当具备的条件也做了规定:(1)符合海关对保税仓库布局的要求;(2)具备符合海关监管要求的安全隔离设施、监管设施和办理业务必需的其他设施;(3)具备符合海关监管要求的保税仓库计算机管理系统并与海关联网;(4)具备符合海关监管要求的保税仓库管理制度、符合会计法要求的会计制度;(5)符合国家土地管理、规划、交通、消防、安全、质检、环保等方面法律,行政法规及有关规定;(6)公用保税仓库面积最低为 2000 平方米;(7)液体危险品保税仓库容积最低为 5000 立方米;(8)寄售维修保税仓库面积最低为 2000 平方米;(9)法律、行政法规、海关规章规定的其他条件。

此外,法律还规定,保税仓库由直属海关审批,报海关总署备案。企业申请设立保税仓库的,应当向仓库所在地主管海关提交书面申请,并备齐法律规定的相关证明材料。

2. 保税仓库的管理

(1)关于保税仓库的日常管理

保税仓库不得转租、转借给他人经营,不得下设分库。海关对保税仓库实施计算机联网管理,并可以随时派员进入保税仓库检查货物的收、付、存情况及有关账册。海关认为必要时,可以会同保税仓库经营企业双方共同对保税仓库加锁或者直接派员驻库监管,保税仓库经营企业应当为海关提供办公场所和必要的办公条件。保税仓库经营企业负责人和保税仓库管理人员应当熟悉海关有关法律法规,遵守海关监管规定,接受海关培训。保税仓库经营企业应当如实填写有关单证、仓库账册,真实记录并全面反映其业务活动和财务状况,编制仓库月度收、付、存情况表和年度财务会计报告,并定期以计算机电子数据和书面形式报送主管海关。

(2)关于保税仓库的相关变更管理

保税仓库经营企业需变更企业名称、注册资本、组织形式、法定代表人等事项的,应当在变更前向直属海关提交书面报告,说明变更事项、事由和变更时间;变更后,海关按照相关规定对其进行重新审核。直属海关应当将变更情况报海关总署备案。保税仓库需变更名称、地址、仓储面积(容积)、所存货物范围和商品种类等事项的,应当经直属海关批准。直属海关应当将变更情况报海关总署备案。

(3)关于终止保税仓库仓储业务的管理

保税仓库无正当理由连续6个月未经营保税仓储业务的,保税仓库经营企业应当向海关申请终止保税仓储业务。经营企业未申请的,海关注销其注册登记,并收回《保税仓库注册登记证书》。保税仓库不参加年审或者年审不合格的,海关注销其注册登记,并收回《保税仓库注册登记证书》。保税仓库因其他事由终止保税仓储业务的,由保税仓库经营企业提出书面申请,经海关审核后,交回《保税仓库注册登记证书》,并办理注销手续。

(三)保税仓库的货物运营监管

根据《中华人民共和国海关对保税仓库及所存货物的管理规定》第5条和第6条的规定,下列货物经海关批准可以存入保税仓库:(1)加工贸易进口货物;(2)转口货物;(3)供应国际航行船舶和航空器的油料、物料和维修用零部件;(4)供维修外国产品所进口寄售的零配件;(5)外商暂存货物;(6)未办结海关手续的一般贸易货物;(7)经海关批准的其他未办结海关手续的货物。保税仓库不得存放国家禁止进境货物,不得存放未经批准的影响公共安全、公共卫生或健康、公共道德或秩序的国家限制进境货物以及其他不得存入保税仓库的货物。

对保税仓库的货物运营监管主要包括以下三个环节:

1. 货物入库监管

(1)保税仓储货物入库时,收发货人或其代理人持有关单证向海关办理货物报关入库手续,海关根据核定的保税仓库存放货物范围和商品种类对报关入库货物的品种、数量、金额进行审核,并对入库货物进行核注登记。

(2)入库货物的进境口岸不在保税仓库主管海关的,经海关批准,按照海关转关的规定或者在口岸海关办理相关手续。

2. 货物储存监管

(1)货物的加工。保税仓储货物可以进行包装、分级分类、加刷唛码、分拆、拼装等简单加工,但不得进行实质性加工。

(2)货物的处置。保税仓储货物,未经海关批准,不得擅自出售、转让、抵押、质押、留置、移作他用或者进行其他处置。

(3)货物的储存期限。保税仓储货物存储期限为1年。确有正当理由的,经海关同意可予以延期;除特殊情况外,延期不得超过1年。

3. 货物出库监管

(1)免税货物。下列保税仓储货物出库时依法免征关税和进口环节代征税:①用于在保修期限内免费维修有关外国产品并符合无代价抵偿货物有关规定的零部件;②用于国际航行船舶和航空器的油料、物料;③国家规定免税的其他货物。

(2)可办理出库手续的保税货物。下列情形的保税仓储货物,经海关批准可以办理出库手续,海关按照相应的规定进行管理和验放:①运往境外的;②运往境内保税区、出口加工区或者调拨到其他保税仓库继续实施保税监管的;③转为加工贸易进口的;④转入国内市场销售的;⑤海关规定的其他情形。

(3)保税货物的报关。保税仓储货物出库运往境内其他地方的,收发货人或其代理人应当填写进口报关单,并随附出库单据等相关单证向海关申报,保税仓库向海关办理出库手续并凭海关签印放行的报关单发运货物;从异地提取保税仓储货物出库的,可以在保税仓库主管海关报关,也可以按照海关规定办理转关手续;出库保税仓储货物批量少、批次频繁的,经海关批准可以办理集中报关手续。

(4)保税货物出境手续。①保税仓储货物出库复运往境外的,发货人或其代理人应当填写出口报关单,并随附出库单据等相关单证向海关申报,保税仓库向海关办理出库手续并凭海关签印放行的报关单发运货物。②出境货物出境口岸不在保税仓库主管海关的,经海关批准,可以在口岸海关办理相关手续,也可以按照海关规定办理转关手续。

三、出口监管仓库制度

(一)出口监管仓库的概述

1. 出口监管仓库的概念

出口监管仓库,是指经海关批准设立,对已办结海关出口手续的货物进行存储、保税物流配送、提供流通性增值服务的海关专用监管仓库。

经海关批准,出口监管仓库可以存入下列货物:一般贸易出口货物、加工贸易出口货物、从其他海关特殊监管区域、场所转入的出口货物、出口配送型仓库可以存放为拼装出口货物而进口的货物,以及为改换出口监管仓库货物包装而进口的包装物料、其他已办结海关出口手续的货物。

2. 出口监管仓库的特征

根据《中华人民共和国海关对出口监管仓库及所存货物的管理办法》(以下简称《海关对出口监管仓库及所存货物的管理办法》)的规定,出口监管仓库具有以下特征:

(1)出口监管仓库只能存储用于出口且已办结出口海关手续的货物,其目的是方便出口货物的仓储、运输或者进行简单加工。凡是流向不明或者未办结出口海关手续的货物,都不能存放于出口监管仓库。

(2)出口监管仓库存放的货物属于海关监管货物,不具有保税性质。这不同于存入保税仓库的货物享有保税待遇。

存入出口监管仓库的出口货物,按照国家规定应当提交许可证件或者缴纳出口关税的,发货人或者其代理人应当提交许可证件或者缴纳税款。

对经批准享受入仓即予退税政策的出口监管仓库,海关在货物入仓结关后予以签发出口货物报关单证明联。对不享受入仓即予退税政策的出口监管仓库,海关在货物实际离境后签发出口货物报关单证明联。

3. 出口监管仓库的类型

出口监管仓库分为出口配送型仓库和国内结转型仓库。出口配送型仓库是指存储以实际离境为目的的出口货物的仓库。国内结转型仓库是指存储用于国内结转的出口货物的仓库。

(二)出口监管仓库的海关监管

根据《海关对出口监管仓库及所存货物的管理办法》的规定,海关对出口监管仓库的监管主要包括出口监管仓库的设立和出口监管仓库的管理两个方面:

1. 出口监管仓库的设立

《海关对出口监管仓库及所存货物的管理办法》第9条规定了申请设立出口监管仓库的经营企业应当具备的条件:"(1)已经在工商行政管理部门注册登记,具有企业法人资格;(2)具有进出口经营权和仓储经营权;(3)注册资本在300万元人民币以上;(4)具备向海关缴纳税款的能力;(5)具有专门存储货物的场所,其中出口配送型仓库的面积不得低于5000平方米,国内结转型仓库的面积不得低于1000平方米。"

企业应当自海关出具批准文件之日起1年内向海关申请验收出口监管仓库。申请验收还应当:(1)符合《海关对出口监管仓库及所存货物的管理办法》第九条第(五)项规定的条件;(2)具有符合海关监管要求的安全隔离设施、监管设施和办理业务必需的其他设施;(3)具有符合海关监管要求的计算机管理系统,并与海关联网;(4)建立了出口监管仓库的章程、机构设置、仓储设施及账册管理和会计制度等仓库管理制度;(5)自有仓库的,具有出口监管仓库的产权证明;租赁仓库的,具有租赁期限5年以上的租赁合同;(6)消防验收合格。

并且企业无正当理由逾期未申请验收或者验收不合格的,该出口监管仓库的批准文件自动失效。

2. 出口监管仓库的管理

(1)延期

出口监管仓库申请出口监管仓库货物延期的,发货人或其代理人应在货物储存期满10日前向海关提交书面延期申请报告及《海关出口监管仓库申请事项审批表》。

仓库主管海关应对发货人或其代理人书面延期申请报告及《海关出口监管仓库申请事项审批表》进行审核,经审核同意后予以延期,但延期不得超过6个月。

(2)变更

对已存入出口监管仓库因质量等原因要求更换的货物,经仓库所在地主管海关批准,可以更换。被更换货物出仓前,更换货物应当先行入仓,并应当与原货物的商品编码、品名、规格型号、数量和价值相同。

出口监管仓库货物,因特殊原因确需退运、退仓,应当经海关批准,并按照有关规定办理相关手续。

根据《海关对出口监管仓库及所存货物管理操作规程》规定,出口监管仓库需变更仓库名称、地址、仓储面积的,仓库主管海关应收取下列资料:书面申请、可行性报告、《海关出口监管仓库注册登记证书》、《进出口货物收发货人注册登记证书》、工商营业执照和税务登记证书、出口监管仓库设立的批准文件、仓库土地使用权证明文件或租赁仓库的租赁协议(仅变更仓库地址和仓储面积提供)、仓库地理位置及平面图等有关资料(仅变更仓库地址和仓储面积提供)、仓库竣工合格证明文件和仓储设施消防验收合格证书(仅变更仓库地址和仓储面积提供)。

(3)撤销与注销

出口监管仓库有下列行为之一的,海关注销其注册登记,并收回《出口监管仓库注册登记证书》:无正当理由连续6个月未开展业务的;无正当理由逾期未申请延期审查或者延期审查不合格的;仓库经营企业书面申请变更出口监管仓库类型的;仓库经营企业书面申请终止出口监管仓库仓储业务的;仓库经营企业,丧失规定条件的。

(三)出口监管仓库的货物运营监管

出口货物存入出口监管仓库时,经海关批准,出口监管仓库可以存入下列货物:(1)一般贸易出口货物;(2)加工贸易出口货物;(3)从其他海关特殊监管区域、场所转入的出口货物;(4)出口配送型仓库可以存放为拼装出口货物而进口的货物,以及为改换出口监管仓库货物包装而进口的包装物料;(5)其他已办结海关出口手续的货物。另外,出口监管仓库不得存放下列货物:(1)国家禁止进出境货物;(2)未经批准的国家限制进出境货物;(3)海关规定不得存放的其他货物。[7]

《海关对出口监管仓库及所存货物的管理办法》规定,对出口监管仓库的运营监管主要包括:

1. 出口监管仓库入库监管

出口货物存入出口监管仓库时,仓库经营企业或其代理人应向海关如实申报,并依据《中华人民共和国海关对出口监管仓库及所存货物管理操作规程》(以下简称《海关对出口监管仓库及所存货物管理操作规程》)规定交验下列单证:(1)注明拟存出口监管仓库名称的《出口货物报关单》;(2)对外签订的货物出口合同或《海关加工贸易手册》(纸质或电子数据的);(3)属于许可证件管理的货物,需提交相关许可证件;(4)加盖出口监管仓库经营企业报关专用章的《出口监管仓库货物入仓清单》;(5)非自理报关的,应提供《代理报关委托书》;(6)海关认为需要提交的其他随附单证。

仓库主管海关对《出口监管仓库入仓清单》的内容进行审核通过后,按通关作业规范要求对上述报关单证进行审核。

《海关对出口监管仓库及所存货物的管理办法》规定,货物存储期满前,仓库经营企业应当通知发货人或者其代理人办理货物的出境或者进口手续。出口监管仓库所存货物存储期限为6个月。经主管海关同意可以延期,但延期不得超过6个月。

出口监管仓库货物超出规定的存储期限未申请延期或海关不批准延期申请的,仓库主管海关应要求企业办理超期货物的退运、补税、放弃、销毁等手续。

2. 出口监管仓库存放监管

仓库中不得对存入出口监管仓库的货物进行实质性加工。但经主管海关同意的情况下,可以在仓库内进行品质检验、分级分类、分拣分装、加刷唛码、刷贴标志、打膜、改换包装等流通性增值服务。

对于存入出口监管仓库的出口货物,按照国家规定应当提交许可证件或者缴纳出口关税的,并且发货人或者其代理人应当提交许可证件或者缴纳税款。

3. 出口监管仓库出库监管

出仓货物出口时,仓库经营企业或者其代理人应当向主管海关申报。仓库经营企业或者其代理人除按照海关规定提交有关单证外,还应当提交仓库经营企业填制的《出口监管仓库货物出仓清单》。仓库代理人应凭海关签印的出仓货物清

---

[7] 参见《海关对出口监管仓库及所存货物的管理办法》第7条、第8条规定。

单交付货物，在海关监管下将货物装运出口。

出仓货物出境口岸不在仓库主管海关的，经海关批准，可以在口岸所在地海关办理相关手续，也可以在主管海关办理相关手续。

第五章　物流运输法律制度

第一节　货物运输法概述

一、货物运输概述

（一）货物运输的概念

货物运输是指在不同的地域范围之间，以改变物品的空间位置为目的，对物品进行空间位移的活动。货物运输可以将物流系统的各个环节有机地联系起来，使物流系统的目标得以实现，它是整个物流系统中的一个重要环节。在物流领域中，物流运输被视为“第三利润源泉”最主要的来源，它在物流活动中处于中心地位，是物流的一个支柱。

（二）货物运输在物流中的地位和作用

货物运输是物流过程的主要职能之一，也是物流系统各项业务的中心活动。物流过程中的其他各项活动，如包装、装卸搬运、物流信息等，都是围绕着运输而进行的。在物流过程的各项业务活动中，运输是关键，具有举足轻重的作用。货物运输在物流中的作用主要体现在以下几方面：

1. 货物运输是物流系统的主要功能之一。物流系统所具有的创造物品的空间效用的功能是通过货物运输来实现的，运输是物流系统不可缺少的功能，是有效组织物流的保证。

2. 货物运输影响着物流的其他构成因素。运输在物流过程中还影响着物流的其他环节，例如，运输方式的选择决定着装运货物的包装要求；使用不同类型的运输工具决定其配套使用的装卸搬运设备以及接收和发运站台的设计；运输状况影响着库存储备量的大小，发达的运输系统能够适量、快速和可靠地补充库存，从而降低库存量。

3. 货物运输费用在物流费用中占有很大比重。在物流过程中，直接耗费的活劳动和物化劳动所支付的直接费用主要有运输费、保管费、包装费、装卸搬运费和物流过程中的损耗等。其中，运输费用所占的比重最大，是影响物流费用的一项重要因素，是运输降低物流费用、提高物流速度、发挥物流系统整体功能的中心环节，特别在我国交通运输业还很不发达的情况下更是如此。因此，在物流的各环节中，如何搞好运输工作,开展合理运输,不仅关系到物流时间占用多少,而且还会影响到物流费用的高低。所以,货物运输在拓展“第三利润源泉”空间中具有不可替代的作用。

4. 货物运输合理化有利于物流过程的系统化管理。在物流系统的各项业务中,运输是关键,实现运输合理化可以发挥运输在整个物流活动中应有的功能。加强运输管理,将直接或间接地影响到物流过程中的其他环节及整个物流过程。因此,运输合理化是物流系统合理化的关键。

(三)物流中常见的几种运输方式

1. 公路运输

公路运输是物流企业最主要的运输方式。是指使用汽车或其他交通工具在公路上载运货物的一种运输方式。公路运输主要承担近距离、小批量的货运和水运、铁路运输难以到达地区的长途、大批量货运及铁路、水运优势难以发挥的短途运输。公路运输主要优点是灵活性强,公路建设期短,投资较低,运输速度快,可以满足用户的多种需求。公路运输也可作为其他运输方式的衔接手段。

2. 铁路运输

铁路运输是指将火车车辆编组成列车在铁路上载运货物的一种运输方式。铁路运输主要承担长距离、大数量的货运,在没有水运条件地区,几乎所有大批量货物都是依靠铁路,是在干线运输中起主力运输作用的运输形式。铁路运输优点是速度快,运输不大受自然条件限制,载运量大,运输成本较低。主要缺点是灵活性差,只能在固定线路上实现运输,不能适应用户的紧急需要。物流企业常常利用铁路来完成长距离且运量大的货运。

3. 水路运输

水路运输是指使用船舶及其他航运工具,在江河湖泊、运河和海洋上运载货物的一种运输方式。水运主要承担大数量、长距离的运输,是在干线运输中起主力作用的运输形式。在内河及沿海,水运也常作为小型运输工具使用,担任补充及衔接大批量干线运输的任务。水运的主要优点是成本低,能进行低成本、大批量、远距离的运输。它的的缺点主要是运输速度慢,受港口、水位、季节、气候影响较大。物流企业通常通过水路来运输运量大、运距长,对时间要求不太紧、运费负担能力较低的货物。

4. 航空运输

航空运输是指在具有航空线路和航空港的条件下,使用飞机或其他航空器进行货物运输的一种运输方式。航空运输的单位成本很高,因此,主要适合运载的货物有两类:一类是价值高、运费承担能力很强的货物,如贵重设备的零部件、高档产品等;另一类是紧急需要的物资,如救灾抢险物资等。航空运输的主要优点是速度快,安全性和准确性很高。其缺点是运输成本高、运载能力有限。物流企业通常通过航空运输来进行运量小、运距大、时间要求紧、运费负担能力相对较高的货物的运载。

5. 管道运输

管道运输是指利用管道输送气体、液体的一种运输方式。其运输形式是靠物体在管道内顺着压力方向循序移动实现的,和其他运输方式重要区别在于,管道设备是静止不动的。管道运输的主要优点是,由于采用密封设备,在运输过程中可避免散失、丢失等损失,也不存在其他运输设备本身在运输过程中消耗动力所形成的无效运输问题。另外,运输量大,适合于大且连续不断运送的物资。它的缺点是仅适用于流体物品的运输,并且铺设管道的成本很高。

二、物流运输法律制度

物流运输法是指国家规范物流运输活动的法律规范的总称。主要包括以下几大类:

(一)公路运输的法律法规

我国针对公路运输的法律法规有《中华人民共和国公路法》、《中华人民共和国公路管理条例》、《汽车货物运输规则》、《城市道路管理条例》等。国际上针对公路运输的国际公约有《国际公路车辆运输公约》(TIR)、《国际公路货物运输合同公约》(CIM)等。

(二)铁路运输的法律法规

我国针对铁路运输的法律法规有《中华人民共和国铁路法》、《铁路货物运输管理规则》、《铁路货物运输规程》、《铁路货物运输合同实施细则》等。国际上针对铁路运输的国际公约有《国际铁路货物联运协定》、《铁路货物运输国际公约》等。

(三)水路运输的法律法规

我国针对水路运输的法律法规有《中华人民共和国海商法》、《国内水路货物运输规则》、《水路货物运输合同实施细则》、《中华人民共和国水路运输管理条例》、《中华人民共和国航道管理条例》等。国际上针对海洋运输的国际公约有《海牙规则》、《维斯比规则》、《汉堡规则》等。

(四)航空运输的法律法规

我国针对航空运输的法律法规有《中华人民共和国航空法》、《中国民用航空货物国际运输规则》、《航空货物运输合同实施细则》等。国际上针对航空运输的国际公约有《华沙公约》、《海牙议定书》等。

(五)国际多式联运的法律法规

我国针对国际多式联运的法律法规有《中华人民共和国海商法》、《中华人民共和国海上国际集装箱运输管理规定》等。国际上针对国际联运的国际公约有《联合国国际货物多式联运公约》、《联合国国际贸易和发展会议/国际商会多式联运单证规则》。

三、货物运输合同

(一)货物运输合同的概念

货物运输合同是指承运方按约定期限将货物送到约定地点交给收货人,托运方按规定或约定支付运输费的协议。运输合同是承运人和托运人双方对运输中的各主要事项,特别是双方的权利和义务进行约定的产物。

(二)货物运输合同的特征

货物运输合同是运输合同的一种,具有运输合同的一般特征:(1)运输合同属于提供劳务的合同,运输合同的标的是运输行为,而不是运输的货物;(2)运输合同一般为格式合同,承运人为了提高运输效率,一般先拟定好合同条款,统一印制货运单、提单等。此外,运输合同还是双务合同、有偿合同、诺成性合同。

货物运输合同以将货物交付收货人为履行完毕。在货物运输合同中,承运人将货物运输到目的地,其义务并不能完结,只有将货物交付给收货人后,其义务才告履行完毕。这也是客运合同和货运合同的一个区别。

货物运输合同往往涉及第三人。托运人可以是收货人也可以不是收货人。在第三人是收货人的情况下,收货人虽然不是合同的订立人,但却是合同的利害关系人。在此情况下,货运合同就是属于为第三人利益的合同。

(三)货物运输合同的主要内容

1. 当事人条款。这是合同的必备条款。由于货物运输合同往往会涉及第三人,所以该项条款中不仅要写明托运人和承运人的基本情况,还应准确写明收货人的详细情况,以确保货物可以安全及时地到达收货人手中。

2. 货物名称、规格、性质、数量、重量等。这些都属于货物的基本情况,托运人应该向承运人如实申报,因为这些情况都决定了货物的包装和装卸等方式。如果因为托运人虚报或者漏报造成承运人损失的,承运人有权要求托运人进行赔偿。

3. 包装要求。准确的包装可以有效避免货物的毁损、灭失和短少等货损。货物有统一包装标准的,托运人必须按照此标准进行相应的包装;没有统一包装标准的,其包装应符合该货物包装的一般要求,并能保证货物的运输安全。

4. 货物起运地点、货物到达地点。只有约定了明确的货物起运点和到达点,当事人才能准确地完成货物的交接,承运人才能适当地选择运输线路,同时,此条对于承运人的责任期间的认定也很有意义。

5. 货物运输期间。此条可以保证货物在约定的期限内到达目的地,同时可以保证托运人在其他合同中的及时履行。在签订运输合同时,如果运送的是鲜活或节令性商品,尤其要注意此条内容。

6. 运输质量及安全要求。一般写明包装种类即可。

7. 货物装卸责任和方法。运输合同中可以约定由承运人负责装卸,也可以约定由托运人负责装货、收货人负责卸货。

8. 收货人领取货物及验收。收货人在提货时应当按照合同约定领取货物并对货物进行检验。收货人在约定的期限内对货物数量、毁损等未提出异议的，视为承运人已经按运输单证的记载交付的初步证据。

9. 运输费用、结算方式。交付运输费是托运人的主要义务之一，同时与承运人的利益也是息息相关，所以运输合同中对此应作出明确的约定。

10. 各方的权利和义务。这是运输合同中很重要的一部分内容，双方当事人应当对此作出明确而详细的约定。

11. 违约责任及合同争议的解决方法。这是所有合同中必不可少的条款，对此作出约定，将有利于快速、准确地确定各方责任，有利于纠纷的解决。

12. 其他条款。当事人在其他方面有特殊要求的，也可以在合同中进行约定。

（四）货物运输合同中当事人的权利和义务

货物运输合同一般包括三方当事人，即承运人、托运人和收货人，他们各自的基本权利和基本义务如下：

1. 承运人的权利和义务

（1）承运人的权利

①求偿权。因托运人申报不实或者遗漏重要情况，造成承运人损失的，托运人应当承担损害赔偿责任。

②特殊情况下的拒运权。托运人应当按照约定的方式包装货物。对包装方式没有约定或者约定不明确的，适用《合同法》第156条的规定。托运人违反包装的规定的，承运人可以拒绝运输。

③留置权。托运人或者收货人不支付运费、保管费以及其他运输费用的，承运人对相应的运输货物享有留置权，但当事人另有约定的除外。

④提存权。承运人对收货人不明或者收货人拒绝受领货物的，承运人应当及时通知托运人并请求其在合理期限内对货物的处置作出指示。无法通知托运人，或者托运人在合理的期限内未作指示或者指示事实上不能实行的，承运人可以提存货物。货物不宜提存的，承运人依法可以拍卖或者变卖该货物，扣除运费、保管费以及其他运输费用后，提存剩余价款。

（2）承运人的义务

①不得拒运的义务。从事公共运输的承运人不得拒绝托运人通常、合理的运输要求。

②按期运达的义务。承运人应当在约定期间或者合理期间内将货物安全运输到约定地点。

③按路线运输的义务。承运人应当按照约定的或者通常的运输路线将货物运输到约定地点。

④及时通知义务。货物运输到达后，承运人知道收货人的，应当及时通知收

货人。

⑤损害赔偿的义务。承运人对运输过程中货物的毁损、灭失承担无过错责任，但承运人证明货物的毁损、灭失是因不可抗力、货物本身的自然性质或者合理损耗以及托运人、收货人的过错造成的，不承担损害赔偿责任。两个以上承运人以同一运输方式联运的，与托运人订立合同的承运人应当对全程运输承担责任。损失发生在某一运输区段的，与托运人订立合同的承运人和该区段的承运人承担连带责任。

2. 托运人的权利和义务

(1)托运人的权利

①有条件的拒绝支付运费权。承运人未按照约定路线或者通常路线运输增加运输费用的，托运人或者收货人可以拒绝支付增加部分的运输费用。

②任意变更解除权。在承运人将货物交付收货人之前，托运人可以要求承运人中止运输、返还货物、变更到达地或者将货物交给其他收货人，但应当赔偿承运人因此受到的损失。

(2)托运人的义务

①支付运费的义务。托运人或者收货人应当支付运输费用。

②如实申报的义务。托运人办理货物运输，应当向承运人准确表明收货人的名称或者姓名或者凭指示的收货人，货物的名称、性质、重量、数量，收货地点等有关货物运输的必要情况。

③交付相关手续的义务。货物运输需要办理审批、检验等手续的，托运人应当将办理完有关手续的文件提交承运人；托运人托运易燃、易爆、有毒、有腐蚀性、有放射性等危险物品的，将有关危险物品的名称、性质和防范措施的书面材料提交承运人。

④根据需要合理包装货物的义务。托运人应当按照约定的方式包装货物。对包装方式没有约定或者约定不明确的，适用《合同法》第156条的规定。托运人托运易燃、易爆、有毒、有腐蚀性、有放射性等危险物品的，应当按照国家有关危险物品运输的规定对危险物品妥善包装，作出危险物标志和标签。

3. 收货人的权利和义务

(1)收货人的权利

①在货物送达前依照有关规定变更到货地点或收货人的权利。

②在货物送达后凭证领取货物的权利。

(2)收货人的义务

①及时领取货物的义务：收货人提货时，应当向承运人出示提货凭证，并支付托运人未付或者少付的运费以及其他费用。

②提货时按照约定的期限检验货物的义务：对检验货物的期限没有约定或者

约定不明确,应当在合理期限内检验货物。收货人在约定的期限或者合理期限内对货物的数量、毁损等未提出异议的,视为承运人已经按照运输单证的记载交付的初步证据。收货人请求承运人赔偿损失的权利自提货之日起六个月内不行使而消灭。

第二节 公路货物运输法

公路货物运输是指使用汽车或其他交通工具在公路上载运货物的一种运输方式。公路运输主要承担近距离、小批量的货运和水运、铁路运输难以到达地区的长途、大批量货运及铁路、水运优势难以发挥的短途运输。

一、公路货物运输适用的法律

前面已经介绍过,我国针对公路运输的法律法规有《中华人民共和国公路法》、《中华人民共和国公路管理条例》、《汽车货物运输规则》、《城市道路管理条例》等。国际上针对公路运输的国际公约有《国际公路车辆运输公约》(TIR)、《国际公路货物运输合同公约》(CIM)等。

《汽车货物运输规则》是为维护汽车货物运输当事人的合法权益,明确承运人、托运人、收货人以及其他有关方面的权利、义务和责任,维护正常的道路货物运输秩序,依据国家有关法律法规制定的。在这一节中,主要围绕《汽车货物运输规则》来介绍公路货物运输法律制度。

二、公路货物运输合同

(一)公路货物运输合同概述

1. 公路货物运输合同的概念

公路货物运输合同是指汽车承运人与托运人之间签订的明确相互权利关系的协议,公路货物运输合同具有以下几个特点:

(1)承运人必须是经过国务院交通行政主管部门批准并持有运输经营许可证的单位和个人,国家交通行政主管部门必须对运输工具、司机进行管理,明确职责,以确保货物运输的安全。

(2)承运人的许多义务是强制性的,如定期检修车辆,确保车辆处于适运状态等。

(3)货物运输合同订立的强制性。承运人具备承运条件的,不得拒绝托运,体现了运输合同在订立程序上具有强制缔约的特点。

2. 公路货物运输合同的种类

根据《汽车货物运输规则》的规定,公路汽车货物运输合同分为以下两类:

(1) 定期运输合同。定期运输合同适用于承运人、托运人、货运代办人之间商定的时期内的批量货物运输。

(2)一次性运输合同。一次性运输合同适用于每次货物运输。

(3)道路货物运单。在每车次或短途每日多次货物运输中,运单视为合同。承运人、托运人和货运代办人签订定期运输合同、一次性运输合同时,运单视为货物运输合同成立的凭证。

(二)公路货物运输合同当事人的权利义务

1. 托运人的权利和义务

根据《汽车货物运输规则》和《合同法》的规定,托运人享有要求承运人按照约定运输货物的权利和变更、解除合同的权利。同时,承运人必须承担以下义务:

(1)按照国家有关部门规定需办理准运或审批、检验等手续的货物,托运人托运时应将准运证或审批文件提交承运人,并随货同行。托运人委托承运人向收货人代递有关文件时,应在运单中注明文件名称和份数。

(2)托运的货物中,不得夹带危险货物、贵重货物、鲜活货物和其他易腐货物、易污染货物、货币、有价证券以及政府禁止或限制运输的货物等。

(3)托运货物的包装,应当按照承托双方约定的方式包装。对包装方式没有约定或者约定不明确的,可以协议补充;不能达成补充协议的,按照通用的方式包装,没有通用方式的,应在足以保证运输、搬运装卸作业安全和货物完好的原则下进行包装。

(4)托运人应根据货物性质和运输要求,按照国家规定,正确使用运输标志和包装储运图示标志。使用旧包装运输货物,托运人应将包装上与本批货物无关的运输标志、包装储运图示标志清除干净,并重新标明制作标志。

(5)托运特种货物,如需冷藏保温的货物、鲜活货物。危险货物等,托运人应按以下要求,在运单中注明运输条件和特约事项。

(6)运输途中需要饲养、照料的有生物、植物,尖端精密产品、稀有珍贵物品、文物、军械弹药、有价证券、重要票证和货币等,托运人必须派人押运。需派人押运的货物,托运人在办理货物托运手续时,应在运单上注明押运人员姓名及必要的情况。

(7)托运人应当按照约定支付运输费用。

2. 承运人的权利和义务

在公路运输合同中,承运人主要享有收取运费的权利,同时应该承担以下义务:

(1)承运人应当根据受理货物的情况,合理安排运输车辆,货物装载重量以车辆额定吨位为限,轻泡货物以折算重量装载,不得超过车辆额定吨位和有关长、宽、高的装载规定。

(2)承运人应与托运人约定运输路线。起运前运输路线发生变化必须通知托运人,并按最后确定的路线运输。承运人未按约定的路线运输增加的运输费用,托运人或收货人可以拒绝支付增加部分的运输费用。

(3)运输期限由承托双方共同约定后应在运单上注明。承运人应在约定的时间内将货物运达。零担货物按批准的班期时限运达,快件货物按规定的期限运达。

(4)整批货物运抵前,承运人应当及时通知收货人做好接货准备;零担货物运达目的地后,应在24小时内向收货人发出到货通知或按托运人的指示及时将货物交给收货人。

(5)车辆装载有毒、易污染的货物卸载后,承运人应对车辆进行清洗和消毒。因货物自身的性质,应托运人要求,需对车辆进行特殊清洗和消毒的,由托运人负责。

(三)公路货物保价运输

保价运输是双方当事人的自愿行为,当事人自己也可以根据自愿原则制定。

公路货物保价运输是按保价货物办理承托运手续,在发生货物赔偿时,按托运人声明价格及货物损坏程度予以赔偿的货物运输。托运人凭运单托运的货物只能选择保价或不保价。

托运人选择货物保价运输时,申报的货物价值不得超过货物本身的实际价值;保价运输为全程保价。分程运输或多个承运人承担运输,保价费由第一程承运人(货运代办人)与后程承运人协商,并在运输合同中注明。承运人之间没有协议的按无保价运输办理,各自承担责任。办理保价运输的货物,应在运输合同上加盖保价运输戳记。

在保价运输中,货物全部灭失,按货物保价声明价格赔偿;货物部分毁损或灭失,按实际损失赔偿;货物实际损失高于声明价格的,按声明价格赔偿;货物能修复的,按修理费加维修取送费赔偿。保险运输按投保人与保险公司商定的协议办理。

未办理保价或保险运输的,并且在货物运输合同中未约定赔偿责任的,按相关规定赔偿。即执行国家定价的货物,依起运地承运当日的价格为准。执行国家指导价格或市场调节价格的,按每千克不超过3元计算。

货物损失赔偿费包括货物价格、运费和其他杂费。货物价格中未包括运杂费、包装费以及已付的税费时,应按承运货物的全部或短少部分的比例加算各项费用。货物毁损及灭失的赔偿额,当事人有约定的,按照其约定,没有约定或约定不明的,可以补充协议,不能达成补充协议的,按照交付或应当交付时货物到达地的市场价格计算。由于承运人责任造成货物灭失或损失,以实物赔偿的,运费、和杂费照收;按价格赔偿的,退还已收的运费和杂费;被损货物尚能使用的,运费照收。

(四)公路货物运输合同的变更与解除

公路货物运输合同签订后,任何一方不得擅自变更或解除。如确有特殊原因不能继续履行或需变更时,须经双方同意,并在合同规定的时间内办理变更,如在合同规定的期限外提出变更，必须负担对方已造成的实际损失。涉及国家指令性计划的运输合同，在签订变更或解除协议之前，须报下达计划的主管部门核准。

1. 公路货物运输合同的变更

托运人在办理托运手续后可以要求变更运输合同。变更运输合同可以是主体的变更，如变更收货人，也可以是到站的变更。但不管是何种情况的变更，都要遵守以下程序：托运人对已托运的货物，要求变更到达站、变更收货单位或取消托运，须向受理提出书面申请。承运人在接到申请后，应当认真审查，符合变更条件的，应当同意并办理相应的变更手续。

货物承运后，因发生自然灾害、道路阻塞等造成运输阻滞时，承运人应及时与托运人联系协商处理，发生的卸存、接运、转运及保管费用按下述规定处理：(1)接运时，货物卸存、接运费用由托运人承担，已完成运输里程部分运费照收，未完成里程部分运费退回。(2)回运时，已完成运输里程部分的运费照收，回程运费免收。(3)应托运人要求绕道行驶或改变到达地点时，全程运费照实核收。(4)货物在受阻处存放，承运人仓库可免费保管5天，在非承运人仓库存放，保管费用由托运人负担。

2. 公路货物运输合同的解除

因某种原因导致运输货物已没有必要，货物起运前可办理解除合同。合同解除的原因主要有：(1)自然灾害造成运输线路阻断。(2)市场变化，托运人认为该批货物已经没有发生必要。(3)执行政府命令影响按时履行运输合同。(4)双方商定的其他情况。

合同解除应当以书面形式（包括公函、电报）提出或答复。

（五）违反公路货物运输合同的责任

1. 托运人的责任

(1)托运人未按合同规定的时间和要求，备好货物和提供装卸条件，以及货物运达后无人收货或拒绝收货，而造成承运人车辆放空、延滞及其他损失的，托运人应负赔偿责任，应按合同规定向对方支付违约金。

(2)因托运人发生下列过错，造成车辆、机具、设备等损坏、污染或人身伤亡以及因此而引起的第三方的损失，由托运人负责赔偿：

在托运的货物中有故意夹带危险货物和其他易腐蚀、易污染货物以及禁、限运货物等行为；错报、匿报货物的重量、规格、性质；货物包装不符合标准，包装、容器不良，而从外部无法发现；错用包装、储运图示标志。

(3)货物包装完整无损而货物短损、变质，收货人拒收或货物运抵目的地找不到收货人，以及由托运人负责装卸的货物，超过合同规定装卸时间所造成的损失，均应当由托运人负责赔偿。

(4)由于托运人的责任给承运部门造成损失，或因匿报而造成他人生命财产损失时,除由托运人负责赔偿外,必要时应交有关部门处理。

(5)托运人对承运人的赔偿要求,凡起运前发现而要求赔偿的,由起运车站负责处理,其他由到达站负责处理。但行车肇事所引起的货运事故,应由事故发生地的就近车站,会同当地监理部门和有关单位作出现场记录,由责任人承担赔偿责任。要求赔偿的有效期限,从货物开票之日起,不得超过6个月。从提出赔偿要求之日起,承担责任人应在2个月内作出处理。

2. 承运人的责任

(1)由于承运人过错造成货物逾期到达,应按合同规定支付对方违约金。

(2)从货物装运时起,至货物运抵到达地交付完毕时止,承运人应对货物的短少、变质、损坏、污染、灭失等负责,并按货物的实际损失赔偿。但经承运人举证后有下列情形之一的除外:不可抗力;货物本身的自然性质变化或者合理损耗;包装不符合规定,造成货物受损;包装完整无损而内装货物毁损或灭失;托运人的过错;押运人员且不属承运人责任造成的货物毁损或灭失;其他经查证非承运人责任造成的。

(3)货物错运到达地或错交收货人,由承运人无偿运到规定地点,交给指定的收货人,由此造成的货物逾期到达,承运人应支付对方违约金。承运人和托运人双方对货物逾期到达、车辆延滞、装货落空都负有责任时,按各自责任所造成的损失相互赔偿。

(4)承运人的赔偿责任,分为限额赔偿和实际损失赔偿两种。法律、行政法规对赔偿责任限额有规定的,依照其规定;尚未规定赔偿责任限额的,按货物的实际损失赔偿。

货物赔偿价格,按实际损失价格赔偿。如货物部分损坏,应按损坏货物所减低的金额或按修理费用赔偿。赔偿费用应专账支付,不得在运费内扣抵。

(5)丢失货物赔偿后又被查回的,应送还原主,收回赔偿金或实物;原主不愿接受失物或无法找到原主的,由承运人自行处理。

3. 收货人的责任

(1)收货人逾期领取货物要承担货物的仓储保管费。

(2)收货人应当补交托运人未交或者少交的运费,迟交的要承担滞纳金。

(3)因收货人的取货行为而造成承运人其他财产损失的,应承担赔偿责任。

4. 关于违约金和赔偿金

(1)当事人可以约定违约金和赔偿金,但违约金一般最高不应超过违约部分运量应急运费的10%,并在明确责任后10日内偿付,否则按逾期付款处理,并按日支付滞纳金。任何一方不得自行以扣发货物或扣付运费来充抵。

(2)货物的短少、灭失按短少、灭失货物的价值赔偿;货物的变质、污染、损坏按受损货物所减低价值或修理费赔偿。

(3)造成车辆、设备损坏或第三者物质损失,按损坏或损失部分的价值赔偿。

(4)造成车辆空驶损失或延误损失,按空驶损失费或延滞费赔偿。

5. 时效

承运人、托运人双方彼此要求赔偿的时效,从货物运抵到达地点的次日起计算,不超过80日。赔偿要求应以书面形式提出,对方应在收到书面赔偿要求的次日起60日内处理。权利人要求对方赔偿损失,必须在180日内向对方提出,但向人民法院请求保护其民事权利的诉讼时效期间为两年,即权利人在其知道或应当知道权利被侵害时起两年内向人民法院提出诉讼请求。

第三节　铁路货物运输法

铁路货物运输是指将火车车辆编组成列车在铁路上载运货物的一种运输方式。铁路运输主要承担长距离、大数量的货运,在没有水运条件地区,几乎所有大批量货物都是依靠铁路,是在干线运输中起主力运输作用的运输形式。

一、铁路货物运输适用的法律

前文已经介绍过,我国针对铁路运输的法律法规有《中华人民共和国铁路法》、《铁路货物运输管理规则》、《铁路货物运输规程》、《铁路货物运输合同实施细则》等。国际上针对铁路运输的国际公约有《国际铁路货物联合运输协定》(简称《国际货协》CMIC)、《关于铁路货物运输的国际公约》(简称《国际货约》CIM)等。

《中华人民共和国铁路法》和《铁路货物运输规程》对铁路运输中当事人的权利和义务,以及铁路运输合同的有关情况都作出了规定。另外,我国是《国际铁路货物联运协定》的缔约国,所以在国际铁路货物运输中,我国还应该遵守相关规定。

二、铁路货物运输合同

(一)铁路货物运输合同概述

1. 铁路货物运输合同的概念

铁路货物运输合同,是以运送货物的劳务行为作为合同标的一种合同。根据《合同法》的规定,货运合同可以定义为:承运人按照托运人的指示,将托运人交付的货物运送至目的地,交付给指定的收货人,托运人或者收货人支付运费的合同。货物运输合同是一种劳务合同,是承运人提供运输劳务的合同,是承运人按照托运人的要求进行的运输劳务活动,也是托运人或者收货人支付报酬的合同。运费是承运人付出劳务取得报酬的形式。铁路货物运输合同具有以下几个特点:

(1)铁路货物运输合同中的承运人必须是铁路运输企业。

(2)铁路货物运输合同具有标准合同的特点。铁路的货物运单是铁路货物运输合同的基本形式。

(3)铁路货物运输合同的承运人通常是多个承运人共同完成一批货物的运输过程。比如,一批从北京起运到广州的货物,要经过北京铁路局、郑州铁路局、广铁集团公司三个运输企业的运输行为才能将货物运至广州站。因此,承运人一方往往有两个或者两个以上的运输企业,共同参与货物的运输活动。多个承运人的行为构成一个完整的运输行为,这种以同一种运输方式的相继运输在《合同法》上称之为相继运输。

(4)铁路货物运输合同履行的阶段性。一般运输合同的履行都要经历承运、运送、交付三个阶段。在承运阶段,托运人与承运人各自要履行相应的义务;运送阶段则是铁路承运人内部的行为,是为交付作准备的阶段;交付阶段是指货物运至到站后,铁路承运人要将货物交给合同规定的收货人。则合同履行是到达站的承运人与收货人各自履行合同义务。这个特点决定了货物运输合同权利义务的阶段性。

2. 铁路货物运输合同的分类

根据《铁路货物运输规程》的规定,我国铁路货物运输合同可以分为三大类:

(1)整车货物运输合同。一批货物的重量、体积或形状需要以一辆以上货车运输的,应按整车托运,此时托运人与承运人签订的为整车货物运输合同。

(2)零担货物运输合同。不够整车运输条件的,按零担托运,此时托运人与承运人签订的是零担货物运输合同。

(3)集装箱货物运输合同。符合集装箱运输条件的,可以按集装箱托运,此时托运人与承运人签订的是集装箱货物运输合同。

(二)铁路货物运输合同当事人的权利和义务

1. 托运人的权利和义务

托运人主要享有拒付不正当费用的权利、变更和解除合同的权利等。而托运人需要履行的义务则为:

(1)按照合同的约定时间和要求向铁路承运人提供运输的货物。

(2)对运输货物进行包装,以适应运输安全的需要。铁路承运人有权要求托运人改善货物的不良包装,如果托运人拒绝改善,或者改善后仍然不符合国家有关运输包装规定要求的,铁路承运人有权拒绝承运。

(3)如实申报货物的品名、重量和性质。这是托运人的基本义务之一。危险品货物必须按照危险品的规定运输,鲜活货物要按照鲜活货物的规定运输,以免造成铁路运输事故。

(4)按规定凭证运输的货物必须出示有关证件。

(5)在运输中,需要特殊照料的货物,需派人押运。

(6)向承运人交付规定的运输费用。如果是保价运输的,必须申报价格,并按保价运输支付保价费。

2.承运人的权利和义务

承运人主要享有收取运输费用的权利、留置权和提存权等。同时,应当承担如下义务:

(1)提供符合运输要求的车辆以保证即时运输。

(2)由托运人装车的货物,要负责将车辆送到装车地点。铁路承运人应当指导特殊货物的装车,并办理车辆交接手续。

(3)铁路运输企业应当按照合同约定的期限将货物运到目的地,逾期运到的,铁路运输企业应当支付违约金。

(4)铁路运输企业应当对承运的容易腐烂变质的货物和活动物,采取有效的保护措施,防止货物灭失、短少、变质、污染或者损坏。

(5)及时通知收货人到站领取货物,并将货物交付收货人。

3.收货人的权利和义务

收货人作为铁路货运合同的第三人,具有相应的权利义务。但是,收货人只有在行使权利的时候,承运人才有权要求其履行相应的义务。如果收货人拒绝行使权利,则承运人也无权要求收货人履行义务。

它的基本义务包括:

(1)及时到车站领取货物,逾期领取要承担保管费。

(2)补交托运人未交的运费以及运输途中发生的其他费用。

(3)规定由收货人组织卸车的要及时组织卸车。

如果收货人拒绝领取货物,铁路承运人应当及时通知托运人到站处理,否则货物交付的权利义务由托运人承担。

(三)铁路货物运输合同的变更和解除

合同是双方当事人意思表示一致的结果,如果要变更和解除合同,也必然要求双方意思表示一致方能变更和解除。铁路货运合同也是如此。托运人可以提出变更和解除合同,但合同能否变更和解除,还要取决于承运人是否同意。

根据《合同法》的规定,托运人有权提出变更和解除合同,只要能够变更和解除的,承运人应当接受。所谓能够变更和解除,是指根据货物运输的进展情况,承运人是能够办到的,如果按照托运人的要求,承运人不能办到的,则变更就不成立。而解除合同在运输的全过程中都是可以做到的。因此,《合同法》规定的"有权"并不是必然能够实现的权利,而是一种相对的权利,须得到承运人的同意,其变更和解除权才能成立。如果承运人不同意,双方不能达成变更和解除合同的一致意见,则铁路货物运输合同就不能变更和解除。双方仍要按照原合同的规定履行各自的义务。

对于解除合同,有时并不要求双方达成一致的意见,只要符合法律规定的条件,解除就可以因单方提出而成立。这些法定条件就是《合同法》第94条规定的五种情形:一是因不可抗力致使不能实现合同目的;二是在履行期限届满之前,当事人一方明确表示或者以自己的行为表明不履行主要债务;三是当事人一方迟延履行主要债务,经催告后在合理期限内仍未履行;四是当事人一方迟延履行债务或者有其他违约行为致使不能实现合同目的;五是法律规定的其他情形。《合同法》规定的这五种情况主要是针对一般合同而言,具体到铁路货物运输合同,主要是第一项中因不可抗力致使合同目的不能实现的,一方可以解除合同。例如,铁路运输中发生洪水断道,无法运输,承运人可以解除运输合同。

有人理解解除合同仅仅是在货物发送前,即在发站货物还没有运输时,托运人取回货物,取消托运,是合同的解除。其实,在运输的每个阶段,托运人都可以解除合同。比如,货物运至中途站时,托运人提出不运了,就地取货,就是解除合同的要求。简言之,凡是要求取回货物的,都可以归入解除合同一类。因为取为货物,意味着运输不再进行,没有了合同标的,该合同自然应属于解除。

1. 铁路货物运输合同的变更

(1)变更条件

变更货物运输合同要符合一定的条件。这些条件可以在签订合同时约定,也可以根据法律的规定。目前,铁路货物运输合同的变更基本上都是按照法律规范的规定进行的。当事人很少约定解除或者变更的条件。根据《铁路货物运输规程》的规定,下列情况下不允许变更:一是违反国家法律、行政法规的规定;二是如果变更后的货物运输期限,大于货物容许运送期限;三是变更一批货物中的一部分的。双方如果约定有变更条件的,则按照双方的约定处理。

(2)变更的提出

托运人可以提出变更货运合同,承运人也可以提出。收货人能否提出变更,有不同看法。我们认为,收货人如果有托运人的授权,也是可以提出的。由于铁路承运人可能涉及多个,因此向那一个承运人提出变更是有效的,在实践中有不同的认识。一般原则是,托运人可以向发站提出,因为发站是缔约承运人,应对全程运输负责,发站应当接受托运人的变更要求。

(3)变更的程序

变更货运合同也要经过要约和承诺两个阶段。一方提出变更要求,经另一方同意,变更即为成立。如果另一方不同意,则合同的变更不能成立。经承运人同意变更的,对承运后的货物可以按批在货物所在的途中站或到站办理变更到站、变更收货人。从程序上讲,不管能否变更,接受变更要求的一方当事人应当给对方作出书面回答。如果不能变更的,应当告知理由。从实践中看,承运人不能变更的理由主要包括:一是货物已经超过托运人要求变更的中途站;二是货物不能在要求的中途站做编组作业；三是货物已经交付给收货人。凡是符合能够变更条件的，承运人应当同意。

(4)变更手续

托运人变更货物运输合同时，应提出领货凭证和货物变更要求书，提不出领货凭证的，应提出其他有效证明文件，并在货物变更要求书内注明。申请变更货运合同的发生的费用，应当由申请变更的一方承担。

2. 铁路货物运输合同的解除

(1)合同的解除

铁路货物运输合同的解除，是指合同有效成立后，基于当事人双方的意思表示，使特定的铁路货物运输合同托运人与承运人之间的运输权利义务关系归于消灭。合同的解除以有效成立的合同为前提。

在铁路货物运输合同履行过程中，经常出现托运人取消托运情况。取消托运，是托运人的权利。托运人可以在运输行为还没有开始之前，取消货物运输。这种行为，在法律上称之为“解除合同”。

在承运人未将货物运到终点之前的阶段，都可能发生解除合同的情况。比如，托运人可以在发站领回货物，就是解除合同，我们称为“取消托运”；也可以在货物运输的中途站领回货物，不再运输，也是解除合同。合同解除原则上只有托运人可以行使，收货人无权解除合同。

解除合同只是合同的权利义务终止，不再履行。但不影响双方当事人依据合同进行清算各自的债权债务。例如，托运人向承运人提出解除运输合同，经承运人确认，同意托运人取回已经交付的货物，应偿付承运人已经付出的各项费用和其他损失。

(2)合同解除的提出

托运人可以提出，承运人也可以提出解除。在货物发送前可以提出，在货物发送后也可以提出。比如，货物在运到中途站待转运时，托运人提出中止运输，提取货物，解除合同，则双方当事人进行运费清算后合同即告解除。承运人提出解除合同，必须有充足的理由。比如，线路塌方，无法继运到站，就可以要求解除合同，由托运人通过其他运输方式完成运输过程。

托运人提出解除运输合同，承运人必须接受。如果承运人有条件接受的而不接受，造成损失应由承运人负责；如果承运人没有条件接受的，应当书面告知托运人并说明理由。

承运人提出解除合同的，应当说明理由。因承运人的责任造成运输不能的，应当赔偿托运人为继续运输而多支出的运输费用。

(3)合同解除的责任

对于托运人来说，解除合同的责任就是要支付承运人已经付出的各项费用，包括仓储费、已经发生的运费、搬运费、装卸费等。承运人提出解除的,则要承担退还未运输部分的运费,以及其他违约责任。

(4)合同解除后领货凭证的效力

货物运输合同解除后,领货凭证失去所规定的提取货物的证明作用。收货人凭领货凭证不能再主张领取货物。

承运人不向持有领货凭证人交付货物,应当负有举证责任。向收货人说明不能交付货物的正当理由。此种理由可以作为免除承运人责任的基本证据。

(四)违反铁路货物运输合同的责任

1. 托运人的责任

(1)托运人不按时支付运输费用的,要承担迟延支付的滞纳金。

(2)未如实申报货物的实际情况,应当承担的责任。如实申报货物的实际状况是托运人的义务。托运人不如实申报,可能有两种原因:一是故意隐瞒货物的实际情况,目的是少交运费;二是确实可能对货物的实际性质不了解,比如受他人委托托运货物。对于故意隐瞒货物实际情况而少交了运费的,承运人除了补收运费外,还可以加收一定的费用。而且检查货物的费用也要由托运人承担。

(3)因包装不合格污染其他运输货物的,应当赔偿损失。

(4)属于托运人自装的整车货物,因装载不合格而导致承运人损失的,应当赔偿损失。比如超载造成燃轴事故,中断运输,其损失应由托运人承担。

2. 承运人的责任

(1)铁路承运人的归责原则

承运人的责任,立法上有两种主张:一是严格责任;二是过错责任。过错责任以当事人的过错确定责任要件和责任范围,但是在违约责任中采取了所谓举证责任倒置的技术,免除了受害人即原告关于违约方有过错的举证责任,对受害人比较有利,这一点与侵权行为的过错责任不同。关于严格责任,我国学者有不同见解,一种观点认为严格责任就是无过错责任,在严格责任的情况下,不可抗力并不能成为免责事由。另一种观点认为严格责任不以过错为归责要件,被告免责的可能性在于证明有免责事由。因此,有人建议,应将无过错分为绝对无过错责任与相对无过错责任。绝对无过错责任是指只要损害事实发生,被告即须负损害赔偿责任,任何意外事件都不能成为免责事由;相对无过错责任则是指责任产生并不以过错为要件,被告免责的可能性在于存在法定免责事由。所以严格责任与相对无过错责任相同,而与绝对无过错责任不同。

铁路货物运输承运人的基本责任规则可以借鉴有关《国际货约》的规定,铁路方对从接受货物及运单起到交付运单与货物的全程中的货物损害、灭失与延迟负责。铁路承运人可因下列原因免责:①灭失、损害和延迟一般情况下是因为外界的不可避免、不能阻止的原因(即不可抗力);②货物利益方本身的错误或疏忽,以及基于其另外的指示而导致铁路方也有部分责任；③货物自身的固有特性。

铁路承运人可以依据一些所谓特殊情况的存在而推定货物灭失与损害的原因。相对不可抗力举证责任而言，这个规则减轻了铁路方的举证责任，但货物利益方可以提交相反的证据。《国际货约》规定这些特殊情况为：①按适用的条件或与发货人协议条款和运单所载条款，当使用敞车运输时；②根据货物性质，无包装或包装不良易使货物损耗或损害，而当货物未包装或当货物未妥善包装时；③按适用的条件或按与发货人协议条款和运单所载条款，当发货人装车或由收货人卸车时；④发货人明知车辆有缺陷而装车，或按适用的条件，或按与发货人协议条款和运单所载条款，由发货人装车，当装载有缺陷或装载不良时；⑤由发货人、收货人或他们的代理人履行海关或其他行政机关要求的手续；⑥因破碎、生锈、腐烂、变质或损耗，特别是易使货物全部或部分灭失与损害的某类货物的性质；⑦对因记载不合常规、不正确或不完全而承运货物不得发运，对因记载不合常规、不正确或不完全而按特定条件承运货物的发运，或发运人未注意对有关这类货物规定的防护；⑧活动物的运输；⑨按公约适用条件，或按与发货人协议条款和运单所载条款，必须配备押运人的货物运输，如系由押运人负责防止的任何危险而造成的灭失或损坏。

由于货物的自然性质，一般来说，在单一运输情况下，铁路只对超过下列允许的损耗部分负责：①对于液体货物或托运时处于潮湿状态的货物，一般为其重量的2%；②对于在运输途中易于损耗的其他干货，一般为其重量的1%，而且，这类证据不要求证实即可提供。

日前我国铁路货物运输合同有关承运人的责任问题的规定可以借鉴《国际货约》的相关规定详细规定，使法律更加明细化，具有可操作性。

(2)承运人的责任

在铁路运输法中，最重要且争议最大的就是承运人的责任制度问题，探讨承运人责任问题，对于促进我国铁路货物运输的发展具有十分重要的意义。铁路货物运输铁路承运人的责任基础，是解决承运人对其所承运货物的灭失和损坏承担严格责任，或是对其由于缺乏谨慎和注意，所产生的可预防性损失或损坏承担责任的问题。严格责任标准由于迫使铁路承运人承担所有风险，而给货物利益方提供最大保护；而过失责任标准只将与铁路承运人自身行为有关的风险分配给铁方，将来源于其他方面的风险交给发货人或收货人承担，这意味着铁路方只对自己或其雇员及代理人所实施的过失和懈怠行为负责。与责任标准相关的，还存在举证责任这一补充性问题。一旦货物利益方证实其遭受损失，谁承担证明损害应归咎于承运人的责任呢?

由于承担举证责任的一方为避免程度风险必须提供确凿的证据，因此举证责任问题对铁路货物运输活动中的风险分配具有重大影响。当损失或损害的原因无法确定或证据难以查实时，就意味着举证责任的承担者必须承担损失的风险。与责任基础相联系的是承运人归责原则。如果以严格责任标准来追究铁路方对于货物灭失、损害和延迟的责任,就是严格责任规则。如果以过错责任标准来追究铁路方对于货物灭失、损害和延迟的责任,就是过错责任规则。

(3)铁路承运人关于货物灭失、损害及迟延的赔偿额

从我国目前的法律规定来看,对于铁路客运合同中承运人的赔偿责任的规定相对货运合同更为明细,对于铁路货运的赔偿责任,铁路应对承担的货物、包裹、行李自接受承运时起到交付时止发生的灭失、缺少、变质、污染或者损坏,承担赔偿责任:

①托运人或者旅客根据自愿申请办理保价运输的,按照实际赔偿,但最高不超过保价额。

②未按保价运输承运的,按照实际损失赔偿,但最高不超过国务院铁路主管部门规定的赔偿限制;如果损失是由于铁路运输企业的故意或者重大过失造成的,不适用赔偿限额的规定,按照实际损失赔偿。

关于赔偿限额标准,铁道部铁运(1991)40号公布的《铁路货物运输规程》第56条第3项规定:“不保价运输的不按件数只按重量承运的货物,每吨最高赔偿100元,按件数和重量承运的货物,每吨最高赔偿2000元,个人托运的搬家货物、行李每10公斤最高赔偿30元,实际损失低于上述赔偿限额的,按货物实际损失的价格赔偿。”

那么我们再来看一下《国际货约》的赔偿额。《国际货约》在索赔人基于货物灭失或损害时的索赔数量与计算的有关规则是详细的,延迟同样如此。损害被分为两部分:一方面表现为货物灭失的价值;另一方面为其他各种因素的综合体。货物全损或部分损害的赔偿计算,是基于交货的地点和时间及当地的市场价而定。铁路的最高责任限制为毛重短少每公斤17SDR(特别提款权)。在损害货物的情况下,赔偿应与货物的使用价值相符,计算方法与货物灭失的方法相同。

但是责任限制可以被协议打破,托运人可以对运输货物的特别利益而声明价值。假如灭失、损害或延迟是由于铁路方不善管理或其雇佣人员所为,将负全额赔偿责任。在重大疏忽的情况下,铁路方应赔偿上述责任限制的2倍。如灭失或毁损是由铁路方逾期所导致的,其最高赔偿额限制为运费的4倍。当然全部灭失另当别论。我们可以从中找到我国目前铁路货物运输承运人赔偿责任的不足,以取长补短。

总之,通过对我国现行制度和国际铁路制度的相关规定,笔者在这里提出关于完善国际铁路货物联运承运人责任制度的建议,提高国际货物运输价格并实行赔偿最高限额制度法律的作用就在于人们能对将来发生事件后果的可预见性。现行的法律没有规定发生货损时铁路方赔偿的最高限额。这一规定从理论上看,似乎有利于货物利益方。但在实务中“赔偿难”的问题普遍存在,因为铁路方可以利用

自身优势成功逃避赔偿。铁路方为什么会故意逃避赔偿而甘愿承担丧失商业信誉的不利后果呢？根本原因在于铁路运输费用偏低和赔偿的不可预测性所形成的矛盾。在运输途中发生了铁路方应负责的货损，如果按照货物价值的赔偿额与运输价格相差不大，铁路方从长期利益上是可以接受的，也会按照规定予以赔偿，以换取货物利益方对自己的信任，便于长期合作。反之，赔偿额与运输价格相差过大，致使铁路方不得不考虑眼前利益。对铁路方而言，这种逃避并不难。结果是货物利益方得不到赔偿，铁路方丧失了商业信誉。从长远看，货物利益方将因选择其他运输工具而增加成本，铁路方因信誉不佳而丧失市场，对货运双方来说是两败俱伤。因此，建议提高铁路货物运输价格，并规定发生货损时的赔偿最高限额。具体运输价格和赔偿最高限额可综合铁路运输的成本和运输风险程度，并参照其他国家和国际货物运输法确定。

3. 收货人的责任

(1)不按时领取货物，要承担逾期领取的货物保管费。

(2)对于托运人未交运费或者运输途中发生的应由收货人支付的其他费用，收货人应当支付，不按时支付的要承担责任。

4. 其他违约责任分析

(1)承运人错运到站的责任

承运人应当按照货物运单记载的内容履行货物运输合同的义务。这些义务包括按时、完整将货物运至到站并交给托运人指定的收货人。承运人不履行合同义务或者不适当履行合同义务都应当承担相应的法律责任。

承运人应将货物运至运单记载的到站，看起来不会有太多的误解。但在实践中，经常会发生此类情况。该运至甲地的货物被运到了乙地。而发生此类情况的原因主要有三个：一是托运人填写的不太清楚，导致误运货物到站；二是承运人在编组时挂错车，导致货物车辆运至他站；三是政府部门的分流措施，导致货物运单记载的到站与实际到站不一致。

遇到第一种情况、第二种情况时，承运人负有将货物运至到站的责任，逾期到达的，要承担相应的法律责任。

第三种情况在实践中较多，也是托运人、收货人意见较多的情况。这就是铁路承运人根据地方政府的分流规定而将货物交给短途运输部门而引起的纠纷。对于政府规定的分流措施，承运人应当不应当执行，执行分流规定而引起的纠纷责任由谁承担？

我们认为，政府分流的规定，是从社会公共利益出发的，对缓解铁路到站仓储的压力有好处。但是，合同是双方当事人的意思表示，一个地方政府的规定不应改变铁路货物运输合同当事人对货物到站的约定。如果因为分流而必须及时转移货物，应当取得托运人的同意。因为，政府文件不能代替当事人的合同意思表示。

承运人执行政府文件而导致货物不能在货物运单规定的到站交付货物的,承运人应当承担责任。当然,承运人在承运时已经明示的,可以免除其责任。比如,承运人受理运输时,明确告知该批货物如不在规定的期限内提取,则要分流至某地,请到某地领取。有了这个公告,承运人就不应承担分流的责任。

承运人在处理这类事故时,要把握两点:一是通知托运人有分流之规定;二是如果不能通知,则应告知收货人及时取货,逾期领货的可以提高暂存费,但不应随意转移货物。

(2)货物逾期运到的责任

将货物按时运到到站交付给收货人是承运人的基本义务。承运人不履行或者不完全履行此项义务要承担违约责任。在实践中,逾期运到的主要问题有两个:一是逾期到达同时造成货物损失的,特别是货物的物理形态未变而使用价值降低或者丧失的,承运人应承担何种责任;二是因逾期而导致托运人不能履行其他合同(如买卖合同)而造成损失的(如退货,支付违约金等),承运人该不该赔偿损失。

承运人逾期运到,首先要承担违约责任,即向托运人或者收货人支付逾期运到的违约金。对于逾期后,货物发生损失的,应分为三种情况处理:

第一种是货物腐烂变质的,承运人应当赔偿全部损失。但是如果承运人能够证明货物腐烂变质是由于货物本身原因或者托运人、收货人的过错造成的,可以免责。

第二种是货物物理状态没有变化,但货物化学性质发生变化,比如过了保质期,货物报废了,如何处理。如果逾期天数太长,比如超过一个月,承运人就应当赔偿。如果就逾期一两天,货物就变质了,在这种情况下,承运人就不应当承担责任。

第三种是货物因逾期而丧失使用价值或者货物的市场价值降低、丧失了,如何处理。我们认为,也应当结合逾期的长短确定责任。有的逾期三五天,市场价值发生了变化,就让承运人承担责任,显然不合理。有的逾期后就不想要货物,让承运人赔偿损失,也不合理。但如果逾期达到一个月及其以上,承运人就应当赔偿损失。这时,即使货物又继运到站的,收货人也有权拒绝取货。

为什么要将期限定在一个月即30日?这是因为,《铁路法》第16条规定,货物逾期30日未到的,托运人、收货人可以以货物灭失为由要求承运人赔偿损失。因此,我们认为,以30日为限还是合理的。在30日内发生的货物价值降低,原则上承运人不赔偿,但货物灭失、损坏的,还要按实际损失赔偿。

关于因逾期而影响托运人对其他合同履行的,这个问题在实践中也越来越多。有的法院支持当事人要求赔偿的请求,有的则不支持。

实际上,这个问题关系到对当事人的间接损失赔偿不赔偿。后合同的履行以前合同履行为基础,前合同不能履行必然会给后合同的履行造成困难,甚至不能履行,对此损失处理的原则是:如果双方当事人在订立合同时知道该合同的履行直接影响到后合同的履行,则不能履行的损失应当由违约人承担;如果不知道,则不应由违约人承担。

铁路货物运输合同是以运输劳务为标的的合同,承运人对于托运人与其他人之间的合同关系是不应负责的。如果运输合同不能履行或者不适当履行,给托运人履行下一合同造成困难的,其后果仍应由托运人承担,除非托运人在托运时有特别声明。这个特别声明表明:如果承运人不能全面履行合同,导致托运人与他人的合同不能履行,其损失应由承运人赔偿。否则,不应支持托运人的赔偿请求。

(3)误交付的责任

承运人应当向货物运单记载的收货人交付货物,这是承运人的基本义务之一,也是承运人履行合同的内容。但实践中,误交付的情况时有发生,其原因主要有:第一,托运人变更了收货人,而到站仍向原收货人交付;第二,领货人凭借与车站工作人员的关系熟悉,而有意冒领货物;第三,领货人在取货时把他人的货物一并取走;等等。对于误交付,承运人首先负有将货物追回交付正当收货人的义务。如果货物已经被领货人使用或者销售,则要追回货款。由此造成的损失由承运人承担。

铁路到站应当按照规章规定的手续向货物运单记载的收货人办理货物交付。按照《铁路货物运输规程》的规定,收货人领取货物,应当提供领货凭证、身份证明和介绍信,如果没有领货凭证的,还要求提供担保等。这些手续的目的就是一个,保证将货物交付给货物运单记载的收货人。如果经办货运员未认真审查把关,交付时虽然手续不全,但只要是交付给了正当的收货人,就不应承担责任。至于货运员的违章行为,应由铁路运输企业按照规定追究其责任。但如果交错了,当然要承担误交付的责任。

领货人不退还货物,不影响托运人、收货人向承运人主张权利。如果发生诉讼,领货人是第三人。第三人要承担退回货物或者赔偿货款的责任,承运人对此负连带责任,但责任范围应以赔偿限额为限。

(4)包装责任

要明确包装责任,首先要确定包装义务主体。确定运输货物包装法律义务主体,其法律依据是《合同法》的规定。《合同法》对于货物包装的规定主要有两条,即第306条和307条。第306条规定:“托运人应当按照约定的方式包装货物”;第307条第1款规定,“托运人托运易燃、易爆、有毒、有腐蚀性、有放射性等危险物品的,应当按照国家有关危险物品运输的规定对危险物品妥善包装,作出危险物标志和标签,并将有关危险物品的名称、性质和防范措施的书面材料提交承运人”。这两条都明确表示包装货物的义务是托运人,托运人有义务对运输的货物按照要求进行包装。306条的包装依据是双方的“约定”,307条的包装依据是“国家有关危险物品运输的规定”。前者体现的是双方的自由意志,后者体现的是国家的强制性要求;前者可以协商确定,后者必须执行,不存在协商。

从专业运输法律的规定来看，也是强调托运人负有包装义务的。《铁路法》第20条第1款规定，“托运货物需要包装的，托运人应当按照国家包装标准或者行业包装标准包装；没有国家包装标准或者行业包装标准的，应当妥善包装，使货物在运输途中不因包装原因而受损坏。”《海商法》第66条第1款规定：“托运人托运货物，应当妥善包装，并向承运人保证，货物装船时所提供的货物的品名、标志、包数或者件数、重量或者体积的正确性；由于包装不良或者上述资料不正确，对承运人造成损失的，托运人应当负赔偿责任。”《民用航空法》也有类似的规定。

规定运输货物包装的义务主体为托运人，其基本理由是：通常情况下，托运人为货物的生产者或者经营者、使用人，承运人只是运输劳务服务的提供者，相比较而言，托运人对货物性质比承运人要了解得更多一些，对货物在什么样的包装条件下能够保证运输安全应比承运人更加熟悉一些，因此，法律规定托运人应当承担包装的义务。特别是危险物品，承运人难以确定什么样的包装条件就能保证运输安全，也不可能让每一个货运员对化学成分极其复杂的危险物品的包装进行全面检查。货运员在承运时只能进行一些表面上的、形式上的检查，货物包装的真正情况仍要由托运人负全面责任。

实践中经常发生，托运人与承运人签订包装协议，旨在免除承运人的责任，对此协议的法律效力，存在不同的认识。有人认为只要符合法律规定就是有效的，有人认为是无效的。对此，要从以下三个方面分析：

第一，《合同法》第306条第1款规定：“托运人应当按照约定的方式包装货物。对包装方式没有约定或者约定不明确的，适用本法第156条的规定。”第156条的规定是：“出卖人应当按照约定的包装方式交付标的物。对包装方式没有约定或者约定不明确，依照本法第61条的规定仍不能确定的，应当按照通用的方式包装，没有通用方式的，应当采取足以保护标的物的包装方式。”《合同法》第61条的规定是：“合同生效后，当事人就质量、价款或者报酬、履行地点等内容没有约定或者约定不明确的，可以协议补充；不能达成补充协议的，按照合同有关条款或者交易习惯确定。”通过《合同法》就一般货物包装的规定可以看出，关于包装主要体现以下四个问题：一是货物包装的义务主体是托运人；二是货物包装的依据是当事人的约定；三是没有约定的，按合同有关条款或者交易习惯确定；四是包装的基本要求是“足以保护标的物”。也就是说，“约定”体现了双方当事人的自由意志，体现了合同自由原则的要求。因此，约定是包装的前提和基础。除危险物品运输外，其他货物运输的包装方式都要求当事人有约定。当然，当事人约定执行某一国家的包装标准，也是合法的，也是一种约定。比如，《铁路货物运输规程》规定零担货物要按照铁道部的零担货物运输包装标准对货物进行包装。托运人来托运人货物，签订合同，就等于承认了这一条款的法律效力，就应当履行此包装的义务。向承运人提供符合包装标准的运输货物。

第二,包装协议要符合法律的要件,才能具有的法律效力。包装协议是铁路货物运输合同条款,是铁路货物运输合同的组成部分。因此,合法有效的包装协议应当具备以下两个要件:一是当事人的真实意思表示;二是符合合同公平、平等、诚实信用的原则。托运人和承运人是平等的民事主体,大家在公平平等的基础上协商达成的包装协议,才是合法有效的。如果承运人利用自己的优势地位,强迫托运人签订意在免除自己运输责任的包装协议,这是无效的。但此种无效的举证责任应在托运人。

第三,目前,铁路货物包装方式大多数是执行相关的国家标准、行业标准,有利于方便当事人运输货物。随着市场经济的不断发展,双方当事人约定的成分会有所增加。因此,对于特殊货物的包装方式,如何约定、约定什么内容应当有所明确,便于协商。比如,当事人认为简易的包装可以节省大量的包装费用,虽然简易包装有可能比复杂的包装会多造成一些货损,但与包装费用和市场时效性相比,还是利大的话,就应当允许托运人与承运人约定包装方式并对货损责任作出安排。

三、国际铁路货物运输

(一)相关国际公约

目前,关于国际铁路货物运输的公约主要有两个:《国际货约》和《国际货协》。《国际货协》签订于1951年,其成员国主要是原苏联、东欧、蒙古、朝鲜、中国等12个国家,我国是《国际货协》的成员国,于1954年1月加入,凡经有铁路运输的进出口货物均按《国际货协》的规定办理,它不仅是办理铁路货物国际联运业务的依据,也是解决国际铁路货物联运中有关纠纷的法律基础。

《国际货协》是参加国际铁路货物联运协定的各国铁路和发货人、收货人进行货物联运必须共同遵守的基本规则。它规定了货物运送组织、运送条件、运送费用计收办法和铁路与发货、收货人之间的权利义务等问题,因此对铁路、发货人、收货人均有约束力。凡《国际货协》有规定的,且国内也有规定的,不论两者是否相同,均应适用《国际货协》的有关规定。若两个邻国铁路间有特殊规定的,按其特殊规定办理。凡《国际货协》没有规定的,则适用国内铁路规定。

(二)《国际铁路货物联运协定》的主要内容

1. 铁路货物运输单证

铁路的运输单证称为运单。《国际货协》规定,运单就是国际铁路货物联运的运输合同。发货人在托运货物的同时,应对每批货物按规定的格式填写运单和运单副本,由发货人签字后向始发站提出。从始发站承运货物,在运单和运单副本上加盖印戳时起,运输合同即告成立。[1]

运单是铁路收取货物、承运货物的凭证,也是在终点站向收货人核收运杂费用

---

〔1〕 姚会平:《物流法理论与实务》,西南财经大学出版社2007年版,第134页。

和点交货物的依据。与提单及航运单不同，运单不是物权凭证，因此，不能转让。运单副本在加盖戳记后退还发货人，并成为买卖双方结清货款的主要单据。

2. 铁路货物运输合同双方当事人的权利义务

(1)托运人的权利和义务

托运人包括发货人和收货人，根据《国际货协》的规定，托运人的权利和义务主要有：

①支付运费。支付运费是托运人的主要义务。《国际货协》对运费的支付进行了规定：发送国铁路的运送费用，按照发送国的国内运价计算，在始发站由发货人支付；到达国铁路的费用，按到达国铁路的国内运价计算，在终点站由收获人支付；如果始发站和到达的终点站属于两个相邻的国家，无须经由第三国过境运输，而且这两个国家的铁路有直通运价规程时，则按运输合同订立时当天有效的直通运价规程计算。

此外，如果货物需经第三国过境运输，过境铁路的运输费用应按运输合同订立当天有效的《国际货协》统一运价规程规定计算，既可以由始发站向发货人核收，也可以由到达站向收货人核收。但若规定各过境铁路的运送费用必须由发货人支付时，则该项费用不能由收货人支付。

②受领货物。受领货物是收货人的另一项主要义务。根据《国际货协》规定，"货物运抵到达站，在收货人付清运单所载的一切应付的运输费用后，铁路必须将货物连同运单一起交给收货人，收货人则应付清运费后受领货物"。

收货人只有在货物因毁损或腐烂而使质量发生变化，以致部分或全部货物不能按原用途使用时，才可以拒绝受领货物。即使运单中所载的货物部分短少时，也应按运单向铁路支付全部款项。但此时，收货人按赔偿请求手续，对未交付的那部分货物，有权领回其按运单所支付的款项。

如果铁路在货物运达期限届满 30 天内，未将货物交付收货人时，收货人无须提出证据就可认为货物已经灭失。但货物如在上述期限届满后运到到达站后，则到达站应将这一情况通知收货人。如货物在运达期限届满后 4 个月内到达，收货人仍应领取货物，将铁路所付的货物灭失赔款和运送费用退还给铁路。此时，收货人对货物的送交或毁损，保留提出索赔的请求权。

③变更运输合同的限制。对运输合同的变更是托运人的一项重要权利，发货人或收货人各自只能变更一次运输合同，而且在变更时不允许分开办理一批货物。

(2)铁路承运人的权利和义务

①基本义务

根据《国际货协》规定，铁路应对按照运单承运货物的货物负连带责任，如果是在缔约国一方境内接受货物，直至到站交货时均由铁路负责；如果是向非《国际货协》缔约国转运，则按另一国际铁路货物运输公约，至办完手续为止。其间，各个继续运送的铁路,自接收附有运单的货物时起即作为参加这项运输合同的当事人承担由此产生的义务。

《国际货协》规定铁路方对从承运货物时起,至到站交付运单与货物时止,对货物逾期运到以及因货物全部或部分灭失、短少、毁损或其他导致质量降低的损失负责。同时,铁路还应对由于铁路过失而使发货人在运单上记载并添附的文件的遗失后果负责,并对由于铁路过失未能执行有关要求变更运输合同的申请的后果负责。

②限额赔偿

铁路承运人对货物赔偿损失的金额,在任何情况下,都不得超过货物全部灭失时的数额。对于货物全部或部分灭失,铁路承运人的赔偿金额应按外国出口方在账单上所开列的价格计算;如发货人对货物的价格另有声明时,铁路应按声明的价格予以赔偿。

货物逾期运到时,铁路应以所收运费为基础,按逾期的长短,向收货人支付规定的逾期罚款。逾期不超过总运期限 1/10 时,支付相当于运费 6% 的罚款;逾期超过总期限的 4/10 时,应支付相当于运费 30% 的罚款等。如果货物在某一铁路逾期,而在其他铁路都早于规定的期限运到,则确定逾期同时应将上述期限相互抵消。

③责任免除

根据《国际货协》规定,承运的货物因如下原因而遭受损失时,铁路承运人可以免责:铁路不能预防和不能消除的情况;货物特殊自然属性引起自燃、损坏、生锈、内部腐烂或类似的后果;由于发货人或收货人的过失或由于其要求而不能归咎于铁路的;发货人或收货人的装车或卸车的原因所造成;发货人或者收货人许可,使用敞车类货车运送的货物损失;发货人或收货人指派的货物押运人未采取保证货物完整的必要措施;容器或包装的缺点在承运时无法从其外部发现;发货人用不正确、不确切或不完全的名称托运违禁品;发货人未按本协议规定办理特定条件货物承运时;货物在规定标准内的途中消耗。

此外,发生下列情况致使铁路未能将货物按规定的运到期限运达时,铁路承运人也可以免责:发生雪(沙)害、水灾、崩陷和其他自然灾害,按照有关国家铁路中央机关的指示,期限在 15 天以内;或因按有关国家政府的指令,发生其他行车中断或限制的情况,以政府规定的时间为准。

3. 索赔及诉讼时效

根据《国际货协》第 28 条规定,发货人和收货人有权根据运输合同提出赔偿请求,赔偿请求可以书面方式由发货人向发送站提出,或由收货人向收货站提出,主要有如下几种情况:

(1)运单项下货物全部灭失时,由发货人提出,同时需提出运单副本。由收货人提出，则需同时提交运单或运单副本。

(2)货物部分灭失、毁损或腐坏时，由发货人或收货人提出，同时需提交运单及铁路在到达站交给收货人的商务记录。

(3)货物逾期运到时，由收货人提交，同时提交运单。

(4)多收运输费用时，由发货人按其已交付的款额提出，同时提交运单副本或发送铁路国内规章规定的其他文件，或由收货人按其所交付的运费提出，同时提交运单。

铁路承运人自有关当事人向其提出索赔时，应在 180 天内审查请求，并予以答复。凡有权向铁路提出索赔的人，有且只有在提出索赔后，才可以向铁路承运人提起诉讼。《国际货协》规定，托运人依据运输合同向铁路承运人提出索赔和诉讼，以及铁路承运人对托运人关于支付运输费用、罚款和赔偿损失的要求和诉讼应在 9 个月内提出。

第四节　水路货物运输法

水路货物运输是指使用船舶及其他航运工具，在江河湖泊、运河和海洋上运载货物的一种运输方式。它是物流中最为常用的一种运输方式，由于其兼顾近距离、远距离、零星、大宗货物的运输需求，且成本低廉，因而负担着大部分的运输任务，是一种重要的运输方式。

我国的水路运输分为沿海运输、内河运输和国际海上运输。沿海货物运输和内河货物运输统称为国内水路货物运输。内河拖航视为水路货物运输。水路货物运输可以使用自有船舶，也可以租用他人船舶，还可以与水路承运人签订运输合同进行运输。无论采取什么方式进行运输，都要受相关法律法规约束，履行自己的义务和责任。

一、水路货物运输适用的法律

我国水路货物运输适用的法律、法规主要有《合同法》、《海商法》、交通部颁布的《国内水路货物运输规则》、《水路货物运输质量管理办法》、《国际班轮运输管理规则》、各种方式的集装箱运输规则以及中华人民共和国铁道部《危险货物运输规则》等法律法规。

我国《海商法》第 2 条第 2 款规定："本法第四章海上货物运输合同的规定，不适用于中华人民共和国港口之间的海上货物运输。"即港口之间的海上货物运输不适用《海商法》。

二、水路货物运输合同

（一）水路货物运输合同概述

1. 水路货物运输合同的概念

水路货物运输合同是指承运人收取运输费用，负责将托运人托运的货物经水路由一港（站、点）运至另一港（站、点）的合同。根据该协议，水路承运人应当按照托运人的要求，将货物按期、完好地运至目的港，交付指定的收货人，托运人或者收货人支付运费。水路货物运输合同具有以下基本特征：

（1）货物重量和体积的计算有其自己的特殊方式。整批货物的重量由托运人确定，承运人也可以进行抽查。散装货物重量，承运人可以船舶水尺计算的吨数计算重量。货物按体积计量收取运费的，托运人应提出重量和体积。

（2）合同履行期限受自然条件（气候、水情等）的影响。合同履行期限通常包括起运港发运时间、每一换装港时间和运输时间。由于自然条件因素所造成的误时，不计算在运期之内。

2. 水路货物运输合同的分类

（1）根据运输货物类别，分为有散货运输和杂货运输两类。有散货运输是指无包装的大宗货物，如石油、煤炭、矿砂等的运输（有时散货是专指干散货如煤炭、矿砂等的运输）；杂货运输是指批量小、件数多或较零星的货物运输。

（2）根据船舶营运组织形式，分为定期船运输、不定期船运输和专用船运输。定期船运输，即班轮运输，是指固定的船舶在特定的航线上按照预定的船期和固定的港口从事有规律水上货物运输的运输形式。其中，固定的港口有始发港、中途挂靠港和目的港。始发港和目的港的不同形成不同的班轮航线。在班轮运输实践中，班轮运输可分为两种形式：一是船舶严格按照预先公布的船期表运行，到离港口的时间基本上固定不变，通常称为“核心班轮”，也即所谓的严格定期定线的班轮运输；另一种是船舶运行虽有船期表，但船舶到离港口的时间可有一定的伸缩性，并且航线上虽有固定的始发港和终点港，但中途挂港则视货源情况可以有所增减，通常称为“弹性班轮”，也即所谓的定线不严格定期的班轮运输。

不定期船运输是指船舶的运行没有规定的航线，而是按照运输任务或按租船合同所组织的运输，主要包括航次租船运输，即船舶出租人向承租人提供船舶的全部或者部分舱位，装运约定的货物，从一港（站、点）运至另一港（站、点）的运输形式。专用船运输是指企业自置或租赁船舶从事本企业自有物资的运输。内河拖航视为水路货物运输。《国内水路货物运输规则》重点规定了班轮运输和航次租船运输两种形式。

（3）根据货物的多少进行分类，可以将水路货物运输合同分为大宗货物运输合同、零星货物运输合同和计划外整批货物运输合同。

（4）以合同期限的不同分类，可以将水路货物运输合同分为单航次运输合同和长期运输合同。

(二)运单

1. 水路货物运输合同的基本形式

《水路货物运输合同实施规则》第4条、第5条规定:“大宗物资运输,可按月签订货物运输合同。对其他按规定必须提送月度托运计划的货物,经托运人和承运人协商同意,可以按月签订货物运输合同或以货物运单作为运输合同。”“零星货物运输和计划外的整批货物运输,以货物运单作为运输合同。”“如承、托运双方当事人无需商定特约事项的,可以用月度托运计划表代替运输合同。”“在实际办理货物承托运手续时,托运人还应向承运人按批提出货物运单,作为运输合同的组成部分。”

根据上述规定水路货物运输合同的形式主要有月度货物运输合同和运单。前者适用于计划内大宗货物运输,在按月签订货物运输合同的情况下,也必须签发运单,作为运输合同的组成部分。后者是最基本的水路货物运输合同的形式,适用于零星货物运输和计划外货物运输。

2. 运单的法律性质及内容

以货物运单作为运输合同的,经承、托运双方商定货物的集中时间、地点,由双方认真验收、交接,并经承运人在托运人提出的货物运单上加盖承运日期戳后,合同即告成立。运单的法律性质主要为:

(1)运单是水路货物运输的证明,而不是合同本身。运单的记载如果与运输合同不一致,可以视为对运输合同的变更。

(2)运单是承运人接收货物的收据。接受运单表明承运人已经按运输记载的情况接收货物。运单记载的货物数量或重量是承运人就收货物的初步证据,至卸货港发生货物灭失、短少或损坏,承运人应当承担赔偿责任,除非承运人能够证明货物的灭失、短少或损坏是由于承运人可以免责的事由造成的。

(3)运单是承运人据以交付货物的主要凭证。承运人在目的港必须核对收货人的身份,将货物交给运单记载的收货人。

运单的内容一般包括:货物名称;重量、件数,按体积计费的货物应载明体积;包装;运输标志;起运港和到达港,海江河联运货物应载明换装港;托运人、收货人名称及其详细地址;运费、港口费和有关的其他费用及其结算方式;承运日期;运到期限(规定期限或商定期限);货物价值;双方商定的其他事项。

承运人接收货物应当签发运单。运单由载货船舶的船长签发,可以视为代表承运人签发。运单随船而行,不可转让,不能作为跟单信用证的单证。运单在签发后由承运人、承运人和代理人、托运人、到达港港口经营人、收货人各留存一份,另外一份由收货人收到货物后作为收据签还给承运人。承运人可以视情况需要增加或者减少运单份数。

(三)水路货物运输合同当事人的权利和义务

1.托运人的权利和义务

(1)根据《国内水路货物运输规则》的规定,托运人享有以下权利:

①要求承运人提供准确的船舶水尺的权利。《国内水路货物运输规则》第十三条规定:“散装货物,托运人确定重量有困难时,可以要求承运人提供船舶水尺计量数作为申报的重量。”

②要求办理保价运输的权利。

③行使变更、中止、解除运输合同的权利。

(2)托运人的义务

《国内水路货物运输规则》对托运人应当承担的义务进行了详细的规定,主要的义务有:

①及时办理相关手续。托运人应当及时办理港口、海关、检验、检疫、公安和其他货物运输所需的各项手续,并将已办理各项手续的单证送交承运人。因托运人办理各项手续和有关单证不及时、不完备或者不正确,造成承运人损失的,托运人应当承担赔偿责任。

②按合同约定托运货物。托运人托运货物的名称、件数、重量、体积、包装方式、识别标志,应当与运输合同的约定相符。托运人未按前款规定托运货物造成承运人损失的,应当承担赔偿责任。

散装货物,托运人确定重量有困难时,可以要求承运人提供船舶水尺计量数作为申报的重量。以件运输的货物,承运人验收货物时,发现货物的实际重量或者体积与托运人申报的重量或者体积不符时,托运人应当按照实际重量或者体积支付运输费用并向承运人支付衡量等费用。

③妥善包装的义务。需要具备运输包装的货物,托运人应当保证货物的包装符合国家规定的包装标准;没有包装标准的,货物的包装应当保证运输安全和货物质量。需要随附备用包装的货物,托运人应当提供足够数量的备用包装,交承运人随货免费运输。托运危险货物,托运人应当按照有关危险货物运输的规定,妥善包装,制作危险品标志和标签,并将其正式名称和危险性质以及必要时应当采取的预防措施书面通知承运人。

托运人应当在货物的外包装或者表面正确制作识别标志。识别标志的内容包括发货符号、货物名称、起运港、中转港、到达港、收货人、货物总件数。托运人应当根据货物的性质和安全储运要求,按照国家规定,在货物外包装或者表面制作储运指示标志。识别标志和储运指示标志应当字迹清楚、牢固。同一托运人、收货人整船、整舱装运的直达运输货物可以不制作识别标志。外贸出口货物到港口不变换原包装的可以使用原包装的商品标志作为识别标志。

④支付运费和其他费用的义务:除另有约定外,托运人应当预付运费。下列原

因发生的洗舱费用由托运人或者收货人承担：托运人提出变更合同约定的液体货物品种；装运特殊液体货物（如航空汽油、煤油、变压器油、植物油等）需要的特殊洗舱；装运特殊污秽油类（如煤焦油等），卸后须洗刷船舱。因货物的性质或者携带虫害等情况，需要对船舱或者货物进行检疫、洗刷、熏蒸、消毒的，应当由托运人或者收货人负责，并承担船舶滞期费等有关费用；在船舶或者其他水上浮物上加载货物，应当经承运人同意，并支付运输费用。

⑤如实申报并随船押运。除另有约定外，运输过程中需要饲养、照料的活动物、有生植物，以及尖端保密物品、稀有珍贵物品和文物、有价证券、货币等，托运人应当向承运人申报并随船押运。托运人押运其他货物须经承运人同意。托运人应当在运单内注明押运人员的姓名和证件。

⑥托运特殊货物时要承担相应的义务。托运笨重、长大货物和舱面货物所需要的特殊加固、捆扎、烧焊、衬垫、苫盖物料和人工由托运人负责，卸船时由收货人拆除和收回相关物料；需要改变船上装置的，货物卸船后应当由收货人负责恢复原状。托运人托运易腐货物和活动物、有生植物时，应当与承运人约定运到期限和运输要求；使用冷藏船（舱）装运易腐货物的，应当在订立运输合同时确定冷藏温度。托运人托运木（竹）排应当按照与承运人商定的单排数量、规格和技术要求进行编扎。托运船舶或者其他水上浮物，应当向承运人提供船舶或者其他水上浮物的吨位、吃水及长、宽、高和抗风能力等技术资料。航行中，木（竹）排、船舶或者其他水上浮物上的人员（包括船员、排工及押运人员）应当听从承运人的指挥，配合承运人保证航行安全。

2. 承运人的权利和义务

（1）根据《国内水路货物运输规则》规定，承运人主要享有以下几项权利

①拒绝运输。对于托运人没有按规定妥善包装的货物和违反规定托运的危险品，承运人可以拒绝运输。

②处理危险品。托运人托运危险品时未按照通知承运人或者通知有误的，承运人可以在任何时间、任何地点根据情况需要将危险货物卸下、销毁或者使之不能为害，而不承担赔偿责任。托运人对承运人因运输此类货物所受到的损失，应当承担赔偿责任。承运人知道危险货物的性质并已同意装运的，仍然可以在该项货物对于船舶、人员或者其他货物构成实际危险时，将货物卸下、销毁或者使之不能为害，而不承担赔偿责任。但是，不影响共同海损的分摊。

③委托港口经营人作业。根据运输合同的约定应当由收货人委托港口作业的，货物运抵到达港后，收货人没有委托时，承运人可以委托港口经营人进行作业，由此产生的费用和风险由收货人承担。

④对船载货物行使留置权。应当向承运人支付的运费、保管费、滞期费、共同海损的分摊和承运人为货物垫付的必要费用以及应当向承运人支付的其他运输费

用没有付清，又没有提供适当担保的，承运人可以留置相应的运输货物，但另有约定的除外。

⑤提存货物。承运人无法交付货物时，承运人可以将货物提存。

⑥要求托运人或收货人支付运输费用。承运人提供的是有偿服务，收取费用是其基本权利。

(2)承运人的义务

①提供适航、适货的船舶。承运人应当使船舶处于适航状态，妥善配备船员、装备船舶和配备供应品，并使干货舱、冷藏舱、冷气舱和其他载货处所适于并能安全收受、载运和保管货物。

②及时接受货物并妥善保管货物。承运人应当按照运输合同的约定接收货物。承运人应当妥善地装载、搬移、积载、运输、保管、照料和卸载所运货物。承运人对收集的地脚货物，应当做到物归原主；不能确定货主的，应当按照无法交付货物处理。

③在舱面适当装载货物。承运人在舱面上装载货物，应当同托运人达成协议，或者符合航运惯例，或者符合有关法律、行政法规的规定。承运人与托运人约定将货物配装在舱面上的，应当在运单上注明“舱面货物”。承运人依照规定将货物装载在舱面上，对由于此种装载的特殊风险造成的货物损坏、灭失，不承担赔偿责任。承运人违反规定将货物装载在舱面上，造成货物损坏、灭失的，应当承担赔偿责任。

④合理航行。承运人应当按照约定的或者习惯的或者地理上的航线将货物运送到约定的到达港。承运人为救助或者企图救助人命或者财产而发生的绕航或者其他合理绕航，不属于违反前款规定的行为。

⑤按时交货并接受验舱。承运人应当在约定期间或者在没有这种约定时在合理期间内将货物安全运送到约定地点。货物未能在约定或者合理期间内在约定地点交付的，为迟延交付。对由此造成的损失，承运人应当承担赔偿责任。承运人未能在约定或者合理期间规定期间届满的次日起60日内交付货物，有权对货物灭失提出赔偿请求的人可以认为货物已经灭失。

因不可抗力致使不能在合同约定的到达港卸货的，除另有约定外，承运人可以将货物在到达港邻近的安全港口或者地点卸载，视为已经履行合同。承运人实施该行为应当考虑托运人或者收货人的利益，并及时通知托运人或者收货人。因为散装液体货物只限于整船、整舱运输，所以法律规定由托运人在装船前验舱认可后才能装载，以保证托运人的利益。

⑥及时发出到货通知。货物运抵到达港后，承运人应当在24小时内向收货人发出到货通知。到货通知的时间，信函通知的，以发出邮戳为准；电传、电报、传真通知的，以发出时间为准；采用数据电文形式通知的，收件人指定特定系统接收数据电文的，以该数据电文进入该特定系统的时间为通知时间；未指定特定系统的，

以该数据电文进入收件人的任何系统的首次时间为通知时间。承运人发出到货通知后,应当每十天催提一次,满30天收货人不提取或者找不到收货人,承运人应当通知托运人,托运人在承运人发出通知后30天内负责处理该批货物。托运人未在规定期限内处理货物的,承运人可以将该批货物作无法交付货物处理。

⑦运输特殊货物承担的相应义务。承运人对运输的活动物、有生植物,应当保证航行中所需的淡水,有关费用由托运人承担。运输活动物所需饲料,由托运人自备,承运人免费运输。因运输活动物、有生植物的固有的特殊风险造成活动物、有生植物损坏、灭失的,承运人不承担赔偿责任。但是,承运人应当证明业已履行托运人关于运输活动物、有生植物的特别要求,并证明根据实际情况,损坏、灭失是由于此种固有的特殊风险造成的。承运人应当将与托运人约定的运输易腐货物和活动物、有生植物的运到期限和运输要求,使用冷藏船(舱)装运易腐货物的冷藏温度,木(竹)排的实际规格,托运的船舶或者其他水上浮物的吨位、吃水及长、宽、高和抗风能力等技术资料在运单内载明。

(3)收货人的义务

①及时接收货物。收货人接到到货通知后,应当及时提货,不得因对货物进行检验而滞留船舶。

②验收货物。收货人提取货物时,应当验收货物,并签发收据,发现货物损坏、灭失的,交接双方应当编制货运记录。收货人在提取货物时没有就货物的数量和质量提出异议的,视为承运人已经按照运单的记载交付货物,除非收货人提出相反的证明。收货人在到达港提取货物前或者承运人在到达港交付货物前,可以要求检验机构对货物状况进行检验;要求检验的一方应当支付检验费用,但是有权向造成货物损失的责任方追偿。收货人或者承运人按照前款进行检验的,应当相互提供合理的便利条件。

③支付费用。按照约定在提货时支付运费、滞期费、包装整修、加固费用以及其他中途垫款的,应当于办理提货手续时付清。

④清洁船舶。由收货人自理卸船的货物,应在商定的时间内完成卸船作业,将船舱、甲板清扫干净;对装运污秽货物、有毒害性货物的,应负责洗刷、消毒,使船舱恢复正常清洁状态。

(四)水路货物运输合同的变更和解除

变更和解除水路货物运输合同应当遵循法律的规定,符合法定的条件。承运人将货物交付收货人之前,托运人可以要求承运人变更到达港或者将货物交给其他收货人,但应当赔偿承运人因此受到的损失。

由于承运人原因,要求变更运输时,必须征得托运人同意。未经同意,不得擅自变更。因航道障碍、海损事故、自然灾害,货物不能运抵原到达港,或执行国家命令变更运输时,承运人可以改变到其他港口卸货,并及时通知托运人提出处理意见。变更运输后的运输费用，由变更后的到达港向收货人按实结算。

在航次租船运输合同的变更和解除中有一些特别规定：出租人应当按照合同的约定提供船舶舱位；经承租人同意，出租人可以更换船舶。但提供的船舶舱位或者更换的船舶不符合合同约定的，承租人有权拒绝或者解除合同。出租人在约定的受载期限内未提供船舶舱位的，承租人有权解除合同。但是出租人在受载期限内将船舶延误情况和船舶预期抵达起运港的日期通知承租人的，承租人应当自收到通知时起24小时内，将解除合同的决定通知出租人。逾期没有通知的，视为不解除合同。承租人可以将其租用的船舶舱位转租；转租后，原合同约定的权利、义务不受影响。

承租人应当提供约定的货物；经出租人同意，可以变更货物。但是，更换的货物对出租人不利的，出租人有权拒绝或者解除合同。因承租人责任未提供约定的货物造成出租人损失的，承租人应当承担赔偿责任。

（五）违反水路货物运输合同的责任

1. 托运人的责任

（1）未按合同约定提供货物，应当承担违约责任。

（2）因办理各种相关手续和单证不及时、不完备或者不正确，造成承运人损失的，应当承担赔偿责任。

（3）因托运货物的名称、件数、重量、体积、包装方式、识别标志与运输合同的约定不符，造成承运人损失的，应当承担赔偿责任。因不可抗力不能履行合同的，根据不可抗力的影响，部分或者全部免除责任。迟延履行后发生不可抗力的，不能免除责任。

托运人不履行合同义务或者履行合同义务不符合约定的，应当承担继续履行、采取补救措施或者赔偿损失等违约责任。

2. 承运人的责任

（1）在水路运输中因存在承运人和实际承运人之分，因此，在责任承担时首先要确定的也是承运人和实际承运人之间的关系。按照法律规定，承运人将货物运输或者部分运输委托给实际承运人履行的，承运人仍然应当对全程运输负责。在运输合同中明确约定合同所包括的特定的部分运输由承运人以外的指定的实际承运人履行的，合同可以同时约定，货物在指定的实际承运人运输期间发生的损坏、灭失或者迟延交付，承运人不承担赔偿责任。承运人与实际承运人都负有赔偿责任的，应当在该项责任范围内承担连带责任。当实际承运人承担连带责任时，水路运输规则对承运人责任的有关规定，适用于实际承运人。承运人承担水路运输规则未规定的义务或者放弃水路运输规则赋予的权利的任何特别协议，经实际承运人书面明确同意的，对实际承运人发生效力；实际承运人是否同意，不影响此项特别协议对承运人的效力。

(2)从承运货物时起,至货物交付收货人或依照规定处理完毕时止,货物发生灭失、短少、变质、污染、损坏,按下列规定赔偿:第一,已投保货物运输险的货物,由承运人和保险公司按规定赔偿。第二,实行保价运输的个人生活用品,由承运人按声明价格赔偿,但货物实际损失低于声明价格的按实际损失赔偿。托运人托运货物,可以办理保价运输。货物发生损坏、灭失,承运人应当按照货物的声明价值进行赔偿,但承运人证明货物的实际价值低于声明价值的,按照货物的实际价值赔偿。第三,其他情况下均由承运人按货物的实际损失赔偿。赔偿的价格如何计算,双方当事人可以在订立合同时商定,也可以在事后商定。协商不成的,可以按有关规定执行。关于货物的赔偿限额问题,国内货物运输没有赔偿限额,因承运人的责任造成货差货损的,按实际价格赔偿。

(3)由于承运人责任发生货物错运、错交,应无偿运回合同规定的到达港,交给指定的收货人。如由此发生逾期运到,应按规定偿付逾期违约金。承运人未按规定或约定的时间将货物运抵到达港,应按规定向收货人偿付违约金,但由于下列原因之一引起的滞延时间应从实际运到期限中扣除:①自然灾害或气象、水文原因;②参加水上救助或发生海损事故;③政府命令或军事行动;④等候通过船闸;⑤应托运人要求在起运港预收保管的时间;⑥其他非承运人责任造成的延误。

(4)承运人违反规定将货物装载在舱面上,造成货物损坏、灭失的,应当承担赔偿责任。

(5)免责事由。承运人对运输合同履行过程中货物的损坏、灭失或者迟延交付承担损害赔偿责任,但承运人证明货物的损坏、灭失或者迟延交付是由于下列原因造成的除外:不可抗力;货物的自然属性和潜在缺陷;货物的自然减量和合理损耗;包装不符合要求;包装完好但货物与运单记载内容不符;识别标志、储运指示标志不符合规定;托运人申报的货物重量不准确;托运人押运过程中的过错;普通货物中夹带危险、流质、易腐货物;托运人、收货人的其他过错。

因运输活动物、有生植物的固有的特殊风险造成活动物、有生植物损坏、灭失的,承运人不承担赔偿责任。但是,承运人应当证明业已履行托运人关于运输活动物、有生植物的特别要求,并证明根据实际情况,损坏、灭失是由于此种固有的特殊风险造成的。

货物在运输过程中因不可抗力灭失,未收取运费的,承运人不得要求支付运费;已收取运费的,托运人可以要求返还。货物在运输过程中因不可抗力部分灭失的,承运人按照实际交付的货物比例收取运费。

3. 收货人的责任

(1)未及时提取货物,应当货物的保管费用。

(2)托运人未付或者少付的费用没有补交的,收货人要承担相应的法律责任。

第五节　海上货物运输法

水运主要承担大数量、长距离的运输，是在干线运输中起主力作用的运输形式。我国一直把国际海上货物运输与国内沿海和内河货物运输区别对待，采用不同于国际海上运输的管理体制，所以本节主要介绍海上货物运输法。

一、海上货物运输适用的法律

目前，我国针对海上运输的法律法规有《中华人民共和国海商法》，除《海商法》外，我国还颁布了《海上交通安全法》、《海上诉讼特别程序法》等大量有关海上运输的法规和规章，初步形成了我国的海上运输法律制度。国际上针对海洋运输的国际公约有《海牙规则》、《维斯比规则》、《汉堡规则》等。我国《海商法》是一部法典性质的法律，内容涵盖了海商法几乎所有重要领域，但其内容无一不是围绕海上客、货运输的需要而制定的。我国的《海商法》是一部以调整国际海上运输过程中发生的运输关系、船舶关系为中心的特别法，下面将围绕《海商法》的规定介绍海上货物运输。

二、海上货物运输合同

（一）海上货物运输合同概述

1. 海上货物运输合同的概念

海上货物运输合同是指承运人收取运费，负责将托运人的货物经海路由一港运至另一港的合同。[2] 海上货物运输合同涉及合同托运人、承运人等当事人，还涉及实际承运人、实际托运人、收货人、提单持有人等关系人。海上货物运输合同具有如下特征：

（1）海上货物运输合同通常为要式合同。

（2）因为进行海上货物运输具有很大的风险，所以《海商法》中对海山货物运输合同的承运人规定了较多的法定免责事由和损害赔偿责任的限制。

2. 海上货物运输合同的分类

（1）以运输方式为标准，可以将海上货物运输合同分为班轮货物运输合同和航次租船合同。

班轮货物运输合同是指承运人将属于不同托运人的小批量、多品种的货物装载于同一船舶，按其预先公布的船期表上规定的时间（船期）和航线，依规定的港口顺序来运送货物的运输合同。

班轮货物运输合同的特点十分明显：①其船期和航线是预先规定的 ，可由货

---

〔2〕 姚会平：《物流法理论与实务》，西南财经大学出版社 2007 年版，第 137 页。

主根据需要选择合适的班轮予以托运;②其所承运的一般是零散的货物,故又称件杂货运输合同或者零担运输合同;③班轮运输合同一般都采用提单作为法律表现形式,故又称提单运输。

航次租船合同是指船舶出租人向承租人提供船舶或者船舶的部分舱位,装运约定的货物,从一港运至另一港,而由承租人支付约定运费的海上货物运输合同。航次租船合同不同于班轮货物运输合同,其特点是适用于不定期船的货物运输,而且按照航程确定货物运输合同的有效期,具体表现在船舶出租人和承租人约定的特定航次,由船舶出租人将约定的货物在该航次中运至目的港,故又称航程租船合同或程租合同。航次租船合同属于不定期租船运输。

(2)海上运输合同类型的新发展

班轮运输合同和租船运输合同是两种最典型的海上货物运输合同,并且关于海上货物运输的许多法律问题大多源于这两种合同。传统的班轮运输多采用提单运输方式,而传统的非班轮运输方式主要是指租船运输,包括航次租船、定期租船和光船租赁运输。根据船舶被使用的方式,海上货物运输合同可以包含在一份租船合同中或由一份提单来证明。但是,租船合同和提单的传统划分并不详尽。一方面,海上货物运输合同可以包含在经由不能严格地划归任何一类的单据加以证明。另一方面,租船合同也不能穷尽除单据证明之外的其他的海上货物运输合同。

随着时代的不断向前发展,航运市场出现了许多新型的运输方式,如海上货物运输总合同、远洋班轮运输业务协定等。这些合同性质如何,是否应受海上货物运输合同的强制性法律调整,是近日来海商法理论界重点研究的问题之一。本文选择其中的远洋班轮业务协定、海上货物运输总合同进行分析。

第一,远洋班轮运输业务协定

远洋班轮运输业务协定(OCEAN LINER SERVICE AGREEMENT,简称OLSA)是近年来新出现的海上货物运输合同形式,自1984年和1998年美国改革远洋班轮业的管理制度、允许以竞争方式谈判订立远洋班轮运输业务合同以来,在多种国际贸易中,远洋班轮运输业务协定的使用有了很大的发展。

有关远洋班轮运输业务协定的概念,我们可以参考美国提交的运输法草案的提案:"远洋班轮运输业务协定系指一个或多个承运人与一个或多个托运人之间以书面或电子方式相互谈判并商定的,规定由班轮在规定期限内经由海路分批运送货物的合同。此种合同应规定承运人有义务交付最低限量的货物和支付合同规定的运费。承运人的服务义务应包括远洋运输,还可按照托运人的要求包括以其他运输方式运送货物、仓储或物流服务。""远洋班轮运输业务协定不必是:承运人的价格表或服务目录表、提单或货物收据或类似单证,但远洋班轮运输业务协定可以用提及方式纳入此类单证;或班轮租船合同或班轮舱位租用合同。"

与传统运输合同相比,远洋班轮运输业务协定具有以下特点:

①远洋班轮运输业务协定主体的特点。从双方当事人来看,托运人往往是那些与承运人经济实力相当、谈判经验丰富的大货主、大托运人。因此很少存在承运人利用优势地位损害托运人利益的可能。

②远洋班轮运输业务协定订立过程的特点。它是当事人以书面方式(或相当的电子手段)商定的,而不是根据承运人或履约方收取货物时签发的运输单证商定的,因此这类运输合同比较突出的反映了船货双方当事人的真实意愿。

③远洋班轮运输业务协定履行方面的特点。托运人同意交付一批货物,分批运送(合同包括不止一次运送),托运人和承运人按数量和服务承诺议定费率和费用。这一特点有些类似于连续航次租船合同。

远洋班轮运输合同虽然采用的是班轮运输的方式,但是从上述比较中可以看出,远洋班轮运输业务协定在性质上和传统的班轮运输有很大区别,倒是更类似于租船运输合同。双方当事人不但法律上地位平等,而且事实上的地位也是平等的。双方的意愿都能在合同中得到体现。目前的海上货物运输法对其法律适用还很不明确。

第二,海上货物运输总合同

对海上货物运输总合同进行理论研究,应注重研究其法律性质,给海上货物运输总合同定性是解决与其有关的一切法律问题的基础。比如,合同当事人除另有约定外,在法律上享有哪些权利并承担哪些义务,海上货物运输总合同应受哪些法律调整,以及海上货物运输总合同是否应受法律的强制性约束等法律问题。

运输法草案在第1条定义部分的(C)款中对海上货物运输总合同进行了定义:“海上货物运输总合同系指规定在商定的时期内分批运送指定数量的货物的合同。数量的指定可以包括最低数量、最高数量或某个数量区间。”草案第20章“合同条款的有一效性”中,针对海上货物运输总合同做出了特别规定。其特点主要有:

①海上货物运输总合同涉及的货量大、运期长、运费多,当事人往往都是大船东、大货主。

②在航运实践中,合同通常是个别订立的,有时是由出租人和承租人双方在交易市场上通过经纪人接触、协商和签约的,有时是通过货主招标,船东投标,最后竞标的方式而实现。

③海上货物运输总合同需要分批履行,这是它与其他海上货物运输合同得以区分的重要特征。

④海上货物运输总合同的主要内容包括合同期间、货物数量或批量、船舶吨数、装货港、卸货港、装运期限、运费及其他有关事项。这与传统班轮运输合同包含的内容有很大区别。

和远洋班轮运输业务协定一样,海上货物运输总合同也属于海上货物运输合同的范畴，但是又具有上述不同于普通班轮运输的特点。同样地，目前关于海上货物总合同的法律适用也不明确。

（二）海运提单

1. 海运提单的概念和法律地位

海运提单简称提单，是指证明海上运输合同成立，承运人已接管货物或已将货物装船并据以保证在目的地交付货物的单证。提单具有以下三项基本属性：

（1）提单具有货物收据的功能。提单是证明承运人已接管货物和货物已装船的货物收据。对于将货物交给承运人运输的托运人，提单具有货物收据的功能。不仅对于已装船货物，承运人负有签发提单的义务，而且根据托运人的要求，即使货物尚未装船，只要货物已在承运人掌管之下，承运人也有签发一种被称为"收货待运提单"的义务。所以，提单一经承运人签发，即表明承运人已将货物装上船舶或已确认接管。提单作为货物收据，不仅证明收到货物的种类、数量、标志、外表状况，而且还证明收到货物的时间，即货物装船的时间。

（2）提单具有物权凭证的功能。提单是承运人保证凭以交付货物和可以转让的物权凭证。对于合法取得提单的持有人，提单具有物权凭证的功能。提单的合法持有人有权在目的港以提单相交换来提取货物，而承运人只要出于善意，凭提单发货，即使持有人不是真正货主，承运人也无责任。而且，除非在提单中指明，提单可以不经承运人的同意而转让给第三人，提单的转移就意味着物权的转移，连续背书可以连续转让。提单的合法受让人或提单持有人就是提单上所记载货物的合法持有人。提单所代表的物权可以随提单的转移而转移，提单中所规定的权利和义务也随着提单的转移而转移。即使货物在运输过程中遭受损坏或灭失，也因货物的风险已随提单的转移而由卖方转移给买方，只能由买方向承运人提出赔偿要求。

（3）提单只是运输合同的证明。提单是海上货物运输合同成立的证明文件。如果在提单签发之前，承托双方之间已存在运输合同，则不论提单条款如何规定，双方都应按原先签订的合同约定行事；但如果事先没有任何约定，托运人接受提单时又未提出任何异议，这时提单就被视为合同本身。虽然由于海洋运输的特点，决定了托运人并没在提单上签字，但因提单毕竟不同于一般合同，所以不论提单持有人是否在提单上签字，提单条款对他们都具有约束力。

2. 海运提单的种类

根据不同的划分标准，提单可划分为许多种类。

（1）按提单收货人的抬头分类

第一，记名提单（Straight B/L）：是由托运人在提单正面收货一栏中注明特定的收货人。承运人只能将货物交付给托运人指定的收货人。收货人不能将记名提单背书转让，如要转让货物，收货人只能按照一般的财产转让手续办理。

第二，不记名提单（Bearer B/L，blank B/L，OpenB/L）：又称空白提单，是指在

提单正面收货人一栏内不具体填写收货人或凭某人指示,而只证明“持有人”或“交与持有人”字样,日后凭提单取货的提单。它不加背书即可转让,手续简便,但这种提单对买卖双方的风险都很大,一旦发生遗失或被盗,以至再转到善意的第三人手中就极易发生纠纷,所以在国际贸易已很少使用。

第三,指示提单(Order B/L):是指提单正面收货人一栏填有“凭指示”或“凭某某指示”字样的一种提单。这种提单可以转让,提单持有人可以通过背书的方式把它转让给第三方,指示提单在国际海运业务中使用广泛。

(2)按货物是否已装船分为

第一,已装船提单(Shipped B/L, On board B/L):是指货物装船后凭大副收据由承运人签发给托运人的提单。如果承运人签发了已装船提单,就是确认已将货物装上船。这种提单除载明一般事项外,通常还必须注明装载货物的船舶名称及装船日期。在航运实践中,除集装箱货物运输外,现在大都采用已装船提单。

如信用证要求海运提单作为运输单据时,除非信用证另有规定,银行将接受注明货物已装船或已指定装船只的提单。

第二,备运提单(Received for Shipment B/L):又称待装提单、收妥待运提单。它是承运人收到托运人交来的货物但还没有装船时应托运人的要求而签发的提单。当货物装上预定船舶后,承运人可以在备运提单正面加注“已装船”字样和装船日期,并签字盖章,从而使之成为已装船提单;同样,托运人也可以用备运提单向承运人换取已装船提单。

(3)按提单上有无不良批注分为

第一,清洁提单:是指单上没有任何有关货物外表状态不良批注的提单。货物在卸货港卸下后,如果发现残损,除非是由于承运人可以免责的原因所致,承运人应对收货人负责赔偿,而不得借口签发清洁提单之前就存在不良的情况而推卸责任。

第二,不清洁提单:又称有批注提单,是指承运人在提单上对货物包装外表状况受损或缺陷加注的提单。在信用证交易中银行原则上不受理不清洁提单。

(4)按运输方式分为

第一,直达提单(Direct B/L):又称直运提单,是批货物自装货港装船后,中途不转船,直接至卸货港的提单。

第二,海上联运提单(Transshipment B/L):又称转运提单,是指货物从装货港装船后,在中途转船,交由其他承运人用船舶接运至目的港的提单。

第三,多式联运提单(Multi - model Transport B/L or Inter - modal Transport B/L):是指多式联运承运人将货物经由海运、陆运、航空、公路等两种或两种以上运输方式,从一地运至另一地而签发的提单。这种提单通常用于国际集装箱运输。

(5)特殊提单

除上述分类外,经常遇到的还有以下提单:

第一,倒签提单(Anti - dated B/L):以早于货物实际装船的日期为提单签发日期的提单。

第二,略式提单(Short Form B/L):略式提单是相对于全式提单(Long Form B/L)而言的。全式提单既有正面记载的事项,又在其背面详细列有承运人、托运人双方权利、义务、责任、豁免的条款。略式提单是全式提单的简化,是不带有背面条款的提单,仅保留了全式提单的正面栏目。略式提单通常包括租船合同项下的提单和非租船合同项下的提单。

第三,预借提单(Advanced B/L):在货物装船前或装船完毕之前,托运人为了及时结汇而向承运人预先借用的已装船提单。这种提单一般是在信用证规定的装船日期和交单结汇日期即将届满时,应托运人的要求签发的。

第四,运输代理行提单(House B/L):由运输代理人签发的提单。从法律意义上说,运输代理行提单不具有提单的法律地位,它只是运输代理人收到货物的收据,而不是一种货物的物权凭证,故不能凭此向承运人提货。

第五,舱面货提单(On Deck B/L):又称甲板货提单,是指承运人对装于船舶甲板上货物所签发的提单。

《海牙规则》和我国《海商法》均规定,舱面货不包括在承运人负责的“货物”范围内,承运人对其在海上运输中发生的任何性质的灭失或损坏不负责任。舱面货不仅遭受损害的可能性较大,而且还不能在发生共同海损时得到分摊,所以对托运人的保障较差。为了减少风险,买主一般不愿意把普通货物装在舱面上,有时甚至在合同和信用证中明确规定,不接受舱面货提单。银行为了维护开证人的利益,对这种提单一般也予以拒绝。[3]

3. 提单与海上货物运输合同的关系

由于提单上载有承运人与托运人的权利、义务条款,从而引发了提单和海上运输合同的关系问题。《海牙规则》第3条第3款规定:“在将货物收归其照管后,承运人、船长或承运人的代理人,应依照托运人的请求,发给托运人提单。”从这条规定可以看出,承运人有义务按托运人的请求为一定的行为——签发提单,亦即在提单签发之前,承托双方已经有了相对权利存在。由此可知,签发提单是由另外一个事实引起的,即托运人或其代理人向承运人或其代理人的订舱行为。订舱行为就是合同行为,这一行为发生时,承托双方的海上运输合同就成立了。

提单是以运输合同的合法成立,并在此基础上收受货物这一原因为必要前提的。从《海牙规则》的规定来看,提单是承运人、船长或承运人的代理人单方面签

---

〔3〕 郭瑜著:《海商法教程》,北京大学出版社2002年版,第132~136页。

发的,并且签发提单的依据大副收据也是一种单方面的货物收据。从托运人将货物交付承运,承运人接管货物装船并签发大副收据,托运人再以大副收据换取提单这一过程看,并无一方提出要约,另一方作出承诺的现象。相反,在订舱阶段,双方都有建立法律关系的意思表示:托运人或其代理人向承运人或其代理人发出愿意按船运公司的提单条款将货物交其承运的要约,承运人表示愿意承运,从而开始了一次海上运输。提单的作用是证明存在着这样一个合同,并且双方已经开始履行这个合同。当提单条款与运输合同相冲突时,应以运输合同为准,提单只是运输合同的初步证明。[4]

(三)海上货物运输合同当事人的权利和义务

1. 承运人的权利和义务

我国《海商法》以海牙—维斯比规则为基础,并吸收了汉堡规则的精神,全面规定了承运人的权利和义务,用以适应我国海上货物运输的实际需要和国际立法的发展趋势。

(1)承运人在海上货物运输合同中享有的权利

①有权要求托运人应当按海上货物运输合同的约定,交付托运的货物。

②有权按海上货物运输合同的规定向托运人收取运费及其他应由托运人支付的合理费用。

③在托运人不按合同约定交付运费、滞期费和承运人为货物垫付的其他必要费用时,又没有提供适当担保的,对于所承运的货物享有留置权。

④有权要求托运人或收货人在目的港,凭正本提单及时地提取货物。

⑤依照法律或海上货物运输合同的规定,享有免除赔偿责任和责任限制的权利(这一点将在阐述海上承运人责任时具体讲解)。

(2)承运人在海上货物运输合同中应承担的义务

在海商法上,承运人基于海上货物运输合同所承担的义务,长期以来通称为承运人的责任,表明法律对承运人在海上货物运输合同中的地位和作用的重视。承运人承担如下基本义务:

---

〔4〕 在国际航运实践中,也是把提单作为证明海上运输合同的初步证据来对待的。最具有代表性的是“阿登尼斯”案。在该案中,“阿登尼斯”轮的代理对一批橘子的托运人保证:该轮在西班牙的卡塔黑纳港装上这批橘子后,将直接驶往英国伦敦并卸货。但船舶在开航后不久,船东却指示该轮先驶往比利时的安特卫普,然后再驶往伦敦。由于该轮绕航后抵达伦敦为时过晚,使货主失去了在市场销售的良机,蒙受了损失。此外,由于桔子推迟抵港,货主还支付了额外的进口税。货主向法院起诉后,船东以提单条款规定承运人“有使船舶直接或间接驶往目的港的自由”为由,拒绝承担责任。本案由法官高特·达德爵士审理。他认为,提单本身并不是船东和货物托运人之间的运输合同,尽管它确实证明了存在这种合同。既然船东代理已对托运人作出该轮从卡塔黑纳港直驶伦敦的承诺,船东就不能按用提单条款为绕航安特卫普辩护。船东应赔偿船舶推迟抵达伦敦而使橘子收货人所蒙受的损失。

①提供适航船舶的义务。我国《海商法》第47条亦采用了海牙规则的规定，确认了承运人承担提供适航船舶的义务，习惯上称为适航义务。

②管理货物的义务。要求"承运人应当妥善地、谨慎地装载、搬移、积载、运输、保管、照料和卸载所运货物"。安全地运送货物是海上货物运输合同的各方当事人所追求的目的。为此承运人自接收货物时起，就对托运人所交付的货物依法予以占有和管理。

③按规定航线航行的义务。我国《海商法》第49条第1款规定"承运人应当按照约定的或者习惯的或者地理上的航线将货物运往卸货港"。要求承运人承担这一义务，是有关国际公约和各国法律的通例。同时，有关的国际公约和各国海商法都允许正当的、合理的绕航，不视其为违反海上货物运输合同，承运人对此造成的损失概不负责。

④按托运人的要求签发提单，并在目的港向提单指定的收货人凭提单交付货物的义务。货物交付的具体要求是承运人应按合同约定的时间，在合同约定的目的港或依法卸载的地点按提单的记载向收货人交付货物。

2. 托运人的基本权利和义务

托运人的基本权利和义务是与海上货物运输合同承运人的权利和义务相互对应的。

(1)托运人在海上货物运输合同中享有的权利

①托运人有权利要求承运人依法提供适航船舶。

②托运人有权利要求承运人履行管理货物的义务，妥善、谨慎地装载、搬移、积载、运输、保管、照料和卸载所运货物。

③托运人有权利要求承运人按规定航线航行。除法律允许的正当的、合理的绕航以外，不得绕航。

④托运人有权利要求承运人签发提单，并依据提单在目的港交付货物。

⑤托运人有权利依法追究承运人所应当承担的货物损害赔偿责任，要求承运人依法进行赔偿。

(2)托运人在海上货物运输合同中应承担的义务(在海商法上被称为托运人的责任)

①提供约定货物的义务。托运人应当把约定的托运货物，按时运送到承运人指定的地点，并交付给承运人以便装船，为此，托运人应当按照货物的品种、规格进行妥善包装，使其适宜于运输。同时，应当把货物的品名、标志、号码、件数、重量、装货港和目的港名称以及收货人名称填写清楚。

②正确通知危险货物的义务。托运人托运危险货物，应当依照有关海上危险货物运输的规定，妥善包装，作出危险品标志和标签，并将其正式名称和性质以及应当采取的预防危害措施书面通知承运人；托运人未通知或者通知有误的，承运人

可以在任何时间、任何地点根据情况需要将货物卸下、销毁或者使之不能为害，而不负赔偿责任。托运人对承运人因运输此类货物所受到的损害，应当负赔偿责任。

③支付运费的义务。海上货物运输合同是一种有偿合同，运费正是这一有偿性的集中体现，因此，支付运费是托运人承担的一项主要义务。在海上运输实践中，运费的支付办法可以是预付运费、到付运费或比例运费，双方当事人可以在海上货物运输合同中具体约定。

（四）海上货物运输合同的变更和解除

1. 海上货物运输合同的变更

在实践中，海上货物运输合同大部分是基于贸易合同产生的，在运送的过程中，可能由于市场的涨跌、买受人资信程度的变化以及正常的贸易而产生货物的转卖，这就产生了托运人对卸货港、收货人的变更要求。而《海商法》中除规定船长可在原定的卸货港变为不可能时有权改变卸货港就近卸下以外，对以上问题并没有给予解决的途径，但《合同法》给予了托运人变更合同的权利。《合同法》第308条规定："在承运人将货物交付收货人之前，托运人可以要求承运人中止运输、返还货物、变更到达地或者将货物交给其他收货人，但应当赔偿承运人因此受到的损失。"该规定在海上货物运输合同实践中，主要的问题是对变更到达地的要求，承运人如何处理。对于卸货港的更改，承运人如不同意托运人的变更要求，势必违反《合同法》规定的法定义务而面临托运人的索赔；若依其要求将货物运至提单载明的卸货港以外的港口，则有可能遭到提单持有人对货的索赔，严重的还会被扣船舶，导致船期延误等进一步无法预计的损失。虽然《合同法》第308条规定，出租人对因变更到达遭受的损失有权要求承租人赔偿，但该条规定应该做合理的限制性解释，应该是由于变更而造成的正常损失，如绕航多用的船期、消耗的燃油，翻舱倒载造成的损失等。因此，无法解释成包括赔偿承运人由此受到可能的提单持有人的索赔。因此有学者提出应对托运人变更卸港的权利加以限制，限制到提单转让之前，或者虽然提单已经转让，但托运人能够收回全套正本提单，并交还承运人，然后由承运人根据实际变更情况重新签发提单，凭此改变卸货港。缺点是：若货物已经转卖，提单一旦进入流通领域，收回全套正本提单的可能性便很小。如果无法收回全套正本提单，则应要求托运人和实际收货人出具保函，各船东互保协会都有内容基本相同的改港保函范本，将提单内容和托运人的要求依样填写即可。但这种做法的风险在于如果出具信函的人破产或资信不足，则承运人的利益很难得到保护。[5] 托运人行使变更权除要考虑其他提单持有人的因素外，还要顾及到实际履行的合理性以及可能性。由于交通运输工具有移动性、路线和班次的固定性等

---

〔5〕 潘静、张洁："《合同法》下海运托运人变更运输合同之权利相关问题探讨"，载《世界海运》2001年第24卷第5期，第34页。

特点，安排何种运输工具、何时发运、选择什么运输路线、是否途经加油港等都需要经过较为周密的计划和安排，同时还要考虑到影响运输安全的各项因素，诸如天气、地理环境和交通运输条件等，变更运输计划往往受到各方面因素的限制。托运人提出变更卸货港的请求应当在经济利益上合理，技术上可行，同时考虑安全港等因素。例如，要求沿海船舶变更沿海航线为远洋运输航线，或者要求船舶进入敌国港口卸货均属不合理或者不可能，出租人有权拒绝变更请求，但应当及时通知托运人。

2. 海上货物运输合同的解除

海上货物运输合同是双方当事人为了自己的经济利益而订立的，它们所要实现的经济利益只有通过合同的履行才能圆满实现，因此，海上货物运输合同大多数都因履行而终止。但是由于从订立合同到合同履行完毕需要一段时间，在这期间与合同有关的各种情势很可能发生重大变化。这又往往使得合同履行成为不可能或者对当事人的商业利益来说不经济，随之也就可能发生合同解除。根据法律规定，合同的解除是指对已有效成立但尚未履行或者尚未履行完毕的合同，当事人依据法律规定或双方约定提前终止合同效力的行为。

我国《海商法》第 89 条对一方当事人有权提起合同解除作了明确规定："船舶在装货港开航前，托运人可以要求解除合同。但是，除合同另有约定外，托运人应当向承运人支付约定运费的一半；货物已经装船的，并应当负担装货、卸货和其他与此有关的费用。"这种合同解除具有三个特点：①有权提出解除合同的当事人只能是托运人；②解除合同的要求应在船舶开航前提出；③原则上托运人应当向承运人支付约定运费的一半作为给对方的损害赔偿。在货已装船的情况下，托运人还应负担与此有关的装卸费用。

同时，《海商法》第 90 条还对当事人双方均可提出的解除合同的情况做了规定，即"船舶在装货港开航前，因不可抗力或者其他不能归责于承运人和托运人的原因致使合同不能履行的，双方均可以解除合同，并互相不负赔偿责任。除合同另有约定外，运费已经支付的，承运人应当将运费退还给托运人；货物已经装船的，托运人应当承担装卸费用；已经签发提单的，托运人应当将提单退还承运人"。这种合同解除具有四个特点：①有权解除合同的当事人不仅包括托运人，而且还包括承运人；②解除合同的要求也应在船舶开航前提出；③必须在船舶开航前发生了不可抗力及其他不可归责于双方当事人而又致使合同不能履行的情况；④不存在因合同解除而产生的一方向另一方请求损害赔偿的问题。

考虑到海上货物运输合同履行过程中风险的特殊性，为了避免不适应当地扩大合同解除的范围，并兼顾船、货双方的利益，我国《海商法》第 91 条还特别规定："因不可抗力或者其他不能归责于承运人和托运人的原因致使船舶不能在合同约定的目的港卸货的，除合同另有约定外，船长有权将货物在目的港邻近的安全港口或者地点卸载,视为已经履行合同。船长决定将货物卸载的,应当及时通知托运人或者收货人,并考虑托运人或者收货人的利益。”

（五）违反海上货物运输合同的责任

1. 承运人的责任

海上承运人的责任指承运人违反海上货物运输合同的约定,造成承运货物灭失、损害或迟延交付时所应承担的赔偿责任。我国《海商法》对承运人违约的损害赔偿责任作了详细、系统的规定。

(1)承运人的责任期间

海上货运合同的责任期间指承运人对于不可免责的过失造成的损害承担赔偿责任的时间界限,即承运人仅对在该法定期间内发生的货物灭损或迟延交付承担赔偿责任。我国《海商法》区别集装箱运输和非集装箱运输规定了不同的责任期间,集装箱运输条件下的责任期间我们采用了《汉堡规则》“港至港”的原则;非集装箱运输条件下的责任期间我们采用了《海牙规则》“船至船”的原则。《海商法》第46条对承运人的责任期间作了如下具体规定:“承运人对集装箱装运的货物的责任期间,是指从装货港接收货物时起至卸货港交付货物时止,货物处于承运人掌管之下的全部期间。承运人对非集装箱装运的货物的责任期间,是指从货物装上船时起至卸下船时止,货物处于承运人掌管之下的全部期间。在承运人的责任期间,货物发生灭失或者损坏,除本节另有规定外,承运人应当负赔偿责任。前款规定,不影响承运人就非集装箱装运的货物,在装船前和卸船后所承担的责任,达成任何协议。”

上述规定表明,我国《海商法》以货物处于承运人掌管之下的全部期间确定承运人责任期间的基本原则,同时又根据是否使用集装箱的装运方式对这一期间作了具体的不同规定。另外在原则规定之外,就非集装箱装运的货物,又允许当事人就这一责任期间之外的责任达成协议,这充分体现了原则性与灵活性相统一,强制性与任意性相结合的立法指导思想。

(2)承运人的免责范围及归责原则

依据《海商法》第51条的规定,承运人在责任期间货物发生的灭失或者损坏是由于下列原因之一造成的,不负赔偿责任:①船长、船员、引航员或者承运人的其他受雇人在驾驶船舶或者管理船舶中过失引起的货物灭失和损害;②火灾造成的货物损害;③天灾、海上或者其他可航水域的危险或者意外事故造成的货物灭失或者损坏;④战争或者武装冲突造成的货物灭失或者损坏;⑤政府或者主管部门的行为、检疫限制或者司法扣押造成的货物灭失或者损坏;⑥罢工、停工或者劳动受到限制而造成的货物灭失或者损坏;⑦在海上救助或者企图救助人命或者财产而造成的货物灭失或者损坏;⑧托运人、货物所有人或者他们的代理人的行为所导致的货物灭失或者损坏;⑨货物的自然特性或者固有缺陷造成的货物灭失或者损坏;

⑩货物包装不良或者标志欠缺、不清等造成的货物灭失或者损坏；⑪经谨慎处理仍未发现的船舶潜在缺陷，造成的货物灭失或者损坏；⑫非由于承运人或者承运人的受雇人、代理人的过失造成的其他原因引起的货物损害。

承运人依法行使免责权利时，应当注意必须履行《海商法》所规定的提供适航船舶义务和保管货物义务等各项义务。只有在这个前提条件下，承运人才可以享受以上条款的免责。

承运人或者承运人的受雇人、代理人的过失造成的其他原因，除法律规定的情形以外，承运人对免除责任应负举证责任。

我国《海商法》吸收了有关国际公约的精神，对于承运人的货物损害赔偿责任规定了不完全过失责任制，即由于承运人的过错，致使货物灭失或者损坏，或者因迟延交付而灭失或者损坏或者虽货物没有灭失或损坏但遭受了经济损失的，承运人要负赔偿责任。如果货物的灭失、损坏或者迟延交付是由于承运人或者承运人的受雇人、代理人的不能免除赔偿责任的原因和其他原因共同造成的，承运人仅在其不能免除赔偿责任的范围内承担赔偿责任。

上述12项内容，既有无过失免责的情形，又有过失免责的情形，内容相当广泛。这些内容反映出海上货物运输合同承运人的赔偿责任是不完全的过失责任制，即没有彻底坚持过失责任原则。

但是，不完全责任原则日益受到一些学者的批评，因为该原则被认为过分偏袒了船方的利益，而对货方则是不公平的。针对上述缺陷，《汉堡规则》改采了完全过失责任原则，其第5条第1款规定“除非承运人证明他本人、其受雇人或其代理人为避免该事故的发生及其后果已采取了一切所能合理要求的措施，否则承运人应对其货物灭失或损坏或迟延交付所造成的损失负赔偿责任”。越来越多的学者认为我国《海商法》也应加以修改，在归责原则上应采用完全过失责任原则，并认为这也是国际立法的先进潮流。

(3)承运人的限额赔偿责任

我国的海上货物运输承运人的赔偿责任实行限额赔偿制度，该制度是承运人责任制度中不可或缺的内容。限额赔偿的主体是承运人、实际承运人及其代理人等；其限制的债权仅为根据海上货物运输合同而产生的“对货物的灭失或者损坏”的赔偿责任，以及对“货物因迟延交付造成经济损失”的赔偿责任；其适用的责任限额制是“货物件数或重量金额制”以及“运费金额制”等，这些均不同于被称为“综合责任限制”的海事赔偿责任限制制度。

我国的《海商法》吸收了《汉堡规则》的合理性方法，也以国际货币基金组织的特别提款权作为货币单位，规定承运人对货物的灭失或者损坏的赔偿限额，按照货物件数或者其他货运单位数计算，每件或者每个其他货运单位为666.67计算单位，或者按照货物毛重计算，每公斤为计算单位，以二者中赔偿限额较高的为准。

但是,托运人在货物装运前已经申报其性质和价值,并在提单中载明的,或者承运人与托运人已经另行约定高于本条规定的赔偿限额的除外。因为在这两种情况下,货方的利益已经获得了保障。货物用集装箱、货盘或者类似装运器具集装的,提单中载明装在此类装运器具中的货物件数或者其他货运单位数,视为货物件数或者其他货运单位数;未载明的,每一装运器具视为一件或者一个单位。装运器具不属于承运人所有或者非由承运人提供的,装运器具本身应当视为一件或者一个单位。同时,《海商法》第57条还规定:"承运人对货物因迟延交付造成经济损失的赔偿限额,为所迟延交付的货物的运费数额。货物的灭失或者损坏和迟延交付同时发生的,承运人的赔偿责任限额适用本法第56条第一款规定的限额。"承运人的责任限制仅在货物灭损超过责任限额时或迟延交付经济损失超过运费数额时才发生作用,未达到此界限的承运人无权援用责任限额,而应赔偿货方的实际损失或经济损失。

为了防止承运人赔偿责任限制的滥用,避免出现不合理的结果,《海商法》第59条还特意作出下列限制性规定:"经证明,货物的灭失、损坏或者迟延交付是由于承运人的故意或者明知可能造成损失而轻率地作为或者不作为造成的,承运人不得援用本法第56条或者第57条限制赔偿责任的规定。经证明,货物的灭失、损坏或者迟延交付是由于承运人的受雇人、代理人的故意或者明知可能造成损失而轻率地作为或者不作为造成的,承运人的受雇人或者代理人不得援用本法第56条或者第57条限制赔偿责任的规定。"也就是说对承运人的限额赔偿责任的限制情形,主要是如果能够证明货物的灭失、损坏或者迟延交付是由丁承运人的故意或者明知可能造成损失而轻率地作为或者不作为造成的,承运人不得援用限额赔偿责任的规定。证明此种情形的举证责任应当在托运人或者收货人。承运人的受雇人、代理人的故意或者明知可能造成损失而轻率地作为或者不作为造成的,承运人的受雇人或者代理人也不得援用限制赔偿责任的规定。承运人将货物全部或者部分运输委托给实际承运人履行的,承运人仍然应当依照相关规定对全部运输负责。对实际承运人承担的运输,承运人当对实际承运人的行为或者实际承运人的受雇人、代理人在受雇或者受委托范围内的行为负责。

我国《海商法》第58条也明确规定:"就海上货物运输合同所涉及的货物灭失、损坏或者迟延交付对承运人提起的任何诉讼,不论海事请求人是否合同的一方,也不论是根据合同或者是根据侵权行为提起的,均适用本章关于承运人的抗辩理由和限制赔偿责任的规定。前款诉讼是对承运人的受雇人或者代理人提起的,经承运人的受雇人或者代理人证明,其行为是在受雇或者受委托的范围之内的,适用前款规定。"海运货物的收货人往往并非提单下的当事人,如没有上述规定,收货人就货物灭损以侵权为由起诉承运人,则承运人无权以免责事项进行抗辩或请求责任限额。有了上述规定,在收货人提起的侵权之诉中,不影响承运人运用法定的抗辩理由和请求赔偿限额。

承运人赔偿责任范围是指赔偿责任所包括的具体内容，或者说是承运人赔偿额的大小。按照《合同法》规定，违约方的赔偿责任可以包括两项内容：一是违约给受害方造成的直接损失，即财产价值的减少，如货物灭失、损坏；二是违约给受害方造成的间接损失，即可得利益的减少，如受害方的利润损失等。承运人的赔偿责任范围仅限于直接损失，而不包括间接损失，这是与海上运输风险的特殊性有密切关系的。

法律规定的承运人的赔偿限额也适用于货物的灭失或者损坏。而“对货物因迟延交付造成经济损失的赔偿限额”，则“为所迟延交付的货物的运费数额”。但是，在货物的灭失或者损坏和迟延交付同时发生的，承运人赔偿责任限额则应当适用上述的货物灭失或者损坏的限额。

（4）承运人赔偿责任的承担和分担

海上货运在很多情况下并非由签合同的承运人履行，《汉堡规则》明确了实际承运人的概念及承运人与实际承运人之间的责任关系。[6] 承运人赔偿责任的承担和分担是承运人赔偿责任的一个重要方面，直接关系着海上货物运输合同当事人和关系人的利益平衡。

在实际承运人接受委托或者转委托履行货运合同时，无论其接受的是全部或者部分运输，承运人对实际承运人的行为或者实际承运人的受雇人、代理人在受雇或者受委托范围内的行为负责，此为承运人与实际承运人之间责任关系的一般原则。我国《海商法》第60条第1款规定：“承运人将货物运输或者部分运输委托给实际承运人履行的，承运人仍然应当依照本章规定对全部运输负责。对实际承运人承担的运输，承运人应当对实际承运人的行为或者实际承运人的受雇人、代理人在受雇或者受委托的范围内的行为负责。”该条还规定，在海上运输合同中明确约定合同所包括的特定的部分运输由于承运人以外的指定的实际承运人履行的，合同可以约定，货物在指定的实际承运掌管期间发生的灭失、损坏或者迟延交付，承运人不负赔偿责任。此外还规定，“对承运人责任的规定，适用于实际承运人”，“承运人与实际承运都负有赔偿责任的，应当在此责任范围内负连带责任”。在此种场合，实际承担了赔偿责任的一方，在承担赔偿责任后有权向应当承担责任的另一方追偿。由于大量的海上货运合同由实际承运人履行，我国《海商法》因此明确对承运人责任的规定适用于实际承运人；对实际承运人的受雇人、代理人提起诉讼的，可以适用承运人的抗辩理由和责任限额；经证明，货物灭损或者迟延交付是实际承运人的受雇人、代理人的故意或过失造成的，责任限额丧失。

---

〔6〕 吴焕宁：《海商法学》（第二版），法律出版社1996年版，第91页。

2. 托运人的责任

根据我国《海商法》第70条的规定，托运人责任的主体应包括两类人员：一是托运人本人；二是托运人的受雇人或代理人。由上述两类人员的过失而对承运人或实际承运人所造成的损失或对船舶所造成的损坏，托运人或其代理人、受雇人应负赔偿责任。

所谓托运人的责任，就是指托运人在不履行或不适当履行义务的情况下所应承担的法律后果。《海商法》第70条规定："托运人对承运人、实际承运人所遭受的损失或者船舶所遭受的损坏，不负赔偿责任；但是，此种损失或者损坏是由于托运人或者托运人的受雇人、代理人的过失造成的除外。托运人的受雇人、代理人对承运人、实际承运人所遭受的损失或者船舶所遭受的损坏，不负赔偿责任；但是，这种损失或者损坏是由于托运人的受雇人、代理人的过失造成的除外。"托运人的法律责任基本上可以概括为下列几种：

(1)货物包装不良的责任。《海商法》第66条规定，托运人托运货物，应当妥善包装，并向承运人保证，货物装船时所提供的货物的品名、标志、包数或者件数、重量或者体积的正确性；由于包装不良或者上述资料不正确，对承运人造成损失的，托运人应当负赔偿责任。承运人依照前款规定享有的受偿权利，不影响其根据货物运输合同对托运人以外的人所承担的责任。

(2)货物标志不清的责任。

(3)提单记载内容不正确的责任。

(4)擅自装运危险货物的责任。托运人托运危险货物，应当依照有关海上危险货物运输的规定，妥善包装，作出危险品标志和标签，并将其正式名称和性质以及应当采取的预防危害措施书面通知承运人；托运人未通知或者通知有误的，承运人可以在任何时间、任何地点根据情况需要将货物卸下、销毁或者使之不能为害，而不负赔偿责任。托运人对承运人因运输此类货物所受到的损害，应当负赔偿责任。

(5)未按时提供约定的货物和所需各项单证应承担的责任。提供约定的货物和单证，是托运的首项义务。对此，我国《海商法》第67条规定："托运人应当及时向港口、海关、检疫、检验和其他主管机关办理货物运输所需要的各项手续，并将已办理各项手续的单证送交承运人；因办理各项手续的有关单证送交不及时、不完备或者不正确，使承运人的利益受到损害的，托运人应当负赔偿责任。"

(6) 托运人未支付运费及其他费用的责任。我国《海商法》第69条规定："托运人应当按照约定向承运人支付运费。托运人与承运人可以约定运费由收货人支付；但是，此项约定应当在运输单证中载明。"在班轮运输的情况下，托运人支付运费通常有预付和到付两种方式。前者托运人应在货物装船后，承运人及其代理人或船长签发提单之前付清；后者则在货物安全抵达目的港由收货人提取货物之前支付。

对于托运人未付或者少付费用的,承运人有权留置货物。我国《海商法》第87条规定:"应当向承运人支付的运费、共同海损分摊、滞期费和承运人为货物垫付的必要费用以及应当向承运人支付的其他费用没有付清,又没有提供适当担保的,承运人可以在合理的限度内留置其货物。"同时,第88条还规定:"承运人根据本法第87条第1款规定留置的货物,自船舶抵达卸货港的次日起满60日无人提取的,承运人可以申请法院裁定拍卖;货物易腐烂变质或者货物的保管费用可能超过其价值的,可以申请提前拍卖。"

这里需要提及的是,承运人对托运人的违约行为虽然享有受偿的权利,但并不影响其根据合同对托运人以外的人所应承担的责任。简而言之,在托运人违约而造成第三人的损失时,承运人应先行赔付第三人的损失,然后再向托运人追偿。

3. 收货人的责任

在货物抵达目的港后,收受货物既是托运人、收货人的一项义务,同时又是一项重要权利。在班轮的运输情况下,托运人在货物装船后取得提单,凭此在目的港提货。货物抵达目的港后,托运人或收货人有权利并应及时在船边或者承运人指定的码头仓库提取货物。我国《海商法》第86条规定:"在卸货港无人提取货物或者收货人迟延、拒绝提取货物的,船长可以将货物卸在仓库或者其他适当场所,由此产生的费用和风险由收货人承担。"该条所指收货人,应当适用于托运人本人为收货人的场合。

在承运人违反合同及法律规定的义务并给托运人造成损失时,收货人有权请求损害赔偿。承运人可能给托运人造成损失的情形主要指:承运人单方面解除海上货物运输合同;违反适航义务、管货义务,或合理速遣等法定义务使货物遭到损害或灭失;违反合同的约定使货物遭到损害或灭失;因货物的迟延交付使托运人或收货人遭受的经济损失等。

三、国际海上货物运输

国家为了维护托运人和收货人的合法权益以及社会公共利益,有必要对这种特殊合同或合同的证明制定法律予以约束,但国际海上货物运输不可能都按一国法律处理,制定统一的海上货物运输国际公约就成为制约这一国际货物运输合同的必要法律手段。

目前,调整海上货物运输的国际公约主要有《海牙规则》、《维斯比规则》以及《汉堡规则》。此外还有国际海事委员会制定的两个重要的规则,即《海运单统一规则》和《电子提单规则》,同时,讨论中的《联合国运输法公约(草案)》也非常引人注目。《海牙规则》在《汉堡规则》生效之前的半个多世纪的时间里,一直是调整国际海上货物运输中承托双方权利、义务的基本原则,对于国际海运经济秩序的建立有极其重要的影响。但其后作为修改和补充的《维斯比规则》并没有同时被所有《海牙规则》的参加国所接受,《汉堡规则》的参加国多为本国海运尚不发达的发展中国家。

(一)国际公约概述

《海牙规则》是关于提单法律规定的第一部国际公约。1924 年 8 月在布鲁塞尔外交会议上,通过《关于统一提单若干法律规定的国际公约》(international Convention for the Unification of Certain Rules of Law Relating to Bills of Lading),简称《海牙规则》(Hague Rules)。它于 1931 年 6 月 2 日起生效,目前有 80 多个国家和地区加入该规则。

《海牙规则》强制规定承运人不得在提单上加入由于自己的过失而造成货物灭失或损坏的免责条款,同时规定了承运人最低限度义务、免责事项、索赔和诉讼、责任限制和适用范围以及程序性等几个方面。《海牙规则》侧重保护承运方的利益,而对货主的保护则相对较少,这也是船货双方力量不均衡的体现。

我国不是《海牙规则》的缔约国,后来也没有承认和参加该规则,但是我国航运公司的提单条款是参照《海牙规则》制定的,也就是说在我国远洋运输业务中是适应该规则的有关规定的。例如,在中国远洋运输公司和中国对外贸易运输总公司制定的格式提单中都明确规定:有关承运人的义务、责任、权利和豁免适用《海牙规则》。

随着国际政治、经济形势的变化,以及航海、造船技术日新月异的进步,使海上运输方式发生了重大变革,特别是集装箱运输方式的出现和迅猛发展,《海牙规则》的内容已不适应新形势发展的需要。尤其关于承运人的大量免责条款明显偏袒船方利益,通货膨胀的现实使 100 英镑的赔偿限额明显过低等原因,到了 20 世纪 50 年代末,要求修改《海牙规则》的呼声日渐强烈。

从 60 年代开始,在多数国家普遍要求修改的情况下,国际海事委员会着手修改《海牙规则》,于 1968 年 2 月在维斯比通过了《关于修订统一提单若干法律规定的国际公约的协定书》(Protocol to Amend the International Convention for the Unification of Certain Rules of Law Relating to Bills of lading),简称《海牙—维斯比规则》,并于 1977 年 6 月生效,这就是《维斯比规则》。《维斯比规则》是《海牙规则》的修改和补充,故常与《海牙规则》一起,称为《海牙—维斯比规则》。《维斯比规则》共 17 条,但只有前 6 条才是实质性的规定。《维斯比规则》虽然对《海牙规则》中的某些条款作了若干修改和补充,但其修改很不彻底,特别是对承运人的主要责任与义务并未作实质性的修改,对承运人的不合理免责条款仍毫无触动。所以,《维斯比规则》尽管比《海牙规则》有所改进,但只限一些枝节性的修改,基本原则并未改变,其主要弊病也依然存在。

《海牙规则》奠定了海上货物运输,尤其是提单法律制度的基础框架。同时,该规则也结束了承运人免责无限的不合理状况,给予货主以最低限度的保障。但是,《海牙规则》是20世纪二三十年代的产物,因而,随着国际经济贸易以及航运的发展,以及国际政治力量对比的变化,《海牙规则》有些规定显得有些过时,甚至不适应新的政治、经贸及航运发展的需要。继《海牙规则》后,对国际提单统一化运动最有影响的是《汉堡规则》。《海牙规则》是一场经济实力较量的产物,而《汉堡规则》却是一场政治运动的结果。

1978年3月,在汉堡召开的联合国海上货物运输公约外交会议上,通过了《1978年联合国海上货物运输公约》,简称《汉堡规则》(Hamburg Rules)。《汉堡规则》按照船方和货方合理分担风险的原则,适当加重了承运人的责任,使双方权利义务趋于平等。《汉堡规则》作为平衡船货双方利益的一项国际公约,应当说其制定是相对完备的,也是体现了公正合理的主旨。但作为既得利益者的海运大国却不愿采纳此公约,而是继续采用《海牙—维斯比规则》,以维护其已得利益,因而,海运大国加入此公约的几乎还没有。在过去半个多世纪的航运实践中,国际上对建立在《海牙—维斯比规则》基础上的海上货物运输法律已经形成较为统一的解释,船货双方为这一统一性的实现付出了巨大的诉讼费用,如果实施《汉堡规则》,这一统一性可能在较大程度上消失,要在《汉堡规则》基础上实现新的统一,就得重新付出巨大的诉讼费用。

《汉堡规则》制定于1978年,截至到1993年已有20个缔约国。其中一部分是内陆国,另一部分则是海运业相当落后的第三世界国家。所有缔约国中不但没有一个发达国家,就连中国、印度、巴西等自诩为第三世界代言人的国家也没有加入。《汉堡规则》对国际海运显然没有什么实质影响。该规则至今并未发挥太大的实际作用,但不得不承认这是国际海运立法上的一座丰碑,具有很强的指引作用。尤其是其中确立的过错推定原则,目前已为很多草拟中的法律和公约所接受。并且,从立法技术的角度看,该规则呈现出大陆法系的风格,用抽象的语言对未知情况进行概括,是比较先进的立法例。

在全球经济一体化走势的驱动下,"门到门"运输迅猛兴起。传统运输方式的改变,要求调整运输关系的国际公约也应做相应地调整。目前,世界正处于调整海上货物运输的《海牙规则》、《海牙—维斯比规则》以及《汉堡规则》三个国际公约并存的时代,这三个公约对船货双方的权利、义务的规定都不相同,有的甚至大相径庭。同时,在对国际公约或者相应的国内法的解释上,不同的国家,不同的法系之间也存在着差异。这种不统一的现状导致了大量法律冲突的产生,制约了新兴的"门到门"运输的发展。于是,针对目前国际海上货物运输法律不统一的状态,以"促进海事法各领域的统一"为宗旨的国际海事委员会决定起草一个新的国际公约,以期重新达到承运人责任制度的国际统一。

1998年,国际海事委员会成立了运输法问题国际工作组,并向多个国家的海商法协会发出了调查问卷,启动了起草运输法公约草案的工作,[7]并于2001年11月第六次专家小组会后形成运输法最终框架文件,提交联合国贸易法律委员会(UNCITRAL),定名为UNCITRAL运输法(草案),并且作为UNCITRAL大会的讨论稿,于2002年4月和9月在纽约和维也纳分别进行了讨论。2003年10月6日至17日在维也纳举行的会议上,工作组对2001年的最终框架文件进行了修改,形成了目前的《运输法(全部或部分途程)(海上)货物运输文书草案》。联合国贸易法委员会的初衷是要制定一个法律文件以解决海运单证流通中的一些法律问题,但随着工作的进展,文件涉及范围不断扩大,首先扩大到海上运输合同下的责任问题,进而又扩大到"门到门"运输。草案涉及范围十分广泛,包括了以往的国际运输公约所不曾涉及的控制权、权利转让、诉权等诸多章节。2005年在维也纳召开的第十六届会议上,工作组提交了最新修订的《国际海上货物运输统一法草案》,2006年在2月和4月联合国贸易法委员会在南非开普敦和美国纽约召开的年会和第十七届会议上,分别对草案的相关议题进行了充分的讨论。联合国贸法会运输法公约工作组2008年1月在奥地利维也纳召开了第二十一届会议,对《联合国运输法公约草案》进行最后的讨论。

《联合国运输法公约草案》为一些现行国际法律制度没有规制的领域提供了统一的规则,建立了新的承运人责任制度,反映了多式联运及电子商务的需要。公约草案首次确立"海运+其他"(海运区段以及海运前后其他运输方式的区段)的法律制度,并引入"控制权"、"权利转让"、"向收货人交付货物"等与贸易法密切相关的内容,为解决运输与贸易有机联系的法律问题提供了切入口,更大程度上促进了海上货物运输法的全面统一,进一步减少了国际贸易的交易成本。[8]但是,该公约与现行国际海运公约的协调存在一定的问题,最终生效还存在一定困难。

(二)三大海上货物运输国际公约的比较

作为三个重要的调整海上货物运输的国际公约,从《海牙规则》到《汉堡规则》有关提单的国际公约在内容上发生了质的变化,对当事各方利益的保护更加合理,也适应了不断发展的航运技术的要求。三公约既有某些程度的相似之处,也存在着很大的区别。三公约都不适用于航次租船合同。而从公约全文看,不同规则的立法立场不同:《海牙规则》是海运大国主动妥协的产物,它带有较重的承运人自我限制的色彩,故以突出免责事项为主,说明责任事项为辅,责任期限也较短,通称"钩至钩期间";《汉堡规则》是货主国强烈要求的宣示,几乎完全从货主方立场出发,对承运人从外部施加责任,其中的免责条款更像是货主方的自我约束和让步,

---

〔7〕 李章军:《国际海运承运人责任制度研究》,法律出版社2006年版,第351页。

〔8〕 商务部条法司贸易法律处:"联合国贸法会运输法公约工作组召开第二十一届会议",载http://tfs.mofcom.gov.cn/aarticle/xgzx/,2008年2月。

因而责任期限也较长，俗称“港至港期间”。从立法技术看，《海牙规则》具有英美法系的特征，而《汉堡规则》呈现出大陆法系的风格。

1. 三公约的相同之处

(1)都规定了承运人最低限度义务

公约规定了承运人的两项最低限度义务，这两项义务是强制性的，在提单中解除或降低承运人的这两项义务的条款均属无效。第一项义务是承运人应提供适航船舶；第二项义务是应适当和谨慎地装载、操作、积载、运送、保管、照料和卸载所承运的货物。

(2)承运人的免责事项相同

公约规定对由于下列原因引起或造成的货物的灭失或损害，承运人不负责任：海上或其他可航水域的风险、危险或意外事故；天灾；战争行为；公敌行为；君主、统治者或者人民的扣留或者拘禁或者依法扣押；检疫限制；货物托运人或者货主、其代理人或者代表的行为或者不行为；不论由于何种原因引起的局部或全面的罢工、关厂停工或者劳动力受到限制；暴乱和民变；救助或企图救助海上人命或财产；由于货物的固有瑕疵、性质或者缺陷所造成的容积或者重量的损失，或者任何其他灭失或者损害；包装不当；标志不清或者不当；尽适当的谨慎所不能发现的潜在缺陷；不是由于承运人的实际过失或私谋，或者是承运人的代理人或者受雇人员的过失或者疏忽所引起的任何其他原因。但是，要求享有此项免责利益的人应当负责举证。

(3)托运人的义务和责任相同

第一，公约规定托运人应对其所提供的资料不正确所造成的损失负赔偿责任。第二，对于危险品：①如托运人隐瞒货物的危险性，承运人只要发现后可以立即将货物抛弃而不需要对其负责，且托运人还应赔偿船东及受害的第三方因载此货而引起的损失。②如托运人已表明了货物的危险性，则承运人只有在面临危险的情况下，才可以抛弃货物而不需要对其负责。

2. 三公约的不同之处

(1)货物的范围不同

《海牙规则》不适用于舱面货和活牲畜。关于舱面货，《汉堡规则》规定，承运人依协议、惯例、法律的要求，有权在舱面装货，否则承运人应对将货物装在舱面上造成的损失负赔偿责任。关于活牲畜，《汉堡规则》规定，活牲畜的受损如果是因其固有的特殊风险造成的，承运人可以免责，但承运人必须证明已按托运人的特别指示办理了与货物有关的事宜。

(2)公约适用范围不同

《海牙规则》规定，本公约各项规定，适用于在任何缔约国所签发的一切提单。本规则中的各项规定不适用于租船合同，但如果提单是在船舶出租情况下签发，便应符合本规则中的各项规定。《维斯比规则》将其适用范围扩大了,规定有下列情况之一者,即可适用该公约:①提单在缔约国签发;②从一个缔约国的港口起运;③提单中列有首要条款。首要条款就是法律选择条款,即合同双方当事人合意选择适用该公约。《海牙规则》只适用于缔约国所签发的提单。这样,如果当事各方没有事先约定,那么对同一航运公司所经营的同一航线上来往不同的货物,可能会出现有的适用《海牙规则》,有的不能适用《海牙规则》的奇怪现象。

《汉堡规则》则避免了这一缺憾。《汉堡规则》规定:公约适用于两个不同国家之间的海上运输合同,并且规定:①被告所在地;②提单签发地;③装货港;④卸货港;⑤运输合同指定地点,五个地点之中任何一个在缔约国的都可以适用《汉堡规则》。

(3)关于承运人与实际承运人的关系

《海牙规则》只有承运人的概念,没有关于实际承运人的规定,也没有对在转船、联运和租船进行班轮运输的情况下承运人的责任作出规定。而《汉堡规则》规定:即使订约承运人将全程运输或部分运输委托给实际承运人,订约承运人仍应对运输全程负责。如承运人和实际承运人都有责任,则两者负连带责任。

(4)承运人归责原则不同

《海牙规则》由于在当时的历史背景下,船东的强大势力和航运技术条件的限制决定了《海牙规则》对承运人的要求不会十分严格,因此《海牙规则》对承运人责任基础采用了"不完全过失原则"。《维斯比规则》对这点没加任何修订。《汉堡规则》则将其改为了"推定的完全过失原则"。

所谓"过失原则"是指有过失即负责,无过失即不负责,一般国家的民法多采用这一原则为基础。《海牙规则》规定承运人只对开航前或开航时未尽使船舶适航之责所造成的损失负责,而对开航后船舶不适航所造成的损失免责;承运人主要对其本身过失所造成的损失负责,同时又规定"船长、船员、引航员或承运人的雇佣人员在驾驶或管理船舶上的行为、疏忽或不履行契约"可以要求免责(也是《海牙规则》遭非议最多的条款),即有过失也无须负责,因此,《海牙规则》被认为采用的是不完全过失原则。比起过失原则,这种责任制度虽然对承运人网开一面,但在当时的历史条件下还是有着明显的进步意义的。

《汉堡规则》实行的是完全过错责任,包括推定过错责任和一般过错责任。一方面,如果承运人不能证明自己及其雇员和代理人都没有过错,他就必须对货物的损失负责;另一方面对火灾所造成的损失,只要货主方能证明承运人或其雇员或其代理人有过错,承运人亦须负责。而且规定举证责任也要由承运人承担,即第5条规定的"除非承运人证明他本人,其受雇人或代理人为避免该事故发生及其后果已采取了一切所能合理要求的措施,否则承运人应对货物灭失或损坏或延迟交货所造成的损失负赔偿责任……"这样承运人的责任大大加重了。

(5)承运人的责任期间不同

《海牙规则》规定承运人的货物运输责任期间为从货物装上船起至卸下船时止的期间。至于装、卸货从哪一点开始到哪一点为止,条文也未明确规定。在实践中,多将其理解为"钩至钩"责任。在使用岸上吊杆或起重机装卸的情况下,以船舷为责任期间的起止点。在使用驳船装、卸货物时,一般的解释是承运人的责任期间是从货物挂上船上吊钩起。至货物卸至驳船上止的期间。而《汉堡规则》规定承运人的责任期间为货物在装货港、运送途中和卸货港的在承运人掌管下的全部期间,简称为"港到港"。[9]

(6)赔偿责任限制不同

《海牙规则》规定,承运人对货物的灭失或者损失的赔偿责任,在任何情况下每件或者每单位不得超过100英镑,但托运人于装货前已申报该货物的性质和价值,并在提单上注明者不在此限。《维斯比规则》采用了双重责任限额制,即对货物的灭失或损害责任以每件或每单位10000金法郎或每公斤30金法郎为限,两者以高者计。此外,《维斯比规则》还规定如果货物是以集装箱、货盘或者类似运输工具集装的,则提单中载明的内装件数就是计算赔偿限额的件数。如提单上未注明内装件数,则以成组运输工具的件数为计算赔偿限额的件数。《汉堡规则》提高了承运人的最高赔偿限额,规定承运人对货物灭失或损坏的赔偿责任限额为每件或每单位835特别提款权,或每公斤2.5特别提款权,以金额高者为准。此外,公约还规定,如货损是由于承运人、其雇佣人或代理人故意造成的,则将丧失责任限制权利。

《汉堡规则》对于延迟交货的赔偿责任,为该延迟交付货物应付运费的2.5倍,但不得超过合同规定应付运费的总额。对于货物灭失、损坏及延迟交付均有的情形,以每件或每单位835特别提款权或毛重每公斤2.5特别提款权为准。对于集装箱货物,赔偿原则等同于《维斯比规则》,只是数额采用了《汉堡规则》的上述数额,对于承运人及其受雇人或代理人丧失赔偿责任限制的,同维斯比规则。

(7)迟延交货的责任不同

由于历史条件的限制,《维斯比规则》对延迟交货未作任何规定。《汉堡规则》则在第2条规定:"如果货物未能在明确议定的时间内,或虽无此项议定,但未能在考虑到实际情况对一个勤勉的承运人所能合理要求的时间内,在海上运输合同所规定的卸货港交货,即为延迟交付,"承运人要对延迟交付承担赔偿责任。赔偿范围包括:①行市损失;②利息损失;③停工、停产损失。赔偿金额最多为延迟交付货物所应支付运费的2.5倍,且不应超过合同运费的总额。

---

〔9〕 翟业虎:"调整海上货物运输合同的国际公约之比较研究",载《河南政法管理干部学院学报》2002年第2期。

除以上各条外,《汉堡规则》还在海上运输合同的定义、举证责任等多方面有别于《维斯比规则》,加大了承运人的责任范围。

(8)索赔通知与诉讼时效的不同

《海牙规则》规定,收货人在提货时应检查货物,如发现短缺或残损,应立即向承运人提出索赔,如残损不明显,则在3日内提出索赔通知。如在提货时或提货后3日内没有提出索赔通知,就是交货时货物表面状况良好的初步证据。关于诉讼时效,公约规定,货方对承运人或船舶提起货物灭失或损害索赔诉讼的时效为1年,自货物交付之日起算,在货物灭失的情况下,自货物应交付之日起算。《维斯比规则》对《海牙规则》作了修改:①诉讼时效为1年,双方协商,可以延长时效;②对第三者的追偿诉讼,在1年的诉讼时效期满后,仍有3个月的宽限期。《汉堡规则》则规定:索赔通知应在收货后的第一个工作日内提交。在损害不明显时,在收货后15日内提交。迟延交付的索赔通知应在收到货后连续60日内提交。公约规定的诉讼时效为2年。此外,承运人向收货人赔付后再向第三方追偿时,可以协议延长时效,即打破2年的期限。

(9)管辖权规定不同

汉堡规则规定了《海牙规则》以及《海牙—维斯比规则》所没有规定的管辖权和仲裁条款。对于管辖权,原告可以选择下列法院起诉:被告主营业所,无主营业所时,为通常住所;合同订立地,而合同是通过被告在该地的营业所、分支或代理机构订立;装货港或卸货港;或海上运输合同为此目的而指定的任何地点。如果船舶在缔约国港口被扣,原告亦可向该港口所在地法院起诉。但此种情形下,原告需将诉讼转移到前述有管辖权的法院之一进行,转移前,被告必须提供足够的担保。对于仲裁,索赔方可选择下列地点仲裁:被诉人有营业所或通常住所的一国某一地点;装货港、卸货港;合同订立地,且合同是通过被诉人在该地的营业所、分支、代理机构订立的;或仲裁条款协议中为此目的而指定的地点。

第六节　航空货物运输法

航空货物运输是指在具有航空线路和航空港的条件下,使用飞机或其他航空器进行货物运输的一种运输方式。航空运输主要来进行运量小、运距大、时间要求紧、运费负担能力相对较高的货物的运载。

一、航空货物运输适用的法律

我国针对航空运输的法律法规有《中华人民共和国航空法》、《中国民用航空货物国内运输规则》、《航空货物运输合同实施细则》等。国际上针对航空运输的国际公约有《关于统一国际航空运输某些规则的公约》(以下简称《华沙公约》)、

《修改 1929 年统一国际航空运输某些规则的公约的议定书》(以下简称《海牙议定书》)等。

《中华人民共和国民用航空法》(以下简称《民用航空法》)是调整航空运输关系和航空器关系的法律规范。在现代物流中,货物托运人与航空运输企业是通过签订货物运输合同委托航空运输企业完成物流运输行为的,合同当事人的权利义务要受《民用航空法》的调整。航空法明确规定了航空货物运输中的基本原则:一是保证重点、照顾一般、合理运输的原则;二是安全、迅速、准确、经济地组织货物运输的原则。这两个原则要求在航空货物运输过程中,应该根据航空货物运输的特点,按货物运输的重要程度、货主的需求、货物的性质,有秩序地组织运输,并在运输过程中做到安全、迅速、准确、经济,确保货物运输目的的实现,确保货主的利益,体现人民航空为人民的宗旨。

《中国民用航空货物国内运输规则》是民航总局根据《民用航空法》的规定,并参照了《华沙公约》和《海牙议定书》等国际公约和通常做法制定的。该规定包括了货物托运、货物承运、货物包机和包仓运输的相关规定。

二、航空货物运输合同

(一)航空货物运输合同概述

1. 航空货物运输合同的概念

航空货物运输合同是指航空承运人与托运人签订的,由航空承运人通过空运方式将货物运至托运人指定的航空港,交付给托运人指定的收货人,由托运人支付运费的合同。航空货物运输合同最重要的一个特征是该运输合同的承运人必须是具有特殊要求的企业法人。《民用航空法》对设立航空运输企业的要求进行了严格的规定。

2. 航空货物运输合同的分类

航空货物运输合同主要有两大类:航空货运单和货物运输合同。其中货物运输合同主要是指包机和包舱协议。

(1)航空货运单

《民用航空法》第 118 条规定:“航空货运单是航空货物运输合同订立和运输条件以及承运人接受货物的初步证据。航空货运单上关于货物的重量、尺寸、包装和包装件数的说明具有初步证据的效力。除经过承运人和托运人当面查对并在航空货运单上注明经过查对或者书写关于货物的外表情况的说明外,航空货运单上关于货物的数量、体积和情况的说明不能构成不利于承运人的证据。”

航空货运单简称空运单,是航空货运中的重要单证。承运人有权要求托运人填写,托运人也有权要求承运人接受空运单。托运人未能出示空运单,空运单不符合规定或者空运单遗失,不影响货物运输合同的存在或者有效。但是在国内航空运输中,承运人同意未经填具空运单而载运货物的,承运人无权援用有关赔偿责任限制的规定。同样,在国际航空运输中,承运人同意未经填具空运单而载运货物的,或者航空货运单上未依照有关航空运输的国际公约的规定在首要条款中加以声明的,承运人将无权援用有关偿责任限制的规定。

托运人应填写空运单,连同货物交给承运人。承运人根据托运人的请求填写航空货运单的,在没有相反证据的情况下,应当视为代托运人填写。《中国民用航空货物国内运输规则》规定:空运单一式8份,其中正本3份,副本5份。3份正本分别作如下处理:第一份交承运人,由托运人签字或盖章;第二份交收货人,由托运人和承运人签字或盖章;第三份交托运人,由承运人接收货物后签字盖章。三份货运单具有同等的法律效力。货运单的承运人联应当自填开空运单之次日起,保存两年。

空运单应当包括的内容由国务院民用航空主管部门规定,至少应当包括以下内容:①出发地点和目的地点;②出发地点和目的地点均在中华人民共和国境内,而在境外有一个或者数个约定的经停地点的,至少注明一个经停地点;③货物运输的最终目的地点、出发地点或者约定的经停地点之一不在中华人民共和国境内,依照所适用的国际航空运输公约的规定,应当在货运单上声明此项运输适用该公约的,货运单上应当载有该项声明。

(2)包机、包舱协议

《中国民用航空货物国内运输规则》第40条规定:"申请包机,凭单位介绍信或个人有效身份证件与承运人联系协商包机运输条件,双方同意后签订包机合同。包机人与承运人应当履行包机合同规定的各自承担的责任和义务。包机人和承运人执行包机合同时,每架次货物包机应当填制托运书和货运单,作为包机的运输凭证。"

包机协议是指航空公司按照合同约定的条件把整架飞机或飞机的部分舱位租给包机人,把货物由一个或几个航空港运到指定目的地,并由包机人支付约定费用的协议。包机分为整机包机和部分包机。整机包机是指航空公司把整架飞机租给一个包机人的航空运输方式;部分包机是指由几家包机人的航空运输方式。

包机协议是航空货物运输合同的一部分,主要内容包括:包机人名称、地址;航空承运人名称、地址;包用飞机的机型、航程架次;货物运量,每架次的最大载货量;包机费用及支付方式等。包机包舱的费用,由承运人按包机双方的合同约定收取。包机包舱的法律责任,也按照双方协议承担。

(二)航空货物运输合同当事人的权利和义务

1. 托运人的权利和义务

(1)托运人的权利

托运人有拒付不正当费用的权利;货物在运输过程中因不可抗力灭失,已经收取费用的,托运人有要求返还费用的权利;托运人有要求承运人中止运输、返还货物、变更到达地或将货物交给其他收货人的权利。

(2)托运人的义务

①按航空货物运输合同规定的时间提供运送的货物的义务。货物要按规定进行包装,因托运人的责任而造成飞机不能按时起运的,托运人要承担违约责任。

②及时支付运费的义务。除托运人与承运人另有约定以外,运输费用应当于承运人开具航空货运单时一次结清。

③托运货物遵守国家有关运输安全的规定的义务。托运危险品的,要按照危险品运输有关规定办理。不得以普遍货物的品名托运危险品,也不得在普遍货物中夹带危险品。

④如实申报货物的重量、数量的义务。由于货物的重量直接关系到运输安全,因此,托运人对申报不实而造成事故后果的要承担赔偿责任。

⑤对有些货物需要凭证运输的,托运人应当在交付货物时一并交付有关运输凭证。托运人不交运输凭证或者晚交运输凭证的,要承担相应的责任。

2. 承运人的权利和义务

(1)承运人的权利

①托运人不按约定或法定方式包装货物致使货物包装不符合规定的,承运人有拒绝运输的权利。

②托运人或收货人不支付运费及其他运输费用的,承运人对相应的运输货物享有留置权。

③收货不明或收货人无正当理由拒绝受领货物时,承运人有提存货物的权利。

(2)承运人的义务

①按规定接受货物的义务。《中国民用航空货物国内运输规则》第9条规定:"承运人应当根据运输能力,按货物的性质和急缓程度,有计划地收运货物。批量大和有特定条件及时间要求的联程货物,承运人必须事先安排好联程中转舱位后方可收运。凡是国家法律、法规和有关规定禁止运输的物品,严禁收运。凡是限制运输的物品,应符合规定的手续和条件后,方可收运。需经主管部门查验、检疫和办理手续的货物,在手续未办妥之前不得收运。"

②对货物进行查验的义务。《中国民用航空货物国内运输规则》第10条规定:"承运人收运货物时,应当查验托运人的有效身份证件。凡国家限制运输的物品,必须查验国家有关部门出具的准许运输的有效凭证。承运人应当检查托运人托运货物的包装,不符合航空运输要求的货物包装,须经托运人改善包装后方可办理收运。承运人对托运人托运货物的内包装是否符合要求,不承担检查责任。承运人对收运的货物应当进行安全检查。对收运后24小时内装机运输的货物,一律实行开箱检查或者通过安检仪器检测。"

③妥善保管货物的义务。《中国民用航空货物国内运输规则》第15条规定:

"承运人对承运的货物应当精心组织装卸作业,轻拿轻放,严格按照货物包装上的储运指示标志作业,防止货物损坏。承运人应当按装机单、卸机单准确装卸货物,保证飞行安全。承运人应当建立健全监装、监卸制度。货物装卸应当有专职人员对作业现场实施监督检查。在运输过程中发现货物包装破损无法续运时,承运人应当做好运输记录,通知托运人或收货人,征求处理意见。"

④按期将货物运达的义务。承运人应按照货运单上填明的地点,按约定的期限将货物运达到货地点。货物错运到货地点,应无偿运至货运单上规定的到货地点,如逾期运到,应承担逾期运到的责任。

⑤到货通知的义务。承运人应于货物运达到货地点后 24 小时内向收货人发出到货通知。收货人应及时凭提货证明到指定地点提取货物。货物从发出到货通知的次日起,免费保管 3 日。收货人逾期提取,应按运输规则交付保管费。

⑥交付货物的义务。承运人应按货运单交付货物。交付时,如发现货物灭失、短少、变质、污染、损坏时,应会同收货人查明情况,并填写货运事故记录。收货人在提取货物时,对货物状态或重量无异议,并在货运单上签收,承运人即解除运输责任。

3. 收货人的权利和义务

(1)提起索赔权。托运货物发生损失,收货人最迟应在收到货物之日起 10 日内提出异议。货物发生延误的,收货人最迟应自货物交付或者处理之日起 21 日内提出异议。收货人应将所提异议写在运输凭证上或者另以书面提出。收货人未在规定期限内提出异议的,不能向承运人提出索赔诉讼,但承运人有欺诈行为的情形除外。

(2)及时提取货物。收货人在接到提货通知后,应持提货证明或者其他有效证件在规定的时间内提取货物,逾期提取货物的,应当向承运人支付保管费。

(三)航空货物运输合同的变更和解除

货物承运后,托运人可以按照有关规定要求变更到站、变更收货人或运回原发站。托运人对已承运的货物要求变更时,应当提供原托运人出具的书面要求、个人有效证件和货运单托运人联。要求变更运输的货物,应是一张货运单填写的全部货物。对托运人的变更要求,只要符合条件,航空承运人都应及时处理;如托运人的变更要求违反国家法律、法规和运输规定,承运人应予以拒绝。

由于承运人执行国家交给的特殊任务或气象等原因,需要变更运输时,承运人应及时与托运人或收货人商定处理办法。对于托运人的指示不能执行的,承运人应当立即通知托运人,并说明不能执行的理由。承运人按照托运人的指示处理货物,没有要求托运人出示其所持的空运单,给该空运单的合法持有人造成损失的,承运人应当承担责任,但不妨碍承运人向托运人追偿。

货物发运前,经合同当事人双方协商同意,或任何一方因不可抗力不能履行合同时,可以解除航空运输合同,但应当及时通知对方。承运人提出解除合同的,应退还已收到的运输费用;托运人提出解除合同的,应付给承运人已发生的费用。

(四)违反航空货物运输合同的责任

1. 托运人的责任

(1)托运人没有提供必需的资料、文件,或者资料、文件不充足或者不符合规定而造成损失的,除由于承运人或者其受雇人、代理人的过错造成的外,应当对承运人承担责任。

(2)因航空货运单上所填的说明和声明不符合规定、不正确或者不完全,给承运人或者承运人对之负责的其他人造成损失的,托运人应当承担赔偿责任。

(3)托运人在托运货物内夹带、匿报危险物品,错报笨重货物重量,或违反包装标准和规定,而造成承运人或第三者的损失,托运人应承担赔偿责任。

(4)托运人未按照规定缴纳运输费用的,应当承担违约责任。

(5)签订包机航空货物运输合同后,包机人因故要求解除合同时,应按规定交付退包费,并承担在此之前承运人已经发生的调机等费用。

2. 承运人的责任

航空承运人的责任期间即航空运输期间。根据《民用航空法》的规定,航空运输期间是指在机场内、民用航空器上或者机场外降落的任何地点,托运行李、货物处于承运人掌管之下的全部期间。这里的航空运输期间,不包括机场外的任何陆路运输、海上运输、内河运输过程;但是,此种陆路运输、海上运输、内河运输是为了履行航空运输合同而装载、交付或者转运,在没有相反证据的情况下,所发生的损失视为在航空运输期间发生的损失。

(1)货物在航空运输中因延误造成的损失,承运人应当承担责任;但是承运人证明本人或者其受雇人、代理人为了避免损失的发生,已经采取一切必要措施或者不可能采取此种措施的,不承担责任。

(2)货物运输中,经承运人证明,损失是由索赔人或者代行权利人的过错造成或者促成的,应当根据造成或者促成此种损失的过错的程度,相应免除或者减轻承运人的责任。

(3)承运人的免责事项。根据《国民用航空法》第125条规定,因发生在航空运输期间的事件,造成货物毁灭、遗失或者损坏的,承运人应当承担责任;但是,承运人证明货物的毁灭、遗失或者损坏完全是由于下列原因之一造成的,不承担责任:①货物本身的自然属性、质量或者缺陷;②承运人或者其受雇人、代理人以外的人包装货物的,货物包装不良;③战争或者武装冲突;④政府有关部门实施的与货物入境、出境或者过境有关的行为。

(4)航空货物运输赔偿实行的是赔偿责任限额制度。国内航空运输承运人的赔偿责任限额由国务院民用航空主管部门制定,报国务院批准后公布执行。而国际航空运输根据《民用航空法》第 129 条的规定,承运人对托运行李或者货物的赔偿责任限额,每公斤为 17 计算单位。旅客或者托运人在交运托运行李或者货物时,特别声明在目的地点交付时的利益,并在必要时支付附加费的,除承运人证明旅客或者托运人声明的金额高于托运行李或者货物在目的地点交付时的实际利益外,承运人应当在声明金额范围内承担责任。

托运行李或者货物的一部分或者托运行李、货物中的任何物件毁灭、遗失、损坏或者延误的,用以确定承运人赔偿责任限额的重量,仅为该一包件或者数包件的总重量;但是,因托运行李或者货物的一部分或者托运行李、货物中的任何物件的毁灭、遗失、损坏或者延误,影响同一份行李票或者同一份航空货运单所列其他包件的价值的,确定承运人的赔偿责任限额时,此种包件的总重量也应当考虑在内。

此外,《民用航空法》规定,就航空运输中的损失向承运人的受雇人、代理人提起诉讼时,该受雇人、代理人证明他是在受雇、代理范围内行事的,有权援用上述有关赔偿责任限制的规定。在这种情形下,承运人及其受雇人、代理人的赔偿总额不得超过法定的赔偿责任限额。

在存在实际承运人的情况下,实际承运人的受雇、代理人或缔约承运人的受雇人、代理人,证明他是在受雇、代理范围内行事的,就实际承运人履行运输而言,也有权援用赔偿责任限制的规定。

根据《民用航空货物国内运输规则》第 45 条的规定,由于承运人的原因造成货物丢失、短缺、变质、污染、损坏,应按照下列规定赔偿:①货物没有办理声明价值的,承运人按照实际损失的价值进行赔偿,但赔偿最高限额为毛重每公斤人民币 20 元。②已向承运人办理货物声明价值的货物,按声明的价值赔偿;如承运人证明托运人的声明价值高于货物的实际价值时,按实际损失赔偿。

任何旨在免除本法规定的承运人责任或者降低本法规定的赔偿责任限额的条款,均属无效;但是,此种条款的无效,不影响整个航空运输合同的效力。

(5)经证明,航空运输中的损失是由于承运人的受雇人、代理人的故意或者明知可能造成损失而轻率地作为或者不作为造成的,承运人无权援用有关赔偿责任限制的规定。同样,承运人的受雇人、代理人也不能引用赔偿责任限制的规定。

3. 收货人的责任

(1)收货人应在规定的期限内提取货物,逾期提取的,应向承运人支付保管费用和其他应付费用。

(2)由于收货人的过错,造成承运人或第三者的损失,收货人应承担赔偿责任。

(五)航空货物运输的索赔与诉讼

由几个航空承运人办理的连续运输,接受货物的每一个承运人应当受本法规定的约束,并就其根据合同办理的运输区段作为运输合同的订约一方。

如果货物毁灭、遗失、损坏或者延误，旅客或者托运人有权对第一承运人提起诉讼，旅客或者收货人有权对最后承运人提起诉讼，旅客、托运人和收货人均可以对发生毁灭、遗失、损坏或者延误的运输区段的承运人提起诉讼。上述承运人应当对旅客、托运人或者收货人承担连带责任。

对于某一项运输同时存在缔约承运人和实际承运人的情况与连续运输的情况，缔约承运人应当对合同约定的全部运输负责，实际承运人只对其履行的运输负责。对于实际承运人履行过程中出现的问题，托运人或收货人既可以向实际承运人也可以向缔约承运人，也可以同时向实际承运人和缔约承运人提出索赔和诉讼。

收货人收受托运货物而未提出异议，作为托运货物已经完好交付并与运输凭证相符的初步证据。托运货物发生损失的，收货人应当在发现损失后向承运人提出异议。托运货物发生损失的，最迟应当自收到货物之日起 14 日内提出。托运货物发生延误的，最迟应当自托运货物交付收货人处置之日起 21 日内提出。

但任何异议均应当在规定的期间内写在运输凭证上或者另以书面提出。除承运人有欺诈行为外，旅客或者收货人未在规定的期间内提出异议的，不能向承运人提出索赔诉讼。

航空运输的诉讼时效期间为两年，自民用航空器到达目的地点、应当到达目的地点或者运输终止之日起计算。根据《民用航空货物国内运输规则》规定，托运人或收货人要求赔偿时，应在填写货运事故记录的次日起 180 日内，以书面形式向承运人提出，并随附有关证明文件。承运人对托运人或收货人提出的赔偿要求，应在收到书面赔偿要求的次日起 60 日内处理。

三、国际航空货物运输

根据《民用航空法》第 107 条第 2 款规定："本法所称国际航空运输，是指根据当事人订立的航空运输合同，无论运输有无间断或者有无转运，运输的出发地点、目的地点或者约定的经停地点之一不在中华人民共和国境内的运输。"由于国际航空运输（包括货物运输）的国际性，各国用于调整这种运输的法律都比较简单，而且根据国际私法的基本原则，调整国际航空运输的法律关系应适用国际航空法，为国际航空运输公约和双边运输协定所制约，即使有一些法律问题属于国内法的范畴，但在适用法律上也需采用国际航空法规范或强调遵照国际惯例。

国际航空货物运输合同主要受有关国际航空运输的国际公约的调整，最主要的有三个：1929 年《华沙公约》、1955 年《海牙议定书》、1961 年《瓜达拉哈拉公约》。

1.《华沙公约》

《华沙公约》全称为《关于统一国际航空运输某些规则的公约》，1932 年正式生效。它规定了以航空运输承运人为一方和以旅客和货物托运人与收货人为另一方的权利义务关系，为调整国际航空旅客、行李和货物运输法律关系创立了基本制度，是国际航空运输的一项最基本的公约。其与国际航空货运合同有关的内容是：①对"国际运输"下了定义；②规定航空货运单为国际航空货物运输的运输凭证，并规定了应包括的事项；③规定了承运人责任限额、免责条款和责任条件，以及货物托运人和收货人的权利，这是国际航空私法上第一次明确规定承运人的责任限额和责任条件，奠定了航空私法在这方面的基础；④规定了有关责任的诉讼问题。

2.《海牙议定书》

《海牙议定书》全称为《修改1929年10月12日在华沙签订的统一国际航空货物运输某些规则的公约的议定书》，1963年生效。《海牙议定书》主要是在航行过失免责、责任限制、运输单证的项目以及提出索赔期限等问题上，对《华沙公约》作了较为重大的修改。与国际航空货运合同有关的修改内容是：对承运人免责条款作了修改；延长了托运人、收货人的索赔期限。

3.《瓜达拉哈拉公约》

《瓜达拉哈拉公约》（以下简称《瓜约》）全称为《统一非缔约承运人所办国际航空某些运输规则以补充华沙公约的公约》，1964年生效。在国际航空运输中，承运人有两种：一是和托运人订立运输合同的承运人即订约承运人；二是根据订约承运人的授权履行运输事宜的实际承运人即非订约承运人。由于《华沙公约》和《海牙议定书》都没有明确规定公约中的"承运人"究竟指哪种，因此，《瓜约》的目的是把《华沙公约》中有关承运人的各种规定适用于具体履行运输事宜的实际承运人。《瓜约》大致可分为两部分内容：原则性规定和特别规定。前者规定，非订约承运人经订约承运人授权办理全部或部分运输时，其法律地位原则上与订约承运人相同；后者是关于货主提出变更运输的指示或对象、订约承运人与非订约法承运人互有追偿权等内容具体的规定。

上述三个公约在内容上是相互联系的，而在效力上是相互独立的。它们之间的联系主要表现在：《海牙议定书》和《瓜约》都是以《华沙公约》为基础的，因为《海牙议定书》是对《华沙公约》修改的结果，《瓜约》是对《华沙公约》补充的结果，均没有改变《华沙公约》的基本原则。它们之间各自独立的性质表现在：第一，至少在形式上，每个公约对自己的缔约国的拘束力都是独立的；第二，每个公约的生效程序和退出程序都是独立的，因此，每个公约都是一个独立的法律体。因为这种相互联系，又各自独立的关系，所以三个公约的法律适用问题是值得认真探讨的。

四、三公约对中国法律的适用

我国于1958年加入《华沙公约》，1975年加入《海牙议定书》，但迄今尚未加入《瓜约》。以下结合实际，重点探讨三个国际公约对我国的法律适用。

（一）公约适用规则

中国和其他有关国家之间的航空货物运输合同所应适用的国际航空运输公约的规则：

1. 对于中国与既是《华沙条约》缔约国，又是《海牙议定书》缔约国之间，或中国与单纯《海牙议定书》缔约国之间，或中国与既是《海牙议定书》缔约国又是《瓜约》缔约国之间，以及中国与同时为三个公约缔约国的国家之间的国际航空运输合同，均应适用《海牙议定书》。

2. 对于中国与《瓜约》缔约国，或中国与既是《华沙公约》缔约国，又是《瓜约》缔约国之间的国际航空运输合同，亦适用《海牙议定书》。对此规则的解释是：就《华沙公约》、《海牙议定书》与后来的《瓜约》之间的关系而言，虽然前两者的缔约国并非必须是后者的缔约国，虽然后者并未规定只有已成为前两者的缔约国的国家才有资格批准或加入后者，但是事实上，只有对《华沙公约》和《海牙议定书》缔约国来说，成为《瓜约》缔约国才有实际意义，因此，假若原来并非《华沙公约》和《海牙议定书》缔约国的国家批准或加入了《瓜约》，那么就应推定该国也接受了《华沙公约》和《海牙议定书》，而《海牙议定书》是作为修改《华沙公约》的结果而存在的，因此，就不难理解该规则了。

3. 对于中国单纯与《华沙公约》缔约国之间的国际航空运输合同，则应适用《华沙公约》。

（二）例外情况的法律适用

1. 国际航空货物运输出发地和目的地均在同一公约的缔约国国内（其中之一为中国），而在其他国家（非该公约缔约国）有一约定经停地点，则这种合同一般应当受中国接受的公约的支配。

2. 出发地和目的地之一或全部位于上述三公约的非缔约国，则此种航空货物运输合同不能适用三公约中的任何公约。比如从中国深圳始发至另一非三公约缔约国的航空货运运输合同，则不能适用上述三公约。其解决的途径是：(1)合同当事人可选择应当支配该合同基本方面的法律作为该合同的准据法；(2)适用两国间双边航空运输协定。双边协定作为国际条约的一种形式，是两国间相互开展航空运输业的重要法律依据，其中有关国际航空货物运输合同的法律规范应作为合同的准据法。

（三）承运人的责任限制与免责

1. 承运人的责任限制。《华沙公约》规定：承运人对货物损害、灭失或延迟交付的责任，以每公斤 250 金法郎为限（如果托运人在交运时特别声明货物运到后的价值，并缴付必要的附加费用时，则可不在此限）。《海牙议定书》在此基础上，对如何计算责任限额作了补充。我国严格遵守参加的国际公约的有关规定，1996 年 3 月 1 日起施行的《中华人民共和国民用航空法》第 129 条也规定："国际航空运输承运人的赔偿责任限额按照下列规定执行……（二）对托运行李或者货物的赔偿责任限额，每公斤为 17 计算单位。……"同时规定了托运人对货物有声明价值情况的例外。该条是参考《华沙公约》的相关规定制定的，但是具体责任限额的计算采用了《海牙议定书》和1975年《蒙特利尔第2号附加议定书》中的计算单位。

2. 公约规定了承运人责任免除的几种情况：(1)承运人证明自己和其代理人已为避免损失采取了一切必要措施或不可能采取这种措施；(2)损失的发生是由于驾驶上，航空器的操作上或领航上的过失；(3)货物的灭失或损失是由于货物的属性或本身质量缺陷造成的；(4)损失是由受害人的过失引起或助成。

3. 排除承运人责任限制和责任免除的有关规定。除前述的托运人交运时特别声明货物运到后的价值的情形外，公约还规定了承运人不得援引有关承运人责任限制和责任免除条款的几种情形。例如，《华沙公约》规定：企图免除承运人的责任，或定出一个低于本公约所规定责任限额的任何条款，都不发生效力；如果损失的发生是由于承运人的有意的不良行为，或由于承运人的过失，而根据受理法院的法律，这种过失被认为等于有意的不良行为，承运人就无权引用本公约关于免除和限制承运人责任的规定。《海牙议定书》则作了不同于《华沙公约》的规定：如经证明造成损失是出于承运人、其受雇人或代理人故意造成损失或明知可能造成损失而漫不经心的行为或不行为时，承运人就无权引用本公约中有关限制或免除承运人责任的规定；如系受雇人或代理人有上述行为或不行为，还必须证明他是在执行其受雇职务范围内行事。在具体的法律事务中，必须结合三个公约在我国的法律适用来确定援引哪一个公约的有关条款。[10]

（四）国际航空货物运输合同纠纷的解决：索赔和诉讼

1. 索赔

发生货物损坏、灭失或延迟交付后，货主应先提出索赔，然后方可在必要时向承运人提出诉讼。若在规定的期限里未行使索赔，货主就再也不能实现其权利了，但以承运人的欺诈为诉因而提起的诉讼除外。《华沙公约》规定，除非有相反的证据，如果收货人在收受货物时没有异议，就认为货物已经很好地交付，并与运输凭证相符；收货人若要索赔，应先举证说明货物损失是在承运人保养期内发生的。在货物遭受损害的情况下，收货人或有关当事人应最迟在货物收到后7天内向承运人提出书面通知；在延迟交货的情况下，最迟应该在货物交由收货人支配之日起14天内提出异议。《海牙议定书》则对提出书面索赔的期限作了修改，规定在货物遭受损害的情况下，收货人应于发现损害后，立即向承运人提出异议，或最迟应在收到货物后14天提出；发生延迟交货时，最迟应在货物交付收货人自由处置之日起至21天内提出异议。

2. 诉讼

有关诉讼方面，基本由《华沙公约》规定：

(1)关于诉讼时效：诉讼应该在航空器到达目的地之日起，或应该到达之日

〔10〕 李同江："国际航空货物运输合同的几个法律问题"，载《研究与探索》2000年第6期。

起,或从运输停止之日起两年内提出,否则就丧失追诉权;诉讼期限的计算方法根据受理法院的法律规定。

(2)关于诉讼管辖权:有关赔偿的诉讼,应该按照原告的意愿,在一个缔约国的领土内,向承运人的住所地,或其总管理处的所在地,或订立合同的机构所在地或目的地的法院提出。诉讼程序应根据受理法院的法律规定办理。

(3)关于连带责任:有几个连续承运人办理的航空运输,第一承运人和第一段运输的承运人要对托运人和收货人负连带责任。

3. 合同纠纷解决方式的缺失——仲裁

无论是《华沙公约》,还是《海牙议定书》,都没有提及在国际私法领域中解决国际纠纷的重要方式之一—— 国际商务仲裁的有关内容,这一缺失不能不说是一个不小的遗憾。

国际商务仲裁,是指由不同国籍的双方当事人达成协议,当双方在贸易、运输、保险、经济合作等各种商务活动中发生争议时,自愿将争议提交双方所同意的第三者进行裁决的一种解决争议的方式。由于具有当事人自愿、程序简便、不公开审理、解决纠纷快速有效等特点,国际商事仲裁在处理国际经济贸易等商务纠纷中深受当事人喜爱,普遍地被当事人所采用,成为法院诉讼解决纠纷的一种重要补充。随着国际航空货物运输业务的迅速发展,相信这一缺失将会在未来的有关国际公约中得到弥补。

第七节 货物多式联运法律制度

一、我国货物多式联运适用的法律

我国针对国际多式联运的法律法规有《中华人民共和国海商法》、《中华人民共和国合同法》、《中华人民共和国海上国际集装箱运输管理规定》等。其中,《合同法》的一些条款对多式联运经营人的权利和义务、多式联运单据、多式联运经营人的赔偿责任和责任限额作了明确的规定。《中华人民共和国海上国际集装箱运输管理规定》适用于水路、公路、铁路的国际集装箱多式联运。

国际上针对国际联运的国际公约主要有《联合国国际货物多式联运公约》、《联合国国际贸易和发展会议/国际商会多式联运单证规则》。

二、货物多式联运合同

(一)货物多式联运合同的概念

货物多式联运是指多式联运经营人以两种以上不同的运输方式,负责将货物从接管地运至目的地交付收货人，并收取全程运输费用的合同。[11] 多式联运合同具有以下特点：

1. 多式联运合同的承运人一方为两个或者两个以上拥有不同运送方式的承运人。这是多式联运合同与一般相继运输合同的主要区别。

2. 托运人或者旅客一次交费并使用同一运输凭证。托运人或者旅客一次性向承运人交付运费或者票款，同时在始发站获得同一的运输凭证。当货物或者旅客由一个承运人转移给另一个承运人时，托运人或者旅客无须另行交费或者办理托运手续或购票。因此，联运可以减少运输的中间环节，加快运输速度，从而提高运输效率。

3. 多式联运经营人与区段承运人对托运人所托运货物或者旅客的损失对外承担连带责任。原因在于多式联运经营人负责履行或者组织履行多式联运合同，对全程运输享有承运人的权利，承担承运人的义务。

（二）货物多式联运单据

1. 货物多式联运单据的概念

货物多式联运单据，是指能够证明多式联运合同以及证明多式联运经营人接管货物并且负责按照合同条款交付货物的单据。

《合同法》第319条规定："多式联运经营人收到托运人交付的货物时，应当签发多式联运单据。按照托运人的要求，多式联运单据可以是可转让单据，也可以是不可转让单据。"第320条规定："因托运人托运货物时的过错造成多式联运经营人损失的，即使托运人已经转让多式联运单据，托运人仍然应当承担损害赔偿责任。"可转让的单据具有物权凭证的效力。

2. 货物多式联运单据的内容

在多式联运中，多式联运单据一般包括以下15项内容：(1)货物品类、标志、危险特征的声明、包数或者件数、重量；(2)货物的外表状况；(3)多式联运经营人的名称与主要营业地；(4)托运人名称；(5)收货人的名称；(6)多式联运经营人接管货物的时间、地点；(7)交货地点；(8)交货日期或者期间；(9)多式联运单据可转让或者不可转让的声明；(10)多式联运单据签发的时间、地点；(11)多式联运经营人或其授权人的签字；(12)每种运输方式的运费、用于支付的货币、运费由收货人支付的声明等；(13)航线、运输方式和转运地点；(14)关于多式联运遵守本公约的规定的声明；(15)双方商定的其他事项。

（三）货物多式联运经营人的责任

由于多式联运合同当事人的权利和义务与前面所介绍的其他各种运输合同的当事人的权利和义务大同小异，所以在此，我们只依据我国相关法律的规定，介绍

---

〔11〕 徐康平：《现代物流法导论》，中国物资出版社2007年版，第135页。

多式联运经营人的责任。

1. 责任期间

《海商法》第103条规定:“多式联运经营人对多式联运货物的责任期间,自接收货物时起至交付货物时止。”物流企业可以要求多式联运经营人对在其责任期间发生的货物灭失、损坏和迟延交付负赔偿责任。《合同法》第318条规定:“多式联运经营人可以与参加多式联运的各区段承运人就多式联运合同的各区段运输约定相互之间的责任,但该约定不影响多式联运经营人对全程运输承担的义务。”

2. 责任形式

货物多式联运责任主要分为责任分担、统一责任、网状责任三种形式。

(1)责任分担制

在这种责任制下,多式联运经营人和各区段承运人在合同中事先划分运输区段。多式联运经营人和各区段承运人都仅对自己完成的运输区段负责,并按各区段所应适用的法律来确定各区段承运人的责任。这种责任实际上是单一运输方式损害赔偿责任制度的简单叠加,并没有真正发挥多式联运的优越性,不适应多式联运的要求,因此这种形式很少被采用。

(2)统一责任制

在这种形式下,多式联运经营人对全程运输负责,各区段承运人对且仅对自己完成的运输区段负责。不论损害发生在哪一区段,均按照同一责任进行赔偿,多式联运经营人和各区段承运人均承担相同的赔偿责任。这种责任形式对货方有利,但却使多式联运经营人的责任过重,导致世界上这种形式应用不广泛。

(3)网状责任制

网状责任即由多式联运经营人就全程运输向货主负责,各区段承运人对且仅对自己完成的运输区段负责。无论货物损害发生在哪个运输区段,托运人或收货人既可以向多式联运经营人索赔,也可以向该区段的区段承运人索赔。但是,各区段适用的责任原则和赔偿方法仍根据调整该区段的法律予以确定。多式联运经营人赔偿后有权就各区段承运人的过失所造成的损失向区段承运人进行追偿。此种责任制是介于前两种责任制之间的一种责任形式,又称为混合责任制。目前国际上大多采用的是网状责任制。

根据《海商法》的规定,多式联运经营人负责履行或者组织履行多式联运合同,并对全程运输负责。多式联运经营人与参加多式联运的各区段承运人,可以就多式联运合同的各区段运输,另以合同约定相互之间的责任。但是,此项合同不得影响多式联运经营人对全程运输所承担的责任。货物的灭失或者损坏发生于多式联运的某一运输区段的,多式联运经营人的赔偿责任和责任限额,适用调整该区段运输方式的有关法律规定。货物的灭失或者损坏发生的运输区段不能确定的,多式联运经营人应当依照《海商法》第四章关于承运人赔偿责任和责任限额的规定负赔偿责任。可见,我国采用的是网状责任制。

(四)《国际集装箱多式联运管理规则》

国际货物多式联运是在集装箱运输基础上发展起来的,以实现货物整体运输的最优化效益为目的的一种国际货物运输组织形式。由于集装箱运输的飞速发展,使多式联运成为国际货物运输业的主要方式之一。它打破了过去海、陆、空等单一运输方式互不连贯的传统做法,而将海、铁、公、空等单一运输方式有机结合起来连为一体,构成一种跨国(地区)的连贯运输方式,被喻为运输业的一次革命。

为加强国际集装箱多式联运的管理,促进通畅、经济、高效的国际集装箱多式联运的发展,满足对外贸易发展的需要,1997 年,由我国的交通部和铁道部联合颁布了《国际集装箱多式联运管理规则》(以下简称《管理规则》),此规则是在参考《海商法》、《联合国国际货物多式联运公约》、《多式联运单证规则》等法律、公约及国际惯例的基础上,从多式联运发展的实际出发,针对集装箱多式联运的相关问题作出了许多具体的规定。

1. 托运人的责任

《管理规则》在第 17、18、19、20 条中规定了多式联运中托运人的责任,具体内容如下:

(1)托运人将货物交给多式联运经营人,所提供货物的名称、种类、包装、件数、重量、尺寸、标志等应准确无误,如系特殊货物还应说明其性质和注意事项。

(2)因下列原因所致造成货物灭失、损坏或对多式联运经营人造成损失,托运人应自行负责或承担赔偿责任:箱体、封志完好,货物由托运人装箱、计数、蘸封或货物装载于托运人的自备箱内;货物品质不良或外包装完好而内装货物短损、变质;运输标志不清,包装不良。

(3)由于托运人的过失和疏忽对多式联运经营人或第三方造成损失,即使托运人已将多式联运单据转让,仍应承担赔偿责任。多式联运经营人取得这种赔偿权利,不影响其根据多式联运合同对托运人以外的任何人应负的赔偿责任。

(4)托运人托运危险货物。应当依照该种货物运输的有关规定执行,并妥善包装,粘贴或拴挂危险货物标志和标签,将其正式名称和性质以及应采取的安全防护措施书面通知多式联运经营人;由于未通知或通知有误的,多式联运经营人可以根据情况将货物卸下、销毁或者采取相应的处理手段,而不负赔偿责任托运人对多式联运经营人因运输该种货物所受到的损失,应当负赔偿责任。

多式联运经营人知道危险货物的性质并已同意装运的,在发现该种货物对于运输工具、人员或者其他货物构成实际危险时,仍然可将货物卸下、销毁或者使不能发生危害。多式联运经营人的责任适用于所发生区段的有关法律、法规。

2. 多式联运经营人的责任

(1)责任期间

我国《管理规则》在第22条规定了多式联运经营人的责任期间,即多式联运经营人对货物的责任期间:自接收货物时起至交付货物时止。此规定与《海商法》相似,所不同的是《管理规则》对接收和交付时多式联运经营人应履行的义务和承托双方应办理的手续作了明确的规定,使实践中接收和交付的工作易于规范化。

(2)责任基础

我国《管理规则》在第27条规定了多式联运经营人的责任基础,即货物灭失、损坏、延迟交付发生在多式联运经营人责任期间内,多式联运经营人应依法承担责任。该规则未提到多式联运经营人的举证之责。"依法"两字可以理解为依据相关的国际公约和相应的货物运输法规。实际包括了各种情况,就是严格责任制和过失责任制兼而有之,举证当然也视情况而定。[12]

(3)责任限制

货物的灭失、损坏或迟延交付发生于多式联运的某一区段的,多式联运经营人的赔偿责任和责任限额,适用该运输区段的有关法律、法规。

货物的灭失、损坏不能确定所发生的区段时,多式联运经营人承担赔偿责任的赔偿责任限制为:多式联运全程中包括海运的适用于《海商法》的标准每件或每单位667.67特别提款权或毛重每公斤2特别提款权(简称"SDR"),不包括海运的适用有关法律、法规的规定。

货物的迟延交付不能确定所发生的区段时,多式联运经营人对迟延交付承担的赔偿责任限制为:在多式联运全程中包括海运段的,按照《海商法》以不超过多式联运合同计收的运费数额为限。关于延迟交付的构成,《管理规则》规定,只有在合同中有明确约定交货日期的情况下,才可能构成延迟交付。这一规定与《海商法》的规定一致。

货物的灭失或损坏和迟延交付同时发生的,多式联运经营人的赔偿责任限额按货物的灭失或损坏处理。

(4)有权享受责任限制的人

根据《管理规则》第29条、第30条规定,赔偿责任限制可以适用于针对多式联运经营人的各种诉讼(不论以合同或侵权方式),同时多式联运经营人的受雇人只要能证明是在受雇范围内行事,也可以享受责任限制。但是未提及代理人和为履行多式联运合同而使用其服务的其他人是否可以享用。

(5)责任限制权力的丧失

《管理规则》第31条规定了责任限制权利的丧失,即如能举证说明货物灭失、

---

〔12〕 胡美芬:"国际集装箱多式联运管理规则浅析",载《水运管理》1997年第11期。

损坏、延迟交付的发生是多式联运经营人有意或明知可能造成而毫不在意的行为或不为所致，多式联运经营人将无权享受责任限制的权利。

值得注意的是，我国《管理规则》对丧失责任限制权利所作的规定只针对多式联运经营人而未提及受雇人，这似乎使第30条的规定显得缺少呼应。而且当发生货物灭失、损坏、延迟交付是因多式联运经营人的雇佣人员的有意或明知可能造成而毫不在意的行为或不为所致的情况时，受雇人是否可享受责任限制权利就成为一个带来争议的问题。按照正常理解，这种情况下受雇人也应丧失责任限制权利。

3. 索赔与诉讼

（1）索赔

我国《管理规则》有关索赔的规定基本上与《海商法》一样，但比《海商法》更明确和符合装箱货物的特点。关于货方向多式联运经营人提出书面通知的时间，《管理规则》规定，货物灭失、损坏明显的，于交付时提出书面索赔通知；不明显的，整箱货于交付次日起连续15天内，货物拆箱交付的次日起连续7天内；延迟交付则于向收货人交付货物的次日起连续60天内提出，否则不负赔偿责任。

（2）诉讼时效

多式联运时效时间从多式联运经营人交付或应当交付货物的次日起计算。全程包括海运段的，对多式联运经营人的诉讼时效期间为1年，与《海商法》规定相似；多式联运全程未包括海运段的，按《民法通则》的规定，对多式联运经营人的诉讼时效期间为2年。这样的规定表面上看可以保证多式联运经营人向实际承运人的追偿权利，但实际上只适用于收货人无法确定货损区段的情况。也就是说，当货损区段可以确定时，《管理规则》与各区段所适用的相关法律中时效的规定很可能会产生冲突。

三、国际货物多式联运

国际货物多式联运最早出现于英国，由于它方便、经济，很快被广为采用。在国际货物多式联运领域内，较有影响的国际公约主要有三个：1980年《联合国国际货物多式联运公约》、1973年《联运单证统一规则》，以及1991年《国际商会关于多式联运单证的规则》。这三个公约于我国的规定之间相比较，主要的不同点在于多式联运经营人的责任制度方面的不同。第一个公约尚未生效，后两个公约则是民间规则，仅供当事人选择适用。在参与国际货物多式联运经济活动中，行为人应当根据实际情况，选择约定所应适用的规则。

1980年5月在联合国贸易与发展会议主持下，制定并通过了《联合国国际货物多式联运公约》，我国在会议最后文件上签了字。根据公约规定，公约在30个国家的政府签字但无须批准、接受或认可，或者向保管人交存批准书、接受书、认可书或加入书后12个月生效。该公约目前尚未生效。

(一)国际公约和惯例

1. 国际公约和惯例

(1)《联合国国际货物多式联运公约》(以下简称《多式联运公约》)

联合国《多式联运公约》关于国际货物多式联运的定义最具权威性和影响力。根据该公约,国际货物多式联运是指:"按照多式联运合同,以至少两种不同的运输方式,由多式联运经营人将货物从一国境内接管货物的地点运至另一国境内指定交付货物的地点。为履行单一方式运输合同而进行的该合同所规定的货物接送业务,不应视为国际多式联运。"

由此可见,公约中的国际货物多式联运主要构成要件为:第一是它将多式联运与联运明确区分开来,后者是在单一运输方式之间进行连续运输,而前者应包括两种或两种以上不同的运输方式;第二必须有一张能够证明多式联运契约且由多式联运人签发的对全程运输负责的多式联运单证;第三是公约强调多式联运的国际性,并规定国际性的标准是接管货物地点和交付货物的地点要位于不同国家。这大概是由于国际货物多式联运较其他运输方式相比,路程更长更复杂,国际性不可避免地成为其一个突出特色。实务中,国际货物多式联运也的确在整个多式联运中占了绝大比例。

多式联运是由两种以上不同的单一运输方式组成的运输形式。每种单一的运输方式都各有其强制适用的国际公约或国内法,因之适用于多式联运合同的多式联运公约,尤其是采用了统一责任体系的多式联运公约,就难免和强制适用于各该单一运输方式的国际公约或国内法发生法律冲突。为此,《多式联运公约》特别就公约与其他适用于不同种单一运输方式的各个国际公约或国内法的关系作出规定。

为了避免与其他公约或国内法的冲突,《多式联运公约》第30条除明确规定"本公约不改变国际公约及其修正案或国家法律为限制海运船舶和内河船舶所有人的赔偿责任而规定的权利或义务"外,在同条第4款还以有关公路和铁路运输的国际公约为例,规定"货物运输,例如按照1956年5月19日国际公路货物运输公约第2条的规定进行,或按照1970年2月7日国际铁路货物运输公约第2条的规定进行,而上述公约的缔约国必须对这种货物运输适用这种公约,则就本公约第1条第1款(多式联运定义条款)的含义而言,对这种运输公约的缔约国不应视为国际多式联运"。

(2)《1991年国际商会关于多式联运单证的规则》(以下简称《1991年国际商会规则》)

由于公约的强制适用性,以及公约生效条件的严格性,它要求30个国家加入后的12个月内才能生效,但到目前为止,仅有7个国家加入了该公约,距联合国多式联运公约的生效,大概还需要相当长的一段时间。为了确保该公约生效前国际货物多式联运能有效地进行，有关国际组织决定制定一个临时性的规则，这就是联合国贸发会会同国际商会在《1975 年国际商会关于联合运输单证的统一规则》的基础上，参考联合国多式联运公约制定的《1991 年国际商会关于多式联运单证的规则》。

《1991 年国际商会规则》对多式联运并没有作出定义。但是根据其定义的“多式联运合同”和“多式联运经营人”来看，该规则所指的多式联运与联合国多式联运公约的定义唯一的区别在于：《1991 年国际商会规则》对多式联运的国际性没有规定。在内容上，它只规定至少使用两种不同的运输方式即可；在名称上它使用的是“多式联运”而非“国际货物多式联运”。因此，该规则既可应用于国际货物的多式联运，又可应用于国内货物之多式联运。除此之外，多式联运的内涵在这两个国际性的法律文件中并没有其他不同。

目前在实务中应用的比较广泛的便是《1991 年国际商会规则》。除了它对多式联运的概念内涵要求的比较宽泛外，在适用性上，《1991 年国际商会规则》既不像联合国多式联运公约那样有强制适用的要求，也不像《1975 年统一规则》那样以签发联合运输单证为适用之前提。它规定，只要该规则被以书面、口头或其他方式纳入运输合同，则不论该合同涉及一种运输方式或者多种运输方式，也不论是否签发了单证，该规则将予以适用。《1991 年国际商会规则》吸收了联合国《多式联运公约》的主要内容，但其规定更为清楚简明，并去除了规定在联合国多式联运公约中诸多杂项条款，因而更容易被当事人接受和适用。

2. 适用范围

关于公约的适用范围，公约规定，“本公约的各项规定适用于两国境内各地之间的所有多式联运合同，如果：多式联运合同规定的多式联运经营人接管货物的地点是在一个缔约国境内；或多式联运合同规定的多式联运经营人交付货物的地点是在一个缔约国境内。”

根据本条规定，只要多式联运合同规定的多式联运经营人接管货物所在地或交付货物所在地在一个缔约国境内，本公约即适用。并且，多式联运合同一经签订，则该公约的各项规定对该合同强制适用，但《多式联运公约》规定不影响发货人选择多式联运或分段运输的权利。而《1991 年国际商会规则》则根据当事人双方协议适用。

3. 各国法律对多式联运的规定和理解

虽然在适用性上，国际公约优先于国内法，但因为目前并没有生效的规范国际货物多式联运的国际公约，所以，国内法中对多式联运的规定就可能成为国际货物多式联运合同的准据法。因此，我们在这里对有关国家关于多式联运的法律，尤其是其对多式联运这一概念的规定和理解做一简要介绍评析。

很多国家国内运输法或商法中并没有关于多式联运的规定。例如迄今为止，日本法中尚无关于多式联运的专门规定。日本商法典中只有一条关于连运的定义(第579条),但多式联运并不包含在该定义中。多式联运在日本被理解为采取一种以上的运输方式并由一个承运人承担整个运输过程中的责任的运输。日语中多式联运一词"Fukugou unsou"则源于对"联合运输(Combined Transport)"的翻译。德国1998年对其运输法作了彻底修正,其中一个重大修改就是将关于多式联运的规定加入其中,体现在荷兰新民法典中的多式联运的定义与联合国多式联运公约中的概念内涵类似。

(二)多式联运单证

1. 多式联运单证的定义和内容

《多式联运公约》将多式联运单证定义为"多式联运单证",是指证明多式联运合同及证明多式联运经营人接管货物并负责按照合同条款交付货物的单证。多式联运单证具有一般的运输单证所具有的证明运输合同成立和货物收据的性质,《多式联运公约》为多式联运单证规定的必须记载的事项几乎和《汉堡规则》为提单所规定的必须记载的事项相同,共包括15项:(1)货物品类、识别货物所必需的主要标志,如属危险货物,其危险特性的明确声明,包数或件数、货物的毛重或其他方式表示的数量等,所有这些事项均由发货人提供;(2)货物的外表状况;(3)多式联运经营人的名称和主要营业所;(4)发货人名称;(5)如经收货人指定发货人,收货人的名称;(6)多式联运经营人接管货物的地点和日期;(7)交货地点;(8)如经双方明确协议,在交付地点交货的日期或期间;(9)表示该多式联运单证为可转让或不可转让的声明;(10)多式联运单证的签发地点和日期;(11)多式联运经营人或经其授权的人的签字;(12)如经双方明确协议,每种运输方式的运费;或者应由收货人支付的运费,包括用以支付的货币;或者关于运费由收货人支付的其他说明;(13)如在签发多式联运单证时已经确知,预期经过的路线、运输方式和转运地点;(14)第38条第(3)款所指的声明;(15)如不违背签发多式联运单证所在国的法律,双方同意列入多式联运单证的任何其他事项。

2. 多式联运单证的证据效力

《多式联运公约》在多式联运单证的证据效力方面,作出了与《海牙—维斯比规则》相类似的关于单证的证据效力的规定。根据《多式联运公约》规定:"多式联运单证应是该单证所载明的货物由多式联运经营人接管的初步证据。"这项规定既和《海牙规则》关于提单的证据效力的规定相类似,也和《海牙—维斯比规则》未对《海牙规则》进行修改、补充的部分内容相类似。不过,这里的这项规定却是针对多式联运经营人和发货人、收货人之间的关系,也就是针对不可转让的多式联运单证而作出的规定。即对不可转让的单证而言,多式联运单证应是多式联运经营人按照单证记载接管货物的初步证据。

至于就可转让的多式联运单证而言,公约则参照《海牙—维斯比规则》对《海牙规则》所作的补充内容另外作出规定,“如果多式联运单证以可转让方式签字,而且已转让给正当地信赖该单证所载明货物状况的,包括收货人在内的第三方,则多式联运经营人提出的反证不予接受”。这里所说的“正当地信赖该单证所载明货物状况的”第三方,也就是通常所说的善意的、不知情的第三方。就可转让的运输单证而言,改变其证据效力,不仅有利于对受让人的保护,更重要的是有利于提高单证的信誉,保证其流通性能。

根据上述规定,多式联运单证在一般情况下,其证据效力是初步的,即多式联运经营人可以提出与单证记载不同证据,但如果签发的多式联运单证是可转让的,并且已经转让给善意第三人时,则其证据效力是最终的,多式联运经营人所提出的相反的证明不予接受。

3. 多式联运单证的签发和保留

(1)签发

《多式联运公约》规定,在多式联运经营人接管货物时,应签发多式联运单证,该单证应依发货人的选择,或为可转让单证或为不可转让单证。如果签发可转让的单证,应列明是按指示或是向持单人交付。如果列明按指示交付,须经背书后才能转让;如列明向持单人交付,则无须背书即可转让。

收货人必须交出可转让的多式联运单证,才能向多式联运经营人或其代表提取货物。对于不可转让的多式联运单证,则必须在单证上指明记名的收货人。

(2)保留

根据《多式联运公约》的规定,如果多式联运经营人或其代理知道,或由合理的根据怀疑多式联运单证所列内容事项没有准确地表明货物的实际状况,货物适当方法进行核对,则多式联运经营人或其代理应在多式联运单证上提出保留,注明不符之处或怀疑的根据。如果多式联运经营人围在单证上对货物的外表状况加以批注,则认为货物的外表状况是良好的。

此外,公约还特别规定,如果多式联运经营人企图诈骗,在单证上列入有关货物的不实资料,将不得享受该公约所规定的赔偿责任限制,并须负责赔偿包括收货人在内的第三人因相信该单证所载的不实资料行事而遭受的任何损失和费用。

(三)多式联运经营人的责任

1. 责任期间

公约规定多式联运经营人的责任期间自接管货物之日时起到交付货物为止,《1991 年国际商会规则》第 4 条第 1 款的规定与之相似,但在第 4 条第 3 款中加上多式联运经营人履行交货义务的 5 种情况,比《多式联运公约》更为明确。

2. 责任原则

《多式联运公约》所采用的责任制形式与《汉堡规则》相似,即实行完全过错责任原则。该公约第 16 条规定,只要是发生在责任期间内的货物灭失、损坏、延迟交付,承运人均应负责,除非多式联运经营人能证明其本人、受雇人或代理人或为履行多式联运合同而使用其服务的任何其他人,在履行合同的范围内为避免事故发生及其后果已采取一切所能合理要求的措施。否则,便推定损坏是由其本人、受雇人或代理人的过错行为所致,并由其负赔偿责任。

《1991 年国际商会规则》虽然也采用推定过错责任原则,但其规定与《多式联运公约》是不同的。首先它采用不完全的过错责任原则,这在规则第 5 条、第 6 条中有规定,即在对多式联运经营人实行推定过失的同时,当全程中包括海运或河运时,多式联运经营人对海上或内河运输中由于下列原因造成的货物灭失或损坏以及迟延交付,不负赔偿责任:船长、船员、引航员或者承运人的其他受雇人在驾驶或管理船舶中的疏忽或过失;火灾(除非由承运人的实际过失或私谋造成)。其次,它只要求多式联运经营人举证没有过失或疏忽,这也比《多式联运公约》的举证要求轻。

3. 责任限制

(1)《多式联运公约》的规定

《多式联运公约》第 18 条规定,多式联运人对货物的灭失或损坏负赔偿责任。在确知货物灭失、损坏发生区段时,按该公约或该区段所适用的国际公约或强制性国家法律规定的赔偿限额中的高者作为限额。在不能确知货损发生区段的情况下,当多式联运输过程包括海运、河运时,采取双重标准,即 920SDR/件或 2.75SDR/毛重公斤,以其中较高者赔付;当多式联运未包括海运和河运时,采用唯一标准即不超过 8.33SDR/毛重公斤赔付。对于延迟交付的赔偿额,《多式联运公约》规定为该延迟部分货物应付运费的 2.5 倍,最多不超过货物应付运费总额。

同时,《多式联运公约》第 20 条规定,当多式联运经营人及其受雇人、代理人或为履行多式联运合同而使用其服务的人受到诉讼时,只要证明自己是在受雇范围内或履行合同的范围内行事,就有权援用责任限制。但公约第 21 条则规定,如能证明货式联运经营人、其受雇人、代理人、为履行多式联运合同而使用其服务的其他人有意造成或明知可能造成而毫不在意的行为或不为所引起的,则这些人将丧失责任限制权利。

(2)《1991 年国际商会规则》的规定

《1991 年国际商会规则》采用了低于《多式联运公约》的责任限制额度,该规则的第 6 条规定,多式联运全程包括海、河运时,采用双重标准 666.67SDR/件或 2SDR/毛重公斤,以其中较高者赔付;当不包括海运、河运时,采用与《多式联运公约》相同的标准,即 8.33SDR/毛重公斤。与上述公约不同的是,在确知货物灭失、损坏发生的区段时,如果该区段所适用的公约或强制性国内法规定有不同的责任限额,则以应适用的公约或强制性国内法规定的责任限额为准,而不存在按高者计的可能。对于延迟交付的赔偿,规则规定不超过根据多式联运合同计收的多式联运运费。这运费是整批货的运费抑或延迟部分的运费似乎并不明确,一般可理解为整批货的运费。

此外,此规则第4条规定,多式联运经营人应对其雇佣人、代理人或为履行多式联运合同而使用其服务的任何其他人的行为负赔偿之责。但与《多式联运公约》不同的是,该规则并未提到当多式联运经营人之外的人受到诉讼时,可否援用责任限制。

4. 索赔和诉讼时效

(1)索赔

多式联运公约关于索赔和诉讼的规定和《汉堡规则》的规定大体相似,只不过在期限的规定方面有些差别而已。对于索赔通知,《多式联运公约》规定:"除非收货人不迟于在货物交给他的下一个工作日,将说明此种灭失或损坏的一般性质的灭失或损坏书面通知送交多式联运经营人,否则,此种货物的交付即为多式联运经营人交付多式联运单证所载明的货物的初步证据。"

但是,"在灭失或损坏不明显时,如果在货物交付收货人之日后连续6日内未提出书面通知",也将视作多式联运经营人交付多式联运单证所载明的货物的初步证据。不过,"如果货物的状况在交付收货人时已经当事各方或其授权在交付地的代表联合调查或检验,则无须就调查或检验所证实的灭失或损坏送交书面通知"。同时公约还规定:"遇有任何实际的或预料会发生的灭失或损坏时,多式联运经营人和收货人必须为检验和清点货物相互提供一切合理的便利。"

至于对延迟交付的索赔通知,《多式联运公约》则规定,收货人应于交货后60日内向多式联运经营人送交书面的通知;否则对延迟交付所造成的损害,多式联运经营人无须给予赔偿,延迟交付超出90天可推定灭失处理。

而《1991年国际商会规则》第5条规定,提交书面通知的时间是:一般的灭失、损坏在交付时提出;灭失、损坏不明显的,应在交付后6日内提出。延迟交付转为推定灭失的处理与《多式联运公约》相同,但对延迟交付的索赔时间未作规定。

(2)诉讼时效

关于诉讼时效,公约除和《汉堡规则》的规定一样,即规定为两年外,与其他公约不同的是,公约将索赔通知与时效问题联系在一起,规定在货物交付之日后6个月内,或在应交付之日后6个月内,没有提出书面索赔通知,则诉讼在此期限届满后即失去时效。公约并且规定,诉讼时效自多式联运联运经营人交付货物或部分货物的次日起算。同时又规定,在规定的条件下,索赔人或被索赔人都可以要求延长诉讼时效。

而《1991年国际商会规则》的规定与之不同,规则第10条规定的诉讼时效是从货物交付之日或应交付之日起9个月,或在未交付货物构成延迟超过90天转为推定灭失之日起9个月。这一时效较短,有利于多式联运经营人,并且比《多式联运公约》合理。在各种不同运输方式下所适用的国际公约和法规中,最短的诉讼时效是1年。《1991年国际商会规则》规定的9个月的诉讼时效可保证多式联运经营人有足够的时间向实际承运人追偿。

第六章　物流加工和包装法律制度

第一节　物流加工法律规范

一、物流加工概述

(一)物流加工的概念

物流加工又称为流通加工。根据《中华人民共和国国家标准物流术语》的表述,流通加工是指物品在生产地到使用地的过程中,根据需要施加包装、分割、计量、分拣、刷标志、拴标签、组装等简单作业的总称。

流通加工是为了提高物流速度和物品的利用率,在物品进入流通领域后,按客户的要求进行的加工活动,即在物品从生产者向消费者流动的过程中,为了促进销售、维护商品质量和提高物流效率,对物品进行一定程度的加工。流通加工将流通与加工结合在了一起,是现代物流企业提供的一项增值服务。物流加工有三大目的:增加附加价值、满足客户需求、促进销售。[1]

(二)物流加工的分类

根据不同的目的,可以把物流加工分为以下几大类:

1. 为弥补生产领域加工不足的物流加工。由于受到各种因素的限制,许多产品在生产领域的加工只能到一定程度,而不能完全实现终极的加工。例如,木材如果在产地完成成材加工或制成木制品的话,就会给运输带来极大的困难,因此,在生产领域只能加工到圆木、板、方材这个程度,进一步的下料、切裁、处理等加工则由流通加工完成。

2. 为适应多样化需求的物流加工。生产部门为了实现高效率、大批量的生产,其产品往往不能完全满足用户的要求。这样为了满足用户对产品多样化的需要,同时又要保证高效率的大生产,就要设置加工环节,通过这种服务性的加工满足用户的各种需求。

3. 为保护产品所进行的物流加工。在物流过程中,为了保护商品的使用价值,

---

〔1〕 徐康平:《现代物流法导论》,中国物资出版社2007年版,第139页。

延长商品在生产和使用期间的寿命，防止商品在运输、储存、装卸搬运、包装等过程中遭受损失，可以采取稳固、改装、保鲜、冷冻、涂油等方式。例如，水产品、肉类、蛋类的保鲜、保质的冷冻加工、防腐加工等。

4. 为提高物流效率、降低物流损失的物流加工。有些商品本身的形态使之难以进行物流操作，而且商品在运输、装卸搬运过程中极易受损，因此需要进行适当的流通加工加以弥补，从而使物流各环节易于操作，提高物流效率，降低物流损失。例如，石油气的液化加工，使很难输送的气态物转变为容易输送的液态物，也可以提高物流效率。

5. 为促进销售的物流加工。物流加工也可以起到促进销售的作用。比如，将过大包装或散装物分装成适合依次销售的小包装的分装加工；将蔬菜、肉类洗净切块以满足消费者要求等。

6. 为提高加工效率的物流加工。许多生产企业的初级加工由于数量有限，加工效率不高。而流通加工以集中加工的形式，解决了单个企业加工效率不高的弊病。它以一家流通加工企业的集中加工代替了若干家生产企业的初级加工，促使生产水平有一定的提高。

7. 为实施配送进行的物流加工。这种物流加工形式是配送中心为了实现配送活动，满足客户的需要而对物资进行的加工。例如，我们经常可以看到的混凝土搅拌车根据客户的要求，把沙子、水泥、石子、水等各种不同材料按比例要求装入可旋转的罐中。在配送路途中，汽车边行驶边搅拌，到达施工现场后，混凝土已经均匀搅拌好，可以直接投入使用。

二、物流加工在物流活动中的作用

1. 物流加工能够提高原材料利用率。通过流通加工进行集中下料，将生产厂商直接运来的简单规格产品，按用户的要求进行下料。集中下料可以优材优用、小材大用、合理套裁，明显的提高原材料的利用率，有很好的技术经济效果。

2. 物流加工是物流中重要的利润来源。物流加工将流通与加工结合在了一起，是现代物流企业提供的一项增值服务，是一种低投入高产出的加工方式，是物流中重要的利润来源。

3. 物流加工可以提高加工效率及设备利用率。在分散加工的情况下，加工设备由于生产周期和生产节奏的限制，设备利用时松时紧，使得加工过程不均衡，设备加工能力不能得到充分发挥。而流通加工面向全社会，加工数量大、加工范围广、加工任务多。这样可以通过建立集中加工点，采用一些效率高、技术先进、加工量大的专门机具和设备，一方面提高了加工效率和加工质量；另一方面还提高了设备利用率。

4. 物流加工能够有效地完善物流。运输可以实现物流的空间效用，储存可以实现物流的时间效用，相比之下，物流加工不是所有物流中都必然出现的，但它在物流系统中起着补充、完善、提高、增强物流水平，促进流通现代化的作用。

三、物流企业在物流加工中的法律地位

物流加工是物流过程中的一个特殊环节，当双方当事人约定物流企业承担流通加工的义务时，根据物流企业履行义务所采取的方式不同，物流企业的法律地位也有所不同。

在物流企业亲自对货物进行加工的情况下，物流企业就是物流服务合同中的物流提供者，属于物流服务合同的当事人，其权利和义务应该根据物流服务合同和相关法律法规来确定。

在物流企业不亲自进行物流加工的情形下，由于物流加工具有一定的技术性，在很多情况下，无法实现物流企业亲自对货物进行加工，所以物流企业要将物流加工转交给有能力的专业的物流加工企业完成。在这种情况下，相对于物流服务合同的需求方而言，物流企业是物流服务提供方；相对于承揽人而言，物流企业是承揽合同的定作人。所以在物流加工中，其权利和义务应该根据物流服务合同和加工承揽合同以及相关法律法规来确定。

四、加工承揽合同

（一）加工承揽合同的概念

加工承揽合同，是指承揽人按照定作人的要求完成工作，交付工作成果，定作人给付报酬的合同。[2] 承揽合同主要包括：加工合同、定作合同、修理合同、复制合同、测试合同、检验合同等。其中，按照他人的要求完成一定工作的人是承揽人，要求他人完成一定工作、接受工作成果并给付报酬的人是定作人。

（二）加工承揽合同的特点

1. 加工承揽合同的标的具有特定性。加工承揽合同的标的是承揽人完成并交付的工作成果。这一工作成果既可以是体力劳动成果，也可以是脑力劳动成果，但它必须具有特定性，是按照定作人的特定要求，能够满足定作人特殊需要的物或其他财产。

2. 加工承揽合同中承揽人的工作具有独立性。承揽人以自己的设备、技术和劳动独立地为定作人完成一定的工作，并交付成果。在加工承揽合同关系中，定作人所需要的不是承揽人的单纯劳务，而是其劳务的结果即工作成果，承揽人的劳务体现在其完成的工作成果上。在承揽人完成工作的过程中，定作人可以对承揽人进行必要的监督和检查，但是不得妨碍承揽人完成工作。

3. 加工承揽合同具有一定的人身性质。在加工承揽合同中，承揽人一般必须是以自己的设备、技术、劳力等完成工作，并对工作成果承担责任，承揽人不能擅自将承揽工作交给第三人完成。另外，承揽人要对完成工作中遭受意外的风险负责。

---

[2] 参见《中华人民共和国合同法》第251条。

4. 加工承揽合同是双务、有偿、诺成合同。加工承揽合同一经成立，当事人双方均负有一定义务，双方的义务具有对应性，一方的义务即为他方的权利，所以是双务合同。在加工承揽合同关系中，承揽人的义务表现为按照定作人的要求完成工作，交付工作成果；定作人的义务是受领该工作成果支付约定的报酬，双方当事人任何一方从另一方取得利益均应支付对等价款，因此，承揽合同为有偿合同。加工承揽合同当事人双方意思表示一致即可成立生效，而不以当事人一方对标的物的实际交付为合同成立生效要件，所以是诺成合同。

(三)加工承揽合同的类型

加工承揽合同在社会中适用极其广泛，主要包括以下几种：

1. 加工合同

加工合同是承揽人按照定作人的具体要求，使用定作人提供的原材料或半成品，加工制作出成品，定作人接受该成品并支付报酬的合同。这种合同一般是由定作方提供大部分或者全部的原材料，承揽方只提供辅助材料。

2. 定作合同

定作合同是指承揽人按照定作人的具体要求，使用自己的材料和技术制作出成品，定作人接受该成品并支付报酬的合同。这种合同原材料全部由承揽方提供，定作方支付相应的价款。

3. 修理合同

修理合同是指承揽人按照定作人的要求，修复损坏的物品，定作人为此支付报酬的合同。这种合同定作方可以提供原材料，也可以不提供原材料。

4. 复制合同

复制合同是指承揽人按照定作人的要求，制作与定作人提供的特定物相同的成品，定作人接受该成品并支付报酬的合同。

5. 测试合同

测试合同是指承揽人按照定作人的要求，利用自己的设备、技术等条件，对定作人指定的项目进行测试，定作人接受测试结果并支付报酬的合同。

6. 检验合同

检验合同是指承揽人按照定作人的要求，利用自己条件，对定作人指定的项目进行检验，定作人接受检验结果并支付报酬的合同。

其他承揽合同还有修缮合同、印刷合同、设计合同、翻译合同等，在这些合同当中，加工合同和定作合同与物流的关系最为密切。

(四)加工承揽合同的内容

加工承揽合同主要的条款一般包括以下内容：

1. 加工承揽的品名或项目

加工承揽的品名或项目即为定作物的名称，也就是加工承揽合同的标的。确定定作物是订立加工承揽合同的目的和前提，此条款未规定或不明确，合同无法履行。

2. 加工承揽标的的数量、质量、包装、加工方法

数量应明确计量单位，注意用法定计量单位；质量按国家、部颁或专业标准，没有国家、部颁或专业标准的，定作人应提供实样、模型或设计图纸，由双方商定标准或立标封样；包装根据国家或专项规定标准包装，一般由承揽人负责。定作人有特殊要求的，合同应注明；加工方法应在合同中载明。

3. 原材料的提供以及规格、数量、质量

加工承揽合同中的原材料根据合同的不同，可以由承揽人提供，也可以由定作人提供。原材料的提供不仅会影响到价款的确定，而且原材料的质量会直接影响到定作物的质量，从而会影响到合同的履行。

4. 加工承揽合同的价款或酬金

价款是指由承揽人提供原材料时，定作人支付承揽人提供的辅助材料、燃料动力、包装费用、劳务费用等项目的价金总额；酬金是指由定作人提供原材料时或不需要原材料时，定作人支付承揽人劳务和智力成果的金额。对于价款和酬金，应当在合同中明确约定，包括金额、货币种类、支付期限、支付方式等。

5. 履行期限、地点和方式

履行期限是合同当事人履行合同义务的时间范围。加工承揽合同的履行期限包括提供原材料、技术资料、图纸及支付定金、预付款等义务的期限；履行地点是指履行合同义务和接受对方履行的成果的地点，履行地点直接关系到履行合同的时间和费用；履行方式是指当事人采用什么样的方法履行合同规定的义务。

6. 验收标准和验收方法

验收标准和验收方法，是指对承揽人所完成的工作成果的验收标准和方法。验收标准用以确定其是否达到定作人所规定的质量要求或技术标准。因此，验收标准和方法事关合同的顺利履行，合同应明确规定。

7. 违约责任条款

当事人双方必须在合同中明确、具体规定违约责任。违约金计算比例，在法律规定的幅度内，由双方共同确定。

8. 双方约定的其他事项条款

另外在签订加工承揽合同时，要特别注意以下条款：

一是定金条款。这是加工承揽合同中经常要用到的一个条款。当事人决定采用定金这种担保形式的，必须在合同中写明交付定金预付款的数额及时间。定金数额以合同总额的20%为限，定金交付的时间应在承揽人进行加工定作之前。承揽人违反合同时，应双倍返还定作人定金；定作人违反合同时，承揽人不返还定金。

二是保密条款。如果定作人根据加工承揽合同应向承揽人提供一定的技术资

料或图纸，以利于承揽人按照其要求的技术标准完成工作，定作人可以要求承揽人承担保密义务，并在合同中订立保密条款详加规定。承揽人违反保密义务，造成定作人秘密泄露，应承担违约责任。

三是样品封存条款。在加工承揽合同中，凭样品确定定作物的质量是一种常见的规定质量标准的方式。在这种情况下，承揽人完成并交付的定作物的质量，必须达到质量标准。样品的提供有两种方式：一是由定作人提供，要求承揽人按照样品加工定作；二是由承揽人事先加工完成一件定作物，提供给定作人作为样品，表明将按照此样品加工定作。无论在哪种方式下，一般都需封存样品，在承揽人完成工作后取出样品作为定作人的验收依据。封存时，应由承揽人与定作人的代表共同当场确认并签字，才具有效力。同时应将封存的定作物妥善保管，定作人提供的样品一般由承揽人保管，承揽人提供的样品一般由定作人保管。保管期间因保管的过失造成样品损坏或丢失的，应由其承担相应的责任。

四是定作人的检查权条款。为保证承揽人严格按照定作人提出的要求完成承揽工作，定作人可在承揽人工作期间进行必要的检查，以确定承揽人是否按合同规定和定作人的要求工作。定作人行使检查权以不妨碍承揽人的正常工作为限，否则应对造成的损失负责。对此，合同当事人可在合同中对定作人检查的时间、方式、次数以及承揽人的义务作详细约定。

五是工作成果的保证期限条款。验收是确定承揽人的工作成果是否符合合同约定的必要步骤，但是有些定作物或项目，由其性质决定，在验收时短时间内难以发现质量缺陷，可能在交付后才显露出质量问题。因此，不能仅以交付时的检验结果为最终的质量合格证明，而应由双方在合同中约定一个合理的质量保证期。在保证期内定作物或项目发生质量问题，除查明是因定作人使用、保管不当造成的以外，一律由承揽人负责无偿修复或更换。因质量缺陷造成定作人损失的，还应负赔偿责任。

（五）加工承揽合同当事人的权利和义务

1. 承揽人的权利和义务

(1)承揽人的权利

①解除合同的权利。定作人不履行协助义务致使承揽工作不能完成的，承揽人可以催告定作人在合理期限内履行义务，并可以顺延履行期限；定作人逾期不履行的，承揽人可以解除合同。

②获取报酬的权利。这是承揽人最基本的权利。承揽人完成一定的工作成果，相应地定作人要支付一定的报酬，这也是合同权利义务的体现。

③留置权。定作人未向承揽人支付报酬或者材料等价款的，承揽人对完成的工作成果享有留置权，但当事人另有约定的除外。

(2)承揽人的义务

①完成工作的义务。承揽人应当以自己的设备、技术和劳力,完成主要工作,但当事人另有约定的除外。未经定作人同意,承揽人不得将其承揽的主要工作交由第三人完成。承揽人如果将其承揽的辅助工作交由第三人完成,应当就该第三人完成的工作成果向定作人负责。

②对材料接受、检验、保管的义务。主要包括以下内容:承揽人提供材料的,承揽人应当按照约定选用材料,并接受定作人检验;承揽人对定作人提供的材料,应当及时检验,发现不符合约定时,应当及时通知定作人更换、补齐或者采取其他补救措施;承揽人应当妥善保管定作人提供的材料,承揽人不得擅自更换定作人提供的材料,不得更换不需要修理的零部件。

③及时通知的义务。承揽人发现定作人提供的图纸或者技术要求不合理的,应当及时通知定作人。

④接受检验监督的义务。承揽人在工作期间,应当接受定作人必要的监督检验。

⑤交付工作成果的义务。承揽人完成工作的,应当向定作人交付该工作成果,并提交必要的技术资料和有关质量证明。

⑥保密的义务。承揽人应当按照定作人的要求保守秘密,未经定作人许可,不得留存复制品或者技术资料。

⑦瑕疵担保的义务。如果承揽人交付的工作成果不符合质量要求的,定作人可以要求承揽人承担修理、重做、减少报酬、赔偿损失等违约责任。这是承揽人的法定义务。

2. 定作人的权利和义务

(1)定作人的权利

①请求交付工作成果的权利。这是定作人的基本权利。承揽人交付的工作成果如果不符合质量要求的,定作人可以请求承揽人承担修理、重作减少报酬、赔偿损失等违约责任。

②解除合同的权利。承揽人未经定作人同意而将其承揽的主要工作交由第三人完成的,定作人可以解除合同。同时,定作人可以随时解除承揽合同,但应当向承揽人赔偿损失。

③监督承揽人工作的权利。承揽人在工作期间,应当接受定作人必要的监督和检查。

(2)定作人的义务

①提供材料的义务。定作人提供材料的,定作人应当按照约定提供材料。如果因为定作人提供材料不符合要求导致承揽人无法按时、按质量完成工作时,承揽人不承担责任。当承揽人发现定作人提供的图纸或者技术要求不合理而及时通知

了定作人后，定作人因怠于答复等原因造成承揽人损失的，应当赔偿损失。

②协助的义务。承揽工作需要定作人协助的，定作人有协助的义务。

③验收并接受工作成果的义务。定作人应当验收承揽人完成的工作成果。定作人应当按照合同约定的时间和地点受领工作成果。

④定作人应当按照约定的期限支付报酬的义务。如果对支付报酬的期限没有约定或者约定不明确，依照《合同法》第61条的规定仍不能确定的，定作人应当在交付工作成果的同时支付；工作成果部分交付的，定作人应当相应支付。

（六）加工承揽合同履行的相关问题

1. 承揽人的瑕疵担保责任

《合同法》第262条规定："承揽人交付的工作成果不符合质量要求的，定作人可以要求承揽人承担修理、重作、减少报酬、赔偿损失等违约责任。"这是对承揽人的瑕疵担保责任的规定。

加工承揽合同中，承揽人的主要义务之一就是遵守合同约定和定作人的要求，按质按量地完成工作成果，也就是说，承揽人应当保证其完成的工作成果符合合同约定，在质量上要达到合同约定的标准。承揽人所交付的工作成果不符合质量标准的，承揽人应当对工作成果负瑕疵担保责任，定作人有权要求承揽人承担违约责任。

根据合同法的规定，承揽人承担瑕疵担保责任应具备两个条件：一是承揽人交付的工作成果不符合质量要求。承揽合同中当事人约定了质量标准和要求的，承揽人交付的工作成果质量不符合该约定的，即可认定工作成果不符合质量要求。如果当事人未约定质量标准或者约定不明确的，则工作成果应当符合根据合同条款或者交易习惯所确定的质量标准，不符合的，则可认定工作成果不符合质量要求。如果合同条款或者交易习惯难以确定质量标准的，工作成果应当具备其通常使用效用，如果不具备，则可认定工作成果不符合质量要求。二是定作人在合理的期限内提出质量异议。承揽人交付工作成果后，定作人应当及时进行验收，检验工作成果是否符合质量要求。经验收发现工作成果不符合约定的，定作人应当在约定的期限内通知承揽人。如果当事人未约定异议期限的，定作人应当在收到工作成果后的合理期间内将工作成果不符合质量要求的情况及时通知承揽人。定作人未及时检验，或者在检验发现问题后怠于通知，或者在收到工作成果之日起两年内未通知承揽人的，视为工作成果的数量或者质量符合要求，即使事实上工作成果不符合质量要求，承揽人也不承担违约责任。

承揽人提供的工作成果不符合质量要求的，定作人在合理期限内提出质量异议的，定作人则有权要求承揽人承担违约责任。违约责任主要包括：(1)修理。工作成果有轻微瑕疵的，定作人可以要求承揽人进行修整、修补，使工作成果符合质量标准。因修理造成工作成果迟延交付的，承揽人仍应承担逾期交付的违约责任。

(2)重作。工作成果有严重瑕疵的,定作人可以拒收,要求承揽人返工重新制作或者调换。因重作造成工作成果迟延交付的,承揽人仍应承担逾期交付的违约责任。(3)减少报酬。工作成果有瑕疵,而定作人同意利用的,可以按质论价,相应地减少所应付的报酬。(4)赔偿损失。由于工作成果不符合质量标准,给定作人造成人身伤害或者财产上损害的,定作人有权要求承揽人赔偿因此造成的损失。除上述四个主要违约责任外,定作人可以根据合同约定要求承揽人承担其他的违约责任。如合同中约定的违约金,承揽人应当支付违约金。承揽人按约向定作人支付定金的,工作成果不符合质量标准的,定作人有权不返还定金。定作人向承揽人支付定金的,工作成果不符合质量标准的,定作人有权要求承揽人双倍返还所付的定金。

2. 加工承揽合同的风险负担

承揽合同涉及的标的物主要是原材料和工作成果,其风险负担主要指原材料和工作成果在交付前的意外毁损、灭失所造成损失应由谁来承担。

我国《合同法》关于风险负担采用交付主义为一般原则。严格地讲,风险负担的一般规则主要适用于买卖合同。因为买卖合同是《合同法》所列合同中最为典型,也是现实商品交换中最为典型的合同形式。我国《合同法》虽没有明文规定承揽合同中的风险负担问题,但规定其他合同在法律和当事人没有明确规定时,应当参照买卖合同确定其权利义务。所以,买卖合同中有关风险负担的规定也适用于加工承揽合同。具体到加工承揽合同中,风险负担的确定应区分原材料和工作成果而不同。

(1)关于原材料的风险负担

①定作人提供材料时的风险负担

由定作人提供的材料发生毁损灭失,各国民法典一般都规定,承揽人对此不承担毁损灭失的风险。我国《合同法》对此没有作出明确的规定。笔者认为,尽管材料是由定作人提供的,但在法律上所有权并未移转,定作人理应承担材料毁损灭失的风险。承揽人没有取得定作人提供材料的所有权,且对材料不享有任何收益,由其承担材料毁损灭失的风险,其获得利益与承担风险之间失衡,违反了权利义务相一致原则。

②承揽人提供材料时的风险负担

承揽人提供材料时,在承揽工作所需的原材料转化为工作成果之前,与定作人无关,原材料毁损、灭失的风险由承揽人自己承担,是理所当然的。因承揽人提供材料的目的,是为了获取报酬和材料费,对材料的保管于其有切身利益。从风险和利益应相一致的原则出发,由承揽人承担风险是非常合理的。

(2)关于工作成果的风险负担

根据我国《合同法》的规定,承揽合同工作成果的风险负担,以交付为标准确定。在交付前由承揽人承担,在交付后由定作人承担。另外,如果定作人受领迟延,实际上是一种违约行为,因定作人受领迟延所产生的风险应由定作人承担。

第二节 物流包装法律制度

一、物流包装概述

(一)物流包装的概念

《中华人民共和国国家标准包装通用术语》中对包装的定义是:"为在流通过程中保护产品,方便储运,促进销售,按一定技术方法而采用的容器,材料及辅助物的总体名称。也指为了达到上述目的而采用容器、材料和辅助物的过程中施加一定技术方法等的操作活动。"商品从制造最终到消费者手中的一系列过程中均离不开包装,合理的包装不仅可以在运输、保管以及搬运装卸过程中很好地保护商品,而且便于储运,从而节省物流成本;而精美的包装不仅可以美化商品,同时还起到了广告宣传的作用,进而吸引消费者,增加商品销售量。

(二)物流包装的种类

根据包装在流通过程中的作用,即包装功能的不同,包装可以分为销售包装、运输包装和贮藏包装。这是最为普遍的一种分类方式。除了此种分类外,还可以按照以下方式对物流包装进行分类:

1. 按产品经营方式分:内销产品包装、出口产品包装、特殊产品包装。
2. 按包装在流通过程中的作用分:有单件包装、中包装和外包装等。
3. 按包装制品材料分:有纸制品包装、塑料制品包装、金属包装、竹木器包装、玻璃容器包装和复合材料包装等。
4. 按包装使用次数分:有一次用包装、多次用包装和周转包装等。
5. 按包装容器的软硬程度分:有硬包装、半硬包装和软包装等。
6. 按产品种类分:有食品包装、药品包装、机电产品设器包装、危险品包装等。
7. 按包装技术方法分:有防震包装、防湿包装、防锈包装、防霉包装等。

二、包装在物流系统中的地位

在现代物流观念形成之前,包装被看成是生产的终点,是属于生产领域的活动,包装的设计往往主要从生产终结的要求出发,因而常常不能满足流通的要求。现代物流认为,包装与物流的关系,较之与生产的关系更加密切,其作为物流始点的意义较之作为生产的意义更大。因此,包装应纳入物流系统之中,这是现代物流对包装的定位。作为物流的始点,包装完成后,产品便具有了物流的能力,在整个物流过程中,包装便可以发挥保护产品进行物流的作用,最后实现销售。因而包装对物流有着决定性作用。

三、物流企业在包装作业中的法律地位

包装是物流过程中的一个重要环节，在物流运转的仓储、运输、搬运装卸或者流通加工环节中均有可能涉及包装。当双方当事人约定物流企业承担货物包装的义务时，根据物流企业履行义务所采取的方式不同，物流企业的法律地位也有所不同。

（一）物流企业自身进行包装活动的情形

在物流企业自身对货物进行包装的情况下，物流企业就是物流服务合同中的物流提供者，属于物流服务合同的当事人，其权利和义务应该根据物流服务合同和相关法律法规来确定。

（二）物流企业不自身进行包装活动的情形

如果物流企业没有包装的能力或者由于其他原因不亲自进行包装时，物流企业可能要将货物包装转交给有能力的专门的企业完成。在这种情况下，相对于物流服务合同的需求方而言，物流企业是受托人，须按照物流合同完成委托事项；相对于包装提供方的物流合同而言，物流企业是委托人。因此在物流包装中，其权利和义务应该根据物流服务合同和委托合同以及相关法律法规来确定。

四、物流包装法律规范

我国没有专门的包装法，涉及物流包装的法律规范散见于其他法律法规中，主要包括以下几大类：

（一）一般货物包装法律规范

1.《一般货物运输包装通用技术条件》中关于货物包装的规定

（1）内容

本标准规定了对一般货物运输包装的总要求、类型、技术要求和鉴定检查的性能试验等。本标准适用于铁路、公路、水运、航空所承运的一般货物运输包装。不包括危险货物、鲜活易腐货物和单件货物重量超过本标准规定重量以外的运输包装。产品运输包装均应符合本标准规定的各项技术要求。

（2）总要求

①货物运输包装是以运输储存为主要目的的包装，必须具有保障货物安全、便于装卸储运、加速交接点验等功能。

②货物运输包装应符合科学、牢固、经济、美观的要求。

③货物运输包装应确保在正常的流通过程中，能抗御环境条件的影响而不发生破损、损坏等现象，保证安全、完整、迅速地将货物运至目的地。

④货物运输包装材料、辅助材料和容器，均应符合国内有关国家标准的规定。无标准的材料和容器须经试验验证，其性能可以满足流通环境条件的要求。

⑤货物运输包装应由国家认可的质监检验部门进行检查监督和提出试验结果评定，并逐步推行合格证制度。

⑥货物运输包装应完整、成型。内装货物应均匀装载、压缩体积、排摆整齐、衬垫适宜、内货固定、重心位置尽量居中靠下。

⑦根据货物的特性及搬运、装卸、运输、仓储等流通环境条件，选用带有防护装置的包装。如防震、防盗、防雨、防潮、防锈、防霉、防尘等防护包装。

⑧货物运输包装的封口必须严密牢固，对体轻、件小、易丢失的货物应选用胶带封合、钉合或全粘合加胶带封口加固。根据货物的品名、体积、特性、重量、长度和运输方式的要求，选用钢带、塑料捆扎或麻绳等，进行二道、三道、十字、双十字、井字、双井字等型式的捆扎加固。捆扎带应搭接牢固、松紧适度、平整不扭，不得少于两道。

⑨各类直方体货物运输包装的底面积尺寸，应符合 GB 4892《硬质直方体运输包装尺寸系列》的规定。

⑩货物运输包装必须具有标志。标志应符合内装货物性质和对运输条件的要求。运输包装标志应按照 GB191《包装储运图示标志》、GB 6388《运输包装收发货标志》和 GB5892《对辐射能敏感的感光材料图示标志》的规定执行。标志应正确、清晰、齐全、牢固。内货与标志一致，如碰震易碎，需轻拿轻放的货物，必须使用“小心轻放”标志等。旧标志应抹除，标志一般应印刷或标打，也允许拴挂或粘贴，标志不得有褪色、脱落或喷刷在残留标记上。

(3)类型

货物运输包装有不同的类型，按运输部门所承运货物的运输包装，可以分为八类，即箱类、桶类、袋类、裹包类、夹板轴盘类、筐篓类、坛类、局部包装及捆绑类。按制作运输包装容器材料的不同，各类运输包装，又可分为数种。

(4)性能试验

性能试验的目的是模拟或重现运输包装件在流通过程中可能遇到的各种危害及其抗御这些危害的能力，或发生事故进行仲裁。试验项目货物运输包装件性能试验一般应作堆码试验和垂直冲击跌落试验两项试验。根据货物的特性、包装类型、不同运输方式及货物、流通环境条件和货主及运输部门的要求，可按GB 4857.1《运输包装件基本试验总则》的规定选作其他相应的试验，如水平冲击试验、振动试验、喷淋试验、低气压试验、水压试验和不渗漏试验等。

(5)技术要求

《一般货物运输包装通用技术条件》对每一类货物又进行了细分，比如箱类进一步细分为花格木箱、胶合板(纤维板、刨花板、竹胶板)箱、瓦楞纸箱、钙塑瓦楞箱，并且详细规定了限重和技术要求。

2. 一般货物包装的其他法律规范

(1)知识产权及相关法律规范中关于一般货物包装的规定

①《中华人民共和国商标法》(以下简称《商标法》)中的规定

商标权是包装环节中所涉及的最主要的一种知识产权。商标通常印刷在包装特别是销售包装上,成为包装的一部分,商标所有人对其商标享有所有权,受到法律的保护,物流服务主体在进行包装作业时特别要注意不能侵犯别人的商标权。

《商标法》第52条规定:“有下列行为之一的,均属侵犯注册商标专用权:(一)未经商标注册人的许可,在同一种商品或者类似商品上使用与其注册商标相同或者近似的商标的;(二)销售侵犯注册商标专用权的商品的;(三)伪造、擅自制造他人注册商标标识或者销售伪造、擅自制造的注册商标标识的;(四)未经商标注册人同意,更换其注册商标并将该更换商标的商品又投入市场的;(五)给他人的注册商标专用权造成其他损害的。”所以在实践中,我们要注意在防止侵犯别人商标权的同时,还要防止自己的商标权被别人侵犯。如果出现商标侵权行为,《商标法》第53条有如下规定:“有本法第52条所列侵犯注册商标专用权行为之一,引起纠纷的,由当事人协商解决;不愿协商或者协商不成的,商标注册人或者利害关系人可以向人民法院起诉,也可以请求工商行政管理部门处理。工商行政管理部门处理时,认定侵权行为成立的,责令立即停止侵权行为,没收、销毁侵权商品和专门用于制造侵权商品、伪造注册商标标识的工具,并可处以罚款。当事人对处理决定不服的,可以自收到处理通知之日起十五日内依照《中华人民共和国行政诉讼法》向人民法院起诉;侵权人期满不起诉又不履行的,工商行政管理部门可以申请人民法院强制执行。进行处理的工商行政管理部门根据当事人的请求,可以就侵犯商标专用权的赔偿数额进行调解;调解不成的,当事人可以依照《中华人民共和国民事诉讼法》向人民法院起诉。”

②《中华人民共和国专利法》(以下简称《专利法》)中的规定

专利权是指公民、法人或其他组织依法对其获得专利的发明创造在一定期限内享有的专有权利。专利发明包括发明、实用新型和外观设计。专利所有人对其专利享有所有权,受到法律的保护,物流服务主体在进行包装作业时特别要注意不能侵犯别人的专利权。

根据《专利法》规定,未经许可,在其制造或者销售的产品、产品的包装上标注他人的专利号的属于假冒他人专利的行为。制造或者销售标有专利标记的非专利产品;专利权被宣告无效后,继续在制造或者销售的产品上标注专利标记属于以非专利产品冒充专利产品、以非专利方法冒充专利方法的行为。未经专利权人许可,实施其专利,侵犯其专利权,引起纠纷的,由当事人协商解决;不愿协商或者协商不成的,专利权人或者利害关系人可以向人民法院起诉,也可以请求管理专利工作的部门处理。

(2)《中华人民共和国产品质量法》(以下简称《产品质量法》)中关于一般货物包装的规定

产品质量法是调整产品质量监督管理关系和产品质量责任关系的法律规范的总称。《产品质量法》对产品的包装这个常常与产品紧密结合在一起的特殊产品,也作出了相应的要求。

《产品质量法》第 26 条规定:"生产者应当对其生产的产品质量负责。产品质量应当符合下列要求:……(三)符合在产品或者其包装上注明采用的产品标准,符合以产品说明、实物样品等方式表明的质量状况。"《产品质量法》还规定,产品或者其包装上的标识必须真实,并符合下列要求:①有产品质量检验合格证明;②有中文标明的产品名称、生产厂厂名和厂址;③根据产品的特点和使用要求,需要标明产品规格、等级、所含主要成分的名称和含量的,用中文相应予以标明,需要事先让消费者知晓的,应当在外包装上标明,或者预先向消费者提供有关资料;④限期使用的产品,应当在显著位置清晰地标明生产日期和安全使用期或者失效日期;⑤使用不当,容易造成产品本身损坏或者可能危及人身、财产安全的产品,应当有警示标志或者中文警示说明。裸装的食品和其他根据产品的特点难以附加标识的裸装产品,可以不附加产品标识。对于易碎、易燃、易爆、有毒、有腐蚀性、有放射性等危险物品以及储运中不能倒置和其他有特殊要求的产品,其包装质量必须符合相应要求,依照国家有关规定作出警示标志或者中文警示说明,标明储运注意事项。

(3)《中华人民共和国反不正当竞争法》(以下简称《反不正当竞争法》)中关于一般货物包装的规定

反不正当竞争法是调整市场竞争过程中因规制不正当竞争行为而产生的社会关系的法律规范的总称。《反不正当竞争法》对包装的规范主要体现在禁止经营者利用外包装进行不正当竞争问题的规定上。

根据《反不正当竞争法》第 5 条规定,经营者不得采用下列不正当手段从事市场交易,损害竞争对手:假冒他人的注册商标;擅自使用知名商品特有的名称、包装、装潢,或者使用与知名商品近似的名称、包装、装潢,造成和他人的知名商品相混淆,使购买者误认为是该知名商品;擅自使用他人的企业名称或者姓名,引人误认为是他人的商品;在商品上伪造或者冒用认证标志、名优标志等质量标志,伪造产地,对商品质量作引人误解的虚假表示。第 20 条规定:"经营者违反本法规定,给被侵害的经营者造成损害的,应当承担损害赔偿责任,被侵害的经营者的损失难以计算的,赔偿额为侵权人在侵权期间因侵权所获得的利润;并应当承担被侵害的经营者因调查该经营者侵害其合法权益的不正当竞争行为所支付的合理费用。被侵害的经营者的合法权益受到不正当竞争行为损害的,可以向人民法院提起诉讼。"第 21 条规定:"经营者假冒他人的注册商标,擅自使用他人的企业名称或者姓名,伪造或者冒用认证标志、名优标志等质量标志,伪造产地,对商品质量作引人误解的虚假表示的,依照《中华人民共和国商标法》、《中华人民共和国产品质量法》的规定处罚。经营者擅自使用知名商品特有的名称、包装、装潢,或者使用与知名商品近似的名称、包装、装潢,造成和他人的知名商品相混淆,使购买者误认为是该知名商品的，监督检查部门应当责令停止违法行为，没收违法所得，可以根据情节处以违法所得一倍以上三倍以下罚款；情节严重的，可以吊销营业执照；销售伪劣商品，构成犯罪的，依法追究刑事责任。”

(4)《中华人民共和国合同法》中关于一般货物包装的规定

物流服务主体通常都是在与他人订立合同的基础上为物流需求者提供物流服务的，在包装环节上也不例外。由于包装问题贯穿于物流的全过程，因此在包装中会涉及合同法律规范的一个重要方面，就是物流服务主体所订立的其他物流环节（如采购、运输、仓储等环节）的各类合同中通常都包含包装条款。《合同法》第156条规定：“出卖人应当按照约定的包装方式交付标的物。对包装方式没有约定或者约定不明确，依照本法第61条的规定仍不能确定的，应当按照通用的方式包装，没有通用方式的，应当采取足以保护标的物的包装方式。”这一条明确规定了货物的包装方式，当事人都应该遵守。

(二)危险货物包装法律规范

1.《危险货物运输包装通用技术条件》中关于危险货物包装的规定

(1)主题内容与适用范围

《危险货物运输包装通用技术条件》规定了危险货物运输包装的分级、基本要求、性能试验和检验方法等，也规定了包装容器的类型和标记代号。本标准适用于盛装危险货物的运输包装，是运输、生产和检验部门对危险货物运输包装质量进行性能试验和检验的依据。本标准不适用于：盛装放射性物质的运输包装；盛装压缩气体和液化气体的压力容器的包装；净重超过400kg的包装；容积超过450L的包装。

(2)包装分级和基本要求

危险货物按包装结构强度和防护性能及内装物的危险程度，分为三个等级：Ⅰ级包装，适用内装危险性极大的货物；Ⅱ级包装，适用内装危险性中等的货物；Ⅲ级包装，适用于内装危险性较小的货物。危险货物运输包装的基本要求如下：

①危险货物运输包装应结构合理，具有一定强度，防护性能好。包装的材质、型式、规格、方法和单件质量（重量），应与所装危险货物的性质和用途相适应，并便于装卸、运输和储存。

②包装应质量良好，其构造和封闭形式应能承受正常运输条件下的各种作业风险，不应因温度、湿度或压力的变化而发生任何渗（撒）漏，包装表面应清洁，不允许粘附有害的危险物质。

③包装与内装物直接接触部分，必要时应有内涂层或进行防护处理，包装材质不得与内装物发生化学反应而形成危险产物或导致削弱包装强度。

④内容器应予固定。如属易碎性的应使用与内装物性质相适应的衬垫材料或吸附材料衬垫妥实。

⑤盛装液体的容器，应能经受在正常运输条件下产生的内部压力。灌装时必

须留有足够的膨胀余量(预留容积),除另有规定外,并应保证在温度55℃时,内装液体不致完全充满容器。

⑥包装封口应根据内装物性质采用严密封口、液密封口或气密封口。

⑦盛装需浸湿或加有稳定剂的物质时,其容器封闭形式应能有效地保证内装液体(水、溶剂和稳定剂)的百分比,在贮运期间保持在规定的范围以内。

⑧有降压装置的包装,其排气孔设计和安装应能防止内装物泄漏和外界杂质进入,排出的气体量不得造成危险和污染环境。

⑨复合包装的内容器和外包装应紧密贴合,外包装不得有擦伤内容器的凸出物。

⑩无论是新型包装、重复使用的包装,还是修理过的包装均应符合本标准第8章危险货物运输包装性能试验的要求。

盛装爆炸品包装的附加要求:盛装液体爆炸品容器的封闭形式,应具有防止渗漏的双重保护;除内包装能充分防止爆炸品与金属物接触外,铁钉和其他没有防护涂料的金属部件不得穿透外包装;双重卷边接合的钢桶,金属桶或以金属做衬里的包装箱,应能防止爆炸物进入隙缝。钢桶或铝桶的封闭装置必须有合适的垫圈;包装内的爆炸物质和物品,包括内容器,必须衬垫妥实,在运输中不得发生危险性移动。盛装有对外部电磁辐射敏感的电引发装置的爆炸物品,包装应具备防止所装物品受外部电磁辐射源影响的功能。

常用危险货物运输包装的组合型式、标记代号、限制重量等参见《危险货物运输包装通用技术条件》附录A(参考件)。

(3)包装容器

《危险货物运输包装通用技术条件》详细介绍了钢(铁)桶、铝桶、钢罐、胶合板桶、木琵琶桶、硬纸纤维板桶、硬纸板桶、塑料桶、塑料罐、天然木箱、胶合板箱、再生木板箱、硬纸板箱、瓦楞纸箱、钙塑板箱、钢箱、纺织品编织袋、塑料编织袋、塑料袋、纸袋、瓶、坛、筐、篓这些包装容器的制作标准和最大容积、最大净重的要求。

(4)防护材料

防护材料包括用于支撑、加固、衬垫、缓冲和吸附等材料。危险货物包装所采用的防护材料及防护方式,应与内装物性能相容符合运输包装件总体性能的需要,能经受运输途中的冲击与振动,保护内装物与外包装,当内容器破坏、内装物流出时也能保证外包装安全无损。

(5)包装标志及标记代号

标志是根据危险货物的特性,选用GB 190(危险货物包装标志)及GB 191(包装储运图示标志)规定的标志及其尺寸、颜色和使用方法。危险货物运输包装可根据需要采用按本条规定的标记代号。

(6)包装性能试验

①适用范围

各种新设计包装均应按本章的要求进行性能试验,试验合格后方可使用。新设计包装应包括设计尺寸、材料、厚度、制造工艺、包装方法和各种表面处理等。定型包装应定期进行抽样复验。包装的尺寸、材料、制造工艺或模具等改变时,均应重新进行试验。经过试验定型的包装作局部改动时可作选择性的试验。

②包装试验准备

准备试验的包装件应处于待运状态。凡盛装固体的包装件,可采用与拟装货物物理特性(如重量、粒径等)近似的其他物品代替,凡盛装液体的包装件,可采用与拟装货物物理特性(如密度、粘度)近似的其他物品代替,一般可用水代替。盛装固体的包装应装至其容积的95%,盛装液体的包装应装至其容积的98%。纸质和硬质纤维板包装应根据流通环境条件需要按照GB　4857.2的规定,进行温、湿度预处理。塑料包装进行跌落试验前,应将试样和内装物的温度降至-18℃及其以下。内装物为液体时,温度降低后仍应是液态,如需要可加入防冻剂。包装上的通气装置应用类似通气的封闭装置代替或将通气孔封闭。直接盛装危险货物的容器及封口、吸附、衬垫等防护材料在性能试验前,还应进行盛装拟装物一定时期(例如为期6个月)的相容性试验。

③主要试验项目及合格标准

堆码试验,试验方法应符合GB 4857.3的规定;跌落试验,试验方法应符合GB 4857.5的规定。如用水代替进行试验,应根据内装液体的密度ρ用克每立方厘米为单位,按下式计算:

Ⅰ级包装:密度≤1.2,则跌落高度=1.2×1.5=1.8(m);密度>1.2,则跌落高度=ρ×1.5(m);

Ⅱ级包装:密度≤1.2,则跌落高度为1.2(m);密度>1.2,则跌落高度=ρ×1.0(m);

Ⅲ级包装:密度≤1.2,则跌落高度=1.2÷1.5=0.8(m);密度>1.2,则跌落高度=ρ÷1.5(m)。

除此之外,可进行气密试验和液压试验,必要时可以根据流通环境条件或包装容器的需要,增加气候条件,机械强度等试验项目。

(7)包装检验

包装检验应按照GB　1.3中第6.6条及本标准第8章要求进行性能试验,经检验合格的包装,应由国家授权的检验单位出具包装检验合格证书。

2.危险货物包装的其他法律规范

(1)《中华人民共和国合同法》中关于危险货物包装的规定

《合同法》在第307条中规定,托运人托运易燃、易爆、有毒、有腐蚀性、有放射性等危险物品的，应当按照国家有关危险物品运输的规定对危险物品妥善包装，作出危险物标志和标签，并将有关危险物品的名称、性质和防范措施的书面材料提交承运人。托运人违反前款规定的，承运人可以拒绝运输，也可以采取相应措施以避免损失的发生，因此产生的费用由托运人承担。

(2)《中华人民共和国产品质量法》中关于危险货物包装的规定

根据该法的规定，易碎、易燃、易爆、有毒、有腐蚀性、有放射性等危险物品以及储运中不能倒置和其他有特殊要求的产品，其包装质量必须符合相应要求，依照国家有关规定作出警示标志或者中文警示说明，标明储运注意事项。

(3)《中华人民共和国海商法》中关于危险货物包装的规定

根据该法第68条的规定，托运人托运危险货物，应当依照有关海上危险货物运输的规定，妥善包装，作出危险品标志和标签，并将其正式名称和性质以及应当采取的预防危害措施书面通知承运人；托运人未通知或者通知有误的，承运人可以在任何时间、任何地点根据情况需要将货物卸下、销毁或者使之不能为害，而不负赔偿责任。托运人对承运人因运输此类货物所受到的损害，应当负赔偿责任。

在《铁路法》、《民用航空法》以及《道路运输条例》、《水路运输条例》等专门运输法律规范中，均有危险货物运输包装的特殊要求。由于运输包装直接关系到运送货物的安全，因此，在运输法中包装是非常重要的内容。

(三)特殊物品包装法律规范

除了上面谈到的一般货物和危险货物外，还存在着一类特殊物品，对它们的包装也不同于一般货物和危险货物，下面将分别作以介绍：

1.《中华人民共和国食品卫生法》中关于特殊物品包装的要求

(1)食品经营过程中包装要求：该法第8条规定，食品生产经营过程必须符合下列卫生要求：贮存、运输和装卸食品的容器包装、工具、设备和条件必须安全、无害，保持清洁，防止食品污染；直接入口的食品应当有小包装或者使用无毒、清洁的包装材料。

(2)包装材料和工具的要求：食品容器、包装材料和食品用工具、设备必须符合卫生标准和卫生管理办法的规定。食品容器、包装材料和食品用工具、设备的生产必须采用符合卫生要求的原材料。产品应当便于清洗和消毒。

(3)包装标识的要求：定型包装食品和食品添加剂，必须在包装标识或者产品说明书上根据不同产品分别按照规定标出品名、产地、厂名、生产日期、批号或者代号、规格、配方或者主要成分、保质期限、食用或者使用方法等。食品、食品添加剂的产品说明书，不得有夸大或者虚假的宣传内容。食品包装标识必须清楚，容易辨识。在国内市场销售的食品，必须有中文标识。对于进口的食品、食品添加剂、食品容器、包装材料和食品用工具及设备，必须符合国家卫生标准和卫生管理办法的规定。

2.《中华人民共和国药品管理法》中关于特殊物品包装的要求

《中华人民共和国药品管理法》第六章专门规定了药品包装的管理。具体内容如下：

（1）包装安全的要求：该法规定，直接接触药品的包装材料和容器，必须符合药用要求，符合保障人体健康、安全的标准，并由药品监督管理部门在审批药品时一并审批。药品生产企业不得使用未经批准的直接接触药品的包装材料和容器。对不合格的直接接触药品的包装材料和容器，由药品监督管理部门责令停止使用。

（2）包装质量的要求：药品包装必须适合药品质量的要求，方便储存、运输和医疗使用。发运中药材必须有包装。在每件包装上，必须注明品名、产地、日期、调出单位，并附有质量合格的标志。

（3）包装标识的要求：药品包装必须按照规定印有或者贴有标签并附有说明书。标签或者说明书上必须注明药品的通用名称、成分、规格、生产企业、批准文号、产品批号、生产日期、有效期、适应症或者功能主治、用法、用量、禁忌、不良反应和注意事项。麻醉药品、精神药品、医疗用毒性药品、放射性药品、外用药品和非处方药的标签，必须印有规定的标志。

五、国际物流中的包装法律规范

（一）国际物流包装

国际物流是相对于国内物流而言的，它是国内物流的延伸和发展，同样包括运输、包装、流通加工等若干子系统。相对于国内物流的包装来说，国际物流中的包装具有以下特点：[3]

1. 包装强度的要求较高。国际物流的过程与国内物流相比时间长、工序多，因此在国际物流中，一种运输方式往往难以完成物流的全过程，经常采取多种运输方式联运，与此同时就增加了搬运装卸的次数及储存的时间。所以在国际物流中，只有增加包装的强度，才能达到保护商品的作用。

2. 包装的标准化要求较高。标准化强度高是由国际物流过程的复杂性所引起的。为了提高国际物流的效率，减少不必要的活动，国际物流过程中对包装的标准化程度越来越高，以便于商品顺利地流通。

3. 包装的法律适用较复杂。国际物流涉及两个或两个以上不同的国家，法律制度存在着差异，同时又存在着若干调整包装的国际公约，因此国际物流中与包装有关的法律适用更加复杂。

（二）国际物流中包装所适用的法律

1. 国际物流参与国的国内法

国际物流是商品在不同国家的流动，因此其包装应该遵守相关国家的法律规

〔3〕 王芸：《物流法律法规与实务》，电子工业出版社2007年版，第139页。

定。这里的相关国家指的是物流过程的各个环节所涉及的国家,如运输起始地所在国、仓储地所在国、流通加工地所在国。

国际物流中的包装必须遵守参与国际物流国家的关于包装的强制法,对于任意性的法律规定及当事人可以自由选择适用的法律,可以由当事人自行决定。

2. 相关国际公约

目前世界上并没有专门规定商品包装的国际公约,但是在国际贸易以及国际运输领域的公约中包含着对商品包装的规定,如《汉堡规则》、《联合国国际货物买卖公约》等。

(三)《国际海运危险货物规则》中对于危险货物包装的基本要求

1. 包装的材质、种类应与所装危险货物的性质相适应。危险货物的种类不同,性质也有所差异,所以对包装的要求也不相同,这一点在一些化学制品上表现的十分明显。包装应该具备一定的强度,以保证在正常的海运条件下,包装内的物质不会散漏和受到污染。越危险的货物对包装的要求也越高,同样危险的货物单件包装重量越大,对包装强度的要求也越高。同时,包装强度也应该与运输的长度成正比。包装的设计应考虑到在运输过程中温度、湿度的变化。包装应该保证在环境发生变化的情况下,包装不发生损坏。

2. 包装的封口应符合所装危险货物的性质。在通常情况下,危险物质的包装封口应该严密,特别是易挥发、腐蚀性强的气体。但是,有些物质由于温度上升或其他原因会散发气体,使容器内的压力逐渐加大,导致危险的发生,对于这种货物,封口不能密封。因此采用什么样的封口应该由所装的危险货物的性质来决定。封口可以分为气密封口和液密封口。

3. 内外包装之间应有合适的衬垫。内包装应处于外包装内,以防止内包装发生破裂、渗漏和戳破,使货物进入外包装。因此在内外包装之间应该采取适当的减震衬垫材料,衬垫不能削弱外包装的强度,而且衬垫的材料还必须与所装的危险货物的性能相适应,以避免危险的发生。

4. 包装应该能经受一定范围内温度和湿度的变化。在物流过程中,包装除应具有一定的防潮衬垫外,本身还要具有一定的防水、抗水性能。

5. 包装的质量、规格和形式应便于装卸、运输和储存。每件包装的最大容积和最大净值均有规定。根据《国际海上危险货物运输规则》的规定,包装最大容量为 450 升,最大净重为 400 千克。同样包装的外形尺寸与船舱的容积、载重量、装卸机具应该相适应,以便装卸、积载、搬运和储存。

第七章　物流配送法律制度

第一节　物流配送法概述

一、物流配送的概念

（一）物流配送的概念

根据《中华人民共和国国家标准物流术语》的解释，配送是指在经济合理区域范围内，根据客户要求，对物品进行拣选、加工、包装、分割、组配等作用，并按时送达指定地点的物流活动。配送是物流中一种特殊的、综合的活动形式，是商流与物流的紧密结合，包含了商流活动和物流流动，也包含了物流中若干功能要素的一种形式。对物流来讲，配送几乎包括了所有的物流功能要素，是物流的一个缩影或在某小范围中物流全部活动的体现。一般的配送集装卸、包装、保管、运输等物流于一身，通过这一系列活动完成将货物送达的目的。特殊的配送则还要以加工活动为支撑，所以包括的方面更广。

（二）物流配送的特点

物流配送具有以下特点：

1. 物流配送是面向终端的物流行为。物流配送的资源配置作用，是“最终配置”，是接近顾客的配置，因而它是面向终端客户的服务。物流配送是通过一系列的活动完成最终交付的一种活动，实现物品从最后一个物流结点到用户之间的空间移动。

2. 物流配送是一种“中转”形式。配送是从物流结点至用户的一种特殊送货形式。从送货功能看，其特殊性表现为：从事送货的是专职流通企业，而不是生产企业；配送是“中转”型送货，而一般送货尤其从工厂至用户的送货往往是直达型；一般送货是生产什么，有什么送什么，配送则是企业需要什么送什么。因此，要做到需要什么送什么，就必须在一定中转环节筹集这种需要，从而使配送必然以中转形式出现。

3. 物流配送以用户要求为出发点。在定义中强调“按用户的订货要求”，明确了用户的主导地位。配送是从用户利益出发，按用户要求进行的一种活动，因此，在观念上必须明确“用户第一”、“质量第一”。配送企业的地位是服务地位而不是主导地位,因此不能从本企业利益出发而应从用户利益出发,在满足用户利益基础上取得本企业的利益。

4. 物流配送是“配”和“送”有机结合的形式。配送与一般送货的重要区别在于,配送利用有效的分拣、配货等理货工作,使送货达到一定的规模,以利用规模优势取得较低的送货成本。如果不进行分拣、配货,有一件运一件,需要一点送一点,这就会大大增加动力的消耗,使送货并不优于取货。因此,追求整个配送的优势,分拣、配货等项工作是必不可少的。

5. 物流配送强调合理化。如果过分强调“按用户要求”配送也是不妥的,用户要求受用户本身的局限,有时会损害双方的利益。因此,对于配送者讲,必须以“要求”为据,但是不能盲目,应该追求合理性,进而指导用户,实现共同受益的商业原则。

(三)物流配送的种类

根据经营的形式不同,物流配送可以分为以下几类:

1. 销售配送

这种配送主体是销售企业,或销售企业作为销售战略措施,即所谓的促销型配送。这种配送的对象一般是不固定的,用户也不固定,配送对象和用户取决于市场的占有情况,其配送的经营状况也取决于市场状况,因此,配送的随机性较强,计划性较差。大部分商店就属于这一类。

2. 供应配送

用户为了自己的供应需要采取的配送方式,它往往是由用户或用户集团组建的配送据点,集中组织大批量进货(以便取得批量折扣),然后向本企业或企业集团内若干企业配送。商业中的连锁商店广泛采用这种方式。这种方式可以提高供应水平和供应能力,可以通过大批量进货取得价格折扣的优惠,达到降低供应成本的目的。

3. 销售—供应一体化配送

这种配送方式是销售企业对于那些基本固定的用户及其所需的物品,在进行销售的同时还承担着用户有计划的供应职能,既是销售者,同时又是用户的供应代理人。这种配送有利于形成稳定的供需关系,有利于采取先进的计划手段和技术,有利于保持流通渠道的稳定等。

4. 第三方配送

这种配送方式是配送人从工厂、转运站接受用户(卖方或买方)的货物后,为用户储存、保管货物,按用户要求分拣、配货,并运至用户指定地点的一种配送方式。这种配送的配送人既不是销售方,也不是买方,而是一个独立的物流企业。

二、配送中心的概念

(一)配送中心的概念

配送中心就是从事货物配置(集货、加工、分货、拣选、配货)和组织对用户的送货,以高水平实现销售和供应服务的现代流通设施。根据《中华人民共和国国家标准物流术语》的解释,从事配送业务的物流场所和组织,应符合下列条件:主要为特定的用户服务;配送功能健全;完善的信息网络;辐射范围小;多品种,小批量;以配送为主,储存为辅。

(二)配送中心的分类

在物流的实际运转中,可以将配送中心作如下分类:

1. 专业配送中心

专业配送中心大体上有两个含义:一是配送对象、配送技术是属于某一专业范畴,在某一专业范畴有一定的综合性,综合这一专业的多种物资进行配送;二是以配送为专业化职能。基本不从事经营的服务型配送中心。

2. 柔性配送中心

在某种程度上和第二种专业配送中心对立的配送中心,这种配送中心不向固定化、专业化方向发展,方向能随时变化,对用户要求有很强适应性,不固定供需关系,不断向发展配送用户和改变配送用户的方向发展。

3. 供应配送中心

专门为某个或某些用户(例如联营商店、联合公司)组织供应的配送中心。例如,为大型连锁超级市场组织供应的配送中心。

4. 销售配送中心

以销售经营为目的,以配送为手段的配送中心。销售配送中心大体有三种类型:第一种是生产企业为本身产品直接销售给消费者的配送中心,在国外,这种类型的配送中心很多;第二种是流通企业作为本身经营的一种方式,建立配送中心以扩大销售,我国目前拟建的配送中心大多属于这种类型,国外的例证也很多;第三种是流通企业和生产企业联合的协作型配送中心。比较起来看,国外和我国的发展趋向,都向以销售配送中心为主的方向发展。

5. 城市配送中心

以城市范围为配送范围的配送中心,由于城市范围一般处于汽车运输的经济里程,这种配送中心可直接配送到最终用户,且采用汽车进行配送。所以,这种配送中心往往和零售经营相结合。由于运距短,反应能力强,因而从事多品种、少批量、多用户的配送较有优势。

6. 区域配送中心

以较强的辐射能力和库存准备,向省(州)际、全国乃至国际范围的用户配送的配送中心。这种配送中心配送规模较大,一般而言,用户也较大,配送批量也较大,而且,往往是配送给下一级的城市配送中心,也配送给营业所、商店、批发商和企业用户,虽然也从事零星的配送,但不是主体形式。

7. 储存型配送中心

即有很强储存功能的配送中心。一般来讲,在买方市场下,企业成品销售需要有较大库存支持,其配送中心可能有较强储存功能;在卖方市场下,企业原材料,零部件供应需要有较大库存支持,这种供应配送中心也有较强的储存功能。大范围配送的配送中心,需要有较大库存,也可能是储存型配送中心。我国目前拟建的配送中心,都采用集中库存形式,库存量较大,多为储存型。

8. 流通型配送中心

基本上没有长期储存功能,仅以暂存或随进随出方式进行配货、送货的配送中心。这种配送中心的典型方式是,大量货物整进并按一定批量零出,采用大型分货机,进货时直接进入分货机传送带,分送到各用户货位或直接分送到配送汽车上,货物在配送中心里仅作少许停滞。

9. 加工配送中心

许多材料都指出配送中心的加工职能,但是加工配送中心的实例,目前见到不多。

三、物流企业在配送活动中的法律地位

在实践中,不同的物流企业参与物流配送活动的方式不尽相同,其法律地位也会有所不同。

(一)物流企业与用户签订单纯的配送服务合同

在这种情况下,物流企业仅仅为用户提供短距离的货物配送服务,而不提供其他物流服务。这时候,物流企业与用户是配送服务合同法律关系,双方的权利义务按照配送服务合同的约定以及《中华人民共和国合同法》的相关规定来确定。

(二)物流企业与用户签订单纯的销售配送合同

在这种情况下,物流企业除了要按用户要求负责集货、配货、送货外,还要负责订货、购货。这时候,物流企业与用户之间是销售配送合同关系,双方的权利义务按照销售配送合同的约定以及《合同法》的相关规定来确定。

(三)物流企业为用户提供含配送的综合物流服务

在这种情况下,物流企业除了要为用户提供短距离货物配送服务外,还要根据用户的要求提供长距离的干线运输或者专门的仓储服务等。这类物流企业一般为综合性物流企业。这时候,物流企业与用户之间是物流服务合同关系,物流企业是物流服务的提供者,用户是需求者,双方的权利义务按照物流服务合同当事人的关系予以确定。

(四)物流企业以用户身份出现

在这种情况下,物流企业与用户签订含有仓储服务的物流服务合同后,由于自

身没有或者没有足够的配送中心和配送设备，只能将全部或者部分配送服务交由拥有配送中心以及配送设备的其他物流企业，而这些其他物流企业通常是指专门提供配送服务的专业配送中心。这时候，物流企业与其他物流企业之间的权利义务关系依据配送服务合同法律关系确定。

第二节　物流配送合同

一、物流配送合同概述

（一）物流配送合同的概念

配送合同是配送人根据用户需要为用户配送商品，由用户支付配送费用的合同。用户是配送活动的需求者，配送人是配送活动的提供者。[1]

（二）物流配送合同的法律特征

物流配送合同是将买卖、仓储、运输和承揽等合同的某些特点进行有机结合在一起的一种无名合同。

1. 物流配送合同是无名合同

对于配送合同，合同法并未予以规范，而其他法律也尚无明文规定，因此配送合同是一种无名合同。只要配送合同符合合同生效的要件，就具有法律上的约束力。

2. 物流配送合同包含买卖、仓储、运输和承揽等合同的某些特点

（1）配送合同在一定情况下包含买卖合同的某些特点，但配送合同并不是单纯的买卖合同。在销售配送合同中，配送人出售商品的同时，还为用户提供配货、加工、送货等专业的配送服务。在配送人所收取的配送费用中，不仅仅包括商品的价款，而且还包括因提供配送服务而收取的配送服务费。可见销售配送合同具有显著的服务特性，而这是单纯的买卖合同所不具备的。

（2）配送合同具有仓储合同的某些特点，但配送合同不是单纯的仓储合同。配送合同约定配送人在接受用户的指示将货物从工厂或中转站接收后，将货物置于配送人自己的仓库，由配送人为用户提供仓储和保管服务。因此配送合同具有仓储合同的特点。但仓储和保管的内容仅仅是配送合同的一部分，仓储和保管的内容必须与其他合同的内容相结合，才能构成配送合同。

（3）配送合同具有货物运输合同的某些特点，但配送合同不是单纯的货物运输合同。一般来说，在配送合同中至少包含由配送人将货物送至用户指定的地点的运输服务内容，显然配送合同具有货物运输合同的某些特点。但配送是一系列

---

[1] 王芸：《物流法律法规与实务》，电子工业出版社2007年版，第171页。

活动，运输仅仅是这一系列活动中的一个环节，而不是所有内容，因此不能将配送合同简单地定性为运输合同。

(4)配送合同具有承揽合同的某些特点，但不是单纯的承揽合同。配送合同中常约定由配送人在货物送达用户指定地点之前对所配送的货物按照用户的要求进行一定的加工，可见配送合同具有承揽合同的某些特点。但是配送人向用户提供的这些加工服务合同同样只是配送合同的一部分内容。

(三)物流配送合同的种类

根据合同是否包含商品销售内容为标准，物流配送可以分为配送服务合同和销售配送合同。

1. 配送服务合同

配送服务合同是指配送人仅接收用户的货物，并按用户的要求对货物进行保管、拣选、加工、包装、分割、组配等作业，并在指定时间送至用户指定的地点，由用户支付配送服务费的合同。

配送服务合同可以由销售—供应一体化配送的销售企业与用户签订，在第三方配送的配送人为代购而不为销售活动的情况下，也可以由该第三方配送的配送人与用户签订。在配送服务合同中配送人仅提供单纯的代订、代存、代供等物流配送服务，而不进行商品销售，合同双方当事人也仅就与配送服务相关的权利义务进行协商并在合同中将协商一致的内容加以确定。在配送服务的过程中，货物所有权自始至终均属于用户。

2. 销售配送合同

销售配送合同是指配送人在将物品所有权转移给用户的同时为用户提供配送服务，由用户支付配送费(包括所售商品价款和配送服务费)的合同。销售配送合同又可以分为以下两大类：

(1)第一方销售配送合同

这种类型的配送合同主要是指在销售配送中销售企业与用户订立的合同以及在销售—供应一体化配送中销售企业与用户订立的包含销售与配送双重内容的配送合同。销售企业出于促进销售等目的，在向用户出售商品的同时又向买受人承诺提供配送服务。

(2)第三方销售配送合同

这种类型的配送合同主要是在第三方配送中由专业的可提供配送服务的物流企业与用户所签订的合同。在第三方配送中配送人除提供配货、送货等流通服务以外，还可以为用户提供订货、购货等服务。在这种情况下，配送人与用户所订立的配送合同也属于销售配送合同。在这种方式中，物流企业与用户签订的配送合同，除约定配送人向用户提供配送服务外，还应就特定货物的交易条件达成一致。配送人不仅因提供配送服务获得配送的收益，而且还将因商品的销售而获得利润。

二、物流配送合同的主要内容

物流配送合同的内容除了一般合同的条款外，还应根据配送合同的特征就合同中的特别事项进行约定。

（一）配送服务合同的主要内容

1. 配送人与用户的名称或者姓名和住所。配送人与用户的名称或者姓名和住所是配送合同应具备的一般条款。

2. 服务目标条款。配送服务应以实现用户特定的经营、管理和财务目标。

3. 配送区域条款。即约定配送人向用户提供运送服务的地理范围的条款。

4. 配送服务项目条款。该条款主要是就配送人的服务项目进行明确具体的约定，包括用户需要配送人提供配送的商品品种、规格、数量等；还包括用户需要配送人提供哪些具体的配送作业。

5. 服务资格条款。即约定配送人为实现配送服务目标应具备的设施、设备及相关设施、设备的管理、操作标准等条款。

6. 交货条款。该条款既包括用户将货物交付给配送人的环节，也包括配送人将货物交付给用户或其指定的其他人的环节，双方应就交货的方式、时间、地点等进行约定。

7. 检验条款。货物检验发生在两个环节：一是用户将货物交付给配送人时的验收，二是配送人将货物交付给用户或其指定的其他人时的验收。检验条款应规定验收时间、检验标准以及验收时发现货物残损的处理方法。

8. 配送费及支付条款。该条款主要规定配送人服务报酬的计算依据、计算标准以及配送费支付的时间和支付方式等。

9. 合同期限条款。合同期满后，双方可以就合同约定价格再行协商，在同等条件下优先续签。

10. 合同变更与终止条款。

11. 违约责任条款。

12. 争议解决条款。

（二）销售配送合同的主要内容

销售配送合同是商物合一的合同，其中关于配送服务部分的条款与配送服务合同基本相同，而关于转移标的物所有权部分的条款与买卖合同相似。具体来说，应该包括以下内容：当事人的名称和地址；商品名称和品质条款；加工条款，双方关于配送人对商品进行拣选、组配和包装等的约定；送货条款，约定配送人送货的数量、批次、送货的时间、地点等；检验条款；价格与报酬条款，约定配送人向用户出售商品的价格和配送服务报酬的计算；结算条款；合同变更与终止条款；违约责任条款；争议解决条款。

三、物流配送活动中物流企业的权利和义务

物流企业与用户签订的配送合同的种类不同,物流企业在合同关系中的法律地位也就不同,相应地物流企业在合同关系中的权利义务也就不同。

(一)物流企业在配送服务合同中的权利和义务

1. 物流企业在配送服务合同中的权利

(1)要求用户支付配送费的权利。这是物流企业最主要的权利,是物流企业订立配送合同的目的所在。

(2)要求用户按照约定提供配送货物的权利。由于物流企业配送的原始货物都是由用户提供的,因此物流企业有权要求用户按约定提供原始货物。

(3)要求用户及时接收货物的权利。物流企业将货物运送到用户指定的地点后,有权要求用户指定相应人员及时接收货物,并与物流企业办理货物交接手续。用户迟延接收货物造成物流企业损失的,应承担赔偿责任。

(4)要求用户协助的权利。物流企业按约定履行义务时,很大程度上需要用户的协助,用户应向物流企业提供有关配送业务的单据文件。

2. 物流企业在配送服务合同中的义务

(1)安全、及时供应的义务

安全性和准时性是物流企业的首要义务。物流配送的一个重要意义就是提高用户的供应保证能力,用最小的成本降低供应不及时的风险,减少由此造成的生产损失或对下家承担的违约责任。在配送中,物流企业应对每一用户负责,不能以其向其他用户配送为由,来免除其对某一用户的违约责任。

(2)按照约定理货的义务

物流企业的理货对商品具有增值的功能,物流企业必须严格按照用户的要求对货物进行加工,使货物最终以用户希望的形态被送至指定地点。

(3)妥善保管的义务

物流企业从接收货物时起,至交付货物时止的全过程,应当以一个合理谨慎的所有人的注意,妥善地照看、保护、管理货物,以保证货物的数量和质量。

(4)告知义务

物流企业在履行配送合同的过程中,应将履行的情况、可能影响用户利益的事件等,及时、如实地告知用户,以便用户采取合理的措施防止或减少损失的发生,否则物流企业应承担相应的责任。

(二)用户在配送服务合同中的权利和义务

1. 接受配送服务

配送人按照约定将货物运送到用户的指定地点时,用户应当及时接受配送服务,并与配送人办理配送货物的交接手续。在履行接受配送服务义务时,用户应当一方面要采取一切理应采取的行动,以便配送人交付货物;另一方面要及时接收货

物。用户迟延接受配送服务造成配送人损失的，应当承担相应责任。

2. 及时检验配送服务质量

及时检验配送货物和配送服务的各项指标，以便确定配送人的配送服务质量和相关的法律责任。按照约定检验货物是用户的权利，也是用户的义务。根据合同的约定或法律的规定，用户未及时检验货物的，视为用户接受了符合合同所规定的货物，用户对配送服务质量的异议权也消灭。

在配送服务合同中，用户检验的范围主要涉及货物的数量、货物库存包装的破损状况、配送服务的及时性、配送服务的准确性等相关服务内容；如果货物本身还涉及配送人加工、包装的，检验范围还涉及货物加工、包装部分质量和数量等内容。由于货物是用户交付配送人保管的，对于货物自身的内存质量问题，配送人原则上不承担责任。在配送服务合同中，应规定用户检验货物的时间、地点和方式以及未及时检验的法律后果。

3. 支付配送费用

配送服务合同是有偿合同，配送人提供了配送服务后，用户应当支付配送费即配送服务费。在配送服务活动中，配送费是配送人提供货物保管、加工、包装、运送等服务的劳务报酬。按照约定支付配送费，是用户在配送服务合同中的基本义务。

为了顺利地履行此项义务，在合同中应当明确约定配送费的支付时间、地点和支付方式。配送项目中的配货、包装、运输、送货等服务费用原则上应分别计算。同时，为了保障配送人的利益，增强用户履约意识，合同中还可约定违反支付配送费义务的违约责任。

4. 提供配送货物

配送服务是商物分离的物流模式，配送货物属于用户所有，配送人仅仅提供配送服务。提供配送货物是配送服务的前提和基础，也直接关系到仓储的使用率和配送的效率。如果用户未按约定送货物，会增加仓储的闲置和运输能力的浪费。因此，用户应当按照约定向配送人提供配送货物。在配送服务合同中，除了明确规定用户提供配送货物的义务外，还要约定用户相关的违约责任。

5. 履行协助

配送人提供配送服务，在很大程度上要依赖用户的协助配合。用户履行协助的义务，可以是合同规定的义务，也可以是根据诚信原则产生的法定义务。例如，用户将货物交付配送人保管或者运输时，应当提供货物的品名、型号、数量等相关资料；对于特殊货物如危险货物和对货物保质有特殊要求的，用户应当提供充分的说明，以便配送人采取合理措施。

（三）物流企业在销售配送合同中的权利和义务

1. 物流企业在销售配送合同中的权利

（1）要求用户支付配送费的权利。这是物流企业在销售配送合同中的最基本的权利。

(2)要求用户及时受领货物的权利。

(3)要求用户协助的权利。

2. 物流企业在销售配送合同中的义务

(1)及时提供符合各方约定货物的义务

销售配送合同对交付货物的时间性要求较高,物流企业除了在配送环节应安排好相关事务外,在组织货源环节也应充分考虑其时间性。物流企业违反此项义务,应向用户承担更换货物、退货、减价、赔偿损失等买卖合同中的责任。

(2)转移货物所有权的义务

这也是销售配送合同与配送服务合同最大的区别。物流企业除了向用户提供配送服务,还要将货物的所有权由己方转移给用户,实现货物所有权的转移。

(3)告知义务

物流企业在履行销售配送合同的过程中,应将履行的情况、可能影响用户利益的事件等,及时、如实地告知用户,以便用户采取合理的措施防止或减少损失的发生,否则物流企业应承担相应的责任。

(四)用户在销售配送合同中的权利和义务

1. 接受配送服务和接收货物

配送人按照约定将货物运送到用户的指定地点时,用户应当及时接受配送服务,并与配送人办理配送货物的交接手续。在履行接受配送服务和货物时,用户应当一方面要采取一切理应采取的行动,以便配送人交付货物;另一方面要及时接收货物。用户迟延接受配送服务造成配送人损失的,应当承担相应责任。

2. 及时检验配送货物和配送服务质量

及时检验配送货物和配送服务的各项指标,以便确定配送人的配送服务质量和货物质量是否符合合同的规定。按照约定实施检验是用户的权利,也是用户的义务。根据合同的约定或法律的规定,用户未及时检验货物的,视为用户接受了符合合同所规定的货物和配送人提供了符合合同所要求的配送服务。

值得注意的是,在销售配送合同中,用户检验的范围不但涉及配送服务的质量和配送货物的数量,而且还涉及配送货物是否符合合同的质量标准。对配送货物进行检验,应当是用户检验权中最主要的内容。

3. 按照约定支付配送费

在销售配送活动中,支付配送费是用户的基本合同义务。由于销售配送合同除了配送服务外,还包括货物买卖内容,配送费包括配送服务费和货物价款两项内容。为了顺利地履行此项义务,在合同中应当明确约定配送费的支付时间、地点和支付方式以及违反规定时应当承担的违约责任。

4. 配送人提供配送服务同样依赖于用户的协助配合

用户履行协助的义务，可以是合同规定的义务，也可以是根据诚信原则产生的法定义务。用户协助义务的范围比较多，包括了配送服务中的相关内容。同时，在销售配送活动中，用户没有充足的库存，而是根据用户的信息及时组织货源。因此根据合同的规定提前向配送人提供其所需要采购的货物的品名、型号、数量等相关信息，自然成为用户的一项重要义务。

第八章　货物装卸搬运法律制度

第一节　货物装卸搬运概述

一、装卸搬运的概念

(一)装卸搬运的概念

货物装卸,是指在指定地点以人力或者机械将货物装入运输设备或者从运输设备卸下物品的活动;货物搬运,是指在同一场所将物品进行水平移动,以改变物的空间位置的活动。[1] 装卸搬运是指在同一地域范围内以改变物的存放、支撑状态的活动。一般情况下,“装卸”或者“搬运”也包含了“装卸搬运”的完整含义。

(二)装卸搬运的分类

根据不同的标准装卸搬运可进行不同的分类:

1. 按作业场所不同可分为:

(1)仓库、配送中心装卸搬运。仓库、配送中心装卸搬运即是指铁路车辆和汽车在厂矿或储运业的仓库、理货场、集散点等处所进行装运搬卸作业。

(2)港口货物装卸搬运。港口货物装卸搬运即指在港口进行的各种装卸搬运作业。

(3)铁路货物装卸搬运。铁路货物装卸搬运即在铁路车站进行的装卸搬运作业。

(4)汽车货物装卸搬运。汽车货物装卸搬运一般是指一次装卸批量不大,直接利用装卸作业达到车与物流设施之间的货物过度的目的。

2. 按货物形态不同可分为:

(1)单个物品装卸搬运。单个物品装卸搬运即以箱、袋等包装形态名称的物品装卸或者是长、大、笨、重货物的装卸。

(2)集装货物装卸搬运。集装货物装卸搬运即为了装卸托盘、集装箱等集装货物而使用的设备名或冠以集合包装等名称的装卸。

---

〔1〕 参见《中华人民共和国国家物流标准术语》。

(3)散装货物装卸。散装货物装卸即对块状、粒状、粉末状或液体等货物直接向运输设备、货物装运设备或储存设备的装取与出入库的装卸。

此外,装卸搬运还可按物流设施属性分为自用和公用物流设施的装运搬卸。按装卸搬运机械及机械作业的方式不同,装卸搬运可分为使用“吊上吊下”方式,使用叉车的“叉上叉下”方式,使用半挂车或者叉车的“滚上滚下”方式,“移上移下”方式及散装方式等。

二、装卸搬运的作用

装卸搬运是随运输和保管而产生的必要物流活动,是与运输、保管、包装、流通加工等物流活动进行衔接的中间环节,以及在保管等活动中为进行检验、维护、保养所进行的装卸活动,如货物的装上卸下、移送、拣选、分类等。在物流活动的全过程中,装卸搬运活动是频繁发生的。对装卸搬运的管理,主要是对装卸搬运方式、装卸搬运机械设备的选择和合理配置与使用以及装卸搬运合理化,尽可能减少装卸搬运次数,以节约物流费用,获得较好的经济效益。装卸搬运在物流活动中的作用主要有以下几点:

1. 装卸搬运是物流中附属、伴随性的活动。装卸和搬运不是独立存在的,通常伴随着仓储和运输的发生,它是物流中附属、伴随性的活动。

2. 装卸搬运是物流中支持性、保障性的活动。装卸搬运虽然具有附属性,但是它可以为其他物流环节提供支持和保障,没有装卸搬运活动,就不能将货物进行运输和仓储;如果装卸搬运不当,可能会导致产品物流下一步环节的不方便。

3. 装卸搬运是物流中衔接性的活动。装卸搬运是连接物流各环节的桥梁,是物流各功能之间能否形成有机联系的关键,是建立一个有效的物流系统的关键环节。

三、物流企业在装卸搬运作业中的法律地位

物流企业在搬运装卸中,根据操作方式的不同,其所具有的法律地位也不同。

(一)物流企业根据合同亲自完成装卸搬运活动时的法律地位

物流企业根据物流服务合同的要求需要完成装卸搬运活动并且亲自完成时,其在装卸搬运过程中处于装卸搬运经营人的地位,物流企业根据物流服务合同及相关法律法规享有权利和承担义务。

(二)物流企业不亲自完成装卸搬运活动时的法律地位

物流企业根据物流服务合同的要求需要完成装卸搬运活动,但不亲自完成时,此时物流企业是通过在装卸搬运作业过程中委托专业的装卸公司实际完成装卸作业,从而处于装卸搬运作业委托人的地位,物流企业根据物流服务合同、装卸作业合同及相关法律法规享有权利和承担义务。

第二节 港站经营人的法律地位和责任

一、港站经营人的概念

根据1991年《联合国国际贸易运输港站经营人赔偿责任公约》第1条(a)款规定:"运输港站经营人"(下称"经营人")是指在其业务过程中,在其控制下的某一区域内或在其有权出入或使用的某一区域内,负责接管国际运输的货物,以便对这些货物从事或安排从事与运输有关的服务的人。但是,凡属根据适用于货运的法律规则身为承运人的人,不视为经营人。

由以上定义可以看出,港站经营人主要包括港口码头、内陆车站、机场货运中心的经营者以及经营仓储、装卸、搬运工作的其他人。由于港站经营人大多数从事连接各种运输方式和运输站点的货物搬运装卸活动,而且大多数的物流企业会将货物在这些港站范围内的装卸搬运委托给这些专业经营者来进行,因此,港站经营人是我们在此讨论的装卸搬运活动的最主要的主体。[2]

二、港站经营人的法律地位

港站经营人作为专业从事货物装卸搬运以及其他服务的经营者,他们的活动对物流有着重要的影响,因此我们有必要明确港站经营人在物流法律关系中的地位和责任。港站经营人法律地位的确定,与国际贸易和运输发展有密切的关系,随着物流业的发展使得港站经营人所经营的传统业务由单一的装卸向多元化发展,人们对港站经营人的经营活动和法律地位也有了新的规范和认识。

我们可以从以下几方面明确港站经营人的法律地位:

1. 港站经营人既非贸易合同当事人,也非运输合同当事人。港站经营人既不直接从事货物运输活动,也不从事国际贸易活动,因此他既不是运输合同的当事人,也不是国际货物买卖合同的当事人。

2. 港站经营人有权与船舶经营人、货主及其他要求提供服务的人订立服务合同,接收委托为上述主体提供装卸搬运、仓储、堆放、简单加工等服务。

3. 港站经营人可以根据委托人授权,充当代理,为委托方进行与港站自身经营活动无关的交易。港站经营人具有独立的经营主体资格,因此他可以按照法律规定进行代理活动。

4. 港站经营人对责任期间内所发生的货物灭失或损坏承担赔偿责任,根据有关法律规定可以免责的情况除外。

5. 港站经营人可能同时受多个服务合同制约。港站经营人可能接收很多主体

---

〔2〕 徐康平:《现代物流法导论》,中国物资出版社2007年版,第178页。

的不同委托为这些主体提供不同的服务，因此港站经营人会同时履行多个服务合同，受多个服务合同的制约。

6. 港站经营人的行为受各国国内相关法规、行业规范及惯例的制约。

三、港站经营人的责任

关于港站经营人的责任问题，目前最有代表性的立法是 1991 年《联合国国际贸易运输港站经营人赔偿责任公约》（以下简称《公约》）。该公约是 1991 年 4 月 19 日联合国国际贸易法委员会召开专门会议讨论通过的，尽管该公约至今尚未生效，但各国对港口经营人方面的法律规范与赔偿责任大都借鉴了该公约的精神。

（一）相关定义

《公约》第 1 条专门规定了相关定义，如下：

1. “运输港站经营人”（下称“经营人”）是指在其业务过程中，在其控制下的某一区域内或在其有权出入或使用的某一区域内，负责接管国际运输的货物，以便对这些货物从事或安排从事与运输有关的服务的人。但是，凡属根据适用于货运的法律规则身为承运人的人，不视为经营人。

2. 在货物组装于集装箱、托盘或类似的运输器具中时或经包装时，“货物”包括这类运输器具或包装，只要其不是由经营人所提供。

3. “国际运输”是指在经营人接管货物时确定其启运地和目的地位于两个不同国家的任何货物运输。

4. “与运输有关的服务”包括诸如堆存、仓储、装货、卸货、积载、平舱、隔垫和绑扎等服务。

5. “通知”是指发出的一项通知，其所用形式应提供其中所载资料的记录。

6. “请求”是指作出的一项请求，其所用形式应提供其中所载资料的记录。

（二）适用范围

《公约》第 2 条规定了公约的适用范围，如下：

1. 本公约在有下列情形之一时，适用于对国际运输的货物所从事的、与运输有关的服务：(1) 从事与运输有关的服务的经营人的营业地位于一缔约国内，或者 (2) 与运输有关的服务在一缔约国内进行，或者 (3) 按照国际私法规则，与运输有关的服务受到一缔约国法律的制约。

2. 如果经营人有一个以上的营业地，则以与整个有关运输的服务关系最密切的营业地为其营业地。

3. 如果经营人没有营业地，则以其惯常居所为准。

（三）港站经营人的责任期间

《公约》第 3 条规定了港站经营人的责任期限：经营人从其接管货物之时起，至其向有权提货的人交付货物或将货物交由该人处理之时止，应对货物负责。

(四)港站经营人的赔偿责任

1.赔偿责任依据

《公约》第5条规定了赔偿责任依据:

(1)如果在第3条规定的经营人应对货物负责的期限内发生灭失、损坏或迟延的事情,则经营人应对由于货物灭失或损坏以及交货迟延所造成的损失负赔偿责任,除非他证明他本人、其受雇人或代理人或经营人为了履行与运输有关的服务而利用为其服务的其他人,已采取一切所能合理要求的措施来防止有关事情的发生及其后果。

(2)如果经营人、其受雇人或代理人或经营人为了履行与运输有关的服务而利用为其服务的其他人,未采取第(1)款所指的措施,而又由另一原因造成灭失、损坏或迟延,则经营人仅对因未采取措施而引起的那种灭失、损坏或迟延所造成的损失负赔偿责任。但经营人须证明不能归因于未采取措施而造成的损失的数额。

(3)交货迟延,发生在经营人未能在明确约定的时间内,或在无这种约定的情况下,未能在收到有权提货的人的交货要求后一段合理时间内,将货物交付给该人或交由该人处理的场合。

(4)如果经营人在明确约定的交货日期后连续30天的一段时间内,或在无这种约定的情况下,在收到有权提货的人的交货要求后连续30天的一段时间内,未能向有权提货的人交付货物或将货物交由其处理,则有权就货物灭失提出索赔的人即可将该货物视为灭失。

从以上几条可以看出,公约对港站经营人的赔偿责任适用的是过错责任原则,即港站经营人在存在过错的情况下,才对其造成的损失承担赔偿责任。另外,由于在事故发生当时货主在现场的可能性很小,所以港站经营人必须负举证责任,证明损害并不是由于其本人或者雇用人员或者代理人的过错造成的,或者已经按照合同履行了应尽的义务仍无法避免损害的发生,否则将要承担赔偿责任,也就是说港站经营人承担的是推定过失责任。

2.赔偿责任限额

《公约》第6条规定了赔偿责任限额问题,具体如下:

(1)经营人按照第5条的规定对由于货物灭失或损坏而引起的损失所负赔偿责任以灭失或损坏货物的毛重每公斤不超过8.33计算单位的数额为限。但是,若货物系海运或内陆水运后立即交给经营人,或者货物系由经营人交付或待交付给此类运输,则经营人按照第5条的规定对由于货物灭失或损坏而造成的损失所负赔偿责任,以灭失或损坏货物的毛重每公斤不超过2.75计算单位为限。本款中的海运和内陆水运包括港口内的提货和交货。如部分货物的灭失或损坏影响到另一部分货物的价值,则在确定赔偿责任限额时,应计及遭受灭失或损坏的货物和其价值受到影响的货物加在一起的总重量。

(2)经营人按照第5条的规定对交货迟延应负的赔偿责任,以相当于经营人就所迟交货物提供的服务所收费用两倍半数额为限,但这一数额不得超过对包含该货物在内的整批货物所收费用的总和。

(3)在任何情况下,经营人按照第(1)款和第(2)款所承担的赔偿总额不应超过根据第1款规定就引起货物全部灭失所确定的赔偿责任限额。

(4)经营人可同意超过第(1)款、第(2)款和第(3)款所规定的赔偿责任限额。

3. 赔偿责任限额权利的丧失

《公约》第8条规定了港站经营人赔偿责任限额权利的丧失,具体如下:

(1)如经证明,货物的灭失或损坏或迟延交付系因经营人本人或受雇人或代理人有意造成这种灭失、损坏或迟延的行为或不为所造成,或明知可能造成这一灭失、损坏或迟延而轻率地采取的行为或不为所造成,则经营人无权享受第6条规定的限制责任的权利。

(2)虽有第7条第(2)款的规定,如经证明,货物的灭失、损坏或迟延系因经营人的受雇人或代理人或经营人为进行与运输有关的服务而用其服务的其他人有意造成这一灭失、损坏或迟延的行为或不为所造成,或在明知可能造成这种灭失、损坏或迟延而轻率地采取行为或不行为所造成,则该受雇人、代理人或其他人无权享受第6条规定的限制赔偿责任的权利。

另外,为避免港站经营人以责任限制作为抗辩,致使自己的损失得不到充足的补偿,货主通常会以侵权为由提起诉讼。根据各国侵权行为法的规定,侵权法律关系中的受害方通常可以获得较为充足的补偿。

(五)关于货物的留置权

《公约》第10条对货物的担保权中规定了港站经营人对所掌握的货物的留置权,具体如下:

经营人有权扣留货物,以便索取在他对货物负责期间及其后期间由他对货物进行的与运输有关的服务而应收取费用和索赔。但本公约的任何规定并不影响根据适用的法律关于扩大经营人对货物的担保权的任何合同安排的效力。

如果对索偿数额已提供足够担保,或如已向双方同意的第三方或向经营人营业地所在国某一官方机构存入一笔相等数额的款项,则经营人无权扣留货物。

为了取得满足其索偿所需的金额,经营人有权在货物所在国法律允许范围内出售他已行使本条所定扣押权的全部或部分货物。

在对货物行使任何出售权之前,经营人应作出合理努力将出售的意向通知货主、将货物交给经营人的人和有权向经营人提货的人。经营人应当适当地报告出售货物所获收益减去经营人应得金额和合理的出售费用后的结余情况。

(六)灭失、损坏或迟延的通知

《公约》第11条规定了灭失、损坏或迟延的通知,如下:

除非在不迟于经营人向有权提货人交货之日以后的第三个工作日,即将货物的灭失或损坏通知经营人,具体说明这种灭失或损坏的一般性质,则这一交货就是经营人按其依据第 4 条第(1)款(b)项出具的单据中所述情况交货的初步证据,如未出具这种单据,则是按完好状况交货的初步证据。

在灭失或损坏并不明显的情况下,如未在货物到达最终接受人之日以后连续 15 天内向经营人发出通知,但并不迟于向有权提货人交货之日后连续 60 天发出通知,第(1)款的规定相应地适用。

如果经营人向有权提货人交货时参与了对货物的检验或检查,则无须就检验或检查期间确定的灭失或损坏向经营人发出通知。

在货物实际发生灭失或损坏或有发生灭失或损坏之虞的情况下,经营人、承运人和有权提货的人必须相互给予对货物进行检查和清点的一切合理便利。

除非在向有权提货的人交货之日后连续 21 天内向经营人发出通知,否则对迟延交货造成的损失不予补偿。

(七)诉讼时效

《公约》第 12 条规定了诉讼时效问题,具体如下:

如未在两年期间提起司法诉讼或仲裁,根据本公约的任何诉讼即失去时效。

时效期限自经营人将全部或部分货物交给有权提货的人或将货物交由他支配之日开始,或在货物全部灭失的情况下,自有权提出索赔要求的人收到经营人发出的关于货物灭失的通知之日开始,或自该索赔人可按第 5 条第(4)款规定将货物视为灭失之日开始,两者以先者为准。

时效期限开始之日不计入该期限内。

经营人可在时效期限内随时向索赔人发出通知,延长时效期限。该期限还可通过再次或多次通知予以继续延长。

即使在以上各款规定的时效期限届满后,承运人或另一人仍可对经营人提出追索诉讼,但该诉讼必须在对承运人或另一人提起的诉讼中承运人或另一人被判定承担责任,或已解决据以提出诉讼的索赔后 90 天内提起,且须在对某一承运人或另一人提出的任何索赔可能导致对经营人提起追索诉讼时,在提出索赔后的一段合理时间内,已就提出索赔之事,向经营人发出了通知。

第三节 不同运输方式装卸作业中的法律规范

一、港口装卸搬运作业中的法律规范

(一)《港口货物作业规则》概述

《港口货物作业规则》是由交通运输部颁布的一个部门规章,它填补了我国在

港口货物作业方面的法律空白。它除了规定国内运输货物的港口作业外,还调整国际贸易运输货物的港口作业的法律关系。

1. 适用范围

该规则适用于在中华人民共和国境内,为水路运输货物提供的装卸、驳运、储存、装拆集装箱等港口作业。理解该条应注意以下几点:

(1)《港口货物作业规则》只适用于水运货物港口作业。港口作业一般包括三方面内容:一是为船舶提供相应的服务;二是为货物的通过提供相应的服务;三是为旅客提供上下船和候船服务。其中,只有港口货物作业才是《港口货物作业规则》所调整的内容。

(2)《港口货物作业规则》所用的"水路运输"不仅包括国内水路货物运输,还包括国际海上货物运输。

(3)港口作业的内容除了装卸、驳运、储存和装拆集装箱等主要作业项目外,也包括水上过驳和换装货物的分拣、混合、制作标志、更换包装、灌包、拆包、捆绑、加固以及水路货物运输所需的其他各项服务。

2. 港口货物作业合同的概念

港口货物作业合同,是指港口经营人在港口对水路运输货物进行装卸、驳运、储存、装拆集装箱等作业,作业委托人支付作业费用的合同。[3] 其中,港口经营人,是指与作业委托人订立作业合同的人。作业委托人,是指与港口经营人订立作业合同的人。货物接收人,是指作业合同中,由作业委托人指定的从港口经营人处接收货物的人。港口货物作业合同时双务有偿合同、不要式合同、无名合同。

3. 港口货物作业合同的形式和主要内容

订立港口货物作业合同可以采用书面形式、口头形式和其他形式。其中,书面形式是指合同书、信件和数据电文(包括电报、电传、传真、电子数据交换和电子邮件)等可以有形地表现所载内容的形式。

港口货物作业合同一般包括以下条款:作业委托人、港口经营人和货物接收人名称;作业项目;货物名称、件数、重量、体积(长、宽、高);作业费用及其结算方式;货物交接的地点和时间;包装方式;识别标志;船名、航次;起运港(站、点)(以下简称起运港)和到达港(站、点)(以下简称到达港);违约责任;解决争议的方法。

(二)《港口货物作业规则》确定的港口经营人的义务

1. 港口经营人应当按照作业合同的约定,根据作业货物的性质和状态,配备适合的机械、设备、工属具、库场,并使之处于良好的状态。这是完成港口作业合同的必备条件。

2. 港口经营人应当按照作业合同的约定接收货物,港口经营人接收货物后应

---

[3] 方仲民、赵继新:《物流法律法规基础》,机械工业出版社2007年版,第125页。

当签发用以确认接收货物的收据。但对运输货物在装卸作业之后立即提离港区的，由于货物基本上不在港口经营人的掌控之下，因而无须签发收据。

3. 港口经营人应当妥善地保管和照料作业货物。经对货物的表面状况检查，发现有变质、滋生病虫害或者其他损坏，应当及时通知作业委托人或者货物接收人。

4. 港口经营人应当在约定期间或者在没有这种约定时在合理期间内完成货物作业。港口经营人未能在约定期间或者合理期间内完成货物作业造成作业委托人损失的，港口经营人应当承担赔偿责任。

《港口货物作业规则》确立了港口经营人的严格责任制，表现为《港口货物作业规则》第45条规定"港口经营人对港口作业合同履行过程中货物的损坏、灭失或延迟交付承担损害赔偿责任，同时规定了8项免责事由"。对于为海上运输货物提供的港口作业过程中造成的货物灭失、损坏或迟延交付，港口经营人不能再享受责任限制。使得港口经营人在为海上运输货物提供的装卸、驳运、储存、装拆箱等业务中由于不能免责的原因造成的货物灭失或损坏，必须要按照实际损失给予赔偿。

二、铁路装卸搬运作业中的法律规范

（一）铁路装卸搬运作业概述

我国调整铁路货物运输装卸搬运的规范性文件包括《铁路装卸作业标准》、《铁路货物运输管理规则》、《铁路装卸作业安全技术管理规则》等。其中，《铁路货物运输管理规则》中第四节专门规定了装车和卸车。

（二）物流企业在铁路装卸搬运作业中的义务

1. 装运货物要合理使用货车，车种要适合货种，除规定必须使用棚车装运的货物外，对怕湿或易于被盗、丢失的货物，也应使用棚车装运。

2. 铁路组织装车时，车站应做到：(1)装车前，认真检查货车的车体(包括透光检查)、车门、车窗、盖阀是否完整良好，有无扣修通知、色票、货车洗刷回送标签或通行限制，车内是否干净，是否被毒物污染。装载粮食、医药品、食盐、鲜活货物、饮食品、烟草制品以及有押运人押运的货物等时，还应检查车内有无恶臭异味。要认真核对待装货物品名、件数，检查标志、标签和货物状态。对集装箱还应检查箱内装载情况，检查箱体、箱号和封印。(2)装车时，必须核对运单、货票、实际货物，保证运单、货票、货物"三统一"。要认真监装，做到不错装、不漏装，巧装满载，防止偏载、偏重、超载、集重、亏吨、倒塌、坠落和超限。对易磨损货件应采取防磨措施，怕湿和易燃货物应采取防湿或防火措施。装车过程中，要严格按照《铁路装卸作业安全技术管理规则》有关规定办理，对货物装载数量和质量要进行检查。(3)装车后，认真检查车门、车窗、盖、阀关闭及拧固和装载加固情况。需要填制货车装载清单及标画示意图的，应按规定填制。需要施封的货车，按规定施封。需要插放货车表示牌的货车,应按规定插放。对装载货物的敞车,要检查车门插销、底开门搭扣和篷布苫盖、捆绑情况。篷布不得遮盖车号和货车表示牌。装载超限、超长、集重货物,应按装载加固定型方案或批准的装载加固方案检查装载加固情况。对超限货物,还应对照铁路局、分局的批示文电,核对装车后尺寸。

3. 铁路组织卸车时,车站应做到:(1)卸车前,认真检查车辆、篷布苫盖、货物装载状态有无异状,施封是否完好。(2)卸车时,必须核对运单、货票、实际货物,保证运单、货票、货物"三统一"。要认真监卸,根据货物运单清点件数,核对标记,检查货物状态。对集装箱货物应检查箱体,核对箱号和封印。严格按照《铁路装卸作业安全技术管理规则》及有关规定作业,合理使用货位,按规定堆码货物。发现货物有异状,要及时按章处理。(3)卸车后,应将车辆清扫干净,关好车门、车窗、阀、盖,检查卸后货物安全距离,清理线路,将篷布按规定折叠整齐,送到指定地点存放。对托运人自备的货车装备物品和加固材料,应妥善保管。

三、公路装卸搬运作业中的法律规范

(一)公路装卸搬运作业概述

我国调整铁路货物运输装卸搬运的规范性文件包括《公路货物运输合同实施细则》和《汽车货物运输规则》等。其中《汽车货物运输规则》第四章公路装卸搬运作业的规则。

(二)物流企业在公路装卸搬运作业中的义务

1. 搬运装卸人员应对车厢进行清扫,发现车辆、容器、设备不适合装货要求,应立即通知承运人或托运人。

2. 搬运装卸作业应当轻装轻卸,堆码整齐;清点数量;防止混杂、撒漏、破损;严禁有毒、易污染物品与食品混装,危险货物与普通货物混装。

3. 对性质不相抵触的货物,可以拼装、分卸。

4. 搬运装卸过程中,发现货物包装破损,搬运装卸人员应及时通知托运人或承运人,并做好记录。

5. 搬运装卸危险货物,按交通部《汽车危险货物运输、装卸作业规程》进行作业。

6. 搬运装卸作业完成后,货物需绑扎苫盖篷布的,搬运装卸人员必须将篷布苫盖严密并绑扎牢固;由承、托运人或委托站场经营人、搬运装卸人员编制有关清单,做好交接记录;并按有关规定施加封志和外贴有关标志。

7. 货物在搬运装卸中,承运人应当认真核对装车的货物名称、重量、件数是否与运单上记载相符,包装是否完好。包装轻度破损,托运人坚持要装车起运的,应征得承运人的同意,承托双方需做好记录并签章后,方可运输,由此而产生的损失由托运人负责。

8. 货物运达目的地后,承运人知道收货人的,应及时通知收货人,收货人应当

及时提(收)货物。

第四节 集装箱码头装卸搬运作业的特殊规定

一、集装箱码头装卸搬运作业概述

集装箱码头装卸搬运作业所涉及的法律法规,在法律层面上的有《中华人民共和国民法通则》、《中华人民共和国合同法》;在行政法规、部门规章层面中包括交通部2002年颁布的《中华人民共和国国际海运条例》和2003年颁布的《中华人民共和国国际海运条例实施细则》;国际公约包括《1972年国际集装箱安全公约》(CSC)。

集装箱码头装卸搬运是指集装箱船舶装卸以及集装箱船舶装卸作业前后所进行的一系列作业。主要包括集装箱装卸船作业、堆场作业、货运站作业。其中,集装箱装卸船作业是指将集装箱装上、卸下船舶的作业;堆场作业是指对集装箱在堆场内进行装卸搬运等的作业;货运站作业是指散货集中装箱、拆箱的集装箱业务。

二、集装箱码头装卸船作业的特殊规定

与普通码头装卸搬运相比,集装箱码头的装卸船作业有一些特殊的要求:

1. 集装箱所有人、经营人应当做好集装箱的管理和维修工作,定期进行检验,以保证提供适宜于货物运输的集装箱。

2. 应使装卸机械及工具、集装箱场站设施处于良好的技术状态,确保集装箱装卸、运输和堆放的安全。

3. 委托他人进行港口集装箱码头搬运作业时,应填制"港口集装箱作业委托单",委托人应保证货物的名称、性质、数量、重量、体积、包装、规格与委托作业单记载相符。委托作业的集装箱货物必须符合集装箱装卸搬运的要求,标志应当明显清楚。由于申报不实给港口经营人造成损失的,物流企业应当负赔偿责任。

4. 适用集装箱运输和装卸危险货物,必须严格遵守《国际海上危险货物运输规则》和《集装箱装运包装危险货物监督管理规定》的规定。

第九章　物流保险法律制度

第一节　物流保险法律制度概述

一、保险概述

（一）保险的概念

根据《中华人民共和国保险法》的规定，保险是指投保人根据合同约定，向保险人支付保费，保险人对合同约定的可能发生的事故所造成的财产损失承担赔偿保险金的责任，或者当被保险人死亡、伤残、疾病或者达到合同约定的年龄、期限时承担给付保险金责任的商业行为。从法律角度看，保险是一种合同行为。投保人向保险人缴纳保费，保险人在被保险人发生合同规定的损失时给予补偿，或者当被保险人死亡、伤残、疾病或者达到合同约定的年龄、期限时承担给付保险金的责任。保险具有以下特征：

1. 互助性，即通过保险人用多数投保人缴纳的保险费建立的保险基金对少数受到损失的被保险人提供补偿或给付得以体现。

2. 契约性，即从法律的角度看，保险是一种契约行为。

3. 经济性，即保险是通过保险补偿或给付而实现的一种经济保障活动。

4. 商品性，即保险行为体现了一种等价交换的经济关系。

5. 科学性，保险的科学性是指一种科学处理风险的有效措施。

（二）保险的种类

保险按照不同的划分标准，有不同的分类。

1. 按照保险经营目的划分

按照保险经营目的划分可以分为商业保险和社会保险。商业保险是指由保险公司按照商业经营的原则开办各种保险。社会保险是指国家为实现某种社会政策或保障公民利益而采取的一种经济补偿手段的总称。

2. 按照保险标的划分

按照保险标的划分可以分为财产保险和人身保险。财产保险是指以财产及其有关财产利益为保险标的，主要包括财产损失保险、责任保险、信用保险等。人身保险是指以人的身体和寿命为保险标的，主要包括人寿保险、健康保险、意外伤害保险等。

3. 按照保险实施的形式划分

按照保险实施的形式划分可以分为自愿保险和强制保险。自愿保险是指在自愿的原则下，根据投保人与保险人订立的合同而形成的保险关系。强制保险又称为法定保险，是以国家颁布法律法规的形式来实施的，凡是在法律法规的范围内，必须得全部投保，保险人和投保人双方都没有选择投保或承保的余地。

4. 按照保险人承担责任次序划分

按照保险人承担责任次序划分可以分为原保险和再保险。原保险是指由保险人直接承保业务并与投保人签订保险合同，对于被保险人因保险事故所造成的损失承担直接的原始赔偿责任的保险。再保险是指一方保险人把原承保的部分或全部保险业务转让给另一方保险人承担的保险。

（三）保险的基本原则

1. 最大诚信原则

保险合同当事人订立合同及合同有效期内，应依法向对方提供足以影响对方作出订约与履约决定的全部实质性重要事实，同时信守合同订立的约定与承诺。否则，受到损害的一方，按民事立法规定可以此为由宣布合同无效，或解除合同，或不履行合同约定的义务或责任，甚至对因此而受到的损害还可以要求对方予以赔偿。其内容包括：告知、保证、弃权与禁止反言。

2. 保险利益原则

保险利益是指投保人对保险标的所具有的法律上承认的利益。它体现了投保人与保险标的之间存在的金钱上的利益关系。其确立条件是：保险利益必须是合法的利益，保险利益必须是经济利益，保险利益必须是确定的利益。

3. 损失补偿原则

基本含义有两层：一是只有保险事故发生造成保险标的毁损致使被保险人遭受经济损失时，保险人才承担损失补偿的责任；否则，虽然在保险期限内发生了保险事故，但是被保险人没有遭受损失，就无权要求保险人赔偿。二是被保险人可获得的补偿量，仅以其保险标的遭受的实际损失为限，即保险人的补偿恰好能使保险标的在经济上恢复到保险事故发生之前的状态，而不能使被保险人获得多于或少于损失的补偿，尤其是不能让被保险人通过保险获得额外的利益。损失补偿原则主要适用于财产保险以及其他补偿性保险合同。

4. 近因原则

所谓近因不是指时间上或空间上与损失最接近的原因，而是指造成损失的最直接、最有效、起主导性作用的原因。在保险合同当中，导致保险标的发生损失的风险可能是其中一种原因，有可能是多种原因同时或连续的作用。保险近因原则确立了承保风险与损失之间的关系，成为确定保险人的赔偿责任是否成立以及责任范围的重要依据。

二、物流保险

(一)现代物流业面临的风险

风险是一种形成严重损失的可能性,保险是风险管理的基本方法之一,就投保人而言是转移风险的方法。现代物流业的风险可以概括为合同责任风险和与合同有关的其他风险,主要的合同责任风险包括以下几种:

1. 物流经营人与客户所签合同的责任风险

物流经营人与客户之间的法律责任主要体现于双方所签的合同,目前在签署这类合同中,大客户凭借自己雄厚的经济实力,在谈判中往往处于优势地位,提出一些特别的要求与条件,而物流经营人常常迫于商业上的压力而接受某些苛刻的,甚至是"无理"的条件。合同中订立此类极不合理的条款。例如,在海上货物运输中,承运人通常对货物短少或残损引起的赔偿享受责任赔偿限额,但现代物流经营人在目前物流市场尚不规范的做法中可能面临全额赔偿和不得享受责任限制的情况,而承担非常大的责任,这是值得注意的问题。

对于迟延交付,物流经营人面临着更加严格的要求。现代物流对时间性的要求很高,甚至要适时配送。也就是说现代物流业务要求协助客户控制好存货与配送,做到在正确的时间内将完好无缺的货物以精确的数量送到准确的地点,甚至直接上架出售。所运的货物不仅要求数量正确,还要保证质量,不能出现短少或残损,并在合同中都以明确的条款加以规定。现代物流服务的协议往往涉及数年之久的长期协议,其中的风险有连续性、多发性的特点,无疑加大了物流经营人的风险。

2. 物流经营人与分包商所签合同的责任风险

物流经营人是所有供应链的组织者,其中有的环节由其自己负责,有的环节需要委托分包商来具体实施。物流经营人这样做既是行业惯例也是行业特征。但实践中,物流经营人必须选择资信情况好的分包商,才能做到即降低经营的成本,又可使物流经营人的责任风险降到最低点。因为在与分包商合作中即物流运作的全程中,当客户发生损失时,无论是物流经营人的过失还是分包商的过失,都要由物流经营人先承担对外赔偿责任。尽管物流经营人在赔付后,尚可向负有责任的分包商进行追偿,但由于物流经营人与客户和分包商所签合同分别是背对背的合同,因此管辖地和所适用的法律往往是不一样的,其豁免条款、赔偿责任限额及诉讼时效也是不一样的,致使物流经营人常常得不到全部赔偿。

3. 物流经营人的第三人法律责任风险

物流经营人除基于上述三种合同关系要承担责任外,还基于侵权行为要承担第三人法律责任,而且因第三人责任引起的赔偿有时也是相当惊人的。例如物流经营人用自己拥有的船舶承运客户的货物,一旦发生海事,作为承运人的物流经营人无法免责时,不但要承担货物的货损货差,而且如果对第三人造成了损害,也应该承担责任。物流经营人对第三人的责任随时都有可能发生,其潜在的风险也是不小的。

(二)物流保险的概念

关于物流保险现在还没有明确的定义,在实务中,对物流保险的定义,存在着以下三种观点:[1]

1. 行为说

这种观点认为,对运输、储存、装卸、包装、流通加工、配送、信息处理等物流各个环节的保险进行系统的集成,就是物流保险。这种观点的逻辑是,各环节物流活动的集成是现代物流,相应地,各环节保险的集成就是物流保险。

2. 主体说

这种观点认为,从事物流活动的经济组织即物流企业在物流经营过程中面临着业务风险,能够保障上述风险的保险称为物流保险。这种观点定义物流保险的立足点是物流企业,物流企业属于物流活动的经营主体。

3. 产品说

这种观点认为,物流保险是顺应现代物流的发展潮流而发展起来的一种保险产品,该产品旨在防范现代物流管理中的相关风险。根据物流操作模式的不同,物流保险可以分为物流货物保险和物流责任保险。很显然,这种观点是站在保险公司产品开发的角度上定义物流保险概念的。

笔者比较赞同"产品说",但要明确物流保险的外延,并做扩大解释。物流保险就是指顺应现代物流的发展潮流而发展起来的一系列的保险产品的集合,这一系列保险产品旨在防范现代物流管理中的风险。按照产品结构划分,物流保险可以分为一般性的物流保险条款和专门性的物流保险条款。前者根据物流业务操作模式的不同,又可以分为物流货物保险和物流责任保险。后者根据物流活动各环节的不同,又可以分为货物运输保险、仓储财产保险、吊装作业责任保险、码头作业综合保险等。

(三)物流货物保险和物流责任保险

物流货物保险与物流责任保险分属于不同的保险类型,二者独立发挥保险功能。物流责任保险并非货物保险的加强版。投保物流保险后,并不意味着可以不再投保货物保险。随着综合物流服务的产生,第三方即物流企业办理自身责任保险的同时,越来越多的为货物所有权人代办货物保险。而在投保形式上,二者极为相似。

---

[1] 参见"物流保险的概念界说",载 http://www.clb.org.cn/e/DoPrint/?classid=133&id=24118。

1. 物流货物保险及其附加险

物流货物保险及其附加险是针对第一方和第二方物流方式的保险产品，采取类似预约保险的业务运作方式，为客户提供全面、无缝式的保险保障，保险标的为全部物流货物。除枪支弹药、爆炸物品、现钞、有价证券、票据、文件、档案、账册、图纸外，凡以物流方式流动的货物均可作为本保险合同的保险标的。金银、珠宝、钻石、玉器、贵重金属、古玩、古币、古书、古画、艺术作品、邮票等在事先申报并经保险人认可并明确保险价值后可作为特约保险标的进行投保。它的保障范围综合传统货运保险和财产保险的责任，承保物流货物在运输、储存、加工包装、配送过程中由于自然灾害或意外事故造成的损失和相关费用。

2. 物流责任保险

物流责任保险是针对第三方物流的兴起而开发的。第三方物流企业就委托方交来的物流货物承担着安全存储、流通加工及运输的责任风险，此险种为专业经营第三方物流业务的物流公司提供了全面有效的保障。其责任保障范围包括在经营物流业务过程中依法应由被保险人承担赔偿责任的物流货物的损失。它将运输中承运人的责任以及仓储、流通加工过程中保管人及加工人的责任综合在一起，因此，物流责任保险的风险大于其他单独的责任保险的风险。物流责任保险可以为客户提供第三方所经营的物流业务过程中的全面保障，国际上普遍认为该险种是一种契合现代物流业发展潮流的新型保险产品。

目前，我国物流业广泛应用的保险险种主要是财产保险和货物运输保险。财产保险是承包机器设备、厂房、仓储材料等其他财产的自然灾害和意外事故的风险。而货物运输保险是以运输过程中的货物作为保险标的，保险人承担因自然灾害或意外事故造成损失的一种保险。这两个险种都是针对物流过程中的单个环节进行保险的，因其不够完善而给物流企业带来的损失和困扰是显而易见的。对于物流企业投保人来说，若要降低运营风险，应该选择更合理的险种，其中，物流货物保险、物流责任保险最为直接和重要。

第二节　物流保险合同

一、物流保险合同的概念

（一）物流保险合同的概念

物流保险合同是投保人与保险人约定物流保险中双方的权利义务关系的协议。投保人是指与保险人订立保险合同，并按照保险合同负有支付保险费义务且享有在保险合同约定的事故发生时就保险标的而索赔保险金额权利的人。保险人是指与投保人订立保险合同，并负有赔偿或者给付相应保险金义务的保险公司。

物流保险合同具有比较强的专业性，涉及较多的专业法律术语。

（二）物流保险合同的特征

物流保险合同属于保险合同的一种，具有以下特点：

1. 保险合同是有偿合同。保险合同属于双务合同。保险合同的投保人负有按约定给付保险费的义务，保险人则负有于保险事故发生时理赔保险金的义务。但保险合同中的保险人在投保人给付保险费之后，只有在保险事故发生后才履行保险金给付义务。换言之，保险人履行保险金给付义务以保险事故为停止条件，因此，保险合同是附停止条件的合同。

2. 保险合同是射幸合同。射幸合同是指合同当事人一方的履行行为有赖于偶然事件的发生的协议。保险合同是射幸合同，对投保人来说，其所支付一定数额的保险费，在保险事故发生时，可获得大大超过所付保险费数额的保险金，如果保险事故不发生，则丧失所交付的保险费；对于保险人来说，保险事故发生后，其支付的保险金数额将大大超过保险费的收入，如果保险事故不发生，则获得保险费的利益，而无支付保险金的责任。

3. 保险合同是最大诚信合同。保险合同的诚信度要比一般的合同高，故称为“最大诚信合同”。诚实信用原则要求投保人对订立和履行保险合同过程中的一切重要事实和情况作出真实可靠的陈述，不能有任何隐瞒和虚假。

4. 保险合同是要式合同。各国的保险惯例均将保险合同作成保险单等书面形式，而且在保险立法上亦有规定。我国法律规定，保险合同是采取书面形式的要式合同，换言之，保险合同是以保险单或保险凭证作为保险合同的书面形式的要式合同。

5. 保险合同是附和合同。附和合同则是由一方当事人提出合同的主要内容，另一方则只是作出取与舍的决定，一般没有商议变更的余地。保险合同就是具有这种合同的特点，保险人制定出保险合同的基本条款；投保人依照该条款的内容，或同意、接受，或不同意投保，但无权修改通用的某些条款，如果有必要修改或变更保险合同的某项内容，也只能采用保险人事先准备的附加条款或附属保险单，而不能依自己的意思自由约定保险合同的内容。

二、物流保险合同的主体

（一）保险合同当事人

1. 保险人

保险人，也称承保人，是与投保人订立合同，收取保险费，在保险事故发生时，对被保险人承担赔偿损失责任的人，在我国是专指保险公司。保险人经营保险业务除必须取得国家有关管理部门授予的资格外，还必须在规定的业务范围内，开展业务经营活动。

2. 投保人

投保人,又称要保人、保单持有人,是指与保险人订立保险合同,并负有交付保险费义务的人。投保人对保险标的须有保险利益,即投保人与保险标的具有利害关系。投保人与保险标的如不具有利害关系,订立保险合同则无效。

(二)保险合同的关系人

1. 被保险人

被保险人,指保险事故或事件在其财产或在其身体上发生而受到损失时,享有向保险人要求赔偿或给付保险金的人。被保险人可以是自然人、法人,也可以是其他社会组织,但须具备下列条件:(1)被保险人是保险事故发生时遭受损失的人。一旦发生保险事故,被保险人将遭受损害。在财产保险中,因保险事故发生而导致直接遭受损失的是保险标的,被保险人则因保险标的的损害而遭受财产上的损失。(2)被保险人是享有赔偿请求权的人。由于保险合同可以为他人的利益而订立,因而投保人没有保险赔偿金的请求权,只有请求保险人向被保险人或受益人给付保险赔偿金的权利。

2. 受益人

受益人,又称保险金领受人。受益人是指在人身保险合同中由被保险人或投保人指定的享有赔偿请求权的人。受益人的要件为:(1)受益人是由被保险人或投保人所指定的人,被保险人或投保人应在保险合同中明确受益人。(2)受益人是独立地享有保险金请求权的人。受益人在保险合同中,不负交付保费的义务,也不必具有保险利益,保险人不得向受益人追索保险费。在保险合同期间,受益人可以变更,但必须经被保险人的同意。受益人的变更无须保险人的同意,但应当将受益人的变更事宜及时通知保险人,否则变更受益人的法律效力不得对抗保险人。

(三)保险合同的辅助人

1. 保险代理人

保险代理人,即保险人的代理人,指依据保险代理合同或授权书向保险人收取报酬,并在规定范围内,以保险人名义代理经营保险业务的人。

2. 保险经纪人

保险经纪人是基于投保人的利益,为投保人和保险人订立合同提供中介服务,收取劳务报酬的人。保险经纪人的劳务报酬由保险公司按保险费的一定比例支付。

三、物流保险合同的形式和内容

我国保险合同的书面形式,主要包括投保单、暂保单、保险单、保险凭证和批单。

(一)投保单

投保单是投保人向保险人申请订立保险合同的书面要约。投保单的主要内容包括:1. 投保人、被保险人的姓名、名称和住所;2. 保险标的的名称及存放地点;

3. 保险险别;4. 保险责任的起讫;5. 保险价值和保险金额等,并应告知投保危险的程度或状态等。投保单本身并非正式合同文本,一经保险人接受后,即成为保险合同的一部分。

(二)暂保单

暂保单是保险人或其代理人在签发正式保险单之前出具给被保险人的临时保险凭证。暂保单内容比较简单,只载明被保险人的姓名或名称,承保保险的种类,保险标的等重要事项。

(三)保险单

保险单是保险人与投保人之间订立的保险合同的正式书面凭证,由保险人制作,签章并交付给投保人。保险单应载明保险人责任和双方当事人权利,义务在内的保险合同的全部内容。保险单内容主要表现为保险合同的基本条款。

(四)保险凭证

保险凭证是保险人出具给被保险人以证明保险合同已有效成立的文件。是一种简化的保险单,与保险单具有相同的法律效力。

(五)批单

批单,又称背书,是保险人应投保人或被保险人的要求出具的修订或更改保险单内容的证明文件。

四、物流保险合同双方的权利和义务

(一)保险人的权利和义务

1. 除非法律或合同中事先另有规定,保险人在保险期间不得擅自提出解除合同;当投保人或被保险人违反下述法定或约定义务时,保险人可以解除合同:(1)被保险人违背告知义务;(2)被保险人或投保人违反了保证条件;(3)投保人或被保险人违反保险合同中规定的特定义务,且合同中明确规定其违反这些义务,保险人将有权解除合同。

2. 保险人根据法定或约定事由解除合同时,一般可不退还其已收取的保险费,并有权在其保险期间为承担的保险责任而支付的保险金,向投保人追偿。

3. 在某些情况下,保险人根据合同中双方当事人约定的事由发生时(投保人没有违反约定义务)可解除保险合同,这时保险人应当按日计算未到期的保险费并将其退还投保人。

4. 保险合同成立后,一旦发生保险事故,保险人则应根据保险合同规定,向被保险人支付保险金,保险金的支付主要包括:(1)损失赔偿金,这是根据保险财产的实际损失而定的,但最高以保险金额为限;(2)施救费用,这是指在发生保险责任范围内的灾害或事故时,被保险人为了抢救或保护保险财产而支出的合理费用;(3)诉讼费用,向第三者追偿保险人同意支付的费用;(4)其他有关费用,如为了认定损失是否属保险责任范围,所支付的受损财产的检验、估价、出售的合理费用等。

(二)被保险人的权利和义务

1. 被保险人在财产保险合同规定的保险范围内,遭遇灾害时,有权要求保险方支付规定的保险费用。

2. 交纳保险费。被保险人(投保人)有义务按合同规定,按期、如数交纳保险费用。

3. 尽力保护保险标的。被保险人在保险的财产受到侵害时,有义务采取一切有效措施保护其保险标的安全与完整,并接受保险人对保护措施的检查、监督及合理的建议。

4. 当保险事故发生后,被保险人有义务及时采取行之有效的措施、办法来抢救保险标的,尽可能避免损失的扩大。

5. 被保险人有义务如实申报保险标的的危险状况,当保险标的所受危害程度增加时,应及时通知保险人,以便及时修订收费标准。

6. 移交追偿权。当保险事故的发生是由于第三者的原因引起的时候,保险人在向被保险人给予经济赔偿后,被保险人应将其向第三人请求赔偿的权利移交给保险人,使保险人取得代位请求赔偿的权利。

第三节　海上货物运输保险

一、海上保险的概念

海上保险属于财产保险的范畴,是指保险人对于承保财产因海上风险所造成的损失给予经济补偿的制度。由于海上航运面临着复杂多样的海上风险,海上航运的经营者或者货物所有人需要寻求一种专门的保险保障,以便保护其自身的经济利益。相应地,专门经营海上保险的保险人也就设计了适合投保人需求的海上保险险种,通过与投保人签订海上保险合同,以收取保险费作为对价条件而向被保险人提供保险保障。海上保险的承保风险具有综合性和复杂性,承保标的具有多样性和流动性,承保内容具有多变性和国际性。

二、海上运输货物保险的范围

海上运输货物保险的范围包括承保的风险和承保的损失两大类。

(一)风险

海上货物运输的风险可以分为海上风险和外来风险,风险是造成损失的原因。

1. 海上风险

海上风险也称为海难,是指船舶、货物在海上运输过程中所发生的固有风险。保险人所承保的海上风险包括自然灾害和意外事故。

(1)自然灾害,是指恶劣气候、雷电、洪水、流冰、地震、海啸以及其他人力不可抗拒的灾害,而不是指一般自然力所造成的灾害。

(2)意外事故,主要包括船舶搁浅、触礁、沉没、碰撞、失火、爆炸以及失踪等具有明显海洋特征的重大意外事故。

2. 外来风险

外来风险是指海上风险以外的各种风险,分为一般外来风险和特殊外来风险。

(1)一般外来风险,指偷窃、破碎、渗漏、玷污、受潮受热、串味、生锈、钩损、短量、淡水雨淋等。

(2)特殊外来风险,主要是指由于军事、政治及行政法令等原因造成的风险,从而引起货物损失。如战争、罢工、交货不到、拒收等。

(二)损失

海上货物运输的损失又称海损,指货物在海运过程中由于海上风险而造成的损失,海损也包括与海运相连的陆运和内河运输过程中的货物损失。海上损失按损失的程度可以分成全部损失和部分损失。

1. 全部损失

全部损失又称全损,指被保险货物的全部遭受损失,有实际全损和推定全损之分。实际全损,是指货物全部灭失或全部变质而不再有任何商业价值。推定全损,是指货物遭受风险后受损,尽管未达实际全损的程度,但实际全损已不可避免,或者为避免实际全损所支付的费用和继续将货物运抵目的地的费用之和超过了保险价值。推定全损需经保险人核查后认定。

2. 部分损失

不属于实际全损和推定全损的损失,为部分损失。按照造成损失的原因可分为共同海损和单独海损。

(1)共同海损。在海洋运输途中,船舶、货物或其他财产遭遇共同危险,为了解除共同危险,有意采取合理的救难措施所直接造成的特殊牺牲和支付的特殊费用,称为共同海损。在船舶发生共同海损后,凡属共同海损范围内的牺牲和费用,均可通过共同海损清算,由有关获救受益方(船方、货方和运费收入方)根据获救价值按比例分摊,然后再向各自的保险人索赔。共同海损分摊涉及的因素比较复杂,一般均由专门的海损理算机构进行理算。

(2)单独海损。单独海损是由意外发生的事故而非人为有意行为所引起的,只能由遭受损失的一方单独负担此种损失。该损失仅涉及船舶或货物所有人单方面的利益损失。

按照保险条例,不论担保何种险种,由于海上风险而造成的全部损失和共同海损均属保险人的承保范围。对于推定全损的情况,由于货物并未全部灭失,被保险人可以选择按全损或按部分损失索赔。倘若按全损处理,则被保险人应向保险人提交“委付通知”。把残余标的物的所有权交付保险人,经保险人接受后,可按全损得到赔偿。

三、海上货物运输保险的险别

海上运输货物保险条款所承保的险别,分为基本险别和附加险别两类。

(一)基本险

基本险是指可以独立投保,不必依附于其他险别项下的险别。我国海洋运输货物保险的基本险分为平安险、水渍险和一切险三种。

1. 平安险

平安险的责任范围:(1)被保货物在运输过程中,由于自然灾害造成整批货物的全部损失或推定全损。被保货物用驳船运往或远离海轮的,每一驳船所装货物可视为一整批。(2)由于运输工具遭受意外事故造成货物全部或部分损失。(3)在运输工具已经发生意外事故的情况下,货物在此前后又在海上遭受自然灾害落海而造成的全部分损失。(4)在装卸或转运时,由于一件或数件货物落海造成的全部或部分损失。(5)被保险人对遭受承保范围内的货物采取抢救、防止或减少货损的措施而支付的合理费用,但以不超过该批被救货物的保险金额为限。(6)运输工具遭难后,在避难港由于卸货所引起的损失以及在中途港、避难港由于卸货、存仓以及运送货物所产生的特别费用。(7)共同海损的牺牲、分摊和救助费用。(8)运输合同订有"船舶互撞责任条款",根据该条款规定应由货方船方的损失。

2. 水渍险

水渍险的责任范围除了平安险的各项责任外,还负责被保货物由于恶劣气候、雷电、海啸、地震、洪水等自然灾害造成的部分损失。

3. 一切险

一切险的责任范围除了平安险和水渍险的各项责任的,还负责被保货物在运输途中由于一般外来原因所造成的全部或部分损失。它是三个基本险中责任范围最大的险种。

(二)附加险

附加险别是基本险别责任的扩大和补充,它不能单独投保,附加险别有一般附加险、特别附加险和特殊附加险三种。

1. 一般附加险

一般附加险有11种,包括:偷窃、提货不着险;淡水雨淋险;短量险;渗漏险;混杂、玷污险;碰损、破碎险;串味险;受潮受热险;钩损险;包装破裂险;锈损险。

2. 特别附加险

特别附加险是指由于外来原因引起特殊风险而造成损失的险别。它与一般附加险不同,不包括在一切险中,它必须附属于主要险别项下,该险对因特殊风险造成的保险标的的损失负赔偿责任。

3. 特殊附加险

特殊附加险包括:交货不到险;进口关税险;舱面险;拒收险;黄曲霉素险;卖方利益险;出口货物到香港(包括九龙)或澳门存仓火险责任扩展条款;罢工险;海运战争险等。

特殊附加险与一般附加险的区别在于:(1)两者承保的风险不同。一般附加险承保一般外来风险,如偷窃、雨淋、短量、破碎、串味受潮等;而特殊附加险承保特殊外来风险,如战争、罢工、拒收、交货不到等。(2)一般附加险都包括在一切险中,投保一切险,就不必加保各项一般附加险;而特殊附加险不包括在一切险的范围内,投保人即使投保了一切险亦仍须与保险人进行特别约定,方可将特殊附加险的责任包括在承保范围内。

四、海上货物运输保险的责任期限

按照国际保险业的习惯,海运保险基本险采用的是"仓至仓"条款,即保险责任自被保险货物按照保险单所载明的起运地发货人仓库或储存处所开始生效,包括正常运输过程中的海上、陆上、内河和驳船运输在内,直至该项货物到达保险单所载明目的地收货人的仓库为止,但最长不超过被保险货物卸离海轮后60天。

海上货物运输保险索赔时效,即从被保险货物在最后卸载港全部卸离海轮后起算,最多不超过两年。

五、海上货物运输保险的除外责任

除外责任指保险人不予负责的损失或费用,一般都有属非意外的、非偶然性的或须特约承保的风险。为了明确保险人承保海运保险的责任范围,中国人民保险公司《海洋运输货物保险条款》中对海运基本险别的除外责任有下列五项:

1. 被保险人的故意行为或过失行为所造成的损失。

2. 属于发货人责任所引起的损失。

3. 在保险责任开始前,被保险货物在已经存在的品质不良或数量短差的情况下所造成的损失。

4. 被保险货物的自然损耗、本质缺陷、特性以及市场跌落、运输延迟所引起的损失和费用。

5. 战争险和罢工险条款规定的责任及其险外责任。空运、陆运、邮运保险的除外责任与海运基本险别的险外责任基本相同。

第四节 陆上货物运输保险

一、陆上货物运输保险概述

陆上货物运输保险是指以火车和汽车等陆地运输工具承运的货物为保险标的

的保险。我国现行的陆上运输货物条款规定的运输工具以火车和汽车为限。

二、陆上货物运输保险

我国关于陆上货物运输保险主要适用的是中国人民保险公司发布的《陆上货物运输保险条款》的规定。主要内容如下：

(一)责任范围

陆上货物运输保险分为陆运险和陆运一切险两种。

1. 陆运险

陆运险负责赔偿：(1)被保险货物在运输途中遭受暴风、雷电、洪水、地震自然灾害或由于运输工具遭受碰撞、倾覆、出轨或在驳运过程中因驳运工具遭受搁浅、触礁、沉没、碰撞；或由于遭受隧道坍塌、崖崩或失火、爆炸等意外事故所造成的全部或部分损失。(2)被保险人对遭受承保责任内危险的货物采取抢救，防止或减少货损的措施而支付的合理费用，但以不超过该批被救货物的保险金额为限。

2. 陆运一切险

陆运一切险除包括上列陆运险的责任外，还包括被保险货物在运输途中由于外来原因所致的全部或部分损失。

(二)除外责任

陆运险与陆运一切险对下列损失不负赔偿责任：

1. 被保险人的故意行为或过失行为所造成的损失。

2. 属于发货人责任所引起的损失。

3. 在保险责任开始前，被保险货物已存在的品质不良或数量短差所造成的损失。

4. 被保险货物的自然损耗、本质缺陷、特性以及市价跌落、运输延迟所引起的损失或费用。

5. 陆上运输货物战争险条款和货物运输罢工险条款规定的责任范围和除外责任。

(三)责任期限

陆上货物运输保险采取“仓至仓”的效力起讫，自被保险货物运离保险单所载明的起运地仓库或储存处所开始运输时生效，包括正常运输过程中的陆上和与其有关的水上驳运在内，直至该项货物运达保险单所载目的地收货人的最后仓库或储存处所或被保险人用作分配、分派的其他储存处所为止，如未运抵上述仓库或储存处所，则以被保险货物运抵最后卸载的车站满60天为止。

索赔时效，从被保险货物在最后目的地车站全部卸离车辆后计算，最多不超过两年。

(四)被保险人的义务

被保险人应按照以下规定的应尽义务办理有关事项，如因未履行规定的义务而影响保险人利益时，保险人对有关损失有权拒绝赔偿。

1.当被保险货物运抵保险单所载目的地以后，被保险人应及时提货，当发现被保险货物遭受任何损失，应即时向保险单上所载明的检验、理赔代理人申请检验；如发现被保险货物整件短少或有明显残损痕迹，应即向承运人、受托人或有关当局索取货损货差证明。如果货损货差是由于承运人、受托人或其他有关方面的责任所造成，并应以书面方式向他们提出索赔，必要时还需取得延长时效的认证。

2.对遭受承保责任内危险的货物，应迅速采取合理的抢救措施，防止或减少货物损失。

3.在向保险人索赔时，必须提供下列单证：保险单正本、提单、发票、装箱单、磅码单、货损货差证明、检验报告及索赔清单。如涉及第三者责任还须提供向责任方追偿的有关函电及其他必要单证或文件。

第五节　航空货物运输保险

一、航空货物运输保险概述

航空货物运输保险分为国内航空货物运输保险和国际航空货物运输保险。国内航空货物运输保险适用于在国内航线上用飞机运输的货物；国际航空货物运输保险适用于承保在国际航线上用飞机运输货物的保险。

二、航空货物运输保险

（一）责任范围

航空货物运输保险分为航空运输险和航空运输一切险两种：

1.航空运输险

航空货物运输险负责赔偿：(1)被保险货物在运输途中遭受雷电、火灾、爆炸或由于飞机遭受恶劣气候或其他危难事故而被抛弃，或由于飞机遭受碰撞、倾覆、坠落或失踪等意外事故所造成的全部或部分损失；(2)被保险人对遭受承保责任内危险的货物采取抢救，防止或减少货损的措施而支付的合理费用，但以不超过该批被救货物的保险金额为限。

2.航空运输一切险

航空运输一切险除了包括上列航空运输险的责任外，还负责货物由于外来原因所致的全部或部分损失。

（二）除外责任

航空货物运输险对下列损失，不负赔偿责任：

1.被保险人的故意行为或过失所造成的损失。

2.属于发货人责任所引起的损失。

3. 保险责任开始前，被保险货物已存在的品质不良或数量短差所造成的损失。

4. 被保险货物的自然损耗、本质缺陷、特性以及市价跌落、运输延迟所引起的损失或费用。

5. 航空运输货物战争险条款和货物运输罢工条款规定的责任范围和除外责任。

（三）责任期限

1. 航空货物运输险负“仓至仓”责任，自被保险货物运离保险单所载明的起运地仓库或储存处所开始运输时生效，包括正常运输过程中的运输工具在内，直至该项货物运达保险单所载明目的地收货人的最后仓库或储存处所或被保险人用作分配、分派或非正常运输的其他储存处所为止。如未运抵上述仓库或储存处所，则以被保险货物在最后卸载地卸离飞机后满 30 天为止。如在上述 30 天内被保险的货物需转运到非保险单所载明的目的地时，则以该项货物开始转运时终止。

2. 由于被保险人无法控制的运输延迟、绕道、被迫卸货、重行装载、转载或承运人运用运输契约赋予的权限所作的任何航行上的变更或终止运输契约，致使被保险货物运到非保险单所载目的地时，在被保险人及时将获知的情况通知保险人，并在必要时加缴保险费的情况下，本保险继续有效。保险责任按下述规定终止：(1)被保险货物如在非保险单所载目的地出售，保险责任至交货时为止。但不论何种情况，均以被保险的货物在卸载地卸离飞机后满 30 天为止。(2)被保险货物在 30 天期限内继续运往保险单所载原目的地或其他目的地时，保险责任仍按上述第(1)款的规定终止。

索赔时效，从被保险货物在最后卸载地卸离飞机后起计算，最多不超过两年。

（四）被保险人的义务

被保险人应按照以下规定的应尽义务办理有关事项，如因未履行规定的义务而影响保险人利益时，保险人对有关损失有权拒绝赔偿。

1. 当被保险货物运抵保险单所载目的地以后，被保险人应及时提货。当发现被保险货物遭受任何损失，应即时向保险单上所载明的检验、理赔代理人申请检验，如发现被保险货物整件短少或有明显残损痕迹，应即向承运人、受托人或有关当局索取货损货差证明。如果货损货差是由于承运人、受托人或其他有关方面的责任所造成，应以书面方式向他们提出索赔，必要时还需取得延长时效的认证。

2. 对遭受承保责任内危险的货物，应迅速采取合理的抢救措施，防止或减少货物损失。

3. 在向保险人索赔时，必须提供下列单证：保险单正本、提单、发票、装箱单、磅码单、货损货差证明、检验报告及索赔清单。如涉及第三人责任还须提供向责任方追偿的有关函电及其他必要单证或文件。

第十章　国际货物运输代理法律制度

第一节　国际货物运输代理概述

一、国际货物运输代理的概念

国际货运代理是指在国际贸易交往中接受货主委托，组织、实施和协调公路、铁路、海路、航空等运输过程，办理有关货物报关、交接、仓储、调拨、检验、包装、转运、定车皮、租船、定舱等业务的综合性业务。货运代理是随着社会经济发展、专业分工细化而产生的。国际货物运输代理是随着国际贸易的发展，作为国际货物运输的辅助性行业发展起来的。

国际货运代理协会联合会 FIATA 对国际货运代理人的定义为："国际货运代理是指根据客户的指示，并为客户的利益而揽起货物运输的人，其本身并不是承运人。国际货运代理人也可以依这些条件，从事与运输合同有关的活动，如储货（含寄存）、报关、验收、收款等。"

二、国际货物运输代理的作用

国际货运代理企业通晓国际贸易环节，精通各种运输业务，熟悉有关法律、法规，业务关系广泛，信息来源准确、及时，与各种承运人、仓储经营人、保险人、港口、机场、车站、堆场、银行等相关企业，海关、商检、卫检、动植检、进出口管制等有关政府部门存在着密切的业务关系，不论对于进出口货物的收、发货人，还是对于承运人和港口、机场、车站、仓库经营人都有重要的桥梁和纽带作用。不仅可以促进国际贸易和国际运输事业的发展，而且可以为国家创造外汇来源，对于本国国民经济发展和世界经济的全球化都有重要的推动作用。仅对委托人而言，至少可以发挥以下作用：

（一）组织协调作用

国际货运代理人历来被称为"运输的设计师"，"门到门"运输的组织者和协调者。凭借其拥有的运输知识及其他相关知识，组织运输活动，设计运输路线，选择运输方式和承运人（或货主），协调货主、承运人及其与仓储保管人、保险人、银行、港口、机场、车站、堆场经营人和海关、商检、卫检、动植检、进出口管制等有关当局的关系，可以省却委托人时间，减少许多不必要的麻烦，专心致力于主营业务。

(二)专业服务作用

国际货运代理人的本职工作是利用自身的专业知识和经验,为委托人提供货物的承揽、交运、拼装、集运、接卸、交付服务,接受委托人的委托,办理货物的保险、海关、商检、卫检、动植检、进出口管制等手续,甚至有时要代理委托人支付、收取运费,垫付税金和政府规费。国际货运代理人通过向委托人提供各种专业服务,可以使委托人不必在自己不够熟悉的业务领域花费更多的心思和精力,使不便或难以依靠自己力量办理的事宜得到恰当、有效的处理,有助于提高委托人的工作效率。

(三)沟通控制作用

国际货运代理人拥有广泛的业务关系,发达的服务网络,先进的信息技术手段,可以随时保持货物运输关系人之间、货物运输关系人与其他有关企业、部门的有效沟通,对货物进行运输的全过程进行准确跟踪和控制,保证货物安全、及时运抵目的地,顺利办理相关手续,准确送达收货人,并应委托人的要求提供全过程的信息服务及其他相关服务。

(四)咨询顾问作用

国际货运代理人通晓国际贸易环节,精通各种运输业务,熟悉有关法律、法规,了解世界各地有关情况,信息来源准确、及时,可以就货物的包装、储存、装卸和照管,货物的运输方式、运输路线和运输费用,货物的保险、进出口单证和价款的结算,领事、海关、商检、卫检、动植检、进出口管制等有关当局的要求等向委托人提出明确、具体的咨询意见,协助委托人设计、选择适当处理方案,避免、减少不必要的风险、周折和浪费。

(五)降低成本作用

国际货运代理人掌握货物的运输、仓储、装卸、保险市场行情,与货物的运输关系人、仓储保管人、港口、机场、车站、堆场经营人和保险人有着长期、密切的友好合作关系,拥有丰富的专业知识和业务经验,有利的谈判地位,娴熟的谈判技巧,通过国际货运代理人的努力,可以选择货物的最佳运输路线、运输方式,最佳仓储保管人、装卸作业人和保险人,争取公平、合理的费率,甚至可以通过集运效应使所有相关各方受益,从而降低货物运输关系人的业务成本,提高其主营业务效益。

(六)资金融通作用

国际货运代理人与货物的运输关系人、仓储保管人、装卸作业人及银行、海关当局等相互了解,关系密切,长期合作,彼此信任,国际货运代理人可以代替收、发货人支付有关费用、税金,提前与承运人、仓储保管人、装卸作业人结算有关费用,凭借自己的实力和信誉向承运人、仓储保管人、装卸作业人及银行、海关当局提供费用、税金担保或风险担保,可以帮助委托人融通资金,减少资金占压,提高资金利用效率。

三、国际货物运输代理的类型

国际货物运输代理可以分为以下三大类:

(一)国际海运代理

所谓国际海运代理,是指在合法的授权范围内接受货主的委托并代表货主办理有关海运货物的报关、交接、仓储、调拨、检验、包装、装箱、转运、订舱等业务的行业。

(二)国际铁路联运代理

所谓国际铁路货物联运,简称国际联运,它的运输方式是使用一份统一的国际联运票据,无须发货人、收货人参加,而由铁路部门负责办理两个或两个以上国家铁路全程运送的货物运输。

(三)国际航空运输代理

航空货运代理公司作为货主和航空公司之间的桥梁和纽带,可以是货主的代理人,代替货主向航空公司办理托运或提取货物,也可以是航空公司的代理人,代替航空公司接受货物,出具航空公司的总运单和自己的分运单。航空货运代理公司之所以能够产生并迅速发展起来,是因为它的服务能为货主和航空公司双方都带来便利。

四、国际货物运输代理相关的法律规范

(一)调整国际货运代理作业过程中平等主体之间法律关系的国内法律法规

我国调整国际货运代理的法律主要有《中华人民共和国民法通则》和《中华人民共和国合同法》,除此之外,国际货运代理过程中的民商事法律关系是由我国的一些特定行业法律法规中对货代专门进行规定的条款来调整的。这些法律法规主要有:《中华人民共和国海商法》的有关规定、《中华人民共和国海事诉讼特别程序法》的相关规定、《中华人民共和国民用航空法》和《中国民用航空货物国际运输规则》的规定、《国际集装箱多式联运管理规则》、《铁路运输管理规则》等。

(二)对国际货运代理企业进行行政管理和经济调整的法律法规

这类法律法规主要有《中华人民共和国国际货物运输代理业管理规定》、《中华人民共和国国际货物运输代理业管理规定实施细则》、《外国投资国际货物运输代理企业管理规定》、《中华人民共和国国际货物运输代理业管理规定实施细则》、《关于台湾海峡两岸间货物运输代理业的管理规定》和《中华人民共和国国际海运条例》等。

(三)国际货运代理相关国际立法

国际货运代理相关的国际立法包括《FIATA 国际货运代理示范法》、《1980 年国际多式联运公约》、《多式联运单证规则》和《统一航空运输某些规则的公约》等。

第二节　国际货物运输代理企业

一、国际货物运输代理企业概述

(一)国际货物运输代理企业的概念

按照《中华人民共和国国际货物运输代理业管理规定》等相关规定,国际货物运输代理企业是指依照相关法律的规定设立,并获得从事国际货物运输代理经营资格的企业。它是接受货主委托,办理有关货物报关、交接、仓储、调拨、包装、转运、租船和订舱等业务的企业。

(二)国际货物运输代理企业的经营范围

根据《中华人民共和国国际货运代理行业管理规定》第 17 条的规定,国际货物运输代理企业可以接受委托,代为办理下列部分或者全部业务:

1. 订舱、仓储。
2. 货物的监装、监卸,集装箱拼装拆箱。
3. 国际多式联运。
4. 国际快递,私人信函除外。
5. 报关、报检、报验、保险。
6. 缮制有关单证,并付运费,结算、交付杂费。
7. 其他国际货物运输代理业务。

国际货物运输代理企业应当在批准的业务经营范围内,从事经营活动。

二、一般国际货物运输代理企业的设立

(一)申请人资格

申请设立国际货代企业可以是企业法人、自然人或其他经济组织。与进出口贸易或国际货物运输有关、并拥有稳定货源的企业法人应当为大股东,且应在国际货代企业中控股,企业法人以外的股东不得在国际货代企业中控股。

禁止具有行政垄断职能的单位申请投资经营国际货运代理业务;承运人以及其他可能对国际货运代理行业构成不公平竞争的企业不得申请经营国际货运代理业务。

(二)设立国际货物运输代理企业的条件

设立国际货物运输代理企业,应当具备下列条件:

1. 具有至少 5 名从事国际货运代理业务 3 年以上的业务人员,其资格由业务人员原所在企业证明;或者取得外经贸部根据本细则第 5 条颁发的资格证书。

2. 有固定的营业场所,自有房屋、场地须提供产权证明;租赁房屋、场地,须提供租赁契约。

3. 有必要的营业设施，包括一定数量的电话、传真、计算机、短途运输工具、装卸设备、包装设备等。

4. 有稳定的进出口货源市场，是指在本地区进出口货物运量较大，货运代理行业具备进一步发展的条件和潜力，并且申报企业可以揽收到足够的货源。

5. 有与经营的业务项目相适应的注册资金。国际货物运输代理企业的注册资本最低限额应当符合下列要求：(1)经营海上国际货物运输代理业务的，注册资本最低限额为500万元人民币；(2)经营航空国际货物运输代理业务的，注册资本最低限额为300万元人民币；(3)经营陆路国际货物运输代理业务或者国际快递业务的，注册资本最低限额为200万元人民币。经营前款两项以上业务的，注册资本最低限额为其中最高一项的限额。国际货物运输代理企业每设立一个从事国际货物运输代理业务的分支机构，应当增加注册资本50万元。

6. 企业申请的国际货运代理业务经营范围中如包括国际多式联运业务，除应当具备上述条件外，还应当具备下列条件：(1)从事《中华人民共和国国际货运代理业管理规定实施细则》第32条中有关业务3年以上；(2)具有相应的国内、外代理网络；(3)拥有在商务部登记备案的国际货运代理提单。

(三)国际货物运输代理企业的登记

1. 国际货运代理资格由原来的审批改为登记注册。2005年2月商务部、国家工商行政管理总局联合发布了《国务院关于第三批取消和调整行政审批项目的决定》，取消了国际货运代理企业经营资格审批。取消国际货物运输代理经营资格审批后，企业申请从事国际货物运输代理业务，商务部主管部门不再对其进行资格审批，申请人可直接向所在地工商行政管理部门办理登记注册，未经登记注册不得从事相关业务。

工商行政管理部门在登记注册时，要严格执行《中华人民共和国国际货物运输代理业管理规定》关于经营海上、航空、陆路国际货运代理业务最低注册资本限额的规定。按照《规定》第17条规定的相关业务核定，其中依据有关法律、行政法规的规定，需经有关主管机关审批的，还应当提交有关主管机关批准文件。

2. 为了保障货主的利益，加强对国际货物运输代理业的管理，商务部颁布了《国际货运代理企业备案(暂行)办法》。国际货运代理企业及其分支机构在办完工商登记手续后即到各省商务厅办理备案手续，并向备案机关提交如下备案材料：(1)按本条第2款要求填写的《备案表》；(2)营业执照复印件；(3)组织机构代码证书复印件。

3. 以从事国际货运代理为主要业务的，企业名称中应当体现"国际货运代理"类似字样；企业的经营范围原则上按"××国际货运代理业务"核定，需要具体核定的，在经营资格审批取消后，已登记注册的企业不符合上述要求的，应当按上述要求予以规范。

（四）国际货物运输代理企业的变更

企业成立并经营国际货运代理业务1年后，方可申请扩大经营范围或经营地域。企业成立并经营国际货运代理业务1年后，在形成一定经营规模的条件下，可申请设立子公司或者分支机构，子公司或分支机构的经营范围不得超过其母公司或总公司。国际货运代理企业设立非营业性的办事机构，必须报该办事机构所在地行业主管部门备案并接受管理。

三、外商投资国际货物运输代理企业的设立

外商投资国际货物运输代理业务是指以中外合资、合作形式设立的接受进出口货物收货人、发货人的委托，以委托人的名义或者以自己的名义，为委托人办理国际货物运输及相关业务并收取服务报酬的外商投资企业。

（一）投资者的资格条件

申请设立外商投资国际货运代理企业除必须具备《中华人民共和国国际货物运输代理业管理规定》所规定的条件外，还必须具备国家有关外商投资企业的法律、法规所规定的条件和以下条件：

1. 中国合营者至少有一家是国际货运代理企业或年进出口贸易额为5000万美元以上的外贸企业，符合上述条件的合营者在中方中占大股；外国合营者必须是国际货运代理企业。

2. 中外合营者均须有3年以上国际货运代理或外贸业务经营历史，有与申办业务相适应的经营管理人员及专业人员，有较稳定的货源，有一定数量的货运代理网点。

3. 中外合营者任何一方不得在申请之日前3年内有过违反行业规定的行为并受过处罚。

4. 水运和航空承运人以及其他可能对货运代理行业带来不公平竞争行为的企业不能作为合营方。

5. 同一个外国合营者在中国境内投资设立国际货运代理企业经营不满5年，不得投资设立第二家国际货运代理企业。

（二）外商投资国际货物运输代理企业审批规定

外商投资国际货运代理企业的注册资本最低限额为100万美元。申请设立外商投资国际货运代理企业按国家现行的有关外商投资企业的法律、法规所规定的程序，由中国合营者将申请文件报拟设外商投资国际货运代理企业所在地的省、自治区、直辖市。计划单列市外经贸部门（由外资管理部门商储运管部门共同审查），由其初审同意后报外经贸部审批。外经贸部依照国家有关外商投资的法律、法规在规定的期限内决定批准或不批准，对批准者，由外经贸部颁发《外商投资企业批准证书》和《国际货物运输代理企业批准证书》。中国合营者持外经贸部颁发的两项证书向工商管理部门办理登记注册手续。

（三）外商投资国际货运代理企业分支机构的设立条件

外商投资国际货运代理企业正式开业满一年且合营各方出资已全部到位后，可申请在国内其他地方设立分公司。外商投资国际货运代理企业每设立一个从事国际货物运输代理业务的分公司，应增加注册资本12万美元，分公司的经营范围应在外商投资国际货运代理企业的经营范围之内，由总公司承担连带责任。设立分公司，首先应由外商投资国际货运代理企业所在地外经贸部门初审，然后向拟设分公司所在地外经贸部门征求意见，获得同意后再转报外经贸部，外经贸部根据发展需要进行审批。外商投资国际货运代理企业设立分公司需上报以下文件：(1)企业所在地外经贸部门的转报报告和拟设立分公司所在地外经贸部门的意见函。(2)董事会关于设立分公司和增资的决议。(3)有关增资事项对合营合同、章程的修改协议。(4)企业经营情况报告及设立分公司的理由和可行性分析。(5)企业验资报告。(6)其他文件。

（四）香港地区和澳门地区投资者投资国际货运代理企业

香港、澳门、台湾地区的公司、企业在祖国大陆投资设立国际货运代理企业，必须具备《中华人民共和国国际货物运输代理业管理规定》所规定的条件以及以上国家有关外商投资企业的法律、法规所规定的条件。

第三节 国际货物运输代理合同

一、国际货物运输代理合同概述

（一）国际货物运输代理合同的概念

国际货物运输代理合同，是指国际货运代理企业接受货物收货人、发货人、承运人或其代理人的委托，以委托人名义或自己名义办理国际货物运输业务及其他相关业务，并收取服务报酬的合同。[1]

（二）国际货物运输代理合同的特征

国际货物运输代理合同具有以下法律特征：

1. 代理合同的缔结以委托人和代理人的相互信赖为基础，以自愿为前提，并与特定主体的主体资格密切联系。当委托人将自己的事务托付给代理人，代理人作出允诺才达成合意，自代理人作允诺之时，委托代理合同即告成立。除特殊情况外，受托人必须亲自完成委托事务，未经委托人同意，不得将受托事务转托他人；否则，转委托人将承担由此而产生的不利于委托人的法律后果。

2. 代理合同的代理人必须以委托人的名义和费用，在委托权限内处理委托事

---

〔1〕 方仲民，赵继新：《物流法律法规基础》，机械工业出版社2007年版，第157页。

务，其行为与委托人本人所实施的行为具有同等的法律效力，即与第三人发生的民事法律关系的后果直接由委托人承担，或者说由委托人直接享受相应的权利和承担相应的义务，而代理人对第三人不享有任何权利，不承担任何费用。

3. 代理合同的标的是处理事务的行为，委托代理合同只强调以处理事务为目的，而不以完成事务且有成果为要求。通常在经济活动中代理人为委托人办理的委托事务属于法律行为，而不是一般的行为。

4. 代理合同具有有偿性。法人之间，根据法律规定和合同的约定，委托人应向代理人支付报酬，属于有偿双务合同。

二、国际货物运输代理合同的主要内容

国际货物运输代理合同的主要条款应该包括以下内容：

（一）代理合同的主体条款

委托人和代理人必须具体、明确，即合同当事人条款必须明确。

（二）委托事务条款

委托代理合同的主要目的是委托别人办理某一特定事务，因此关于委托事务的具体事项、委托权限、范围及委托代理的有效期限，都要具体、明确地列入委托代理合同。

（三）权利义务条款

对于双方有偿的委托代理合同来讲，权利义务条款是必不可少的，这样有利于当事人履行义务，发生了纠纷也比较容易解决。

（四）代理报酬条款

委托事务的费用、报酬和收益，双方应在合同中予以明确，应将双方协商一致的报酬计算方法，所需费用金额、支付时间、结算方式一一列入委托代理合同中。对可能带来收益的委托事务，双方还应在合同中明确收益的归属及交付办法。在一般情况下，代理人除收取约定的代理费外，对受托办理的事务所取得的收益，不再享有权利，应全部归委托人所有。

（五）赔偿责任条款

在委托代理合同中，应针对可预见的损失情形，订立过错责任与无过错责任条款及相应的损失估价、赔偿方法。

（六）连带责任条款

如果委托代理合同的一方当事人在两个以上，则这一方的当事人为连带责任人，共同对另一方当事人在委托权限内的行为所产生的法律后果负连带责任，对此，应在委托代理合同中载明。

（七）适用法律条款

国际货物运输代理合同具有涉外性，根据我国有关法律的规定，合同当事人可以在合同中规定适用于合同的效力、合同的解释及解决合同争议的法律。

(八)合同争议的解决条款

关于合同争议的解决方式,通常有协商、调解、仲裁和诉讼四种方式,当事人可以在合同中约定争议的解决方式。

三、国际货物运输代理合同当事人的责任

(一)国际货运代理的责任

国际货运代理的责任不仅指货运代理作为代理人时应承担的责任,还包括国际货运代理作为承运人时的责任和作为提供其他服务的当事人的责任。

1. 国际货运代理以代理人的身份行事时的谨慎责任

国际货运代理作为托运人的代理人为托运人办理运输业务时,应承担谨慎处理义务。如果货运代理在提供货运代理服务时未能恪尽职守采取合理措施,则须承担相应的责任。他将赔偿客户货物灭失或损坏的损失,以及由于未尽谨慎义务所导致的直接经济损失负责赔偿。国际货运代理只有在证明其已经履行了合理谨慎地处理货物行为的情况下,才能免予承担责任。

国际货运代理为代理人时,不承担因第三人的行为和疏忽所产生的损失,包括但不限于"承运人、仓管人员、装卸工人、港口当局及其他货运代理人",除非他在选择、指示及监督此第三人时未恪尽职守。

2. 国际货运代理作为承运人的责任

国际货运代理作为承运人所承担的责任,不仅仅限于他直接使用自己的运输工具进行运输时(从事承运人的业务),而且包括如果他签发了自己的运输单据,就已经明示或默示的做出了承担承运人责任的承诺(契约承运人)。在这种情况下,国际货运代理将根据《海商法》对契约承运人义务的规定承担责任。

如果客户接收了由其他人而不是货运代理签发的运输单据,并且在合理的时间内没有提出货运代理必须承担承运人的责任,则货运代理将不承担此责任。

国际货运代理不承担因第三人的行为和疏忽所产生的损失,包括但不仅限于"承运人、仓管人员、装卸工人、港口当局及其他货运代理人",除非他在选择、指示及监督此第三人时未恪尽职守。但国际货运代理作为当事人,将对其所雇佣的第三人在完成运输合同或其他服务时的行为和疏忽承担责任,该行为被视为国际货运代理的行为。

3. 国际货运代理作为提供其他服务的当事人的责任

国际货运代理从事与货物运输相关的其他服务时,诸如,但不仅限于货物的积载、处置、包装、分检及相关的辅助服务,将承担当事人的责任。这种作为当事人的情形包括该等服务是由货运代理本人使用其自己的设施或由其雇员所完成的,或国际货运代理对承担承运人的责任做出了明示或默示的承诺。

（二）国际货运代理的除外责任

1．国际货运代理作为代理人时对第三人过错的免责

前面已经提到，国际货运代理作为客户的代理人时，不承担因第三人如承运人、仓库管理人员、装卸工人、港口当局及其他货运代理人等的行为和疏忽所产生的损失。

2．国际货运代理不承担责任的情况

根据FIATA示范法的规定，在下列情况下，国际货运代理不承担责任：

（1）承运贵重物品或危险物品，除非在签订合同时已向货运代理做出陈述。

（2）迟延损失，除非有明确的书面协议。

（3）间接损失，例如，但不限于利润损失及市场损失。

根据我国《海商法》的规定，国际货运代理作为契约承运人时，在责任期间货物发生的灭失或者损坏是由下列原因之一造成的，承运人不负赔偿责任：船长、船员、引航员或者承运人的其他受雇人在驾驶船舶或者管理船舶中的过失；火灾，但是由于承运人本人的过失所造成的除外；天灾，海上或者其他可航水域的危险或者意外事故；战争或者武装冲突；政府或者主管部门的行为、检疫限制或者司法扣押；罢工、停工或者劳动受到限制；在海上救助或者企图救助人命或者财产；托运人、货物所有人或者他们的代理人的行为；货物的自然特性或者固有缺陷；货物包装不良或者标志欠缺、不清；经谨慎处理仍未发现的船舶的潜在缺陷；非由于承运人或者承运人的受雇人、代理人的过失造成的其他原因。

（三）国际货运代理的责任限制

1．货物损坏或灭失情况下的责任限制

根据《中国国际货运代理协会标准交易条件》的规定：（1）当国际货运代理为代理人时，除特殊规定或约定情况，无论是由于过失或故意或其他原因，货物灭失、损坏、错运、错交而因此产生索赔，赔偿的限额为货物的价值。（2）当国际货运代理为当事人时，赔偿限额参照有关法律规定。此时货运代理作为契约承运人或其他当事人适用《海商法》、航空法律和其他法律有关责任限制的规定。

2．货物迟延情况下的责任限制

在国际货运代理迟延交付货物而又无法免责的情况下，根据《中国国际货运代理协会标准交易条件》的规定，赔偿限额为公司对延迟货物所收取的运费。FIATA示范法规定，如果国际货运代理对迟延导致的损失负有责任，其责任应不超过对迟延导致的相关服务所作出的补偿数额。

3．赔偿责任限制的丧失

国际货运代理接收货物时，客户有价值声明或双方对此另有明确约定的，客户可向国际货运代理索取更高的赔偿，但应不超过货物声明价值或约定价值。

第四节　国际货物运输代理的责任保险

国际货运代理的责任保险,通常是为了弥补国际货物运输方面所带来的风险。这种风险不仅来源于运输本身,而且来源于完成运输的许多环节当中,如运输合同、仓储合同、保险合同的签订、操作、报关、管货、向承运人索赔和保留索赔权的合理程序、签发单证、付款手续等。上述这些经营项目一般都是由国际货运代理来履行的。因此,国际货运代理有必要投保自己的责任险。

(一)国际货运代理责任保险的方式

国际货运代理投保责任险时,主要有以下几种方式可供选择,即有限责任保险、完全法律责任保险、最高责任保险、集体保险制度。国际货运代理根据自己的情况,选择适合自己的方式进行投保。

1. 国际货运代理的有限责任保险

国际货运代理仅按其本身规定的责任范围对其有限责任投保,国际货运代理的有限责任保险主要分三种类型:第一类,根据国际货运代理协会标准交易条件确定的国际货运代理责任范围,国际货运代理可选择只对其有限责任投保;第二类,国际货运代理也可接受保险公司的免赔额,这就意味着,免赔额部分的损失须由国际货运代理承担;第三类,国际货运代理还可通过缩小保险范围来降低其保险费,只要过去的理赔处理经验证明这是合理的。但意料之外的且超出范围的大额索赔可能会使其蒙受巨大损失。

2. 国际货运代理的完全法律责任保险

国际货运代理按其所从事的业务范围、应承担的法律责任进行投保。根据国际货运代理协会标准交易条件确定的国际货运代理责任范围,国际货运代理可以选择有限责任投保,也可以选择完全责任投保。但有的国家的法院对国际货运代理协会标准交易条件中有关责任的规定不予认定,因此,国际货运代理选择完全法律责任保险是十分必要的。

3. 国际货运代理的最高责任保险

在某些欧洲国家,一种被称为 SVS 和 AREX 的特种国际货运代理责任保险体制被广泛采用。在这种体制下,对于超过确定范围以外的责任,国际货运代理必须为客户提供“最高”保险,即向货物保险人支付一笔额外的保险费用。这种体制尽管对国际货运代理及客户都有利,但目前仅在欧洲流行。

4. 国际货运代理的集体保险制度

在某些国家,国际货运代理协会设立了集体保险制度,向其会员组织提供责任保险。这种集体保险制度既有利也有弊。其优点是使该协会能够代表其成员协商而得到一个有利的保险费率;并使该协会避免要求其成员进行一个标准的、最小限度的保险,并依此标准进行规范的文档记录。这种制度的缺点是,一旦推行一个标准的保险费率,就等于高效率的国际货运代理对其低效率的同行进行补贴,从而影响其改进风险管理、索赔控制的积极性;同时使其成员失去协会的内部信息,而该信息可能为竞争者所利用。

(二)国际货运代理责任保险的除外责任

虽然国际货运代理的责任可以通过投保责任险将风险事先转移,但作为国际货运代理必须清楚地懂得,保单中往往都有除外条款,即保险公司不予承保。另外,保单中同时订有要求投保人履行的义务条款,如投保人未尽其义务,也会导致保险公司不予赔偿的后果。

适用于各种保险,包括责任保险的保单中,除外条款和限制通常有:在承保期间以外发生的危险或事故,不予承保索赔期限超过承保条例或法律规定的时效;保险合同或保险公司条例中所规定的除外条款及不在承保范围内的国际货运代理的损失;违法行为造成的后果如运输毒品、枪支、弹药、走私物品或一些国家禁止的物品;蓄意或故意行为,如倒签提单、预借提单引起的损失;战争、入侵、外敌、敌对行为(不论是否宣战)、内战、反叛、革命、起义、军事或武装侵占、罢工、停业、暴动、骚乱、戒严或没收、充公、征购等的任何后果,以及为执行任何政府、公众或地方权威的指令而造成的任何损失或损害;任何由核燃料或核燃料爆炸所致核废料产生之离子辐射或放射性污染所导致、引起或可归咎于此的任何财产灭失、摧毁、毁坏或损失及费用,不论直接或间接,仍要作为其后果损失;超出保险合同关于赔偿限额规定的部分;事先未征求保险公司的意见,擅自赔付对方,亦可能从保险公司得不到赔偿或得不到全部赔偿,例如:当货物发生残损后,国际货运代理自认为是自己的责任,未征求保险公司的意见,自作主张赔付给对方。如事后证明不属或不完全属国际货运代理的责任,保险公司将不承担或仅承担其应负责的部分损失。

第十一章 物流电子商务管理法律制度

第一节 电子商务概述

一、电子商务的概念

电子商务,通常是指在全球各地广泛的商业贸易活动中,在互联网开放的网络环境下,基于浏览器/服务器的应用方式,买卖双方不谋面地进行各种商贸活动,实现消费者的网上购物、商户之间的网上交易和在线电子支付以及各种商务活动、交易活动、金融活动和相关的综合服务活动的一种新型的商业运营模式。

电子商务有广义和狭义之分。广义的电子商务是使用各种电子工具从事商务活动。这些工具包括从初级的电报、电话、广播、电视、传真到计算机、计算机网络,到 NII(国家信息基础结构—信息高速公路)、GII(全球信息基础结构)和 Internet 等现代系统。而商务活动是从泛商品(实物与非实物,商品与非商品化的生产要素等)的需求活动到泛商品的合理、合法的消费除去典型的生产过程后的所有活动。狭义电子商务主要利用 Internet 从事商务活动。电子商务是在技术、经济高度发达的现代社会里,掌握信息技术和商务规则的人,系统化地运用电子工具,高效率、低成本地从事以商品交换为中心的各种活动的总称。这个分析突出了电子商务的前提、中心、重点、目的和标准,指出它应达到的水平和效果,它对电子商务更严格而且体现了时代所要求的定义,它从系统的观点出发,强调人在系统中的中心地位,将环境与人、人与工具、人与劳动对象有机地联系起来,用系统的目标、系统的组成来定义电子商务,从而使它具有生产力的性质。

二、电子商务在我国的发展状况

中国电子商务始于 1997 年。如果说美国电子商务是“商务推动型”,那么中国电子商务则更多的是“技术拉动型”,这是在发展模式上中国电子商务与美国电子商务的最大不同。在美国,电子商务实践早于电子商务概念,企业的商务需求“推动”了网络和电子商务技术的进步,并促成电子商务概念的形成。当 Internet 时代到来的时候,美国已经有了一个比较先进和发达的电子商务基础。在中国,电子商务概念先于电子商务应用与发展,“启蒙者”是 IBM 等 IT 厂商,网络和电子商务技术需要不断“拉动”企业的商务需求,进而引致中国电子商务的应用与发展。

了解这一不同点是很重要的，这是中国电子商务发展的一大特点，也是理解中国电子商务应用与发展的一把钥匙。

在1997年和1998年，中国电子商务的主体正是一些IT厂商和媒体，它们以各种方式进行电子商务的“启蒙教育”，激发和引导人们对电子商务的认识、兴趣和需求。经过这一阶段，到1999年和2000年，以网站为主要特征的电子商务服务商在风险资本的介入下成为中国电子商务最早的应用者，成为这一阶段中国电子商务的主体。随着电子商务应用与发展的深化，随着资本市场泡沫的破灭，网站电子商务开始跌入低谷，而企业特别是传统企业却开始大规模进入电子商务领域，中国电子商务从2001年开始进入第三个阶段，企业电子商务成为中国电子商务新的主体。

随着中国电子商务向深度和广度发展，电子商务的主体正在由IT厂商、媒体和电子商务服务商转换为企业，传统企业，新的主体正在大规模进入电子商务领域，其特点是坚定、有效但不太吸引“注意力”。企业电子商务是今后观察和判断电子商务形势的主要视角。

在中国电子商务应用与发展的历程中，有不少基本的问题需要重新思考，比如，究竟什么是电子商务，电子商务是E－Commerce还是E－Business，电子商务的范围有多大，政府采购算电子商务还是电子政务，网络广告是不是电子商务，电子商务包不包括ERP，电子商务交易额怎么计算，等等。

三、电子商务在现实中存在的主要问题

1. 网络自身有局限性。在现实中，把一件立体的实物缩小许多变成平面画片的过程中，商品本身的一些基本信息会丢失；输入电脑的只是人为所选择的商品的部分信息，人们无法从网上得到商品的全部信息，尤其是无法得到对商品的最鲜明的直观印象。

2. 搜索功能不够完善。当在网上购物时，用户面临的一个很大的问题就是如何在众多的网站找到自己想要的物品，并以最低的价格买到。根据NEC研究所与Inktomi公司最近研究结果表明，目前在互联网上至少有10亿网页需要建立索引，而现有搜索引擎仅仅能对5亿网页建立索引，仍然有一半不能索引。这主要不是由于技术原因，而是由于在线商家希望保护商品价格的隐私权，因此当用户在网上购物时，不得不一个网站一个网站地搜寻下去，直到找到价格满意的物品。

3. 用户消费观念跟不上。电子商务与传统商务方式一个很大的不同是交易的当事人不见面，交易的虚拟性强，这就要求整个社会的信用环境要好，信用消费的观念要深入人心。西方国家的电子商务发展势头比较好，一个重要的原因是西方的市场秩序比较好，信用制度比较健全，信用消费观念已被人们普遍接受。然而在我国，人们信用消费的意识非常薄弱，我国的信用制度还不够完善。

4. 交易的安全性得不到保障。电子商务的安全问题仍然是影响电子商务发

展的主要因素。由于 Internet 的迅速流行，电子商务引起了广泛的注意，被公认为是未来 IT 业最有潜力的新的增长点。然而，在开放的网络上处理交易，如何保证传输数据的安全成为电子商务能否普及的最重要的问题之一。安全成为电子商务发展中最大的障碍。

5. 电子商务的管理还不够规范。电子商务的多姿多彩给世界带来全新的商务规则和方式，这更加要求在管理上要做到规范，这个管理的概念应该涵盖商务管理、技术管理、服务管理等多方面，因此要同时在这些方面达到一个令人比较满意的规范程度，不是短时间内就可以做到的。

6. 税务问题。税务（包括关税和税收）是一个国家重要的财政来源。由于电子商务的交易活动是在没有固定场所的国际信息网络环境下进行的，造成国家难以控制和收取电子商务的税金。

7. 标准问题。各国的国情不同，电子商务的交易方式和手段当然也存在某些差异，而且我们要面对无国界、全球性的贸易活动，因此需要在电子商务交易活动中建立相关的、统一的国际性标准，以解决电子商务活动的操作问题。中国电子商务目前的问题是概念不清，搞电子的搞商务，搞商务的搞电子，呈现一种离散、无序、不全面的状态。

8. 支付问题。由于金融手段落后、信用制度不健全，中国人更喜欢现金交易，没有使用信用卡的习惯。完善的金融制度，方便、可靠、安全的支付手段是电子商务发展的基本条件。不难看出，影响我国电子商务发展的不单是网络带宽的狭窄、上网费用的昂贵、人才的不足以及配送的滞后，更重要的原因来自于信用制度不健全与人们的生活习惯。

9. 配送问题。配送是让商家和消费者都很伤脑筋的问题。网上消费者经常遇到交货延迟的现象，而且配送的费用很高。我国国内缺乏系统化、专业化、全国性的货物配送企业，配送销售组织没有形成一套高效、完备的配送管理系统。

10. 知识产权问题。在由电子商务引发的法律问题中，保护知识产权问题首当其冲。由于计算机网络上承载的是数字化形式的信息，因而在知识产权领域（专利、商标、版权和商业秘密等）中，保护版权的问题尤为突出。

11. 电子合同的法律问题。在电子商务中，传统商务交易中所采取的书面合同已经不适用了。一方面，电子合同存在容易被编造，难以证明其真实性和有效性的问题；另一方面，现有的法律尚未对电子合同的数字化印章和签名的法律效力进行规范。

12. 电子证据的认定。信息网络中的信息具有不稳定性或易变性，这就造成了信息网络发生侵权行为时，锁定侵权证据或者获取侵权证据难度极大，对解决侵权纠纷带来了较大的障碍。如何保证在网络环境下信息的稳定性、真实性和有效性，是有效解决电子商务中侵权纠纷的重要因素。

13. 其他细节问题。最后就是一些不规范的细节问题，例如目前网上商品价格参差不齐，主要成交类别商品价格最大相差40%；网上商店服务的地域差异大；在线购物发票问题大；网上商店对定单回应速度参差不齐；有关电子商务方面的法律，对参与交易的各方面的权利和义务还没有进行明确细致的规定。

四、电子商务对物流发展的作用

电子商务是在计算机技术、网络通信技术的互动发展中产生和不断完善的。特别是近年来随着不断涌现的新信息技术，众多公司能够更好、更快捷、更廉价地实现电子商务功能。电子商务代表着未来贸易方式的发展方向，而对现代物流业的发展，电子商务也是功不可没的。

（一）电子商务对现代物流业的发展起着至关重要的作用

电子商务的出现和兴起对现代物流业的发展和物流企业的运作产生了深远的影响：

1. 节约交易成本

电子商务为物流企业提供了良好的运作平台，大大节约了社会总交易成本。在电子商务环境下，供应链中的各个节点企业能更好地实现信息共享，加强供应链中的联系，使企业可以提高生产力，为产品提供更大的附加值。

2. 电子商务极大地方便了物流信息的收集和传递

信息对于企业经营的重要意义不言而喻，在电子商务环境下，包括EDI、条形码POS系统等先进的信息交换手段得到广泛应用，大大提高了工作效率，减少了手工工作带来的失误，降低了运营费用。更为重要的是，电子商务系统能够收集到大量的市场信息，通过对这些信息的加工和处理，很容易得到富有价值的商业资讯和情报，比如客户的定购数量、购买习惯、商品的需求变化特征，等等，这些资料对企业制定营运管理规范、商品开发和销售具有重要的价值。

（二）电子商务对现代物流业发展产生的影响

1. 信息化

电子商务时代，物流信息化是电子商务的必然要求。物流信息化表现为物流信息的商品化、物流信息收集的数据库化和代码化、物流信息处理的电子化和计算机化、物流信息传递的标准化和实时化、物流信息存储的数字化等。信息化是一切的基础，没有物流的信息化，任何先进的技术设备都不可能应用于物流领域，信息技术及计算机技术在物流中的应用将会彻底改变世界物流的面貌。

2. 自动化

自动化的基础是信息化，自动化的核心是机电一体化，自动化的外在表现是无人化，自动化的效果是省力化，它可以扩大物流作业能力、提高劳动生产率、减少物流作业的差错等。

3. 网络化

物流领域网络化的基础也是信息化，这里指的网络化有两层含义：一是物流配送系统的计算机通信网络，包括物流配送中心与供应商或制造商的联系要通过计算机网络，另外与下游顾客之间的联系也要通过计算机网络通信；二是组织的网络化，即所谓的企业内部网（Intranet）。物流的网络化是物流信息化的必然，是电子商务下物流活动的主要特征之一。当今世界 Internet 等全球网络资源的可用性及网络技术的普及为物流的网络化提供了良好的外部环境，物流网络化不可阻挡。

4. 智能化

这是物流自动化、信息化的一种高层次应用，物流作业过程中大量的运筹和决策都需要借助于大量的知识才能解决。在物流自动化的进程中，物流智能化是不可回避的技术难题。为了提高物流现代化的水平，物流的智能化已成为电子商务环境下物流发展的一个新趋势。

5. 柔性化

柔性化本来是为实现"以顾客为中心"理念而在生产领域提出的，但要真正做到柔性化，即真正地能根据消费者需求的变化来灵活调节生产工艺，没有配套的柔性化的物流系统是不可能达到目的的。柔性化的物流正是为了满足生产、流通与消费的需求而发展起来的一种新型物流模式。这就要求物流配送中心根据消费需求"多品种、小批量、多批次、短周期"的特色，灵活组织和实施物流作业。

另外，物流设施、商品包装的标准化、物流的社会化、共同化也都是电子商务环境下物流的新特点。

（三）电子商务推动现代物流业的发展趋势

电子商务时代，由于企业销售范围的扩大，企业和商业销售方式及最终消费者购买方式的转变，使得送货上门等业务成为一项极为重要的服务业务，促使了物流行业的兴起。物流行业能完整地提供物流机能服务，以及运输配送、仓储保管、分装包装、流通加工等以收取报酬的行业。其主要包括仓储企业、运输企业、装卸搬运、配送企业、流通加工业等。信息化、全球化、多功能化和一流的服务水平，已成为电子商务下的物流企业追求的目标。

1. 多功能化——物流业发展的方向

在电子商务时代，物流发展到集约化阶段，一体化的配送中心不单单提供仓储和运输服务，还必须开展配货、配送和各种提高附加值的流通加工服务项目，也可按客户的需要提供其他服务。现代供应链管理即通过从供应者到消费者供应链的综合运作，使物流达到最优化，企业追求全面的系统的综合效果。

2. 一流的服务——物流企业的追求

在电子商务下，物流业是介于供货方和购货方之间的第三方，是以服务作为第一宗旨。优质和系统的服务使物流企业与货主企业结成战略伙伴关系（或称策略联盟)，一方面有助于货主企业的产品迅速进入市场，提高竞争力；另一方面则使物流企业有稳定的资源。对物流企业而言，服务质量和服务水平正逐渐成为比价格更为重要的选择因素。

3. 信息化——现代物流业的必由之路

在电子商务时代，要提供最佳的服务，物流系统必须要有良好的信息处理和传输系统。在大型的配送公司里，一般都建立了 ECR 和 JIT 系统，通过 JIT 系统，可从零售商店很快地得到销售反馈信息。配送不仅实现了内部的信息网络化，而且增加了配送货物的跟踪信息，从而大大提高了物流企业的服务水平，降低了成本。

4. 全球化——物流企业竞争的趋势

20 世纪 90 年代初，由于电子商务的出现，加速了全球经济的一体化，致使物流企业的发展达到了多国化。它从许多不同的国家收集所需要的资源，再加工后向各国出口，如前面提及的台湾电脑业。全球化战略的趋势，将物流企业和生产企业更紧密地联系在一起，形成了社会化大分工。生产厂商集中精力制造产品、降低成本、创造价值；物流企业则集中精力从事物流服务，物流企业的满足需求系统比原来更进一步了。

第二节 电子商务法律法规

一、电子商务法概述

(一)电子商务法的概念

狭义的电子商务法，是调整以计算机网络进行数据电文传递的方式进行商务活动所产生的社会关系的法律规范的总称，其调整对象包括通过电子数据交换(EDI)形式而产生的社会关系和通过互联网、局域网或增值网的电子信息交换而产生的社会关系。而广义的电子商务法的调整对象除上述内容外，还包括以电报、电传、传真等电子信息传递形式而发生的社会关系。

(二)电子商务法的特征

1. 商法性。商法是规范商事主体和商事行为的法律规范。电子商务法规范主要属于行为法，如数据电文制度、电子签名及其认证制度、电子合同制度、电子信息交易制度、电子支付制度等。但是，电子商务法也含有组织法的内容，如认证机构的设立条件、管理、责任等就具有组织法的特点。

2. 技术性。在电子商务法中，许多法律规范都是直接或间接地由技术规范演变而成的。比如一些国家将运用公开密钥体系生成的数字签名，规定为安全的电子签名，这样就将有关公开密钥的技术规范，转化成了法律要求，对当事人之间的交易形式和权利义务的行使，都有极其重要的影响。另外，关于网络协议的技术标准,当事人若不遵守,就不可能在开放环境下进行电子商务交易。

3.开放和兼容性。所谓开放性,是指电子商务法要对世界各地区,各种技术网络开放;所谓兼容性,是指电子商务法应有利于多种技术手段,多种传输媒介的对接与融合。只有坚持了这个原则,才能实现世界网络信息资源的共享,保证各种先进技术在电子商务中得到及时应用。

4.国际性。电子商务固有的开放性,跨国性,要求全球范围内的电子商务规则应该是协调和基本一致的,电子商务法应当而且可以通过多国的共同努力予以发展。通过研究有关国家的电子商务法规,我们发现其原则和规则以及建立的相关制度,在很大程度上是协调一致的。联合国国际贸易法委员会的《电子商务示范法》为这种协调性奠定了基础。

(三)电子商务法的调整对象

电子商务法调整的对象,有的学者认为是以数据电文为交易手段而形成的交易方式所引起的商事关系;而有的学者认为是在接受用户的要求下,通过处理(包括数据压缩)和存储数据的电子装置远程提供的有偿服务;联合国贸法会认为是在商业活动方面使用的,以一项数据电文为形式的任何种类的信息。欧盟在《关于电子商务的指令》中,将其规范范围界定为通常应特定服务接受者的单独要求,通过电子手段远程提供的一切有偿服务。

一般认为电子商务的任何一笔交易包含物资流、信息流和资金流。物资流一般仍通过传统的经销渠道(能直接通过网络传输的产品和服务除外),因此这一部分可通过传统的民商法来调整。资金流包括付款、转账、兑换等过程,这一部分就涉及电子货币、电子支付、电子转账等,需要制定新的法规予以调整。信息流应该是电子商务法的主要规制对象,这一部分包括电子合同、安全认证、网络内容提供商和网络服务提供商的责任以及网上知识产权的保护等,这一部分应该是电子商务法的核心。笔者认为电子商务法的调整对象应是以电子方式交易而形成商事法律关系中的资金和信息流转关系以及在线物资流关系。

二、电子商务立法现状

(一)世界电子商务立法现状

1.国际组织的电子商务立法

联合国国际贸易法律委员会(以下简称贸法会)主持制定了一系列调整国际电子商务活动的法律文件,主要包括:《计算机记录法律价值的报告》、《电子资金传输示范法》、《电子商务示范法》(以下简称示范法)、《电子商务示范法实施指南》以及贸法会正在起草制定的《统一电子签名规则》等。这些法律文件是世界各国电子商务立法经验的总结,同时又反过来指导着各国的电子商务法律实践。此外,欧盟委员会于1997年提出的《欧洲电子商务行动方案》,为规范欧洲电子商务活动制定了框架,1998年又颁布了《关于信息社会服务的透明度机制的指令》,

1999年通过了《关于建立有关电子签名共同法律框架的指令》。

2. 美洲各国电子商务立法

美国犹他州于1995年颁布的《数字签名法》，是美国乃至全世界范围的第一部全面确立电子商务运行的法律文件。目前，美国已有45个州制定了与电子商务有关的法律；另外美国的全国州法统一委员会也于1999年7月通过了《统一电子交易法》，供各州在立法时采纳；2000年6月克林顿签署的国会两院一致通过的《国际与跨州电子签章法》，表明美国的电子商务立法走上了联邦统一制定的道路，加拿大、阿根廷等国都制定了电子商务法。

3. 欧洲各国电子商务立法

俄罗斯联邦也是世界上最早制定电子商务法的国家之一。其1995年1月颁布的《俄罗斯联邦信息法》，调整所有电子信息的生成、存储、处理与访问活动。该法赋予了通过电子签名鉴别的，经由自动信息与通讯系统传输与存储的电子信息文件的法律效力，并规定电子签名的认证权必须经过许可。与该法相配套，该国联邦市场安全委员会还于1997年下发了“信息存储标准暂行要求”，具体规定了交易的安全标准。德国于1997年8月制定了《信息与通讯服务法》其中包括了“通讯服务使用法”、“通讯服务中个人信息的保护法”、“电子签名法”、“刑法典修正案”、“行政违法修正案”、“禁止对未成年人传播不道德出版物修正案”、“版权法修正案”、“价格标示法修正案”等。可以说德国为了实施其电子商务法，已经对整个法律体系进行了调整。意大利于1997年制定了《意大利数字签名法》。为了实施该法，又于1998年和1999年分别颁布了总统令，并制定了“数字签名技术规则”。再从亚洲来考察，我国周边许多国家都制定了电子商务法。马来西亚早在90年代中期就提出了建设“信息走廊”的计划，并于1997年制定了《数字签名法》。可以说这是亚洲最早的电子商务立法。同年，韩国也制定了内容较全面的《电子商务基本法》。紧接着，新加坡于1998年正式制定、颁布了《新加坡电子交易法》，又于1999年制定了“新加坡电子交易(认证机构)规则”和“新加坡认证机构安全方针”。印度于1998年颁布了《电子商务支持法》。菲律宾也在2000年制定了《电子商务法》。日本的“电子签名与认证法案”已于2001年4月生效。泰国首部电子商务法已在2002年4月3日正式生效。

（二）我国电子商务立法现状

我国为了适应电子商务的发展，也已采取了一些法律措施。譬如新颁布的《合同法》，在合同形式条款中加进了“数据电文”这一新的电子交易形式。又如我国《专利法实施条例》为了适应国际发展趋势，已规定可以以电子通讯方式提出专利申请。现阶段我国涉及电子商务的立法包括：《中华人民共和国合同法》、《中华人民共和国电子签名法》、《计算机软件保护条例》、《中华人民共和国计算机信息系统安全保护条例》、《中华人民共和国计算机信息网络国际联网管理暂行规定》、

《商用密码管理条例》、《互联网信息服务管理办法》、《中华人民共和国计算机信息网络国际联网管理暂行规定实施办法》、《中国互联网络域名注册暂行管理办法中国互联网络域名注册实施细则》、《中文域名注册管理暂行办法》等。此外,我国香港特别行政区于2000年1月制定了《电子交易条例》。1999年我国的台湾地区起草了"电子签章条例",并于2000年3月通过了第一次审议。与电子商务实践的需求和世界发达国家的立法相比,我国电子商务立法的进展,还有待加速进行。

三、联合国《电子商务示范法》

(一)联合国《电子商务示范法》的制定

《电子商务示范法》(以下简称《示范法》)是联合国贸易法委员会于1996年通过的,该示范法的目的是促进协调和统一国际贸易法、消除因贸易法不充分及差异而对国际贸易造成不必要的阻碍,为各国在制定相关法律时提供了一个值得参考的示范法规。它是迄今为止世界上第一个关于电子商务的法律。

作为示范法,该法的内容对各国不具有直接的法律效力,只有各国在立法过程中将这些内容明确规定于法律法规中时,方对各国当事人具有约束力。但它对于各国的电子商务立法具有很强的建议和指导作用,在电子商务法律领域具有不可忽视的重要作用。

(二)《电子商务示范法》的主要内容

1.《示范法》的内容

《示范法》的内容包括两大部分:电子商业总则、电子商业的特定领域,共17条。主要包括:

(1)数据电文适用法律要求。《示范法》第5条规定:"不得仅仅以某项信息采用数据电文形式为理由而否定其法律效力、有效性或可执行性。"

(2)书面形式。《示范法》第6条规定:"如法律要求须采用书面形式,则假若一项数据电文所含信息可以调取以备日后查用,即满足了该项要求。"第6条的目的不是确立这样一项要求:在任何情况下,数据电文都应起到书面形式的全部功能。第6条并不注重于"书面形式"的某些特定功能。例如在执行税法时的证据功能或执行民法时的警告功能,而是注重于信息可以复制和阅读这一基本概念。实际上,第6条表达的这一概念提供了一种客观标准,即一项数据电文内所含的信息必须是可以随时查找到以备日后查阅。"可以调取"字样是意指计算机数据形式的信息应当是可读和可解释的,使这种信息成为可读可复现所应当保留。"以备"一词并非仅指人的使用,还包括计算机的处理。至于"日后查用"概念,它指的是"耐久性"或"不可更改性"等会确立过分严格的标准,而概念"可读性"或"可理解性"等会构成过于主观的标准。

2.签字

为了确保须经过核证的电文不会仅仅由于未按照纸张文件特有的方式加以核

证而否认其法律价值,《示范法》第7条规定:“如法律要求要有一个人签字,则对于一项数据电文而言,倘若情况如下,即满足了该项要求:(1)使用了一种方法,鉴定了该人的身份,并且表明该人认可了数据电文内含的信息;(2)从所有各种情况看来,包括根据任何相关协议,所用方法是可靠的,对生成或传递数据电文的目的来说也是适当的。”

《示范法》第7条采用了一种综合办法,它确定了在一般情况下数据电文即可视为经过了具有足够可信度的核证,而且可以生效执行,视之达到了签字要求,此种签字要求目前构成了电子商务的障碍。第7条侧重于签字的两种基本功能:一是确定一份文件的作者,二是证实该作者同意了该文件的内容。其确立的原则是:在电子商务环境中,只要使用一种方法来鉴别数据电文的发端人并证实该发端人认可了该数据电文的内容,即可达到签字的基本法律功能。

3. 数据电文的可接受性和证据力

《示范法》第9条规定:“在任何法律诉讼中,证据规则的适用在任何方面均不得以下述任何理由否定一项数据电文作为证据的可接受性:(1)仅仅以它是一项数据电文为由;(2)如果它是举证人按合理预期所能得到的最佳证据,以它并不是原样为由。”

对于以数据电文为形式的信息,应给予其应有的证据力。在评估一项数据电文的证据力时,应考虑到生成、储存或传递该数据电文的办法的可靠性,保持信息完整性的办法的可靠性,用以鉴别发端人的办法,以及任何其他相关因素。

4. 合同的订立和有效性

《示范法》第11条规定:“就合同的订立而言,除非当事各方另有协议,一项要约以及对要约的承诺均可通过数据电文的手段表示。如使用了一项数据电文来订立合同,则不得仅仅以使用了数据电文为理由而否定该合同的有效性或可执行性。”第12条同时规定:“就一项数据电文的发端人和收件人之间而言,不得仅仅以意旨的声明或其他陈述采用数据电文形式为理由而否定其法律效力、有效性或可执行性。”

5. 数据电文的归属

《示范法》第13条详细规定了数据电文的归属,主要为:

(1)发端人自己发送一项数据电文,即为该发端人的数据电文。

(2)就发端人与收件人之间而言,由有权代表发端人行事的人发送,或由发端人设计程序或他人代为设计程序的一个自动动作的信息系统发送,数据电文应视为发端人之数据电文。

(3)就发端人与收件人之间而言,如果为了确定该数据电文是否为发端人的数据电文,收件人正确地使用了一种事先经发端人同意的核对程序;或收件人收到的数据电文是由某一人的行为而产生的,该人由于与发端人或与发端人之任何代理人的关系，得以动用本应由发端人用来鉴定数据电文确属源自其本人的某一方法，则收件人有权将一项数据电文视为发端人的数据电文，并按此推断行事。

但是，自收件人收到发端人的通知，获悉有关数据电文并非该发端人的数据电文起；自收件人只要适当加以注意或使用任何商定程序便知道或理应知道该数据电文并非发端人的数据电文的任何时间起，收件人将失去该项权利。而在任何情况下，收件人都要有合理的时间采取相应行动。

(4) 凡一项数据电文确属发端人的数据电文或视为发端人的数据电文，或收件人有权按此推断行事，则就发端人与收件人之间而言，收件人有权将所收到的数据电文视为发端人所要发送的电文，并按此推断行事。当收件人要适当加以注意或使用任何商定程序便知道或理应知道所收到的数据电文在传送中出现错误，即无此种权利。

收件人有权将其收到的每一份数据电文都视为一份单独的数据电文并按此推断行事，除非它重复另一数据电文，而收件人只要加以适当注意或使用任何商定程序便知道或理应知道数据电文是一份复本。

6. 数据电文的确认收讫

《示范法》第 14 条对数据电文的确认收讫做出了如下规定：

(1) 如发端人未与收件人商定以某种特定形式或某种特定方法确认收讫，可通过足以向发端人表明该数据电文已经收到的：收件人任何自动化传递或其他方式的传递；收件人的任何行为，来确认收讫。

(2) 如发端人已声明数据电文须以收到该项确认为条件，则在收到确认之前，数据电文可视为从未发送。

(3) 如发端人并未声明数据电文须以收到该项确认为条件，而且在规定或商定时间内，或在未规定或商定时间的情况下，在一段合理时间内，发端人并未收到此项确认时：可向收件人发出通知，说明并未收到其收讫确认，并定出必须收到该项确认的合理时限；如在上述规定的时限内仍未收到该项确认，发端人可在通知收件人之后，将视为数据电文为从未发送，或行使其所拥有的其他权利。

以上三条适用于发端人发送一项数据电文之时或之前，或通过该数据电文，要求或与收件人商定该数据电文需确认收讫的情况。

(4) 如发端人收到收件人的收讫确认，即可推定有关数据电文已由收件人收到。这种推断并不含有该数据电文与所收电文相符的意思。

如所收到的收讫确认指出有关数据电文符合商定的或在适用标准在规定的技术要求时，则可推定这些要求业已满足。

除《示范法》本身外，联合国国际贸易法委员会还颁布了《电子商务示范法指南》，内容包括立法背景和条文说明，将有助于向各国政府和学者解释作出这些规定的原因和考虑，并有助于各国考虑是否根据本国的特殊情况对《示范法》的某些条款作出更改。

第三节　电 子 合 同

一、电子合同概述

(一)电子合同的概念

电子合同是指在网络条件下,当事人之间为了实现一定目的,通过电子邮件和电子数据交换来明确双方权利、义务关系的协议。

(二)电子合同的特点

1. 网上运作。订立合同的双方或多方在网络上运作,可以互不见面。合同内容等信息记录在计算机或磁盘等载体中,其修改、流转、储存等过程均在计算机内进行。

2. 电子签名。表示合同生效的传统签字盖章方式被数字签名(电子签名)所代替。

3. 合同签订地点。传统合同的生效地点一般为合同成立的地点,而采用数据电文形式订立的合同,收件人的主营业地为合同成立的地点;没有主营业地的,其经常居住地为合同成立的地点。

4. 电子合同所依赖的电子数据具有易消失性和易改动性。电子数据以磁性介质保存,是无形物,改动、伪造不易留痕迹(其作为证据具有一定的局限性)。

二、电子合同的效力

(一)电子合同具有书面形式的法律效力

《中华人民共和国合同法》将传统的书面合同形式扩大到了数据电文形式。《合同法》第 11 条规定:"书面形式是指合同书、信件以及数据电文(包括电报、电传、传真、电子数据交换和电子邮件)等可以有形地表现所载内容的形式。"也就是说,不管合同采用什么载体,只要可以有形地表现所载内容,即视为符合法律对"书面"的要求,这实际上已赋予了电子合同与传统合同同等的法律效力。

(二)电子签名的效力与电子合同的成立

按照《中华人民共和国合同法》第 32 条的规定,只有"自双方当事人签字或者盖章时合同成立"。在传统合同中,手签名或加盖公章的行为有两种功能:一是表明合同各方的身份;二是表明受合法约束的意愿。但在电子商务中,传统的签名方式很难应用于这种电子交易方式中,因为电子合同未必具有传统概念下的书面正式文本,此时所谓的签字盖章也就有了新的概念和方式,这就是电子签名。

《中华人民共和国电子签名法》于 2005 年 4 月已经开始实施,该法规定电子签名与传统的手写签名和盖章具有同等的法律效力。民事活动中的合同或者其他文件、单证等文书,当事人可以约定使用或者不使用电子签名、数据电文。当事人约定使用电子签名、数据电文的文书,不得仅因为其采用电子签名、数据电文的形式而否定其法律效力。

三、电子合同的证据

(一)电子合同的证据的概述

根据传统的证据法学理论,任何定案的根据都要有客观性、合法性、相关性。但是在网络领域里这一原则受到了极大的挑战。电子证据是人类社会进入网络时代以后必然要面临的一个问题。

传统的确定交易各方权利义务的各种书面合同单证被储存于计算机设备中的电子文件所代替后,这些电子文件就成为电子证据,因此,电子证据也被称为计算机证据,是指在计算机系统运行过程中产生的以其记录的内容来证明案件事实的电磁记录物。根据联合国《电子商务示范法》第 2 条的规定:“数据电文系指经由电子手段、光学手段或类似手段生成、储存或传递的信息,这些手段包括但不限于电子数据交换(ED1)、电子邮件、电报、电传或传真。”由于电子商务中确定各方的权利和义务的各种合同和单证都是采用电子形式的,因此,电子证据作为一种新的能引起一定法律后果的内容载体,在诉讼中,已不仅仅是合同形式,同时也是具有证据意义的权利义务根据。《联合国电子商务示范法》第 9 条规定:“在任何方面不得以数据电文形式不是原件为由否定其作为证据的可接受性。”

我国《民事诉讼法》第 63 条规定的证据依次为书证、物证、视听资料、证人证言、当事人陈述、鉴定结论、勘验笔录。可见,我国目前并没有对电子证据做出具体的规定,数据电文被排除在证据清单以外,也就是说,目前在我国电子证据还不具有合法性,和国际上的立法还有较大的差距。为适应网络电子商务的发展要求,应把数据电文单列为证据种类的一种。

由于电子证据非常容易被修改而且可以不留下任何的痕迹,因此当事人请求采用通过拨号上网的方式或其他方式接入国际互联网收集证据有极大的风险性。为保证电子证据取得方式的合法性、内容的真实性和完整性,当事人在起诉前最好的办法是向公证处申请证据保全。

电子合同是我国合同领域中的一个新兴种类,在现代人们生活中被广泛应用。我国虽于 1999 年制定了《合同法》,但其关于电子合同的规定却是少之又少,并且规定的不是很详细。《合同法》关于这方面的规定和国际立法趋势有相当的差距,我国立法必须对这一问题加以解决,否则会在司法实践中产生许多问题,并且影响电子商务在我国的发展。

(二)电子合同证据效力的认定

我国《民事诉讼法》第 69 条规定:“人民法院对视听资料,应当辨别真伪,并结合本案的其他证据,审查确定能否作为认定事实的根据。”同时,由于电子证据容易被伪造、篡改，以及易受人为的原因、环境和技术条件的影响而出错，因此也应将电子证据归入间接证据。

按照法理学理论，只有直接证据才能直接、单独地证明案件主要事实，而间接证据必须和其他证据联系在一起才能证明案件的主要事实。因此，审查判断电子证据的真实可靠性和如何与其他证据结合起来认定案件事实将是司法机关最主要的工作。笔者认为此工作主要包括以下几点：(1)审查电子证据的来源，包括形成的时间、地点、制作过程等。(2)审查电子证据的收集是否合法。(3)审查电子证据与事实的联系，只有与案件相关的事实或逻辑上是相关的事实才被认为是证据。(4)审查电子证据的内容是否真实，是否伪造、篡改等。(5)结合其他证据进行审查判断，如与其他证据相一致，共同指向同一事实，就可以认定其效力，作为定案根据，反之则不能。

由于我国目前尚无要求网络服务商对传输的电子文件储存记录或转存的制度，造成了一旦发生争议，将无第三方可出具中立性的证据。对此，部分地方法规已有了相应规定。如《广东省对外贸易实施电子数据交换暂行规定》就规定：电子数据服务中心应有收到报文和被提取报文的回应和记录；电子报文的存贮期最短不得少于5年；对进行电子数据交换的协议双方发生争议时，以该中心提供的信息为准。[1]

认定电子证据的效力需注意如下几个方面的问题：

首先，在实践中，双方均予认可的电子证据，其打印件应当作为证据认定。因为，当事人的承认性陈述本身就可以作为证据认定，而这种承认性陈述又可被电子证据的内容所印证。

其次，如当事人只提交打印稿，而原件已从电脑中永久删除的，除对方认可，否则无论对方是否有能力提出反证，该打印稿不可作为定案根据，因为根本无法判断其是否就是原件。这时，不能以对方举不出反证而确认该证据有效。

再次，对有争议的电子证据，应先核对其电子签名，如相符，应认定系拥有该电子签名的人所收发。因为，电子签名就是代表个人身份的电子标记，如私人印章一般，自己应当有保管义务，即使为他人盗用，也应对善意相对人承担责任。

最后，由于电子系统的专业技术性太强，如使用公用资源的非注册用户或电脑“黑客”侵袭等就应另当别论。因此，对电子证据的取证将十分重要，目前，只能向网络服务提供商进行调查和证据保全，查明其对电子证据有无删改，再确定收发件网址与时间等。必要的情况下，应当引入专家评定制度，即由专门机构和专家对技术上的问题进行认证鉴定，以保证电子证据最大限度的公正合理性。

---

〔1〕 杨福楠：“电子合同效力问题之探讨”，载《中国科技信息》2006年第2期。

四、联合国《电子签字示范法》

2001年3月23日,联合国国际贸易法委员会通过了《电子签字示范法》,这是联合国国际贸易法委员会继《电子商务示范法》之后,又一部专门针对电子商务的示范法。该法将电子商务活动中的数据签字、电子签名等具有相同内容的不同表述统一了起来,提出了一套完整的法律制度,为电子签字在电子商务交易中的广泛应用奠定了坚实的法律基础。

(一)电子签字的概念

电子签字,系指在数据电文中,以电子形式所含、所附或在逻辑上与数据电文有联系的数据,它可用于鉴别与数据电文有关的签字人和表明此人认可数据电文所含信息。[2]

(二)电子签字的功能

以纸张为基础的传统签字主要是为了履行下述功能:(1)确定一个人的身份;(2)肯定是该人自己的签字;(3)是该人与文件内容发生关系。

应当注意的是,除了传统的手书签字之外,还有各种各样的程序如盖章、打孔等,有时都称之为"签字",可提供不同程度的确定性,为了保证电子商务活动的正常进行,需要具有书面签字功能的电子签字。调查各种正在被使用或仍在研制开发中的签字技术,可以发现,所有这些技术的共同目的都是为了寻求手写签字和在纸质环境中的其他认证方式(如封缄或盖章)提供功能相同的替换物。但在电子商务环境中这些技术还可能实现别的功能,这些功能是从签字功能中诞生的,但在纸质环境中却不能找到严格类似的替代物。

(三)电子签字中当事各方的基本行为规范

按照《电子签字示范法》,参与电子签字活动包括签字人、验证服务提供商和依赖方。签字人,系指持有电子生成数据并以本人身份或以其所代表的人的名义行为的人;验证服务提供商,系指签发证书或可以提供与电子签字相关的其他服务的人;依赖方,系指可以根据证书或电子签字行为的人。

《电子签字示范法》规定了签字当事方(签字人、依赖方和验证服务提供商)行为的评定标准。

1.签字人的行为

《电子签字示范法》第8条规定了签字人的行为。如果签字生成数据可用来生成具有法律效力的签字,则各签字人应当做到如下条款:(1)采取合理的防范措施,避免他人擅自使用其签字生成数据;(2)在发生下列情况时,毫无任何不适当的迟延,向签字人按合理预计可能依赖电子签字或提供电子签字辅助服务的任何人员发出通知:签字人知悉签字生成数据已经失密,或签字人知悉的情况引起签字

---

〔2〕 参见联合国国际贸易法委会《电子签字示范法》第2条。

生成数据可能已经失密的很大风险;(3)在使用证书支持电子签字时,采取合理的谨慎措施,确保签字人作出的关于证书整个周期的或需要列入证书内的所有重大表述均精确无误和完整无缺。若签字人未能满足上述要求应承担责任。

2. 依赖方的行为

《电子签字示范法》第 11 条规定了依赖方的行为。如果依赖方未能做到如下条款,应当负法律后果:(1)采取合理的步骤核查电子签字的可靠性;(2)在电子签字有证书证明时,采取合理的步骤;(3)核查证书的有效性或证书的吊销或撤销;(4)遵守对证书的任何限制。

3. 验证服务提供商的行为

《电子签字示范法》第 9 条规定了验证服务提供商的行为。如果验证服务提供商为证明一个作为签字使用可具有法律效力的电子签字而提供服务,则该验证服务提供商应当做到如下条款:

(1)按其所作出的关于其政策和做法的表述行事(例如,在验证管理声明或任何其他种类的政策声明中所做的表述和承诺)。

(2)采取合理的谨慎措施,确保其作出的有关证书整个周期的或需要列入证书内的所有重大表述均精确无误和完整无缺。

(3)提供合理可行的手段,使依赖方得以从证书中证实下列内容:验证服务提供商的身份;证书中所指明的签字人在签发证书时拥有对签字生成数据的控制;在证书签发之时或之前签字生成数据有效。

(4)提供合理可行的手段,使依赖方能在适当情况下从证书或其他方面证实下列内容:用以鉴别签字人的方法;对签字生成数据或证书的可能用途或使用金额上的任何限制;签字生成数据有效和未发生失密;对验证服务提供商规定的责任范围或程度的任何限制;是否存在签字人依照规定发出通知的途径;是否提供了及时的撤销服务。

(5)验证服务提供商应提供签字人依照规定发出通知的途径,应确保提供及时的撤销服务。

(6)应使用可信赖的系统、程序和人力资源提供其服务。

4. 符合电子签字的要求

《电子签字示范法》第 6 条阐述了符合电子签字的要求:

(1)凡法律规定要求有某人的签字时,如果根据各种情况,包括根据任何有关协议,使用电子签字既适合生成或传送数据电文所要达到的目的,而且也同样可靠,则对于该数据电文而言,即满足了该项签字要求。

(2)无论第(1)款提及的要求是否作为一项义务,或者法律只规定了没有签字的后果,第(1)款均适用。

(3)就满足第(1)款所述要求而言,符合下列条件的电子签字视作可靠的电子签字:一是签字生成数据在其使用的范围内与签字人而不是与其他任何人相关联;二是签字生成数据在签字时处于签字人而不是处于其他任何人的控制之中;三是凡在签字后对电子签字的任何篡改均可被觉察;四是如签字的法律要求目的是对签字涉及的信息的完整性提供保证,凡在签字后对该信息的任何篡改均可被觉察。

(4)第(3)款并不限制任何人的下列任何方面的能力:一是为满足第(1)款所述要求,以任何其他方式确立某一电子签字的可靠性;二是举出某一电子签字不可靠的证据。

第6条是《电子签字示范法》中的核心条款,该条款的目的是确保任何真实的电子签字具有与手写签字同样的法律后果。

5.电子签字的法律地位

为了促进电子商务的发展,商务当事方在使用电子签字技术时而不是将争端提交法院时需要有确定性和可预见性。如果某项签字技术满足高度可靠性和安全性的要求,就应该有对可靠性和安全性的技术特性进行评估的方法,这种签字技术也应当相应地获得某种形式的承认。国家可以建立任何实体,如认证机构(CA),承认对电子签字的使用,确立其效力或以其他方式验证其质量。

若法律确定实行电子签字,则在确定某一证书或某一电子签字是否具有法律效力或在多大程度上具有法律效力时,不得考虑签发证书或生成或使用电子签字的地理地点;或签发人或签字人的营业所在地。

第十二章　涉外物流管制法律制度

第一节　对外贸易法

一、《对外贸易法》概述

对外贸易法是调整一国或地区对外贸易关系的法律规范的总称。1994 年 5 月 12 日，第八届全国人大常委会第七次会议通过了《中华人民共和国对外贸易法》（以下简称《对外贸易法》），2004 年又对该法进行了修订。修订后的《对外贸易法》强调了对外贸易主管部门对外贸的管理职能。

二、《对外贸易法》的基本原则

1. 实行全国统一的对外贸易制度的原则。该原则是指由中央政府统一制定、在全国范围内统一实施的制度。对外贸易政策措施只能由中央政府制定。《对外贸易法》第 4 条规定："国家实行统一的对外贸易制度，鼓励发展对外贸易。"

2. 维护公平、自由的对外贸易秩序的原则。该原则是指维护公平、自由的竞争环境，尊重、维护对外贸易经营者的独立自主经营地位，维护公平的进出口秩序等。《对外贸易法》第 4 条规定，国家"维护公平、自由的对外贸易秩序"。只有这样，我国对外贸易才能持续、健康、协调地发展。

3. 实行货物与技术的自由进出口的原则。该原则是指除法律、行政法规明确禁止或者限制进出口的商品以外，国家准许商品自由进出口，任何单位和个人均不得设置障碍。《对外贸易法》第 14 条规定："国家准许货物与技术的自由进出口。但是，法律、行政法规另有规定的除外。"

4. 逐步发展国际服务贸易的原则。我国的服务贸易比较落后，缺乏国际竞争力，为了国内服务贸易的发展，我国对国际服务贸易应采取积极、稳妥、开放的态度，通过谈判逐步开放国内服务贸易市场。

5. 实行平等互利、互惠对等的国际贸易关系的原则。平等互利发展与世界其他国家和地区的贸易是我国一贯奉行的原则，也是国家对外政策的重要组成部分。只有坚持平等互利的原则，才能促进我国同其他国家、地区的贸易往来。最惠国待遇和国民待遇原则是实现平等互利的重要措施。

三、《对外贸易法》的适用范围

对外贸易法的适用范围，是指对外贸易法的效力范围。

(一)主体范围

《对外贸易法》中所称的对外贸易经营者，是指依法办理工商登记或者其他执业手续，依照本法和其他有关法律、行政法规的规定从事对外贸易经营活动的法人、其他组织或者个人。从事货物进出口或者技术进出口的对外贸易经营者，应当向国务院对外贸易主管部门或者其委托的机构办理备案登记；但是，法律、行政法规和国务院对外贸易主管部门规定不需要备案登记的除外。从事对外工程承包或者对外劳务合作的单位，应当具备相应的资质或者资格。

根据世界贸易组织规则，实行国有贸易管理货物的进出口业务只能由经授权的企业经营。授权的企业包括国有企业和其他所有制性质的企业。

根据《对外贸易法》的规定，外贸经营者可以接受他人的委托，在经营范围内代为办理对外贸易业务。

(二)贸易范围

《对外贸易法》第2条规定："本法适用于对外贸易以及与对外贸易有关的知识产权保护。本法所称对外贸易，是指货物进出口、技术进出口和国际服务贸易。"

货物进出口是我国对外贸易最主要的组成部分。货物通常是指那些有形的、可触摸、可移动的有形商品。技术进出口通常是指对专利权、专有技术所有权或使用权、技术服务等进行国际间的有偿转让或许可。我国《对外贸易法》未规定国际服务贸易的含义，我国"入世"时承诺在不同程度上开放包括商品服务等9个部门的服务贸易。另外，我国《对外贸易法》确定了与对外贸易有关的知识产权保护。进出口货物侵犯知识产权，并危害对外贸易秩序的，国务院对外贸易主管部门可以采取在一定期限内禁止侵权人生产、销售的有关货物进口等措施。

(三)地域范围

中国内地的各省、自治区、直辖市适用《对外贸易法》，边境贸易和单独关税区除外。国家对边境地区与接壤国家边境地区之间的贸易以及边民互市贸易，采取灵活措施，给予优惠和便利。所谓单独关税区，是指在主权国家内存在的、在处理对外贸易关系以及世界贸易组织协议和多边贸易所规定的事务方面拥有完全自主权的地区。我国把香港、澳门、台湾地区确定为单独关税区。

四、《对外贸易法》的管理制度

(一)对货物和技术进出口的管理

《对外贸易法》确立了我国进出口贸易管理的基本制度，采取自由、限制、禁止等分类管理措施：

1. 货物与技术的自由进出口

国家准许货物与技术的自由进出口。但是，法律、行政法规另有规定的除外。

国务院对外贸易主管部门基于监测进出口情况的需要，可以对部分自由进出口的货物实行进出口自动许可并公布其目录。

2. 货物和技术进出口的目录管理

国家实行货物和技术自由进出口，并对其实行目录管理。货物技术进出口的一般例外规定，明确了限制或者禁止有关货物、技术的进口或者出口：(1)为维护国家安全、社会公共利益或者公共道德，需要限制或者禁止进口或者出口的；(2)为保护人的健康或者安全，保护动物、植物的生命或者健康，保护环境，需要限制或者禁止进口或者出口的；(3)为实施与黄金或者白银进出口有关的措施，需要限制或者禁止进口或者出口的；(4)国内供应短缺或者为有效保护可能用竭的自然资源，需要限制或者禁止出口的；(5)输往国家或者地区的市场容量有限，需要限制出口的；(6)出口经营秩序出现严重混乱，需要限制出口的；(7)为建立或者加快建立国内特定产业，需要限制进口的；(8)对任何形式的农业、牧业、渔业产品有必要限制进口的；(9)为保障国家国际金融地位和国际收支平衡，需要限制进口的；(10)依照法律、行政法规的规定，其他需要限制或者禁止进口或者出口的；(11)根据我国缔结或者参加的国际条约、协定的规定，其他需要限制或者禁止进口或者出口的。

3. 货物技术进出口安全例外规定

国家对与裂变、聚变物质或者衍生此类物质的物质有关的货物、技术进出口，以及与武器、弹药或者其他军用物资有关的进出口，可以采取任何必要的措施，维护国家安全。在战时或者为维护国际和平与安全，国家在货物、技术进出口方面可以采取任何必要的措施。

4. 货物进出口的许可证管理

出口的货物，实行配额、许可证等方式管理；对限制进口或者出口的技术，实行许可证管理。实行配额、许可证管理的货物、技术，应当按照国务院规定经国务院对外贸易主管部门或者经其会同国务院其他有关部门许可，方可进口或者出口。国家对部分进口货物可以实行关税配额管理。进出口货物配额、关税配额，由国务院对外贸易主管部门或者国务院其他有关部门在各自的职责范围内，按照公开、公平、公正和效益的原则进行分配。

5. 其他管理方式

(1)国家实行统一的商品合格评定制度，根据有关法律、行政法规的规定，对进出口商品进行认证、检验、检疫。

(2)国家对进出口货物进行原产地管理。

(二)对国际服务贸易的管理

《对外贸易法》规定了开展国际服务贸易必须遵循的原则和管理制度。我国国际服务贸易市场采取逐步开放的政策，根据所缔结或者参加的国际条约、协定中所作的承诺，给予其他缔约方、参加方市场准入和国民待遇。国务院对外贸易主管部门会同国务院其他有关部门，依照有关法律、行政法规的规定，制定、调整并公布国际服务贸易市场准入目录。

（三）对与外贸有关的知识产权保护的管理

《对外贸易法》规定，国家依照有关知识产权的法律、行政法规，保护与对外贸易有关的知识产权。进口货物侵犯知识产权，并危害对外贸易秩序的，国务院对外贸易主管部门可以采取在一定期限内禁止侵权人生产、销售的有关货物进口等措施。

五、《对外贸易法》的其他制度

（一）对外贸易的调查事项

《对外贸易法》主要规定了调查事项、调查程序和调查中的义务等。《对外贸易法》规定，为了维护对外贸易秩序，国务院对外贸易主管部门可以自行或者会同国务院其他有关部门，依照法律、行政法规的规定对下列事项进行调查：

1. 货物进出口、技术进出口、国际服务贸易对国内产业及其竞争力的影响。

2. 有关国家或者地区的贸易壁垒。

3. 为确定是否应当依法采取反倾销、反补贴或者保障措施等对外贸易救济措施，需要调查的事项。

4. 规避对外贸易救济措施的行为。

5. 对外贸易中有关国家安全利益的事项。

6. 为执行《对外贸易法》有关条款的规定，需要调查的事项。

7. 其他影响对外贸易秩序，需要调查的事项。

启动对外贸易调查，由国务院对外贸易主管部门发布公告。调查可以采取书面问卷、召开听证会、实地调查、委托调查等方式进行。国务院对外贸易主管部门根据调查结果，提出调查报告或者作出处理裁定，并发布公告。有关单位和个人应当对对外贸易调查给予配合、协助。国务院对外贸易主管部门和国务院其他有关部门及其工作人员进行对外贸易调查，对知悉的国家秘密和商业秘密负有保密义务。

（二）对外贸易的救济制度

对外贸易救济是指国家根据对外贸易调查结果，对其他国家或者地区企业的某些损害或严重威胁我国的社会公共利益或者产业利益的贸易做法，采取减轻或者消除其损害或者威胁的强制性措施。这些强制性措施包括反倾销、反补贴和保障措施。

（三）违反《对外贸易法》的法律责任

《对外贸易法》规定的违反对外贸易秩序的违法行为有：未经授权擅自进出口实行国营贸易管理的货物的；进出口属于禁止进出口的货物的，或者未经许可擅自进出口属于限制进出口的货物的;进出口属于禁止进出口的技术的,或者未经许可擅自进出口属于限制进出口的技术的;从事属于禁止的国际服务贸易的,或者未经许可擅自从事属于限制的国际服务贸易的;负责对外贸易管理工作的部门的工作人员玩忽职守、徇私舞弊或者滥用职权;负责对外贸易管理工作的部门的工作人员利用职务上的便利,索取他人财物,或者非法收受他人财物为他人谋取利益。违反《对外贸易法》的法律责任有行政责任和刑事责任两种。

第二节　进出口货物通关法律制度

一、进出口通关概述

进出口通关,是指货物、运输工具、物品等从进入关境边界或者申请出境办结海关手续的一项海关监管活动。它是海关对进出境对象的监督和管理,也是国家主权运用的象征。[1]

为了规范进出口货物通关程序,我国颁布了一系列相关的法律法规,其中最主要的是《中华人民共和国海关法》(以下简称《海关法》),该法于2000年7月进行了修正。《海关法》仅适用于中国内地的整个区域,中国香港、澳门特别行政区和台湾地区作为中国的单独关税区,不适用《海关法》。

二、进出口通关的主体

进出口通关的法律主体有两大类,即进出口通关的国家管理机关和从事进出口通关活动的当事人。

(一)进出口通关的国家管理机关

进出口通关的国家管理机关包括海关机关和其他的国家机关,其他的国家机关主要是指国家经贸委、商务部、工商行政管理局、国家质量检验总局等。其中,海关是对进出口通关进行全面管理的国家机关。

(二)进出口通关的当事人

进出口通关的当事人主要有以下几类:

1. 进口货物的收货人和出口货物的发货人,他们是向海关办理货物进出口手续的主要当事人。

2. 进出口运输工具的承运人。运输工具进出境时要向海关办理通关手续,他们也是通关的当事人。

3. 报关代理人。报关代理人是指专门代办进出口报关业务的报关企业。目前进出口货物绝大部分是由报关企业代理报关的。

---

〔1〕 姚会平:《物流法理论与实务》,西南财经大学出版社2007年版,第275页。

三、进出口货物通关的程序

(一)一般通关程序

进口货物的通关,一般来说,可分为以下几个基本环节:

1. 申报

申报是指进口货物的收货人在进口货物时,在海关规定的期限内,以书面或者电子数据交换(EDI)方式向海关报告其进口货物的情况,并随付有关货运和商业单证,申请海关审查放行,并对所报告内容的真实准确性承担法律责任的行为。进口货物所需报告单据包括合同(副本即可)、正本装箱单、正本发票、正本提货单、正本委托报关协议书、进口报关单及海关监管条件所涉及的各类证件。

2. 查验

查验是指海关在接受报告单位的申报后,依法为确定进出境货物的性质、原产地、货物状况、数量和价值是否与货物申报单上已填报的详细内容相符,对货物进行实际检查的行政执法行为。海关查验进口货物时,报关员必须在场,并按照海关的要求负责搬移货物、开拆和重封货物的包装等。

3. 征税

征税是指海关根据国家的有关政策、法规对进口货物征收关税及其他税费。根据《海关法》的有关规定,进出口的货物除国家另有规定外,均应征收关税。关税由海关依照海关进出口税则征收。需要征税费的货物,自接受申报 1 日内开出税单,并于缴核税单 2 小时内办结通关手续。

4. 放行

放行是指海关在接受进口货物的申报,经过审核报关单据、查验货物、依法征收税款,对进口货物作出结束海关现场监管决定的工作程序。放行必须由海关在进口货物提单或者出口货物装运单上盖上海关放行章印记后才能生效。

5. 结关

结关是指对经口岸放行后仍需继续实施后续管理的货物,海关在规定的期限内进行核查,对需要补证、补税货物作出处理直至完全结束海关监管的工作程序。

进口货物通关是进口商品进入国内市场流通的关键,其核心问题就是通关单据是否齐备,正确无误。

(二)特定通关程序

《海关法》规定,对于保税货物、暂时进出口货物、特定减免税进口货物等实行特定通关程序。海关的放行并不意味着海关监管的终结,其后还应该有两个环节,即核查和核销。

核查是海关对适用特定通关程序的进口货物在放行后和结关前,按照《海关法》的规定进行核对和查验。核销是对于保税货物、暂时进出口货物、特定减免税进口货物等在海关放行后按照法定要求动作或者使用后,由海关核定销案。核销意味着这些货物办结了海关手续,海关监管终结。

(三)优先通关程序

在实践中,海关是将企业进行分类管理、分类通关的。在企业分类管理的评估中被评为A类管理的企业可实行优先通关程序。其优先待遇体现在:优先受理报关、实行"门对门"的验货、实行担保放行、免检放行等。

(四)便捷通关程序

便捷通关程序是对企业进出口货物实行直通式信任放行程序,适用便捷通关的企业可以申报便捷通关手续。在便捷通关程序中,海关地企业实行信用管理,进出口货物主要根据企业的申报审核放行,在通关现场一般不开箱查验,进出口地海关也不得自行到企业稽查。

四、进出口报关规则

(一)进出口货物的报关

进出口货物的收、发货人或者他们的代理人,在货物进出口时,应在海关规定的期限内,按海关规定的格式填写进出口货物报关单,随附有关的货运、商业单据,同时提供批准货物进出口的证件,向海关申报。报关的主要单证有以下几种:

1. 进口货物报关单。一般填写一式两份(有的海关要求报关单份数为三份)。报关单填报项目要准确、齐全、字迹清楚、不能用铅笔;报关单内各栏目,凡海关规定有统计代号的,以及税则号列及税率一项,由报关员用红笔填写;每份报关单限填报四项货物;如发现情况有无或其他情况需变更填报内容的,应主动、及时向海关递交更改单。

2. 出口货物报关单。一般填写一式两份(有的海关要求三份)。填单要求与进口货物报关单基本相同。如因填报有误或需变更填报内容而未主动、及时更改的,出口报关后发生退关情况,报关单位应在三天内向海关办理更正手续。

3. 随报关单交验的货运、商业单据。任何进出口货物通过海关,都必须在向海关递交已填好的报关单的同时,交验有关的货运和商业单据,接受海关审核诸种单证是否一致,并由海关审核后加盖印章,作为提取或发运货物的凭证。随报关单同时交验的货运和商业单据有:海运进口提货单、海运出口装货单(需报关单位盖章)、陆、空运运单、货物的发票(其份数比报关单少一份,需报关单位盖章)、货物的装箱单(其份数与发票相等,需报关单位盖章)等。需要说明的是如海关认为必要,报关单位还应交验贸易合同、定货卡片、产地证明等。另外,按规定享受减、免税或免验的货物,应在向海关申请并已办妥手续后,随报关单交验有关证明文件。

4. 进(出)口货物许可证。进出口货物许可证制度,是对进出口贸易进行管理的一种行政保护手段。凡按国家规定应申领进出口货物许可证的商品,报关时都必须交验对外贸易管理部门签发的进出口货物许可证,并经海关查验合格无误后始能放行。但对外经济贸易合作部所属的进出口公司、经国务院批准经营进出口业务的各部委所属的工贸公司、各省（直辖市、自治区）所属的进出口公司，在批准的经营范围内进出口商品，视为已取得许可，免领进出口货物许可证，只凭报关单即可向海关申报；只有在经营进出口经营范围以外的商品时才需要交验许可证。

5. 对国家规定的其他进出口管制货物，报关单位也必须向海关提交由国家主管部门签发的特定的进出口货物批准单证，由海关查验合格无误后再予以放行。诸如药品检验，文物出口鉴定，金银及其制品的管理，珍贵稀有野生动物的管理，进出口射击运动、狩猎用枪支弹药和民用爆破物品的管理，进出口音像制品的管理等均属此列。

（二）进出境运输工具的报关

进出境运输工具报关的基本内容有：(1)运输工具进出境的时间/航次；(2)运输工具进出境时所载运货物情况，包括过境货物/转运货物/通运货物/溢短卸（装）货物的基本情况；(3)运输工具服务人员名单及物品的情况；(4)货币/金银情况；(5)运输工具所载旅客情况；(6)运输工具所载邮递物品/行李物品的情况；(7)其他需要向海关申报清楚的情况；(8)运输工具报关时还需提交运输工具从事国际合法性运输必备的相关证明文件，如船舶国籍证书/吨税证书/海关监管簿/签证簿等，必要时还需出具保证书或缴纳保证金；(9)有时还需应海关的要求配合海关检查，经海关审核确认符合海关监管要求的，可以上下旅客/装卸货物。

五、进出口通关规则

（一）收发货人或者报关企业的通关规则

1. 在法定期限内如实报关

进口货物的收货人应当自运输工具申报进境之日起 14 日内，出口货物的发货人除海关特准的以外应当在货物运抵海关监管区后、装货的 24 小时以前，向海关申报。进口货物的收货人超过前款规定期限向海关申报的，由海关征收滞报金。

2. 交验法定单证

进口货物的收货人、出口货物的发货人应当向海关如实申报，交验进出口许可证件和有关单证。国家限制进出口的货物，没有进出口许可证件的，不予放行。

3. 接受查验

进出口货物应当接受海关查验。海关查验货物时，进口货物的收货人、出口货物的发货人应当到场，并负责搬移货物，开拆和重封货物的包装。海关认为必要时，可以径行开验、复验或者提取货样。经收发货人申请，海关总署批准，其进出口货物可以免验。

4. 缴纳税款或者提供担保

除海关特准的外，进出口货物在收发货人缴清税款或者提供担保后，由海关签印放行。对于缴纳税款有困难，经海关批准缓纳税款的，在缓税期届满时应当缴纳税款。对于暂时进出口货物和保税货物,应向海关提供法律规定的担保。

进口货物的收货人自运输工具申报进境之日起超过三个月未向海关申报的,其进口货物由海关提取依法变卖处理,所得价款在扣除运输、装卸、储存等费用和税款后,尚有余款的,自货物依法变卖之日起一年内,经收货人申请,予以发还;其中属于国家对进口有限制性规定,应当提交许可证件而不能提供的,不予发还。逾期无人申请或者不予发还的,上缴国库。

确属误卸或者溢卸的进境货物,经海关审定,由原运输工具负责人或者货物的收发货人自该运输工具卸货之日起三个月内,办理退运或者进口手续;必要时,经海关批准,可以延期三个月。逾期未办手续的,由海关按规定处理。

前两款所列货物不宜长期保存的,海关可以根据实际情况提前处理。收货人或者货物所有人声明放弃的进口货物,由海关提取依法变卖处理;所得价款在扣除运输、装卸、储存等费用后,上缴国库。

(二)承运人的通关规则

1. 运输工具进出境地点规则

进出口货物、运输工具、物品,必须通过设立海关的地点进境或者出境。在特殊情况下,需要经过未设立海关的地点临时进境或者出境的,必须经中央政府或者其授权的机关批准,并依法办理海关手续。

2. 进出境运输工具事先通知规则

进出境船舶、火车、航空器到达和驶离时间、停留地点、停留期间更换地点以及装卸货物、物品时间,运输工具负责人或者有关交通运输部门应当事先通知海关。

3. 运输工具进出境行驶路线规则

进境运输工具在进境以后向海关申报以前,出境运输工具在办结海关手续以后出境以前,应当按照交通主管机关规定的路线行进;交通主管机关没有规定的,由海关指定。

4. 如实申报交验单证规则

进出境运输工具进出我国关境时,应由其承运人或者代理人向海关如实申报下列事项:进出境时间、航次、运载货物或者物品的有关情况、运输工具服务、工作人员名单及其自用物品、货币、金银制品等情况、运输工具所载旅客情况以及其他情况等。

5. 接受海关检查和监管规则

进出境运输工具到达或者驶离设立海关的地点时,运输工具负责人应当向海关如实申报,交验单证,并接受海关监管和检查。停留在设立海关的地点的进出境运输工具,未经海关同意,不得擅自驶离。进出境运输工具从一个设立海关的地点驶往另一个设立海关的地点的,应当符合海关监管要求,办理海关手续,未办结海关手续的,不得改驶境外。

第三节　进出口商品检验法律制度

一、进出口商品检验概述

进出口商品检验是指凡列入必须实施检验的进出口商品目录的进出口商品和其他法律法规规定须经检验的进出口商品,必须经过出入境检验部门或者其指定的检验机构进行检验。实施进出口商品检验的目的是保护国家经济顺利发展,保护人类的生命和生活环境的安全与健康。

我国于1989年颁布实施了《中华人民共和国进出口商品检验法》(以下简称《进出口商品检验法》),2002年对其进行了修正。2005年我国又新修订了《进出口商品检验法实施条例》,进一步强化了检验检疫机构的职能,为检验检疫部门执法提供了更有力、更详尽的法律保障。

二、进出口商品检验的主体

进出口商品检验检疫的主体包括两大类,即检验检疫管理机关和检验检疫报检人。

(一)检验检疫管理机关

根据《进出口商品检验法》规定,国务院设立进出口商品检验部门,主管全国进出口商品检验工作。国家商检部门设在各地的进出口商品检验机构(以下简称商检机构)管理所辖地区的进出口商品检验工作。我国现由国家质量监督检验检疫总局主管全国进出口商品检验工作。

(二)检验检疫报检人

检验检疫报检人包括报检单位和报检员,其中报检单位按其登记性质又可以分为自理报检单位和代理报检单位。

1. 自理报检单位

自理报检单位,是指根据法律规定自行办理或者委托代理报检单位办理进出口商品检验检疫报检的出入境货物的单位。主要包括进出口收发货人、承运人、进出口货物的生产、加工、储存和经营单位等。检验检疫机构对自理报检单位实行备案管理制度。

2. 代理报检单位

代理报检单位,是指在检验检疫机构注册登记,依法接受当事人委托并为其办理进出口商品检验检疫业务的单位。其必须是在我国工商行政管理部门注册登记的境内企业法人。检验检疫机构对代理报检单位实行注册登记制度。

3. 报检员

报检员,是指通过国家报检员资格考试取得报检员资格证书,经检验检疫机构注册,负责办理进出口商品检验检疫报检业务的人员。

三、进出口商品检验的程序

关于出口商品的检验,其程序如下:

(一)商检机构受理报验

首先由报验人填写“出口检验申请书”,并提供有关的单证和资料,如外贸合同、信用证、厂检结果单正本等;商检机构在审查上述单证符合要求后,受理该批商品的报验;如发现有不合要求者,可要求申请人补充或修改有关条款。

(二)抽样

由商检机构派员主持进行,根据不同的货物形态,采取随机取样方式抽取样品。报验人应提供存货地点情况,并配合商检人员做好抽样工作。

(三)检验

检验部门可以使用从感官到化学分析、仪器分析等各种技术手段,对出口商品进行检验,检验的形式有商检自验、共同检验、驻厂检验和产地检验。

(四)签发证书

商检机构对检验合格的商品签发检验证书,或在“出口货物报关单”上加盖放行章。出口企业在取得检验证书或放行通知单后,在规定的有效期内报运出口。

根据进口商品登记规定,进口商品的检验分两大类:

一类是列入《种类表》和合同规定由我国商检机构检验出证的进口商品。进口商品到货后,由收货、用货或其代理接运部门立即向口岸商检机构报验,填写进口货物检验申请书,并提供合同、发票、提单、装箱单等有关资料和单证,检验机构接到报验后,对该批货物进行检验,合格后,在进口货物报关单上加盖印章,海关据此放行。

另一类是不属上一类的进口商品,由收货、用货或代理接运部门向所在地区的商检机构申报进口商品检验,自行检验或由商检机构检验,自行检验须在索赔期内将检验结果报送商检机构,若检验不合格,应及时向商检机构申请复验并出证,以便向外商提出索赔。

四、出入境报检规则

(一)法定检验的范围

法定检验又称为强制性检验,是指根据国家法律、法令的规定,依法对部分进出口商品进行强制性检验,未经检验的商品不准进口或出口。对出口需法定检验的商品,非经检验合格并签发检验单证的,海关一律不予放行;对进口需法定检验的商品,海关凭商检部门在报关单上加盖的印章放行。我国商检机构目前实施的法定检验的商品范围是:

1.列入国家商检局制定的《商检机构实施检验的商品种类表》内的进出口商品。国家商检局可根据外贸发展的需要,不定期进行调整。

2. 根据《中华人民共和国食品卫生法》所规定的应该实施卫生检验的进出口食品和食品原料。

3. 根据《中华人民共和国进出口动植物检疫条例》所规定的应实施检疫的动植物及其产品。

4. 根据《中华人民共和国药品管理法》的规定,对进出口药品的疗效及用药安全方面的检验。

5. 根据《进出口商品检验法》的规定,对出口危险货物的包装容器、对装运易腐烂变质食品的船舱和集装箱实施检验。

6. 根据有关贸易国家政府的要求,国家规定由商检机构统一实施检验的出口商品。

7. 其他法律法规规定的须经商检机构检验的进出口商品。

(二)进出口货物的报检规则

1. 出境货物的报检规则

(1)出境货物的报检范围

①国家法律、行政法规规定必须由出入境检验检疫机构实施检验检疫的;②对外贸易合同约定须凭检验检疫机构签发的证书进行结算的;③有关国际条约规定必须经检验检疫的。

(2)出境货物检验检疫工作程序

法定检验检疫的出境货物,在报关时必须提供出入境检验检疫机构签发的《出境货物通关单》,海关凭报关地出入境检验检疫机构出具的《出境货物通关单》验放。对产地和报关地相一致的出境货物,经检验检疫合格的,出具《出境货物通关单》。对产地和报关地不一致的出境货物,出具《出境货物换证凭单》,由报关地检验检疫机构换发《出境货物通关单》。出境货物经检验检疫不合格的出具《出境货物不合格通知单》。

(3)出境货物报检的时限和地点

出境货物最迟应在出口报关或装运前 7 天报检,对于个别检验检疫周期较长的货物,应留有相应的检验检疫时间。

需隔离检疫的出境动物在出境前 60 天预报,隔离前 7 天报检。

法定检验检疫货物,除活动物需由口岸检验检疫机构检验检疫外,原则上应坚持产地检验检疫。

(4)报检时应提供的单据

出境货物报检时,应填写《出境货物报检单》,并提供外贸合同或销售确认书或定单;信用证、有关函电;生产经营部门出具的厂检结果单原件;检验检疫机构签发的《出境货物运输包装性能检验结果单》正本。

凭样品成交的,须提供样品。

经预检的货物，在向检验检疫机构办理换证放行手续时，应提供该检验检疫机构签发的《出境货物换证凭单》（正本）。

产地与报关地不一致的出境货物，在向报关地检验检疫机构申请《出境货物通关单》时，应提交产地检验检疫机构签发的《出境货物换证凭单》（正本）。

按照国家法律、行政法规的规定实行卫生注册和质量许可的出境货物，必须提供经检验检疫机构批准的注册编号或许可证编号。

出口危险货物时，必须提供《出境货物运输包装性能检验结果单》正本和《出境危险货物运输包装使用鉴定结果单》（正本）。

出境特殊物品的，根据法律法规规定应提供有关审批文件。

（5）《出境货物报检单》的填制

报检单位应加盖公章，并准确填写本单位在检验检疫机构登记的代码。所列各项必须完整、准确、清晰、不得涂改。

2. 入境货物的报检规则

（1）入境货物的报检范围

①国家法律、行政法规规定必须由出入境检验检疫机构实施检验检疫的；②对外贸易合同约定须凭检验检疫机构签发的证书进行结算的；③有关国际条约规定必须经检验检疫的；④国际贸易关系人申请的其他检验检疫、鉴定工作。

（2）入境货物检验检疫报检方式

①进境一般报检：进境一般报检是指法定检验检疫入境货物的货主或其代理人，持有关单证向卸货口岸检验检疫机构申请取得《入境货物通关单》，并对货物进行检验检疫的报检。对进境一般报检业务而言，签发《入境货物通关单》和对货物的检验检疫都由口岸检验检疫机构完成，货主或其代理人在办理完通关手续后，应主动与检验检疫机构联系落实施检工作。

②进境流向报检：进境流向报检亦称口岸清关转异地进行检验检疫的报检，指法定入境检验检疫货物的收货人或其代理人持有关单证在卸货口岸向口岸检验检疫机构报检，获取《入境货物通关单》并通关后由进境口岸检验检疫机构进行必要的检疫处理，货物调往目的地后再由目的地检验检疫机构进行检验检疫监管。申请进境流向报检货物的通关地与目的地属于不同辖区。

③异地施检报检：异地施检报检是指已在口岸完成进境流向报检，货物到达目的地后，该批进境货物的货主或其代理在规定的时间内，向目的地检验检疫机构申请进行检验检疫的报检。因进境流向报检只在口岸对装运货物的运输工具和外包装进行了必要的检疫处理，并未对整批货物进行检验检疫，只有当检验检疫机构对货物实施了具体的检验检疫，确认其符合有关检验检疫要求及合同、信用证的规定，货主才能获得相应的准许进口货物销售使用的合法凭证，完成进境货物的检验检疫工作。异地施检报检时应提供口岸局签发的《入境货物调离通知单》。

(3)报检的地点和时限

审批、许可证等有关政府批文中规定检验检疫地点的,在规定的地点报检。

大宗散装商品、易腐烂变质商品、废旧物品及在卸货时发现包装破损、重大数量短缺的商品,必须在卸货口岸检验检疫机构报检。

需结合安装调试进行检验的成套设备、机电仪器产品以及在口岸开件后难以恢复包装的商品,应在收货人所在地检验检疫机构报检并检验。

其他入境货物,应在入境前或入境时向报关地检验检疫机构办理报检手续。

入境的运输工具及人员应在入境前或入境时向入境口岸检验检疫机构申报。

入境货物需对外索赔出证的,应在索赔有效期前不少于20天内向到货口岸或货物到达地的检验检疫机构报检。

输入微生物、人体组织、生物制品、血液及其制品或种畜、禽及其精液、胚胎、受精卵的,应当在入境前30天报检。

输入其他动物的,应在入境前15天报检。

输入植物、种子、种苗及其他繁殖材料的,应在入境前7天报检。

(4)入境货物报检应提供的单据

入境报检时,应填写《入境货物报检单》,并提供外贸合同、发票、提(运)单、装箱单等有关单证。

凡实施安全质量许可、卫生注册、强制性产品认证、民用商品验证或其他需经审批审核的货物,应提供有关审批文件。

报检品质检验的还应提供国外品质证书或质量保证书、产品使用说明书及有关标准和技术资料;凭样成交的,须加附成交样品;以品级或公量计价结算的,应同时申请重量鉴定。

报检入境废物时,还应提供国家环保部门签发的《进口废物批准证书》、废物利用风险报告和经认可的检验机构签发的装运前检验合格证书等。

报检入境旧机电产品的还应提供与进口旧机电产品相符的进口许可证书。

申请残损鉴定的还应提供理货残损单、铁路商务记录、空运事故记录或海事报告等证实货损情况的有关单证。

申请重(数)量鉴定的还应提供重(数)量明细单,理货清单等。

货物经收、用货部门验收或其他单位检测的,应随附验收报告或检测结果以及重量明细单等。

入境的动植物及其产品,在提供贸易合同、发票、产地证书的同时,还必须提供输出国家或地区官方的检疫证书;需办理入境审批手续的,还应提供入境动植物检疫许可证。

过境动植物及其产品报检时,应持分配单和输出国家或地区官方出具的检疫证书;运输动物过境时,还应提交国家质检总局签发的动植物过境许可证。

入境旅客、交通员工携带伴侣动物的，应提供进境动物检疫审批单及预防接种证书。

入境食品报检时，应按规定提供《进出口食品标签审核证书》或《标签审核受理证书》。

入境化妆品报检时，应按规定提供《进出口化妆品标签审核证书》或《标签审核受理证书》。

来自美国、日本、欧盟和韩国的入境货物报检时，应按规定提供有关包装情况的证书和声明。

因科研等非凡需要，输入禁止入境物的，必须提供国家质检总局签发的特许审批证书。

入境非凡物品的，应提供有关的批件或规定的文件。

(5)《入境货物报检单》的填制

报检人要认真填写“入境货物报检单”，内容应按合同、国外发票、提单、运单上的内容填写，报检单应填写完整、无漏项、字迹清楚、不得涂改，且中英文内容一致，并加盖申请单位公章。

第十三章　物流争议解决的法律制度

第一节　仲 裁 制 度

一、仲裁概述

（一）仲裁的概念

仲裁是指争议双方当事人在经济活动中，在争议发生前或争议发生后达成协议，自愿将他们之间的争议提交给双方所同意的第三者进行裁决，当事人双方有义务执行裁决的一种解决争议的方法。仲裁是解决民事经济纠纷的重要方式之一。1995 年我国颁布实施了《中华人民共和国仲裁法》（以下简称《仲裁法》），它是经济仲裁领域的基本法律依据。《仲裁法》使国内各仲裁合为一体，也使得国内仲裁和涉外仲裁“合二为一”。

（二）仲裁的特征

1. 提交仲裁以双方当事人自愿为前提。当事人之间的纠纷，是否将其提交仲裁、交与谁仲裁、仲裁庭的组成人员如何产生、仲裁适用何种程序规则，都是在双方当事人自愿的基础上，由双方协商确定的。

2. 仲裁是由中立的第三者出面解决争议的一种方式。这个中立的第三者不是法院，一般是特定的仲裁机构。各仲裁机构一般都提供各专业的仲裁员名册，供当事人选定仲裁员。这些仲裁员是各行各业的专家，保证了仲裁的公正性和权威性。

3. 仲裁裁决具有法律效力。虽然仲裁机构是民间组织，可是，仲裁机构根据争议双方当事人签订的仲裁协议所作出的裁决具有法律效力，对双方当事人都有拘束力。若一方当事人不履行仲裁裁决，另一方当事人有权依照法律规定向法院申请强制执行。

4. 仲裁具有极大的灵活性和便利性。仲裁在程序上不像诉讼那么严格，很多环节可以被简化。仲裁实行一裁终局制，不像诉讼那样实行两审终审制，有利于当事人纠纷的迅速解决。而程序的简化和裁决的快速，又大大地降低了解决争议的成本。

5. 保密性。仲裁一般以不公开审理为原则，并且各国有关的仲裁法和仲裁规则都规定了仲裁员及仲裁秘书人员的保密义务，因此当事人的商业秘密和贸易活动不会因仲裁活动而泄露,仲裁表现出极强的保密性。

(三)仲裁的原则

1. 自愿原则

自愿原则是仲裁制度中的基本原则,它是仲裁制度赖以存在与发展的基石。自愿原则包括:以仲裁的方式解决纠纷,出于当事人双方的共同意愿;向哪个仲裁机构提请仲裁,由当事人双方协商选定;组成仲裁庭的仲裁员由当事人在仲裁员名册中自主选定,也可以委托仲裁委员会主任代为指定,仲裁庭的组成形式也可以由当事人约定;当事人可以约定交由仲裁解决的争议事项。自愿原则是法律赋予当事人的诸项权利的集中体现,是仲裁活动的前提和基础。

2. 仲裁独立的原则

仲裁的独立,指的是从仲裁机构的设置到仲裁解决纠纷的整个过程,都依法具有独立性。仲裁独立主要表现在以下几个方面:仲裁委员会独立于行政机关;仲裁组织体系中的仲裁协会、仲裁委员会和仲裁庭三者之间相对独立。我国《仲裁法》规定:"仲裁依法独立进行,不受行政机关、社会团体和个人的干涉。"

3. 先行调解原则

《仲裁法》规定,仲裁庭在作出裁决前,可以先行调解。当事人自愿调解的,仲裁庭应当调解。调解不成的,应当及时作出裁决。不能以调代裁或者久调不决。

4. 一裁终局原则

《仲裁法》规定,仲裁实行一裁终局的制度。裁决作出后,当事人就同一纠纷再申请仲裁或者向人民法院起诉的,仲裁委员会或者人民法院不予受理。也就是说仲裁裁决作出后即发生法律效力,即使当事人对裁决不服,也不能再就同一争议向法院起诉,同时也不能再向仲裁机构申请仲裁。

(四)仲裁的适用范围

仲裁的适用范围是指哪些纠纷可以通过仲裁解决,哪些纠纷不能以仲裁来解决,这就是我们通常讲的"争议的可仲裁性"。

《仲裁法》第2条规定:"平等主体的公民,法人和其他组织之间发生的合同纠纷和其他财产权益纠纷,可以仲裁。"这里明确了三条原则:一是发生纠纷的双方当事人必须是民事主体,包括国内外法人、自然人和其他合法的具有独立主体资格的组织;二是仲裁的争议事项应当是当事人有权处分的;三是仲裁范围必须是合同纠纷和其他财产权益纠纷。

根据仲裁法的规定,有两类纠纷不能仲裁:一是婚姻、收养、监护、扶养、继承纠纷不能仲裁,这类纠纷虽然属于民事纠纷,也不同程度涉及财产权益争议,但这类纠纷往往涉及当事人本人不能自由处分的身份关系,需要法院作出判决或由政府机关作出决定,固不属仲裁机构的管辖范围;二是行政争议不能裁决。行政争议,亦称行政纠纷,行政纠纷是指国家行政机关之间,或者国家行政机关与企事业单位，社会团体以及公民之间，由于行政管理而引起的争议。外国法律规定这类纠纷应当依法通过行政复议或行政诉讼解决。

仲裁法还规定，劳动争议和农业集体经济组织的内部的农业承包合同纠纷的仲裁，由国家另行规定，也就是说解决这类纠纷不适用仲裁法。这是因为，劳动争议，农业集体经济组织内部的农业承包合同纠纷虽然可以仲裁，但它不同于一般的民事经济纠纷，因此只能另作规定予以调整。

二、仲裁机构

（一）仲裁委员会和仲裁员

《仲裁法》规定，仲裁委员会可以在直辖市和省、自治区人民政府所在地的市设立，也可以根据需要在其他设区的市设立，不按行政区划层层设立。仲裁委员会由设区的市的人民政府组织有关部门和商会统一组建。设立仲裁委员会，应当经省、自治区、直辖市的司法行政部门登记。

设立仲裁委员会应当具备下列条件：(1)有自己的名称、住所和章程；(2)有必要的财产；(3)有该委员会的组成人员；(4)有聘任的仲裁员。

仲裁委员会由主任一人、副主任 2 至 4 人和委员 7 至 11 人组成，仲裁委员会的主任、副主任和委员由法律、经济贸易专家和有实际工作经验的人员担任。仲裁委员会的组成人员中，法律、经济贸易专家不得少于三分之二。

仲裁委员会应当从公道正派的人员中聘任仲裁员。仲裁员应当符合下列条件之一：(1)从事仲裁工作满八年的；(2)从事律师工作满八年的；(3)曾任审判员满八年的；(4)从事法律研究、教学工作并具有高级职称的；(5)具有法律知识、从事经济贸易等专业工作并具有高级职称或者具有同等专业水平的。

仲裁委员会独立于行政机关，与行政机关没有隶属关系。仲裁委员会之间也没有隶属关系。

（二）仲裁协会

中国仲裁协会是社会团体法人。仲裁委员会是中国仲裁协会的会员，中国仲裁协会的章程由全国会员大会制定。中国仲裁协会是仲裁委员会的自律性组织，根据章程对仲裁委员会及其组成人员、仲裁员的违纪行为进行监督。

三、仲裁协议

仲裁协议是指双方当事人表示自愿将他们之间将来可能或者业已发生的争议提交仲裁机构解决的一种书面的意思表示。仲裁协议是仲裁机构受理仲裁案件的法律依据，是仲裁机构行使仲裁权的前提。仲裁协议包括合同中订立的仲裁条款和以其他书面方式在纠纷发生前或者纠纷发生后达成的请求仲裁的协议。

（一）仲裁协议的内容

仲裁协议应当具有下列内容：(1)请求仲裁的意思表示；(2)仲裁事项；(3)选定的仲裁委员会。

（二）仲裁协议的效力

仲裁协议的效力可以分为以下几个方面：(1)对当事人的效力：排斥起诉权，当事人承担将争议提交仲裁并服从仲裁裁决的义务；(2)对仲裁机构的效力：获取仲裁权，并限定仲裁范围，仲裁机构只能对当事人在仲裁协议约定的范围内进行仲裁，对约定范围以外的其他事项无权仲裁；(3)对法院的效力：排斥司法管辖。

（三）仲裁条款的独立性

《仲裁法》规定，仲裁协议独立存在，合同的变更、解除、终止或者无效，不影响仲裁协议的效力，同时当事人在订立合同时就争议达成仲裁协议的，合同未成立不影响仲裁协议的效力。仲裁庭有权确认合同的效力。

（四）仲裁协议的无效

根据《仲裁法》的规定，有下列情形之一的，仲裁协议无效：(1)约定的仲裁事项超出法律规定的仲裁范围的；(2)无民事行为能力人或者限制民事行为能力人订立的仲裁协议；(3)一方采取胁迫手段，迫使对方订立仲裁协议的；(4)仲裁协议对仲裁事项或者仲裁委员会没有约定或者约定不明确的，当事人可以补充协议；达不成补充协议的，仲裁协议无效；(5)以口头方式订立的仲裁协议无效。

当事人对仲裁协议的效力有异议的，可以请求仲裁委员会作出决定或者请求人民法院作出裁定。一方请求仲裁委员会作出决定，另一方请求人民法院作出裁定的，由人民法院裁定。当事人对仲裁协议的效力有异议，应当在仲裁庭首次开庭前提出。

四、仲裁程序

（一）申请和受理

根据我国《仲裁法》的规定，仲裁不实行级别管辖和地域管辖，当事人可以向双方约定的仲裁机构申请仲裁。

当事人申请仲裁应当符合下列条件：(1)仲裁协议；(2)有具体的仲裁请求和事实、理由；(3)属于仲裁委员会的受理范围。

当事人申请仲裁，应当向仲裁委员会递交仲裁协议、仲裁申请书及副本。仲裁申请书应当载明下列事项：(1)当事人的姓名、性别、年龄、职业、工作单位和住所，法人或者其他组织的名称、住所和法定代表人或者主要负责人的姓名、职务；(2)仲裁请求和所根据的事实、理由；(3)证据和证据来源、证人姓名和住所。

仲裁委员会收到仲裁申请书之日起五日内，认为符合受理条件的，应当受理，并通知当事人；认为不符合受理条件的，应当书面通知当事人不予受理，并说明理由。

（二）仲裁庭的组成

《仲裁法》规定，仲裁庭可以由三名仲裁员或者一名仲裁员组成。由三名仲裁员组成的，设首席仲裁员。当事人约定由三名仲裁员组成仲裁庭的，应当各自选定或者各自委托仲裁委员会主任指定一名仲裁员,第三名仲裁员由当事人共同选定或者共同委托仲裁委员会主任指定。第三名仲裁员是首席仲裁员。当事人约定由一名仲裁员成立仲裁庭的,应当由当事人共同选定或者共同委托仲裁委员会主任指定仲裁员。当事人没有在仲裁规则规定的期限内约定仲裁庭的组成方式或者选定仲裁员的,由仲裁委员会主任指定。仲裁庭组成后,仲裁委员会应当将仲裁庭的组成情况书面通知当事人。

仲裁员有下列情形之一的,必须回避,当事人也有权提出回避申请:1. 是本案当事人或者当事人、代理人的近亲属;2. 与本案有利害关系;3. 与本案当事人、代理人有其他关系,可能影响公正仲裁的;4. 私自会见当事人、代理人,或者接受当事人、代理人的请客送礼的。仲裁员是否回避,由仲裁委员会主任决定;仲裁委员会主任担任仲裁员时,由仲裁委员会集体决定。仲裁员因回避或者其他原因不能履行职责的,应当依照法律规定重新选定或者指定仲裁员。

(三)开庭与裁决

仲裁应当开庭进行。当事人协议不开庭的,仲裁庭可以根据仲裁申请书、答辩书以及其他材料作出裁决。仲裁一般不公开进行,当事人协议公开的,可以公开进行,但涉及国家秘密的除外。

仲裁委员会应当在仲裁规则规定的期限内将开庭日期通知双方当事人。当事人有正当理由的,可以在仲裁规则规定的期限内请求延期开庭。是否延期,由仲裁庭决定。申请人经书面通知,无正当理由不到庭或者未经仲裁庭许可中途退庭的,可以视为撤回仲裁申请。被申请人经书面通知,无正当理由不到庭或者未经仲裁庭许可中途退庭的,可以缺席裁决。

当事人应当对自己的主张提供证据,仲裁庭认为有必要收集的证据,可以自行收集。仲裁庭对专门性问题认为需要鉴定的,可以交由当事人约定的鉴定部门鉴定,也可以由仲裁庭指定的鉴定部门鉴定。当事人在仲裁过程中有权进行辩论。辩论终结时,首席仲裁员或者独任仲裁员应当征询当事人的最后意见。

当事人申请仲裁后,可以自行和解。达成和解协议的,可以请求仲裁庭根据和解协议作出裁决书,也可以撤回仲裁申请。当事人达成和解协议,撤回仲裁申请后反悔的,可以根据仲裁协议申请仲裁。仲裁庭在作出裁决前,可以先行调解。当事人自愿调解的,仲裁庭应当调解。调解不成的,应当及时作出裁决。调解达成协议的,仲裁庭应当制作调解书或者根据协议的结果制作裁决书,调解书与裁决书具有同等法律效力。调解书经双方当事人签收后,即发生法律效力。在调解书签收前当事人反悔的,仲裁庭应当及时作出裁决。

裁决应当按照多数仲裁员的意见作出,少数仲裁员的不同意见可以记入笔录。仲裁庭不能形成多数意见时,裁决应当按照首席仲裁员的意见作出。裁决书应当写明仲裁请求、争议事实、裁决理由、裁决结果、仲裁费用的负担和裁决日期。当事人协议不愿写明争议事实和裁决理由的，可以不写。裁决书由仲裁员签名，加盖仲裁委员会印章。对裁决持不同意见的仲裁员，可以签名，也可以不签名。仲裁庭仲裁纠纷时，其中一部分事实已经清楚，可以就该部分先行裁决。裁决书自作出之日起发生法律效力。

(四)申请撤销仲裁裁决及法院处理

当事人提出证据证明裁决有下列情形之一的，可以向仲裁委员会所在地的中级人民法院申请撤销裁决：(1)没有仲裁协议的；(2)裁决的事项不属于仲裁协议的范围或者仲裁委员会无权仲裁的；(3)仲裁庭的组成或者仲裁的程序违反法定程序的；(4)裁决所根据的证据是伪造的；(5)对方当事人隐瞒了足以影响公正裁决的证据的；(6)仲裁员在仲裁该案时有索贿受贿，徇私舞弊，枉法裁决行为的。人民法院认定裁决违背社会公共利益的，也应当裁定撤销。

当事人申请撤销裁决的，应当自收到裁决书之日起六个月内提出。人民法院应当在受理撤销裁决申请之日起两个月内作出撤销裁决或者驳回申请的裁定。人民法院受理撤销裁决的申请后，认为可以由仲裁庭重新仲裁的，通知仲裁庭在一定期限内重新仲裁，并裁定中止撤销程序。仲裁庭拒绝重新仲裁的，人民法院应当裁定恢复撤销程序。

(五)裁决的执行

裁决生效后，当事人应当履行裁决。一方当事人不履行的，另一方当事人可以依照民事诉讼法的有关规定向人民法院申请执行。接受申请的人民法院应当执行。

被申请人提出证据证明裁决有以下情形之一的，经人民法院组成合议庭审查核实，裁定不予执行：(1)当事人之间没有仲裁协议的；(2)裁决的事项不属于仲裁协议的范围或者仲裁委员会无权仲裁的；(3)仲裁庭的组成或者仲裁的程序违反法定程序的；(4)认定事实的主要证据不足的；(5)适用法律确有错误的；(6)仲裁员在仲裁该案时有索贿受贿，徇私舞弊，枉法裁决行为的。另外，人民法院认定裁决违背社会公共利益的，也应当裁定不予执行。

一方当事人申请执行裁决，另一方当事人申请撤销裁决的，人民法院应当裁定中止执行；人民法院裁定撤销裁决的，应当裁定终结执行。撤销裁决的申请被裁定驳回的，人民法院应当裁定恢复执行。

五、涉外仲裁

(一)涉外仲裁的概念

涉外仲裁指仲裁事项包含的法律关系为涉外法律关系的仲裁。包括仲裁的当事人一方为外国的自然人或法人，所涉法律关系的标的物所在地、履行地在国外等。涉及港澳台地区的争议，也比照涉外纠纷处理，也属于涉外仲裁的范围。

（二）我国的涉外仲裁机构

中国国际经济贸易仲裁委员会和海事仲裁委员会是我国的常设涉外仲裁机构，也是受理涉外仲裁案件的具有典型性、代表性的仲裁机构。

1. 中国国际经济贸易仲裁委员会

中国国际经济贸易仲裁委员会是 1956 年 4 月正式成立的，它是以仲裁的方式，独立、公正地解决契约性或非契约性的经济贸易等争议的常设仲裁机构。

中国国际经济贸易仲裁委员会设在北京，在深圳设有仲裁委员会深圳分会，在上海设有仲裁委员会上海分会，仲裁委员会分会是仲裁委员会的组成部分。当事人在签订仲裁协议时，可以约定将其争议提交仲裁委员会在北京进行仲裁，或者约定将其争议提交仲裁委员会深圳分会在深圳进行仲裁，或者约定将其争议提交仲裁委员会上海分会在上海进行仲裁；如无此约定，则由申请人选择；由仲裁委员会在北京进行仲裁，或者由其深圳分会在深圳进行仲裁，或者由其上海分会在上海进行仲裁；作此选择时，以首先提出选择的为准；如有争议，应由仲裁委员会作出决定。

涉外仲裁规则可以由中国国际商会依照本法和民事诉讼法的有关规定制定。中国国际经济贸易仲裁委员会现行的仲裁规则是中国国际商会于 2005 年 5 月 1 日起施行的《中国国际经济贸易仲裁委员会仲裁规则》。

中国国际经济贸易仲裁委员会受理案件的争议包括：(1)国际的或涉外的争议案件；(2)涉及香港特别行政区或台湾地区的争议案件；(3)国内争议案件。

2. 中国海事仲裁委员会

中国海事仲裁委员会成立于 1958 年，它是以仲裁方式，独立、公正地解决产生于远洋、近洋、沿海和与海相通的可航水域的运输、生产和航行等有关过程中所发生的契约性或非契约性的海事争议的常设仲裁机构。海事仲裁委员会设在北京。其现行的仲裁规则是中国国际商会于 2004 年 10 月 1 日起施行的《中国海事仲裁委员会仲裁规则》。

根据《中国海事仲裁委员会仲裁规则》的规定，仲裁委员会受理下列争议案件：(1)租船合同、多式联运合同或者提单、运单等运输单证所涉及的海上货物运输、水上货物运输、旅客运输争议；(2)船舶、其他海上移动式装置的买卖、建造、修理、租赁、融资、拖带、碰撞、救助、打捞，或集装箱的买卖、建造、租赁、融资等业务所发生的争议；(3)海上保险、共同海损及船舶保赔业务所发生的争议；(4)船上物料及燃油供应、担保争议，船舶代理、船员劳务、港口作业所发生的争议；(5)海洋资源开发利用、海洋环境污染所发生的争议；(6)货运代理，无船承运，公路、铁路、航空运输，集装箱的运输、拼箱和拆箱，快递，仓储，加工，配送，仓储分拨，物流信息管理，运输工具、搬运装卸工具、仓储设施、物流中心、配送中心的建造、买卖或租赁，物流方案设计与咨询，与物流有关的保险，与物流有关的侵权争议，以及其他与物流有关的争议;(7)渔业生产、捕捞等所发生的争议;(8)双方当事人协议仲裁的其他争议。

第二节　诉讼制度

一、有关物流的诉讼概述

有关物流的诉讼是指法院在当事人和其他诉讼参与人的参加下,依法审理和裁判的,在物流经营活动中由于与物流有关的合同争议、侵权纠纷等原因所引起的案件的全部活动。

物流包括很多环节,但是货物运输是其中最主要的部分,所以国际货物运输诉讼也是物流诉讼中很重要的部分。而在国际货物运输诉讼中,国际货物海事诉讼又占有突出的地位。

国际货物运输诉讼属于民事诉讼的范畴,是民事诉讼的一个组成部分。按照国际上普遍的做法,审理国际货物运输诉讼案件均适用法院所在地国家的程序法。我国在审理国际货物运输诉讼案件时所适用的程序法依据主要有以下几类:

1.《中华人民共和国民事诉讼法》。这是审理国际货物运输案件适用最普遍的法律,除特别法另有规定的外,都适用该法。

2.《中华人民共和国海事诉讼特别程序法》。按照"特别法优于一般法"的原则,在该法有特别规定的情况下适用该法,该法没有规定的情况下,适用《中华人民共和国民事诉讼法》。

3. 中国最高人民法院有关国际货物运输诉讼方面的规定。最高院颁布的与国际货物运输有关的司法解释主要有:《关于适用〈中华人民共和国民事诉讼法〉若干问题的意见》、《关于适用〈中华人民共和国海事诉讼特别程序法〉若干问题的解释》和《关于海事法院受理案件范围的若干规定》等。

4. 中国缔结或参加的双边或多边国际条约、司法协助条约等。

二、与物流有关的民事诉讼

(一)民事诉讼概述

1. 民事诉讼的概念

民事诉讼是指人民法院在所有诉讼参与人的参加下,审理和解决民事案件的诉讼活动,以及在诉讼活动中产生的各种法律关系的总和。民事诉讼的作用,是通过民事诉讼实体制度和程序的运用,解决当事人之间的权利义务之争,保障民事主体所应享有和承担的权利义务关系得以实现。与社会生活中解决民事争议的其他方法(例如和解、调解、仲裁)相比较,民事诉讼是在国家审判机关的主持下进行的,民事诉讼的进行应当依照严格的诉讼程序和诉讼制度,民事诉讼具有强制性。

2. 民事诉讼的当事人

民事诉讼中的当事人是指因自己的民事权益或者依法受保护的民事权益受到侵犯或者发生争执，以自己的名义进行诉讼，并受人民法院裁判约束的利害关系人。凡是与案件有直接的利害关系，以自己的名义参加诉讼并受人民法院裁判约束的人，就是当事人。根据《民事诉讼法》的规定，民事诉讼当事人可以是公民、法人或其他组织。在民事诉讼中，当事人的概念有广义和狭义之分，广义的民事诉讼的当事人有原告、被告、共同诉讼人、诉讼代表人和第三人，狭义的则仅指原告和被告。当事人的特点是：(1)依自己的名义进行诉讼，如果以他人名义参加诉讼，则是诉讼代理人；(2)受人民法院裁判的约束，如果人民法院的裁判对其没有约束力，如证人、鉴定人等，则不能成为当事人；(3)与案件有直接利害关系。

在物流诉讼中，如果是由于物流合同所引起的纠纷，那么双方当事人一般应该为物流合同当事人；如果纠纷是由于侵权引起的，那么则可能出现物流经营合同以外的当事人，甚至是自然人。

(二)民事诉讼管辖概述

民事诉讼管辖是指确定上下级人民法院之间和同级人民法院之间受理第一审民事案件的分工和权限。管辖一般分为以下几种：

1. 级别管辖

级别管辖，指不同级别的法院之间在受理第一审民事案件上的分工。根据《民事诉讼法》的规定，我国四级人民法院在受理第一审民事案件上的分工如下：

(1)基层人民法院管辖除法律另有规定的一切民事案件。

(2)中级人民法院管辖下列第一审民事案件：①重大涉外案件。重大涉外案件，指争议标的额大，或者案情复杂，或者居住在国外的当事人人数众多的涉外案件；②在本辖区有重大影响的案件；③最高人民法院指定由中级人民法院管辖的案件。这些案件包括：一是海事海商案件。海事海商案件由海事法院管辖。海事法院均为中级法院。二是专利纠纷案件。专利纠纷案件由省、自治区、直辖市政府所在地的中级人民法院，以及大连、青岛等较大的市、各经济特区的中级人民法院管辖。三是涉外民商事案件。涉外民商事案件由省会、自治区首府、直辖市所在地的中级人民法院，最高法院规定的其他中级人民法院，以及国务院批准设立的经济技术开发区人民法院管辖。四是商标民事纠纷案件。

(3)高级人民法院管辖在本辖区有重大影响的第一审民事案件。

(4)最高人民法院管辖下列第一审民事案件：①在全国有重大影响的案件；②认为应当由本院管辖的案件。

2. 一般地域管辖

地域管辖是同级法院之间受理第一审民事案件的分工和权限。一般地域管辖是按照法院辖区与当事人之间的关系确定的地域管辖。

(1)一般地域管辖的原则

一般地域管辖的原则是“原告就被告”。被告是公民的,案件由被告住所地法院管辖;被告住所地与经常居住地不一致的,由经常居住地法院管辖。被告是法人或其他组织的,案件由被告住所地法院管辖。

(2)一般地域管辖的例外规定

根据《民事诉讼法》的规定,下列案件由原告住所地法院管辖;原告住所地与经常居住地不一致的,由原告经常居住地法院管辖:①对不在中华人民共和国领域内居住的人提起的有关身份关系的诉讼;②对下落不明或者宣告失踪的人提起的有关身份关系的诉讼;③对被劳动教养的人提起的诉讼;④对被监禁的人提起的诉讼。

3. 特殊地域管辖

特殊地域管辖是相对于一般地域管辖来说的,是按照引起诉讼的法律事实所在地为标准确定的地域管辖。当然,这种地域管辖一般也不排除“原告就被告”的原则。适用特别地域管辖的案件有九种:

(1)物流合同纠纷案件

我国《民事诉讼法》准许双方当事人通过书面协议选择原告住所地、被告住所地、合同履行地、合同签订地、标的物所在地人民法院管辖。如果双方当事人有选择管辖法院的书面协议,应当以协议确定管辖法院;如果双方当事人没有选择管辖法院的书面协议,由被告住所地或者合同履行地人民法院管辖。具体来说:

①如果合同没有实际履行,双方当事人住所地又都不在合同约定的履行地,由被告住所地人民法院管辖。

②购销合同的履行地按下列情况确定:当事人在合同中明确约定了履行地的,以约定的履行地为履行地。当事人在合同中未明确约定履行地,以约定的交货地为履行地。合同中约定的货物到达地、到站地、验收地、安装调试地等,均不能视为合同履行地。当事人在合同中明确约定了履行地或交货地,但实际履行中以书面形式或者双方认可的其他方式变更约定的,以变更后约定的履行地为履行地。当事人在合同中对履行地、交货地未作约定或者约定不明确的,或者虽有约定但未实际交付货物,且双方当事人住所地均不在合同约定的履行地,以及口头合同纠纷案件,均不依合同履行地确定管辖法院。

③加工承揽合同,以加工地为合同履行地,但合同对履行地另有约定的除外。

④财产租赁合同、融资租赁合同,以租赁物使用地为合同履行地,但当事人在合同中对履行地另有约定的除外。

⑤补偿贸易合同,以接受投资一方主要义务履行地为合同履行地。

⑥借款合同,贷款方所在地为合同履行地,但当事人另有约定的除外。

(2)物流侵权纠纷案件

根据《民事诉讼法》的规定,因侵权行为提起的诉讼,由侵权行为地或者被告住所地人民法院管辖。这里说的侵权行为地,既包括侵权行为实施地,也包括侵权行为结果地。另外,根据有关法律规定和司法解释,下列案件也属于侵权案件:

①侵犯名誉权的案件。这种案件也由侵权行为地或者被告住所地人民法院管辖。

②因产品质量不合格致人损害的案件。这种案件由产品制造地、产品销售地、侵权行为地和被告住所地人民法院管辖。

③海事侵权案件。这种案件除适用《民事诉讼法》的相关规定外,还可以由船籍港所在地的海事法院管辖。

(3)物流保险合同纠纷案件

根据《民事诉讼法》的规定,因保险合同纠纷提起的诉讼,由被告住所地或者保险标的物所在地人民法院管辖。

根据最高人民法院的《意见》,如果保险标的物是运输工具或者运输中的货物,由被告住所地、运输工具登记注册地、运输目的地或者保险事故发生地人民法院管辖。

(4)物流票据纠纷案件

根据《民事诉讼法》的规定,因票据纠纷提起的诉讼,由票据支付地或者被告住所地人民法院管辖。

根据最高人民法院的《意见》,票据支付地指票据上载明的支付地。票据未载明付款地的,以票据付款人(包括代理付款人)的住所地或者主要营业场所所在地为票据支付地。

(5)物流运输合同纠纷案件

根据《民事诉讼法》的规定,因铁路、公路、水上、航空运输和联合运输合同纠纷提起的诉讼,由运输始发地、目的地或者被告住所地人民法院管辖。

(6)物流铁路、公路、水上和航空事故纠纷案件

根据《民事诉讼法》的规定,因铁路、公路、水上和航空事故请求损害赔偿提起的诉讼,由事故发生地或者车辆、船舶最先到达地、航空器最先降落地或者被告住所地人民法院管辖。

(7)物流中船舶碰撞或者其他海损事故纠纷案件

根据《民事诉讼法》的规定,因船舶碰撞或者其他海事损害事故请求损害赔偿提起的诉讼,由碰撞发生地、碰撞船舶最先到达地、加害船舶被扣留地或者被告住所地人民法院管辖。

(8)物流中海难救助费用纠纷案件

根据《民事诉讼法》的规定,因海难救助费用提起的诉讼,由救助地或者被救助船舶最先到达地人民法院管辖。

(9)物流中共同海损纠纷案件

根据《民事诉讼法》的规定,因共同海损提起的诉讼,由船舶最先到达地、共同

海损理算地或者航程终止地的人民法院管辖。

4. 专属管辖

专属管辖，指法律明确规定某些特殊类型的案件只能由特定法院管辖，无论当事人还是人民法院都无权加以变更的诉讼管辖。根据《民事诉讼法》的规定，下列案件的管辖为专属管辖：(1)因不动产纠纷提起的诉讼，由不动产所在地人民法院管辖；(2)因港口作业中发生的诉讼，由港口所在地海事法院管辖；(3)因继承遗产纠纷提起的诉讼，由被继承人死亡时的住所地或者主要遗产所在地人民法院管辖。

另外，根据《海事诉讼特别程序法》的规定，下列海事诉讼也属于专属管辖：(1)因沿海港口作业纠纷提起的诉讼，由港口所在地海事法院管辖；(2)因船舶排放、泄漏、倾倒油类或者其他有害物质，海上生产、作业或者拆船、修船作业造成海域污染损害提起的诉讼，由污染发生地、损害结果地或者采取预防污染措施地海事法院管辖；(3)因在中华人民共和国领域和有管辖权的海域履行的海洋勘探开发合同纠纷提起的诉讼，由合同履行地海事法院管辖。

5. 协议管辖

协议管辖，指民事诉讼的双方当事人通过书面协议的方式，自行选择其争议的管辖法院。根据《民事诉讼法》的规定，协议管辖应当符合以下条件：(1)协议管辖只适用于第一审合同纠纷案件；(2)协议管辖必须采用书面形式；(3)双方当事人只能在原告住所地、被告住所地、合同履行地、合同签订地、标的物所在地的人民法院中进行选择；(4)协议管辖不能违反级别管辖和专属管辖的规定；(5)当事人的选择应当确定、单一。

(三)民事诉讼程序

1. 第一审普通程序

(1)起诉和受理。起诉必须符合下列条件：原告是与本案有直接利害关系的公民、法人和其他组织；有明确的被告；有具体的诉讼请求和事实、理由；属于人民法院受理民事诉讼的范围和受诉人民法院管辖。

人民法院收到起诉状或者口头起诉，经审查，认为符合起诉条件的，应当在七日内立案，并通知当事人；认为不符合起诉条件的，应当在七日内裁定不予受理；原告对裁定不服的，可以提起上诉。

(2)审理前的准备。人民法院应当在立案之日起五日内将起诉状副本送达被告，被告在收到之日起十五日内提出答辩状。被告提出答辩状的，人民法院应当在收到之日起五日内将答辩状副本送达原告。被告不提出答辩状的，不影响人民法院审理。人民法院对决定受理的案件，应当在受理案件通知书和应诉通知书中向当事人告知有关的诉讼权利义务，或者口头告知。合议庭组成人员确定后，应当在三日内告知当事人。必要共同诉讼的当事人没有参加诉讼的，人民法院应当通知其参加诉讼。

(3)开庭审理。具体包括:庭审准备、法庭调查、法庭辩论、案件评议和宣告判决。

(4)诉讼中止和终结。

(5)判决和裁定。

2. 第二审程序

民事第二审程序又称“民事上诉审程序”,是指民事诉讼当事人不服地方各级人民法院未生效的第一审判决、裁定,在法定的期限内向上一级人民法院提起上诉,上一级人民法院对案件进行审理所适用的程序。民事诉讼中第二审程序的发生是基于当事人提起上诉而引起。当事人对第一审人民法院的判决、裁定提起上诉,必须在法律规定的期限内进行,超过了法律规定的上诉期限,当事人就丧失了上诉权。

(1)上诉期限。《民事诉讼法》规定,对判决提起上诉的期限为 15 日,对裁定提起上诉的期限为 10 日。上诉期限从判决书、裁定书送达当事人的第二日起算。上诉应当递交上诉状。

(2)对上诉的审查和受理。上诉状应当通过原审人民法院提出,并按照对方当事人或者代表人的人数提出副本。对直接向第二审人民法院提出上诉的,第二审人民法院应当在 5 日内将上诉状移交原审人民法院。原审人民法院收到上诉状以后,应当在 5 日内将上诉状副本送达对方当事人,对方当事人在收到之日起 15 日内提出答辩状。人民法院收到答辩状后,应当在 5 日内将副本送达上诉人。对方当事人不提出答辩状的,不影响人民法院审理。原审人民法院收到上诉状、答辩状,应当在 5 日内连同全部案卷和证据,报送第二审人民法院。

(3)上诉案件的审理。第二审人民法院对上诉请求的有关事实和适用的法律应当进行审查,并应当由审判员组成合议庭,开庭审理。但经过阅卷和调查,询问当事人,在事实核对清楚后,合议庭认为不需要开庭审理的,也可以径行判决、裁定。

(4)上诉案件的裁判与调解。第二审人民法院对上诉案件,经过审理,认为原判决认定事实清楚,适用法律正确的,判决驳回上诉,维持原判;原判决适用法律错误的,依法改判;原判决认定事实错误,或者原判决认定事实不清,证据不足,裁定撤销原判决,发回原审人民法院重审,或者查清事实后改判;原判决违反法定程序,可能影响案件正确判决的,裁定发回原审人民法院重审。当事人对重审案件的判决、裁定,可以上诉。

第二审人民法院审理上诉案件,可以进行调解。调解达成协议,应当制作调解书,由审判人员、书记员署名,加盖人民法院印章。调解书送达后,原审人民法院的判决即视为撤销。

上诉人在第二审人民法院判决宣告前,可以申请撤回上诉。但是否准许,应由第二审人民法院裁定。

(5)上诉审理期限

第二审人民法院审理对判决的上诉案件,必须在第二审立案之日起3个月内审结。有特殊情况需要延长的,由本院院长批准;对裁定的上诉案件,必须在第二审立案之日起30日内作出终审裁定。

第二审人民法院的判决、裁定,是终审的判决、裁定。

3. 简易程序

简易程序是指基层人民法院和它的派出法庭审理事实清楚、权利义务关系明确、争议不大的简单民事案件所适用的审判程序。

简易程序适用于以下三种情况:(1)基层人民法院和它的派出法庭;(2)只能适用于人民法院审理第一审民事案件;(3)只能是事实清楚、权利义务关系明确、争议不大的简单民事案件。

下列情形不得适用简易程序:(1)起诉时被告下落不明的;(2)发回重审的案件;(3)共同诉讼中一方或者双方当事人人数众多的案件;(4)法律规定应当适用特别程序、审判监督程序、督促程序、公示催告程序和企业法人破产还债程序的案件。

4. 审判监督程序

民事审判监督程序是指司法机关认为已经生效的民事判决或裁定确有错误的,依职权进行重新审理的程序。按照《民事诉讼法》的规定,民事诉讼当事人对已经发生法律效力的判决裁定,认为有错误的,可以在该判决裁定生效后两年内,向人民法院申请再审,但不停止判决裁定的执行,对已经发生法律效力的解除婚姻关系的判决不得申请再审,提起审判监督程序有三种情况:

(1)各级人民法院院长对本院已经发生法律效力的判决裁定,发现确有错误认为需要再审的,应当提交审判委员会讨论决定;

(2)最高人民法院对地方各级人民法院已经发生法律效力的判决裁定,上级人民法院对下级人民法院已经发生法律效力的判决裁定,发现确有错误,有权提审或者指令下级人民法院再审;

(3)最高人民检察院对各级人民法院已经发生法律效力的判决裁定,上级人民检察院对下级人民法院已经发生法律效力的判决裁定,发现确有错误的,应当按照审判监督程序提起抗诉。

(四)涉外民事诉讼程序

1. 涉外民事诉讼程序的一般原则

(1)适用我国民事诉讼法的原则。

(2)适用我国缔结或者参加的国际条约的原则。中华人民共和国缔结或者参加的国际条约同本法有不同规定的,适用该国际条约的规定,但中华人民共和国声明保留的条款除外。

(3)司法豁免原则。对享有外交特权与豁免权的外国人、外国组织或者国际组织提起的民事诉讼,应当依照中华人民共和国有关法律和中华人民共和国缔结或者参加的国际条约办理。

(4)委托中国律师代理诉讼的原则。外国人、无国籍人、外国企业和组织在人民法院起诉、应诉,需要委托律师代理诉讼的,必须委托中华人民共和国的律师。

(5)使用我国的语言、文字的原则。人民法院审理涉外民事案件,应当使用中华人民共和国通用的语言、文字。当事人要求提供翻译的,可以提供,费用由当事人承担。

2. 涉外民事诉讼管辖

(1)因合同纠纷或者其他财产权益纠纷,对在中华人民共和国领域内没有住所的被告提起的诉讼,如果合同在中华人民共和国领域内签订或者履行,或者诉讼标的物在中华人民共和国领域内,或者被告在中华人民共和国领域内有可供扣押的财产,或者被告在中华人民共和国领域内设有代表机构,可以由合同签订地、合同履行地、诉讼标的物所在地、可供扣押财产所在地、侵权行为地或者代表机构住所地人民法院管辖。

(2)涉外合同或者涉外财产权益纠纷的当事人,可以用书面协议选择与争议有实际联系的地点的法院管辖。选择中华人民共和国人民法院管辖的,不得违反本法关于级别管辖和专属管辖的规定。涉外民事诉讼的被告对人民法院管辖不提出异议,并应诉答辩的,视为承认该人民法院为有管辖权的法院。

(3)因在中华人民共和国履行中外合资经营企业合同、中外合作经营企业合同、中外合作勘探开发自然资源合同发生纠纷提起的诉讼,由中华人民共和国人民法院管辖。

3. 涉外民事诉讼中的送达

人民法院对在中华人民共和国领域内没有住所的当事人送达诉讼文书,可以采用下列方式:

(1)依照受送达人所在国与中华人民共和国缔结或者共同参加的国际条约中规定的方式送达。

(2)通过外交途径送达。

(3)对具有中华人民共和国国籍的受送达人,可以委托中华人民共和国驻受送达人所在国的使领馆代为送达。

(4)向受送达人委托的有权代其接受送达的诉讼代理人送达。

(5)向受送达人在中华人民共和国领域内设立的代表机构或者有权接受送达的分支机构、业务代办人送达。

(6)受送达人所在国的法律允许邮寄送达的,可以邮寄送达。自邮寄之日起

满六个月,送达回证没有退回,但根据各种情况足以认定已经送达的,期间届满之日视为送达。

(7)不能用上述方式送达的,公告送达,自公告之日起满六个月,即视为送达。

4. 司法协助

当一国法院在处理具有涉外因素的民事案件时,往往需要向处于外国的当事人送达传票、通知书以及其他诉讼文件,或者需要在外国进行某种诉讼行为。若一国未经对方国家同意而向对方国家领土内的当事人自行送达诉讼文件,可能会引起对方国家在外交上的抗议。为避免出现外交交涉,在遇有这种情况时,必须通过一定的方式,取得对方国家的协助,这就是国际司法协助。它有两种方式:一是与有关国家之间订立国际司法协助条约或协定,根据条约或协定的规定,请求缔约国给予协助;另一种做法是在没有订立国际司法协助协定的国家之间,可以通过外交途径达成临时协议,根据临时协议的安排,请求对方国家有关当局给予协助。

我国《民事诉讼法》规定,根据中华人民共和国缔结或者参加的国际条约,或者按照互惠原则,人民法院和外国法院可以相互请求,代为送达文书、调查取证以及进行其他诉讼行为。请求和提供司法协助,应当依照中华人民共和国缔结或者参加的国际条约所规定的途径进行;没有条约关系的,通过外交途径进行。

外国驻中华人民共和国的使领馆可以向该国公民送达文书和调查取证,但不得违反中华人民共和国的法律,并不得采取强制措施。

5. 对外国法院判决的承认和执行

一国法院的判决,原则上只在该国领域内有法律效力,如果要对国外的当事人生效,必须得到该当事人所在国家的承认,才有可能在该外国强制执行。

人民法院作出的发生法律效力的判决、裁定,如果被执行人或者其财产不在中华人民共和国领域内,当事人请求执行的,可以由当事人直接向有管辖权的外国法院申请承认和执行,也可以由人民法院依照中华人民共和国缔结或者参加的国际条约的规定,或者按照互惠原则,请求外国法院承认和执行。

外国法院作出的发生法律效力的判决、裁定,需要中华人民共和国人民法院承认和执行的,可以由当事人直接向中华人民共和国有管辖权的中级人民法院申请承认和执行,也可以由外国法院依照该国与中华人民共和国缔结或者参加的国际条约的规定,或者按照互惠原则,请求人民法院承认和执行。

三、与物流有关的海事诉讼

(一)海事诉讼特别程序

海事诉讼,是指海事争议的一方当事人,将争议的海事或海商案件提交海事法院进行审判的诉讼活动,它与民事诉讼一般程序一样,包括起诉、受理、送达、保全、审理、判决和执行等过程。

(二)海事诉讼管辖

1. 地域管辖

根据《中华人民共和国海事诉讼特别程序法》的规定,海事诉讼的地域管辖,依照《民事诉讼法》的有关规定。下列海事诉讼的地域管辖,依照以下规定:

(1)因海事侵权行为提起的诉讼,除依照《中华人民共和国民事诉讼法》第29条至第31条的规定以外,还可以由船籍港所在地海事法院管辖。

(2)因海上运输合同纠纷提起的诉讼,除依照《中华人民共和国民事诉讼法》第28条的规定以外,还可以由转运港所在地海事法院管辖。

(3)因海船租用合同纠纷提起的诉讼,由交船港、还船港、船籍港所在地、被告住所地海事法院管辖。

(4)因海上保赔合同纠纷提起的诉讼,由保赔标的物所在地、事故发生地、被告住所地海事法院管辖。

(5)因海船的船员劳务合同纠纷提起的诉讼,由原告住所地、合同签订地、船员登船港或者离船港所在地、被告住所地海事法院管辖。

(6)因海事担保纠纷提起的诉讼,由担保物所在地、被告住所地海事法院管辖;因船舶抵押纠纷提起的诉讼,还可以由船籍港所在地海事法院管辖。

(7)因海船的船舶所有权、占有权、使用权、优先权纠纷提起的诉讼,由船舶所在地、船籍港所在地、被告住所地海事法院管辖。

2. 专属管辖

根据《中华人民共和国海事诉讼特别程序法》的规定,下列海事诉讼,由本条规定的海事法院专属管辖:

(1)因沿海港口作业纠纷提起的诉讼,由港口所在地海事法院管辖。

(2)因船舶排放、泄漏、倾倒油类或者其他有害物质,海上生产、作业或者拆船、修船作业造成海域污染损害提起的诉讼,由污染发生地、损害结果地或者采取预防污染措施地海事法院管辖。

(3)因在中华人民共和国领域和有管辖权的海域履行的海洋勘探开发合同纠纷提起的诉讼,由合同履行地海事法院管辖。

3. 协议管辖

根据《中华人民共和国海事诉讼特别程序法》的规定,海事纠纷的当事人都是外国人、无国籍人、外国企业或者组织,当事人书面协议选择中华人民共和国海事法院管辖的,即使与纠纷有实际联系的地点不在中华人民共和国领域内,中华人民共和国海事法院对该纠纷也具有管辖权。

(三)海事诉讼中的强制措施

1. 海事请求保全

海事请求保全是指海事法院根据海事请求人的申请,为保障其海事请求的实现,对被请求人的财产所采取的强制措施。

海事请求人申请海事请求保全,应当向海事法院提交书面申请。申请书应当载明海事请求事项、申请理由、保全的标的物以及要求提供担保的数额,并附有关证据。

(1)船舶的扣押与拍卖

根据《中华人民共和国海事诉讼特别程序法》的规定,下列海事请求,可以申请扣押船舶:船舶营运造成的财产灭失或者损坏;与船舶营运直接有关的人身伤亡;海难救助;船舶对环境、海岸或者有关利益方造成的损害或者损害威胁;为预防、减少或者消除此种损害而采取的措施;为此种损害而支付的赔偿;为恢复环境而实际采取或者准备采取的合理措施的费用;第三方因此种损害而蒙受或者可能蒙受的损失;以及与本项所指的性质类似的损害、费用或者损失;与起浮、清除、回收或者摧毁沉船、残骸、搁浅船、被弃船或者使其无害有关的费用,包括与起浮、清除、回收或者摧毁仍在或者曾在该船上的物件或者使其无害的费用,以及与维护放弃的船舶和维持其船员有关的费用;船舶的使用或者租用的协议;货物运输或者旅客运输的协议;船载货物(包括行李)或者与其有关的灭失或者损坏;共同海损;拖航;引航;为船舶营运、管理、维护、维修提供物资或者服务;船舶的建造、改建、修理、改装或者装备;港口、运河、码头、港湾以及其他水道规费和费用;船员的工资和其他款项,包括应当为船员支付的遣返费和社会保险费;为船舶或者船舶所有人支付的费用;船舶所有人或者光船承租人应当支付或者他人为其支付的船舶保险费(包括互保会费);船舶所有人或者光船承租人应当支付的或者他人为其支付的与船舶有关的佣金、经纪费或者代理费;有关船舶所有权或者占有的纠纷;船舶共有人之间有关船舶的使用或者收益的纠纷;船舶抵押权或者同样性质的权利;因船舶买卖合同产生的纠纷。

(2)船载货物的扣押与拍卖

海事请求人为保障其海事请求的实现,可以申请扣押船载货物,但应当与其债权数额相当。海事请求保全扣押船载货物的期限为十五日。船载货物扣押期间届满,被请求人不提供担保,而且货物不宜继续扣押的,海事请求人可以在提起诉讼或者申请仲裁后,向扣押船载货物的海事法院申请拍卖货物。对无法保管、不易保管或者保管费用可能超过其价值的物品,海事请求人可以申请提前拍卖。

2. 海事证据保全

海事证据保全是指海事法院根据海事请求人的申请,对有关海事请求的证据予以提取、保存或者封存的强制措施。

采取海事证据保全,应当具备下列条件:(1)请求人是海事请求的当事人;(2)请求保全的证据对该海事请求具有证明作用;(3)被请求人是与请求保全的证据有关的人;(4)情况紧急,不立即采取证据保全就会使该海事请求的证据灭失或者难以取得。

(四)海事担保

海事担保包括本法规定的海事请求保全、海事强制令、海事证据保全等程序中所涉及的担保。担保的方式为提供现金或者保证、设置抵押或者质押。

海事请求人的担保应当提交给海事法院;被请求人的担保可以提交给海事法院,也可以提供给海事请求人。海事请求人提供的担保,其方式、数额由海事法院决定。被请求人提供的担保,其方式、数额由海事请求人和被请求人协商;协商不成的,由海事法院决定。海事请求人要求被请求人就海事请求保全提供担保的数额,应当与其债权数额相当,但不得超过被保全的财产价值。

(五)海事诉讼审判程序

1. 审理船舶碰撞案件的规定

根据《中华人民共和国海事诉讼特别程序法》的规定,原告在起诉时、被告在答辩时,应当如实填写《海事事故调查表》。海事法院向当事人送达起诉状或者答辩状时,不附送有关证据材料。当事人应当在开庭审理前完成举证。当事人完成举证并向海事法院出具完成举证说明书后,可以申请查阅有关船舶碰撞的事实证据材料。当事人不能推翻其在《海事事故调查表》中的陈述和已经完成的举证,但有新的证据,并有充分的理由说明该证据不能在举证期间内提交的除外。海事法院审理船舶碰撞案件,应当在立案后一年内审结。有特殊情况需要延长的,由本院院长批准。

2. 审理共同海损案件的规定

根据《中华人民共和国海事诉讼特别程序法》的规定,当事人就共同海损的纠纷,可以协议委托理算机构理算,也可以直接向海事法院提起诉讼。海事法院受理未经理算的共同海损纠纷,可以委托理算机构理算。

理算机构作出的共同海损理算报告,当事人没有提出异议的,可以作为分摊责任的依据;当事人提出异议的,由海事法院决定是否采纳。

当事人可以不受因同一海损事故提起的共同海损诉讼程序的影响,就非共同海损损失向责任人提起诉讼。当事人就同一海损事故向受理共同海损案件的海事法院提起非共同海损的诉讼,以及对共同海损分摊向责任人提起追偿诉讼的,海事法院可以合并审理。海事法院审理共同海损案件,应当在立案后一年内审结。有特殊情况需要延长的,由本院院长批准。

参考文献

1. 史尚宽:《债法各论》,北京,中国政法大学出版社 2000 年版。
2. 魏振瀛:《民法》,北京,北京大学出版社、高等教育出版社 2000 年版。
3. 王利明、崔建远 :《合同法新论·总则》,北京,中国政法大学出版社 2000 年版。
4. 王利明、杨立新编著:《侵权行为法》,北京,法律出版社 1996 年版。
5. 郭明瑞、房少坤:《新合同法原理》,北京,中国人民大学出版社 2000 年版。
6. 卢永真:《运输合同》,北京,中国民主法制出版社 2003 年版。
7. 侯作前、乔宝杰:《运输合同实务指南》,北京,知识产权出版社 2003 年版。
8. 孟琪:《物流法概论》,上海,上海财经大学出版社 2004 年版。
9. 余劲松、吴志攀:《国际经济法》,北京,北京大学出版社、高等教育出版社 2005 年版。
10. 李玉峰:《物流法理论与实务》,北京,电子工业出版社 2006 年版。
11. 罗闽、叶晓鹰:《物流法规概论》,上海,立信会计出版社 2006 年版。
12. 戴宗群、钱芝网:《国际物流实务》,北京,中国时代经济出版社 2007 年版。
13. 徐康平:《现代物流法导论》,北京,中国物资出版社 2007 年版。
14. 姚会平:《物流法理论与实务》,成都,西南财经大学出版社 2007 年版。
15. 方仲民、赵继新:《物流法律法规基础》,北京,机械工业出版社 2007 年版。
16. 沈荣耀、高志和:《物流法规》,大连,大连理工大学出版社 2007 年版。
17. 孟咸美、钱芝网:《物流法概论》,北京,中国时代经济出版社 2007 年版。
18. 王芸:《物流法律法规与实务》,北京,电子工业出版社 2007 年版。
19. 张晓永、孙林、张长青、郑翔:《交通运输法》,北京,清华大学出版社、北京交通大学出版社 2008 年版。
20. 孙林:《运输合同》,北京,法律出版社 1999 年版。
21. 孙林:《铁路运输合同》,北京,中国铁道出版社 2000 年版。
22. 郭瑜:《海商法教程》,北京,北京大学出版社 2002 年版。
23. 吴焕宁:《海商法学》(第二版),北京,法律出版社 1996 年版。
24. 许明月:《国际货物运输》,北京,中国人民大学出版社 2004 年版。
25. 张长青、孙林:《铁路法教程及案例》,北京,中国铁道出版社 2000 年版。

图书在版编目(CIP)数据

物流法教程/张长青,孙林著. —北京:法律出版社,
2009.6
21 世纪法学通用教材
ISBN 978-7-5036-9667-1

Ⅰ.物… Ⅱ.①张…②孙… Ⅲ.物流—物资管理—法规—
中国—高等学校—教材 Ⅳ.D922.29

中国版本图书馆 CIP 数据核字(2009)第 096129 号

责任编辑/陈 慧　　装帧设计/孙 杨

出版/法律出版社　　编辑统筹/法律教育出版分社
总发行/中国法律图书有限公司　　经销/新华书店
印刷/永恒印刷有限公司　　责任印制/张宇东

开本/787×960 毫米 1/16　　印张/18.5 字数/365 千
版本/2009 年 7 月第 1 版　　印次/2009 年 7 月第 1 次印刷

法律出版社/北京市丰台区莲花池西里 7 号(100073)
电子邮件/info@lawpress.com.cn　　销售热线/010-63939792/9779
网址/www.lawpress.com.cn　　咨询电话/010-63939796

中国法律图书有限公司/北京市丰台区莲花池西里 7 号(100073)
全国各地中法图分、子公司电话:
第一法律书店/010-63939781/9782　西安分公司/029-85388843　重庆公司/023-65382816/2908
上海公司/021-62071010/1636　北京分公司/010-62534456　深圳公司/0755-83072995

书号:ISBN 978-7-5036-9667-1　　定价:28.00 元
(如有缺页或倒装,中国法律图书有限公司负责退换)